지식인의 아편

세창클래식 014

지식인의 아편

초판 1쇄 발행　2022년　1월　5일
초판 2쇄 발행　2022년 10월 25일

—

지은이　레몽 아롱
옮긴이　변광배
펴낸이　이방원
편　집　정조연·김명희·안효희·정우경·송원빈·박은창
디자인　양혜진·손경화·박혜옥　　**마케팅**　최성수·김 준·조성규

—

펴낸곳　세창출판사
　　　신고번호 제1990-000013호　주소 03736 서울시 서대문구 경기대로 58 경기빌딩 602호
　　　전화 02-723-8660　팩스 02-720-4579　이메일 edit@sechangpub.co.kr　홈페이지 http://www.sechangpub.co.kr
　　　블로그 blog.naver.com/scpc1992　페이스북 fb.me/Sechangofficial　인스타그램 @sechang_official

—

ISBN　979-11-6684-070-8　93160

ⓒ 변광배, 2022

이 책에 실린 글의 무단 전재와 복제를 금합니다.

지식인의 아편

레몽 아롱 지음

변광배 옮김

세창클래식 014

세창출판사

"종교는 불행에 억눌린 인간의 한숨이고,

 무정한 세계에 대한 감상이며,

 영혼 없는 상태의 영혼이다.

 종교는 민중의 아편이다."

− 카를 마르크스

"마르크스주의는

가장 불순한 의미에서 하나의 종교이다.

마르크스주의는 특히

종교의 모든 저급한 형태를 지닌 채,

마르크스 자신의 적절한 말을 따른다면,

민중의 아편으로 계속 사용되어 왔다."

− 시몬 베유

차례

서문

일러두기

- 외국어 명칭은 기본적으로 국립국어원 외래어 표기법에 따라 표기했으나, 일부 프랑스어 명칭의 경우, 보다 정확한 표기를 위하여 외래어 표기법을 따르지 않았다.
- 주석의 경우 구분을 위해 아롱의 원주는 검정색으로 표기하고 옮긴이의 주석은 별색으로 표기하였다.
- 이 책에서 쓰이는 프롤레타리아트, 프티부르주아지, 부르주아지는 특정 계급을 의미하며, 프롤레타리아, 프티부르주아, 부르주아는 그 계급에 속한 사람을 의미한다.

최근 몇 년 동안, 나는 공산주의자들을 직접 겨냥한 것이 아니라 '공산주의화되는 자들', 즉 공산당에 가입하지 않았으나 소련에 호감을 가진 자들을 겨냥하는 많은 글을 쓸 기회를 가졌다. 나는 그 글들을 한데 모으기로 결정하고 거기에 서론을 붙였다. 그 모음집이 『논쟁*Polémiques*』[1]이란 제목의 책으로 출판되었는데, 그 서론이 바로 이 책으로 이어졌다.

민주주의의 결점에 대해서는 가차 없으면서도 올바른 교리라는 미명하에 자행되는 최악의 범죄에 대해서는 너그러운 지식인들의 태도를 설명하고자 하면서, 나는 곧 좌파, 혁명, 프롤레타리아트라는 신성한 어휘들에 부딪히게 되었다. 나는 그것들의 신화에 가해지는 비판을 통해 역사에 대한 숭배를 성찰하게 되었으며, 사회학자들이 아직 관심을 보이지 않고 있는 하나의 사회 범주에 관련된 문제를 검토하게 되었다. '인텔리겐치아'가 그것이다.

그렇게 해서 이 책에서는 프랑스와 전 세계의 이른바 좌파 이데올로기

---

1   Gallimard, 1955, collection 《Les Essais》.

의 현재 상황과 동시에 '인텔리겐치아'의 상황이 다뤄지고 있다. 또한 이 책에서는 다른 사람들이 제기하지 않으면 안 될 몇 가지 질문에 대한 답이 시도되고 있다. 경제 발전이 마르크스의 예언을 뒤엎은 나라인 프랑스에서 대체 어떤 이유로 마르크스주의가 유행하는가? 노동자들의 수가 그다지 많지 않은 이 나라에서 어떤 이유로 프롤레타리아트와 공산주의 이데올로기가 활개를 치는가? 다른 나라들에서는 어떤 환경이 지식인들의 말하는 방식, 사고방식, 행동 방식을 지배하는가?

1955년 초에 우파와 좌파, 전통적인 우파와 새로운 좌파에 대한 논쟁이 다시 유행했다. 여기저기에서 사람들은 내가 신구 어느 우파에 속하는가를 알고자 했다. 하지만 나는 그런 범주를 거부한다. 프랑스 의회에서도 논의되는 문제에 따라 이데올로기의 노선이 달라진다. 어떤 경우에는 좌파와 우파가 엄밀하게 구분된다. 가령, 튀니지나 모로코의 민족주의자들과의 협약에 찬성하는 자들은 좌파를 대표한다. 반면, 그 나라들의 현재 상황이나 억압을 바라는 자들은 우파를 대표한다. 하지만 절대적인 민족주권의 옹호자들은 좌파에 속하는가? 또 초국가적 조직에 동의하는 유럽 통합 지지자들은 우파에 속하는가? 상황에 따라 당연히 용어가 바뀔 수도 있을 것이다.

소련과 관련시켜 보면 '뮌헨 정신esprit munichois'[2]은 마르크스주의적 동지애를 그리워하는 사회주의자들 중에서도, 또 '독일의 위협'에 사로잡혔거나, 또는 이 나라의 잃어버린 위대한 과거를 아쉬워하는 민족주의자들 사이에서도 찾아볼 수 있다. 드골파와 사회당파는 국가의 독립이라는 슬

---

2   뮌헨 정신: 뮌헨 정신은 1938년 9월에 독일, 프랑스, 영국, 이탈리아 사이에 체결되었으며, 체코슬로바키아의 해체를 야기한 뮌헨협정과 관계된 표현으로, 전쟁의 발발을 우려하던 서구 민주주의 세력들이 히틀러의 영토 확장의 야망을 강화시켜 준 효과를 낳게 되었다.

로건 주위에서 움직이고 있다. 그렇다면 이 슬로건은 샤를 모라스Charles Maurras[3]의 통합적 민족주의나 자코뱅파Jacobins[4]의 애국정신에서 나오는가?

프랑스의 근대화와 경제 발전은 국민 전체에게 주어진 과제이다. 추진해야 할 개혁은 트러스트나 온건한 피선거권자들에 의해서만 나타나지 않는 여러 장애물과 부딪치고 있다. 시대에 뒤떨어진 생활양식이나 생산방식을 고수하는 사람들은 '위대한 사람들'이 아니지만, 그래도 그들은 종종 좌파에 투표한다. 그들이 사용하게 될 방법은 더 이상 하나의 집단이나 하나의 이데올로기에 의존하지 않는다.

개인적으로 자유주의에 모종의 향수를 느끼는 케인스학파이고, 또 튀니지, 모로코의 민족주의자들과의 협약 체결을 지지하며, 더욱이 북대서양조약기구(NATO) 동맹국들과의 연대가 프랑스의 평화 확보를 위한 최선의 보장이라고 확신하는 나는, 경제정책, 북아프리카 문제, 동서 관계 등과 같은 기준에 따라 좌파나 우파로 분류될 수 있을 것이다.

프랑스에서 이데올로기 논쟁의 혼란은 이런 모호한 좌파, 우파라는 개념을 내던질 때만이 비로소 청산될 수 있을 것이다. 현실을 직시하라. 목표를 세워라. 그러면 큰 포부를 지녔지만 경솔한 혁명가들과 성공에 조바심 내는 저널리스트들의 유희의 대상인 정치적-이데올로기적 혼합체의 부조리를 확인할 수 있을 것이다.

여러 상황으로 인한 불화와 변화무쌍한 여러 이합집산을 제외하더라도 우리는 정신의 친족 관계를 구분할 수 있다. 어떤 것이든지 간에 인간은

---

3   샤를 모라스(1868-1952): 프랑스 제3공화국 기간에 활동했던 극우파 정치인으로 통합적 민족주의를 주창했다.
4   자코뱅파: 프랑스 대혁명 기간에 생긴 정파 중 하나의 구성원들을 지칭하며, 명칭의 유래는 파리의 자코뱅 수도원을 본거지로 한 데서 유래되었다. 시기에 따라 다르지만 로베스피에르가 중심이 되어 과격하고 급진적인 혁명을 추진한 시기의 활동으로 유명하다.

각자 그 나름의 선택적 친화력을 의식한다. 하지만 좌파 가족의 일원이었던 내가 그 가족에게 바치는 이 책에 마침표를 찍으면서, 나는 그 가족과의 모든 관계를 단절하는 쪽으로 기운다. 이것은 고립 속에 잠기기 위해서가 아니다. 이것은 오히려 증오 없이 투쟁할 줄 아는 사람들, 그리고 광장에서의 논쟁을 인간의 운명의 비밀이라고 여기지 않는 사람들 중에서 동조자들을 선택하기 위해서이다.

1954년 7월, 생시지스몽에서

1955년 1월, 파리에서

제1부

정치적 신화

제1장
좌파의 신화

　좌파와 우파의 선택은 아직도 어떤 의미를 가지는가? 이런 질문을 던지는 사람은 곧바로 의심을 받는다. 알랭Alain[5]은 이렇게 쓰지 않았던가! "좌파 정당과 우파 정당의 대립, 좌파에 속한 자들과 우파에 속한 자들의 분열이 무슨 의미를 가지고 있느냐는 질문을 받았을 때, 내 머리에 가장 먼저 떠오른 생각은 이 질문을 던진 자가 분명 좌파에 속한 자는 아니라는 사실이었다." 우리는 이런 판단을 수긍할 수가 없다. 왜냐하면 그것이 이성에 기초한 확신이라기보다는 편견에 사로잡혀 있는 것으로 보이기 때문이다.

　리트레Littré 사전[6]에 의하면, 좌파는 "프랑스 의회에서의 반대당, 국회의장의 왼쪽에 자리 잡고 있는 정당"이다. 하지만 좌파라는 단어는 반대파라는 단어와 같은 뜻을 가지고 있지 않다. 정당들은 정권을 교대로 잡는다. 하지만 좌파 정당은 정권을 잡아도 좌파로 남는다.

5　알랭(1868-1951): 본명은 에밀오귀스트 샤르티에(Emile-Auguste Chartier)로 프랑스의 철학자, 교육자이다.

6　리트레 사전: 에밀 리트레(Emile Littré)가 구상해서 1873년에서 1877년까지 출간된 프랑스어 사전이다.

좌파와 우파라는 단어의 의미를 강조하는 사람들은 다음과 같이 단언하는 것으로 그치지 않는다. 즉, 정치 세력의 메커니즘에서 중도파가 계속 침해를 받기 때문에 이 세력이 두 진영으로 분리되기 쉽다고 말이다. 게다가 그들은 다음 세 가지를 암시한다. 태도가 근본적으로 다른 두 유형의 인간, 또는 제도와 용어의 변화를 통해 계속 대화하는 두 유형의 철학, 또는 마지막으로 여러 세기의 연대기를 채우는 투쟁에 돌입하는 두 진영의 존재가 그것이다. 하지만 이런 두 종류의 인간과 철학과 진영은 드레퓌스 사건의 경험과 선거 사회학의 분명치 않은 해석에 현혹된 역사가들의 상상 속이 아니라면 다른 어느 곳에 존재하는가?

지금까지 스스로 좌파로 여겨지고자 하는 여러 집단들 사이에 진정한 의미에서의 통일은 결코 없었다. 한 세대에서 다음 세대로 이어지면서 명령어와 강령이 계속 변한다. 어제 입헌제도를 위해 싸운 좌파는 인민민주주의제 안에서 그 정당성을 주장하는 오늘의 좌파와 아직도 어떤 공통점을 가지는가?

회고적인 신화

프랑스는 좌파와 우파가 대립하는 나라로 여겨진다. 영국에서는 이 용어들이 2차 세계대전까지 정치적 언어로 사용된 일이 거의 없었던 반면, 프랑스에서는 오래전부터 그 존재 권리를 확보하고 있었다. 프랑스에서는 좌파의 위신이 아주 높아 보수 정당이나 중립 정당까지도 적대 세력인 좌파의 용어에서 가져온 몇몇 수식어로 꾸미려고 노력한다. 프랑스의 정당들은 공화주의, 민주주의, 사회주의를 표방하며 서로 경쟁하고 있다.

최근의 여론에 따르면 두 가지 상황으로 인해 프랑스에서는 좌파와 우파의 대립이 예외적으로 심해지고 있다. 구제도의 지지자들이 고수해 온 세계관은 기독교 교리에 의해 고취되어 왔다. 프랑스 대혁명의 폭발을 야기한 새로운 정신은 절대적 권위의 원칙에 정면으로 도전했는데, 그 권위는 실제로 왕과 교회의 권위였다. 18세기 말과 19세기의 전반에 걸쳐 진보적 정당은 왕권과 동시에 교권에 맞서 싸웠고, 또 반反교권주의로 기울었다. 왜냐하면 교회의 위계질서가 반동 세력을 지지하거나, 또는 지지하는 것처럼 보였기 때문이다. 영국에서는 17세기에 종교의 자유가 혁명 발생의 기회이자 중요한 쟁점이었다. 하지만 이 나라의 여러 진보적 정당들은 무신론적 합리주의보다는 오히려 독립교회파, 비국교파, 급진파, 기독교파의 흔적을 간직하고 있다.

프랑스에서는 구제도에서 근대 사회로의 이행이 아주 끔찍하고도 갑작스럽게 이루어졌다. 도버 해협 건너편인 영국에서는 입헌제도가 점차적으로 정립되었으며, 중세의 관습에서 시작된 대의제도가 의회에서 발달했다. 18세기와 19세기에 민주제적 정통성이 군주제적 정통성을 완전히 제거하지 못한 채 그것을 대체하게 되었다. 법 앞에서의 시민들의 평등으로 '신분' 구분도 점차 일소되었다. 프랑스 대혁명으로 전 유럽을 휩쓴 이념들, 예컨대 인민주권, 규칙에 맞는 권위의 행사, 대의제도, 개인의 신분 차이의 철폐 등과 같은 이념들은 프랑스에서보다는 영국에서 더 빨리 실현되었다. 그런 만큼 영국 국민들은 프로메테우스처럼 사슬을 끊을 필요가 없었다. 영국에서 '민주화'는 대립하는 여러 정당들의 공동 산물이었다.

프랑스 대혁명을 끔찍한 파국으로 보든 아니면 웅장한 서사시로 보든 간에, 이 혁명은 프랑스의 역사를 두 부분으로 나눈다. 이 혁명을 계기로 서로 대립하는 두 개의 프랑스가 세워진 것처럼 보인다. 그중 하나는 사라지기를 거부하고, 다른 하나는 과거에 대해 가차 없는 도전을 계속 감행하고 있다. 각개의 프랑스는 거의 변하지 않는 인간의 유형을 구현하고 있다고 여기고 있다. 한편에서는 가족, 권위, 종교에 호소하고, 다른 한편에서는 평등, 이성, 자유에 호소한다. 한편에서는 수 세기 동안 천천히 확립된 질서를 존중하고, 다른 한편에서는 학문에 의해 사회를 재건하는 인간의 능력을 믿는다고 설파한다. 전통과 특권의 당인 우파와, 진보와 지성의 당인 좌파가 대립하는 것이다. 이런 고전적인 해석이 틀린 것은 아니다. 하지만 그 해석은 정확히 진실의 반만을 보여 준다. 모든 수준에서 두 종류의 인간 유형이 존재한다. (물론 프랑스인들 모두가 어느 한 유형에 반드시 속한다고는 할 수 없다.) 오메 씨M. Homais[7] 대 신부神父, 알랭과 조레스Jean Jaurès[8] 대 텐Hippolyte Taine[9]과 모라스, 클레망소Georges Clemenceau[10] 대 포슈Ferdinand Foch[11] 등이 그 예이다. 특히 투쟁이 이데올로기적 성격을 띠고 있을 경우(예컨대 교육법, 드레퓌스 사건, 정교분리 등에 대해), 어떤 상황에서는 대립하는 두 진영이 형성되며, 각각의 진영은 정통성을 주장하는 경향이 있다. 하지만 이런 두 진영의 논리는 본질적으로 회고적이고, 또 해소되지 않는 내부 분열이나 두 진영의 불화를 감추려고 한다는 사실을 어떻게 강조하지 않을 수 있겠는가? 1789년 대혁명 이후의 프랑스 정치사는 '우파'나 '좌파'에 속하는 당파가 통치하기 위해 단결된 모습을 보여 주지 못했으며, 그 결과 차

---

7 오메 씨: 1857년에 출간된 플로베르의 『마담 보바리』에 나오는 인물로 무신론자이자 과학에 대한 맹목적 신봉과 저속한 부르주아를 대표한다.

8 장 조레스(1859-1914): 프랑스의 좌파 정치인으로 사회당 창당에 참여했고, 좌파 신문 『위마니테(Humanité)』지를 창간했으며, 민족주의자 라울 빌랭(Raoul Villain)에 의해 암살당했다.

9 이폴리트 텐(1828-1893): 프랑스의 철학자, 비평가, 역사가로 19세기 실증주의적 방법을 응용해서 과학적으로 문학을 연구했으며, 특히 인종, 환경, 시대의 세 요소를 강조했다.

10 조르주 클레망소(1841-1929): 프랑스의 정치가로 1차 세계대전 중에 대독일 강경 정책을 추진했으며, 전시 내각의 총리가 되어 전쟁을 승리로 이끌었고, 이어 파리강화회의에서 프랑스의 전권 대표로 참석했다.

11 페르디낭 포슈(1851-1929): 1차 세계대전 때 활약한 프랑스 장군이자 원수이다.

례로 정권을 차지하지 못했다는 특징을 보여 준다. 이렇듯 좌파의 신화는 1789년에서 1848년까지 계속되는 혁명의 실패를 보충하기 위한 허구적인 보상이다.

1848년의 2월 혁명과 6월 사이의 몇 달을 제외하면 제3공화국의 수립까지 19세기 프랑스의 좌파는 항상 반대파였다. (그로부터 좌파와 반대파의 혼동이 기인했다.) 좌파는 왕정복고에 반대했다. 왜냐하면 좌파는 스스로 프랑스 대혁명의 상속자로 여겼기 때문이다. 좌파는 이 혁명으로부터 모든 역사적 요구, 과거 영광의 꿈, 미래의 희망을 끌어냈다. 하지만 이 혁명을 계승했다고 자처했던 좌파는 이 거대한 사건과 마찬가지로 모호했다. 이 향수적인 좌파는 신화적인 통일만을 이루었을 뿐이다. 좌파는 1789년부터 1815년까지 한 번도 통일된 적이 없었다. 오를레앙왕국의 붕괴로 인해 공화국이 헌법상의 공백을 메울 기회를 얻었던 1848년에도 좌파는 여전히 통일을 이룩하지 못했다. 물론 우파가 더 통일된 것도 아니었다. 1815년 나폴레옹의 몰락 후에 왕당파는 구제도로의 복귀를 꿈꿨던 과격파와 현실을 받아들이려 했던 온건파로 양분되었다. 루이 필리프의 등장으로 정통 왕당파는 고립되었으며, 루이 나폴레옹이 승리했을 때 오를레앙주의자들과 정통 왕당파는 찬탈자에 대해 모두 적개심을 품고 있었음에도 불구하고 타협에 이르지 못했다.

19세기의 시민 소요로 인해 대혁명 기간과 비슷한 비극적 사건들이 또다시 발생했다. 입헌왕정이 실패하자 반‡입헌왕정이 나타났고, 또 반입헌왕정이 실패하자 공화정이 나타났으며, 이 공화정은 두 번째로 인민 투표를 통해 제정帝政을 수립했다. 그와 마찬가지로 입헌주의자, 푀양파Club des Feuillants,[12] 지롱드파Girondins,[13] 자코뱅파가 서로 격렬히 다투었으나, 결국 나폴레옹 장군이 왕위를 차지하게 되었다. 이들 좌파의 여러 당파는 정권 탈취를 위해 다투었을 뿐만 아니라, 프랑스 정부의 형태 결정, 이를 위한 수단 확보, 또 개혁의 범위 등에 대해서도 의견의 일치를 보지 못했다. 프랑스에서 영국을 본뜬 헌정 수립을 원했던 왕당파는 구제도에 대한 적개심 속에서만 부의 평등을 꿈꿨던 공화파와 의견을 같이했을 뿐이다.

대혁명이 어떤 이유로 그런 파국의 길로 접어들었는가를 여기에서 밝히는 것은 중요하지 않다. G. 페레로Guglielmo Ferrero[14]는 최근에 두 종류의 혁명을 구분한 바 있다. 참정권의 확장과 몇몇 자유의 확립을 겨냥하는 '건설적 혁명'과 합법성 원칙의 붕괴와 그것을 대신하는 새로운 합법성 원칙의 부재로 인해 야기되는 '파괴적 혁명'이 그것이다. 이런 구분은 수긍할 만하다. 건설적 혁명은 유익한 것으로 평가되는 대의제, 사회적 평등, 개인의 정신적 자유 등과 같은 결과들과 거의 일치한다. 그에 반해 파괴적 혁명은 공포, 전쟁, 독재와 같은 유해한 결과들에 대한 책임을 추궁한다. 과거를 돌아보면 대혁명의 업적으로 보였던 핵심적 요소들이 왕정에 의해 점차 도입되는 경우도 별 어려움 없이 생각해 볼 수 있다. 물론 대혁명을 일으킨 정신이 왕정과 전적으로 화해할 수 없는 것은 아니었다. 하지만 그로 인해 프랑스왕국의 사상 체계가 뿌리부터 흔들렸으며, 대공포 시대를 야기한 왕정의 합법성의 위기가 초래되었다. 어쨌든 구제도는 거의 저항 없이 일격에 무너졌으며, 또 그 뒤로 프랑스에서는 국민 대다수의 환영을 받는 새로운 체제가 구성되기까지 한 세기가 걸렸다는 것은 부인할 수 없는 사실이다.

---

12 퓨양파: 헌법의 벗 결사단(Société des Amis de la Constitution), 별칭 클뢰브 데 퓨양은 프랑스 대혁명기에 등장한 정치적 당파의 하나로, 입헌군주제를 지지했던 정파이다.
13 지롱드파: 프랑스 대혁명기에 등장한 프랑스 정파의 하나로 정치적으로는 온건한 개혁 성향을 보였으며, 이 명칭은 지롱드 지방 출신의 부르주아계급이 다수를 차지했던 보르도, 자코뱅 클럽 소속 의원을 핵심으로 한 것에서 유래했다.
14 굴리엘모 페레로(1871-1942): 이탈리아의 역사가이다.

대혁명의 사회적 결과들은 19세기 초부터 뚜렷하게 나타났으며, 왕정복고는 불가능한 것으로 보였다. 특권적 질서의 회복, 민법, 만인의 법 앞에서의 평등을 뒤집는 것은 불가능해 보였다. 하지만 공화정과 왕정 사이의 선택은 여전히 유예 상태였다. 민주주의에 대한 갈망은 의회 제도와 결부된 것이 아니었다. 보나파르트파는 민주주의 사상이란 명목으로 정치적 자유를 탄압했다. 그 당시에 활동했던 프랑스의 진지한 저술가들 중에서 옛 프랑스의 옹호자들에 맞서 대혁명의 계승자들을 대표하는 통일된 의사를 가진 단일 좌파의 존재를 인정한 사람은 한 명도 없었다. 진보적 정당이란 반대파들의 신화였으며, 심지어 그 정당에 투표하는 실체가 존재하는 것도 아니었다.

공화국의 잔존이 확실해지자 클레망소는 모든 역사적 사실을 무시하고 "혁명이란 하나의 진영이다"라고 선언했다. 이 주장은 좌파들 사이의 싸움이 종식되었음을 보여 준다. 민주주의와 의회주의가 화해했고, 모든 권위는 인민으로부터 나온다는 원칙이 확립되었다. 게다가 보통선거를 통해 전제 군주의 등극이 아니라 인민들의 자유 보장이 촉진되기도 했다. 자유주의자와 평등주의자, 온건파와 과격파는 더 이상 서로 싸우고 제거할 아무런 동기도 갖지 못하게 되었다. 여러 당파가 세웠던 목표가 마침내 동시에 달성된 것이다. 보통선거로 시민의 법률상의 평등이 보장된 제3공화국은 입헌적임과 동시에 민중적인 정체가 되어 스스로 혁명의 진영이라는 영예로운 가상假想의 선조가 되었다.

하지만 제3공화국의 강화가 부르주아 좌파들 사이의 내분에 종지부를 찍은 순간에 새로운 분열이 갑자기 발생했다. 그런데 이 분열은 (공상적 공산주의 운동의 선구자였던 바뵈프François-Noël Babeuf[15]를 사형에 처한) 바뵈프 음모 사건 이래로, 또 민주주의 사상이 생겨난 때부터 잠재해 있었던 것이다. 자본주의에 반대하는 좌파가 구제도에 반대하는 좌파를 계승한 것이다. 하지만 생산수단의 국유화와 경제활동의 국가 관리를 주장하는 이 새로운 좌파가 독단적인 왕정, 특권적 질서 및 동업조합 조직에 맞서 반기를 들었던 구좌파와 동일한 철학과 목적을 가졌다고 할 수 있는가?

마르크스주의는 신좌파가 구좌파를 계승했다고 증언함과 동시에 신구 좌파 사이에 단절이 있다는 점을 지적했다. 제4계급은 제3계급의 뒤를 잇고, 프롤레타리아트가 부르주아지의 자리를 차지한 것이다. 부르주아지는 봉건제도의 쇠사슬을 끊고, 지역공동체, 개인적 충성, 지방에 대한 봉사라는 사슬에서 인민을 해방시켰다. 전통적인 구속에서 해방되었으나 그와 동시에 보호 장치를 상실한 개인들은 이제 시장의 맹목적인 메커니즘과 전능한 자본가들의 힘에 방어 수단 없이 내맡겨졌다. 이런 상황에서 프롤레타리아트는 해방을 완수하고, 자유주의 경제의 대혼란 대신에 인간적 질서를 회복해야 한다.

국가, 학파, 환경에 따라 사회주의가 가진 자유의 측면이나, 또는 조직의 측면이 따로 강조되었다. 부르주아지와의 단절을 강조하는 자들이 있었는가 하면, 또 때로는 대혁명과의 연속성을 강조하는 자들도 있었다. 1914년 이전에 독일의 사회민주주의자들은 민주주의가 내세우는 고유한 정치적 가치들에 기꺼이 무관심을 표명했다. 또한 그들은 보통선거와 의회민주주의를 굳건히 지지했던 프랑스 사회주의자들이 채택한 태도를 약간 경멸하면서 비난을 숨기지 않았다.

프랑스에서 부르주아민주주의와 사회주의 사이의 갈등은 부르주아 좌파의 여러 당파 사이에 있었던 예전의 갈등과 같은 대립을 보여 준다. 현

---

15 프랑수아노엘 바뵈프(1760-1797): 그라쿠스 바뵈프(Gracchus Babeuf)라는 이름으로 알려진 프랑스의 혁명가이며, 프랑스 최초의 공산주의자, 사회주의자로 여겨진다. 총재정부를 비판하며 폭력 혁명을 통한 체제의 전복과 정치적, 경제적, 사회적 평등의 쟁취를 주장했으나 체포되어 처형되었다.

실에서 이런 대립이 아주 격렬했던 만큼 더 격렬한 언어로 그 심각성이 부정되고 있다. 최근까지, 어쩌면 2차 세계대전이 발발하기까지 좌파 지식인들은 마르크스주의를 드물게 문자 그대로 해석했다. 또 그들은 프롤레타리아트와 부르주아민주주의자들을 포함해 그때까지의 모든 정권 담당자들 사이의 과격한 대립 역시 드물게 인정했을 뿐이다. 좌파 지식인들이 자발적으로 찬동했던 철학은 조레스의 철학이었다. 그의 철학은 마르크스주의의 여러 요소들을 이상주의적인 형이상학과 개혁에 대한 선호에 결합시킨 것이었다. 공산당은 '계급 대 계급'의 대립이 극심했을 때보다도 인민전선Front populaire[16]이나 애국적인 레지스탕스 운동 속에서 훨씬 더 빠른 진전을 보였다. 공산당에 투표한 수많은 국민들은 여전히 다른 좌파 당과와 같은 임무를 더 성공적으로 추구하고 있는 이 당에서 계몽주의 운동의 계승자의 모습을 보고자 했다.

그런데 유럽의 다른 어느 나라의 사회사에도 프랑스의 1848년 6월 봉기[17]나 코뮌Commune de Paris[18]과 같은 비극적인 사건이 존재하지 않는다. 1924년과 1936년에 사회주의자들과 급진주의자들은 연합해 선거에서 승리했다. 하지만 그들은 연합해서 통치를 할 능력이 없었다. 사회당이 결정적으로 연합 정권에 가담했던 시기에 공산당은 노동자계급의 주요 정당이 되었다. 드레퓌스 사건이나 정교분리 문제 —알랭의 사상에 결정적인

16 인민전선: 1936년 프랑스 제3공화국에서 사회주의 정당인 노동자 인터내셔널 프랑스 지부(SFIO)와 좌파 자유주의 정당인 급진당(Parti Radical), 프랑스 공산당(PCF)이 연합해 수립되었다. 그해 총선에서 승리해 집권에 성공했으며, 노동자 인터내셔널 프랑스 지부의 당수인 레옹 블룸(Léon Blum)을 총리로 하는 연립 내각을 형성하게 되었다.
17 1848년 6월 봉기: 1848년 6월 22일부터 26일까지 파리에서 발생한 노동자들의 봉기를 말한다.
18 파리코뮌: 프랑스 파리에서 프랑스 민중이 처음으로 세운 사회주의 자치정부가 통치했던 1871년 3월 18일부터 5월 28일까지를 지칭한다. 세계 역사상 처음으로 노동자계급의 자치민주의정부라고 평가받는 파리코뮌은 세계사에서 처음으로 직접민주주의를 실천했으며, 지방자치주의의 탄생에 큰 영향을 주었다는 평가를 받는다.

영향을 준 문제였다― 로 투쟁하던 시기에, 반교권주의자들과 사회주의자들이 연합해 좌파 통합을 이루었다. 하지만 이런 통합은 1848년, 1871년, 1936년 및 1945년의 소요에 나타난 부르주아계급과 노동자계급보다도 더 프랑스적인 특징을 보여 주지는 못했다. 좌파의 연합은 프랑스 정치의 현실을 반영한 것이라기보다 그 왜곡된 모습이었다.

진보적 정당이 사후적으로 선과 악, 미래와 과거라는 두 원칙 사이의 대립을 고안해 낸 것은, 바로 이 정당이 25년간의 혼란 없이 그 목표에 도달할 수 없었기 때문이었다. 부르주아 '인텔리겐치아'가 제3계급과 제4계급 양편의 대표들을 포함하는 하나의 좌파를 꿈꾼 것은, 바로 이 부르주아 '인텔리겐치아'가 노동자계급을 다른 국민들과 통합하는 데 실패했기 때문이었다. 이런 좌파가 완전히 신화적인 것은 아니었으며, 투표자들 앞에서는 가끔 통일 전선을 형성하기도 했다. 하지만 왕정복고로 인해 지롱드파, 자코뱅파, 보나파르트주의자들이 다 같이 반대파로 전락했을 때에 1789년의 혁명가들이 지난날을 회고하면서 연합한 것과 마찬가지로, 급진주의자들과 사회주의자들도 역시 파악이 안 되는 적, 곧 반동 세력에 맞서면서만, 또 이미 시작되었을 때 시대에 뒤진 교권주의에 대한 투쟁에서만 의견의 일치를 보았을 뿐이었다.

가치의 분리

오늘날, 특히 1930년대의 대위기 이래로 좌파의 지배적인 사상, 즉 유럽이나 미국의 대학으로 유학을 떠난 아프리카, 아시아의 학생들이 배워서 그들의 조국으로 가지고 돌아가는 사상에는 그다지 교조적이지 않은 마르크스주의의 흔적이 담겨 있다. 좌파는 반反자본주의를 자처한다. 또한 좌파는 혼란스러운 종합 속에서 생산수단의 국유화, 트러스트라고 명명된 경제 권력의 집중화에 대한 적대감, 시장 기구에 대한 불신을 한데에 결합시키고 있다. 일방통행의 길에서 "왼편으로 붙어라keep left"라는 슬로건은 국유화와 통제를 통한 소득의 평등으로 나아가는 것을 의미한다.

영국에서는 이런 슬로건이 최근 20년간 반짝 인기를 끌었다. 반자본주의의 목표를 탑재한 마르크스주의는 미래를 내다보면서 후일 자본주의의 뒤를 이을 좌파의 역사적 비전을 제시할 것이다. 또한 1945년 선거에서 거둔 '노동당'의 승리는 지배계급에 대한 비非특권층의 일부에 누적된 원한의 표출이라고 할 수 있을 것이다. 사회개혁에 대한 의지와 소수의 지배자에 대한 반항 사이의 일치를 통해 좌파의 신화가 생겨나고, 또 번성하는 상황이 조성된 것이다.

유럽 대륙에서 사람들이 금세기에 했던 결정적인 경험은 분명 파시즘, 국가사회주의, 공산주의에 의해 좌파의 내부와 우파의 내부에서 발생한 이중의 분열이다. 세계 다른 곳에서의 결정적인 경험은 좌파의 정치적 가치와 사회적 가치의 분리이다. 이와 같은 이데올로기의 외관상의 혼란은 유럽의 분열과 서구 문명권 외의 사회에서의 유럽적 가치 분리와의 충돌과 혼동에서 기인한다.

서구의 정치에서 빌려 온 용어를 다른 문명권에 속한 국가들의 내부 갈등에 적용시킬 때에는 항상 위험이 따른다. 특히 분쟁에 휩쓸린 여러 정당들이 서구의 이데올로기를 내세우고자 할 때에 그런 위험은 한층 더 커진다. 이데올로기는 다른 곳으로 옮겨 가게 되면 원래의 의미와는 반대되는 의미를 가질 수도 있다. 같은 의회 제도도 그것을 받아들이고 운영하는 사회계급에 따라 진보적으로 기능하기도 하고 보수적으로 기능하기도 한다.

프티부르주아계급 출신인 일군의 정직한 장교들이 파샤pacha[19]에 의해 조종되는 의회를 해산하고, 또 국가 자원의 개발을 가속화시킬 때, 좌파는 어디에 있고, 또 우파는 어디에 있는가? 헌법에 보장된 자유를 막아 버린 (달리 말해 무력에 의한 독재를 자행한) 장교들을 좌파로 지칭할 수는 없을 것이다. 또한 자신들의 특권을 지키기 위해 민주주의 선거제도와 대의제도를 이용하게 될 금권주의자들에게도 역시 이런 영광스러운 명칭을 붙일 수 없을 것이다.

남미나 동유럽의 여러 나라들에서는 독재적인 수단들과 사회적으로 진보적인 목적들의 결합이 종종 이루어졌다. 그 나라들에서는 유럽을 모방한 의회가 창설되었고 또 투표권이 도입되기는 했다. 하지만 대중은 무지하고 또 중산계급의 힘은 약했다. 자유로운 제도는 불가피하게 '봉건 영주들'이나 '금권주의자들', 즉 대지주들과 국가 내의 동맹자들에 의해 독점되어 왔다. '데스카미도스Descamidos'[20]의 지지를 받기는 하나 자신들의 특권과 자신들이 직접 구성해 지배하는 의회에 애착심을 가진 대大부르주아들로부터는 멸시를 받은 페론Juan Domingo Peron[21]의 독재를 좌파나 우파로 분류할 수 있겠는가? 유럽에서는 여러 발전 단계를 거치면서 조화를 이루는 중에 있으나, 다른 곳에서는 좌파의 정치적 가치와 사회적 가치가 근본적으로 분리되어 있다.

게다가 정치이론가들은 이런 분리를 결코 무시하지 않았다. 그리스 철학자들은 독재주의 운동이 일어나기 쉬운 두 가지 전형적인 상황 —그 중 어느 것도 귀족주의적 우파나 자유주의적 좌파의 탓으로 돌릴 수는 없다— 을 기술했다. 즉, '구舊전제주의'는 가부장제 사회에서 도시와 기술

---

19 파샤: 오스만 제국의 고관, 고급 군인의 칭호이다.
20 데스카미도스: 스페인에서 1820년에서 1823년 사이에 조직된 민주주의적 정당 중 가장 격렬한 당파에 주어진 명칭으로, 프랑스의 상퀼로트(sans-culotte)에 해당한다.
21 후안 도밍고 페론(1895-1974): 아르헨티나의 군인 출신 정치인으로 대통령직을 역임했다.

사회에 이르는 과도기에 일어나며, '근대 전제주의'는 민주주의 내부의 당파 싸움에서 생겨난다. 구전제주의는 흔히 군대의 힘에 의지하고, 근대 전제주의는 보통 시민의 힘에 의지한다. 또한 구전제주의는 적어도 소수의 상승하는 계급의 일부, 즉 도시의 프티부르주아지에 의지하며, 구귀족계급이 자신들의 이익을 위해 만들고 유지시킨 여러 제도를 폐지한다. 근대 전제주의는 '약탈적인 법의 위협에 불안을 느낀 부유층'과 중산계급의 새로운 정체에서 버림받아 약탈자들의 희생물이 된 시민들 중에서 최빈곤층을 불안정하게나마 결합시켰다. 20세기 산업 사회에서도 이런 결합이 이루어진다. 사회주의의 침투를 두려워하는 대자본가들, 금권주의자들과 노동조합의 보호를 받는 노동자계급의 희생자들이라고 생각하는 중간 집단들, 노동자계급 중 최빈곤층(농업 노동자들 또는 실업자들), 또한 지지부진한 의회 활동에 대해 분개하는 모든 계급의 국가주의자들과 과격파들 등이 서로 결합될 수 있다.

19세기의 프랑스 역사를 보면 비교 가능한 몇몇 분리의 예가 있었다. 나폴레옹은 대혁명으로 인해 발생한 사회의 변동을 법전화했다. 하지만 그는 쇠약해지고 관대해진 군주제를 전제적이면서도 효율적인 개인의 독재로 대체해 버렸다. 사회주의 시대에 5개년 계획과 전제정치가 양립하듯이 부르주아 시대에도 민법과 독재정치가 양립하고 있었다.

좌파는 옛 유럽에서 발생한 투쟁의 이데올로기적 순수함을 지키기 위해 '파시스트 혁명'을 극단의 반동으로 해석하고자 했다. 좌파는 분명한 논거에도 불구하고 나치의 돌격대[22]가 사회민주주의뿐만 아니라 자유주의적 부르주아지 또는 귀족의 불구대천의 원수였다는 사실을 부인했다.

---

22 나치의 돌격대: 나치당의 준군사 조직으로 제복의 색 때문에 '갈색 셔츠단'으로도 불렸다.

좌파는 우파 혁명을 통해 자본가계급에게 권력이 이양되었고, 또 경찰국가의 독재가 의회민주주의라는 더 교활한 수단으로 대체된 것뿐이라고 줄기차게 주장했다. 여러 파시스트 운동 속에서 '대자본'이 어떤 역할을 했던 간에, 다음과 같은 경우에 '국민 혁명'의 의미는 왜곡된다. 즉, 이 국민 혁명이 특별히 독창적이라고 할 수는 없는 반동의 방식이거나, 또는 독점자본주의 국가의 상부구조라고 생각하는 경우가 그것이다.

분명, 볼셰비즘과 스페인의 파시즘인 프랑코주의를 양극단에 놓고 고려하는 경우, 우리는 주저하지 않고 전자를 좌파, 후자를 우파라고 부를 수 있다. 볼셰비즘은 전통적 절대주의를 대신해 옛 통치계급을 일소했으며, 생산수단의 집단소유화를 일반화했다. 또한 볼셰비즘은 평화와 빵과 토지의 소유욕에 굶주린 노동자들, 농민들과 군인들의 힘으로 정권을 장악했다. 의회 제도를 대체한 프랑코주의는 특권계급(대지주들, 기업가들, 교회, 군대)으로부터 재정 지원을 받으면서 전폭적인 지지를 받았다. 또한 이 스페인의 파시즘은 모로코 군대, 카를로스파Carlistes,[23] 그리고 독일과 이탈리아의 개입으로 내전에서 승리해 정권을 장악했다. 볼셰비즘은 합리주의, 진보, 자유 등과 같은 좌파의 이데올로기에 호소했다. 프랑코주의는 가족, 종교, 권위와 같은 반혁명적 이데올로기에 호소했다.

물론 모든 경우에서 대조가 이처럼 뚜렷한 것은 아니다. 독일의 국가사회주의는 사회당이나 공산당의 호소에 따른 자들과 마찬가지로 수많은 불행한 국민들을 동원했다. 히틀러는 은행가들과 기업가들로부터 자금을 지원받았으며, 많은 장군들은 그를 독일의 옛 영광을 회복해 줄 유일한 인물로 생각했다. 수백만의 독일 국민들은 선거, 정당, 의회를 더 이상 신뢰

---

23 카를로스파: 스페인의 왕당파 중 카를로스 데 몰리나 백작(카를로스 4세의 차남)의 혈통을 옹립하려 한 전통주의, 정통주의 세력이다.

하지 않았기 때문에 총통을 믿게 되었다. 성숙한 자본주의 국가에서 혹독한 경제적 위기에 패전에 따른 정신적 결과가 더해져 초기 공업화 시대와 유사한 상황이 발생했다. 의회의 뚜렷한 무기력과 경제의 정체停滯가 대비되었고, 부채에 허덕이던 농민들과 실업 노동자들은 반항을 위한 만반의 준비가 되어 있었다. 또한 자유주의자들, 금권주의자들, 사회민주주의자들을 모두 '현상 유지'의 기득권자들로 여기고 증오하는 수백만의 무직 지식인들도 있었다. 심각한 상황이 닥쳐와 대의제도의 능력과 대중 산업 사회를 통치할 필요성 사이의 불균형이 발생하게 될 때마다, 정당들은 힘을 동원해 독재를 하거나, 또는 그런 경향을 띨 위험이 다분하다. 활발한 행동을 위해 정치적 자유를 희생시키려는 유혹은 결코 히틀러나 무솔리니의 몰락과 더불어 사라진 것이 아니다.

국가사회주의는 집권이 장기화됨에 따라 조금씩 보수적이 되었다. 군의 지도자들, 명문가의 후예들이 사회민주주의의 지도자들과 함께 차례차례로 살해되었다. 경제는 점차 국가에 인수되었고, 당은 독일을 위시해 가능하면 전 유럽을 같은 이데올로기로 개조하려고 노력했다. 히틀러 체제는 당과 국가를 혼동했고, 집단들을 획일화했고, 소수자의 원리를 국가적 원리로 변환시켰으며, 폭력을 수단으로 하고 경찰에 무제한의 권한을 부여했다. 이런 점에서 히틀러의 체제는 반혁명가들의 몽상보다도 오히려 볼셰비키 체제를 닮은 것이 아닌가? 우파와 좌파, 또는 파시스트적 의사疑似 우파와 공산주의적 의사 좌파가 전체주의 안에서 하나로 통합된 것이 아닌가?

물론 히틀러식 전체주의가 우파에 속하고, 스탈린식 전체주의는 좌파에 속한다고 주장하는 것은 가능하다. 다음과 같은 구실을 내세우면서 말이다. 전자의 사상은 반혁명적 낭만주의에서 기인한 반면, 후자의 사상은 혁명적 합리주의에서 기인했다는 구실, 또 전자는 본질적으로 개별적, 민족적 또는 인종적이길 원하는 반면, 후자는 역사에 의해 선택된 계급에서 출발해서 보편적이길 원한다는 구실이 그것이다. 하지만 1917년 혁명 후 35년이 지난 오늘날에도 소위 좌파 전체주의는 대ㅊ러시아의 민족주의를 부르짖고, 세계주의를 비난하며, 삼엄한 경찰국가의 전제주의 체제를 유지하고 있다. 달리 말해 좌파의 전체주의는 독단적인 권력과 교회의 몽매주의에 반대하는 계몽 운동이 추구하고자 했던 자유롭고 개인적인 여러 가치를 계속 부인하고 있다.

국가지상주의와 공포가 혁명의 성공과 산업화에 불가피하다는 논법은 외관적으로 보아 더 가치 있는 것으로 보인다. 또 이런 논법을 따른다면 볼셰비키는 성공한 자코뱅파이고, 유리한 상황을 이용해 지배 영역을 확장했다고 할 수 있다. 새로운 이념에 사로잡힌 러시아와 다른 나라들은 서구보다 경제적으로 뒤떨어졌다. 그로 인해 진보를 구현한다는 대의명분을 내세워 당은 지배 체제를 확립하기 위해 인민들에게 궁핍과 노력을 부과했다. 에드먼드 버크Edmund Burke[24] 역시 자코뱅파적 국가의 존재 자체가 전통적인 정치 체제에 대한 공격이며, 또 전통적인 정치 체제와 혁명적 사상 사이의 전쟁은 불가피하고 진정될 수 없는 것이라고 생각했다. 어쨌든 머지않아 공산주의자의 정열은 소진되고, 생활수준의 향상은 과거의 큰 분열을 극복하는 데 도움이 될 것이다. 결국 수단이 그 목적 이상으로 잘못되었다는 것을 깨닫게 될 것이다.

돌이켜 보면 구제도에 맞서 궐기했던 그 당시의 좌파는 상호 모순적이지도 않고 연대적이지도 않은 여러 목적을 달성하기 위함이었다. 프랑스는 대혁명을 통해 유럽의 여러 나라에 앞서 법전과 서류상의 사회적 평

---

24 에드먼드 버크(1729-1797): 아일랜드 출신의 영국 정치가이자 정치철학자로, 최초의 근대적 보수주의자이며, '보수주의의 아버지'라 불린다.

등을 실현했다. 하지만 왕정의 몰락과 특권계급의 정치 질서로부터의 배제로 인해 프랑스 정치 체제는 약 한 세기에 걸쳐 불안한 시기를 겪었다. 1789년과 1880년 사이에 프랑스에서는 개인의 자유와 입헌 정치의 권위가 영국에서와 같이 계속 존중되지 못했다. 왕당파이건 공화파이건 헌법의 형태보다는 인신보호법Habeas corpus,[25] 배심원재판, 신문의 자유, 대의제도 등에 더 큰 관심을 가졌던 프랑스의 자유주의자들은 언제나 무기력한 소수파를 대표하는 데 불과했다. 영국에서도 19세기 말에 비로소 보통선거가 도입되었을 뿐이다. 하지만 영국은 국민투표에 근거한 독재를 경험하지 않았으며, 시민들은 불법적인 체포도 신문의 검열이나 발행 정지도 두려워할 염려가 없었다.

그런데 이와 동일한 현상이 지금 우리 눈앞에서 전개되고 있다고 할 수 있지 않을까? 방법의 갈등을 원칙의 갈등으로 잘못 해석하지는 않았을까? 산업 사회의 발달과 대중의 통합은 보편적인 사실이다. 생산의 국유화에 이르지는 못한다고 해도 국가에 의한 통제, 전문 노동조합의 일반 국민 생활에의 참여, 노동자들의 합법적 보호 등은 우리 시대 사회주의의 최소 계획이다. 경제 발전이 상당한 수준에 이르고, 민주주의의 실행이 깊이 뿌리내린 여러 나라에서는 노동운동법이 자유를 희생시키지 않으면서도 대중의 통합을 가능케 해 주고 있다. 그와 반대로 경제 발전이 더디고, 절대주의의 단계에서 금세기의 임무들에 부적당했던 러시아와 같은 여러 나라에서 혁명당은, 정권을 잡자마자 산업화를 서두르고, 또 인민에게는 불가피한 희생과 규율을 따르도록 강제하는 수밖에 없었다. 소비에트 체제는 그 안에 자코뱅파의 정신 상태와 계획 수립자들의 초조함이라는 흔적을

---

25   인신보호법: 신체의 자유를 보장하는 영미법의 한 제도로, 이유 없이 구금되었을 때 인신보호영장을 신청해 구금에서 풀려날 수 있게 되었다.

안고 있다. 이 체제는 이데올로기적 회의와 부르주아화가 점차 절충됨에 따라 사회민주주의에 가깝게 될 것이다.

비록 우리가 상대적으로 낙관적인 전망에 찬동한다고 해도 공산주의적 좌파와 사회주의적 좌파 사이의 화해는 먼 장래에나 이루어질지 모를 일이다. 공산주의자들은 언제쯤 그들의 사명의 보편성을 믿지 않게 될까? 생산력의 증가로 인해 경찰에 의한 공포와 이데올로기적 절대주의는 언제쯤 쇠약해질까? 수억의 인류가 여전히 빈곤에 허덕이고 있으며, 그런 만큼 풍요를 약속하는 교리는 앞으로 여러 세기 동안에 신화와 현실 사이의 거리를 메꾸기 위해 선전을 독점해야 할 것이다. 결국, 정치적 자유와 경제 계획이 조화를 이루기 위해서는 프랑스 대혁명의 사회적 정복과 정치적 목적이 일치하는 데 한 세기가 필요했던 것보다 더 많은 곤란을 겪을 것이다. 의회제 국가는 이론적으로나 실제적으로나 부르주아 사회의 요구들과 일치했다. 계획경제는 독재국가 이외의 국가와 조화될 수 있을까?

좌파가 타도를 위해 궐기했던 압제보다도 더 끔찍한 압제를 진보하면서 변증법적으로 초래하는 것이 아닐까?

제도의 변증법

좌파는 관념에 의해 규정된 반대당에서 형성되었다. 좌파는 인간과 마찬가지로 불완전한 사회 질서를 비난해 왔다. 하지만 일단 좌파가 득세하여 기존 사회에 대한 책임을 지게 되자 이번에는 반대파 또는 반혁명파가 된 우파가 별 어려움 없이 다음과 같이 비난하게 되었다. 좌파가 권력에 맞서는 자유나 소수의 특권자들에게 맞서는 인민을 대표하는 것이 아니라 또 다른 권력에 맞서는 하나의 권력, 또 다른 특권계급에 맞서는 하나의 특권계급을 대표한다고 말이다. 승리를 구가하는 혁명의 이면이나 치러야 할 비용을 알기 위해서는 이제 추억으로 변형된 정권, 또는 현재의 불평등에 의해 원상 복귀된 낡은 정권의 대변자의 논법, 즉 19세기 초기의 보수주의자들의 논법이나 오늘날의 자유주의적 자본가들의 논법에 귀를 기울이는 것으로 충분하다.

수 세기에 걸쳐 정립된 여러 사회적 관계는 대부분 인간화되었다. 여러 계급에 속하는 구성원들의 지위의 불평등에도 불구하고 상호 존중은 배제되지 않았으며, 진정한 관계의 정립은 남아 있었다. 과거를 돌아보면서 사람들은 옛날의 인간관계의 미덕을 찬양하고, 또 충성과 충의의 미덕을 칭찬했다. 물론 그들은 그런 인간관계를 이론적으로는 평등하지만 냉혹한 인간관계와 대조시키곤 했다. 예컨대 방데인들Vendéens은 그들을 구속하고 있는 족쇄보다는 오히려 기존의 생활양식을 위해 싸웠다.[26] 사건으로부터 멀어짐에 따라 사람들은 과거에 신민으로 있을 때의 행복과 오늘날에 시민이 겪는 고통을 스스럼없이 대조하곤 한다.

반혁명적인 논법으로 혁명 이후의 국가를 군주제 국가와 비교하고, 또 새로운 부유층과 권력의 횡포로부터 보호받지 못한 개인들을 구제도하에서 위계화된 소규모의 집단 속에서 잘 결합된 프랑스 농민들과 도시인들과 비교하곤 한다. 공안위원회나 보나파르트의 독재 또는 나폴레옹 황제의 지배하에서 많은 임무를 수행하고자 했던 국가가, 루이 14세 치하의 국가보다 국민들에게 더 많은 것을 요구했다는 것은 명백하다. 18세기의 세습 군주 중에서 그 누구도 결코 일반징병제의 시행을 꿈꾸지 못했을 것이

---

26 1793년부터 1796년까지 프랑스 서부에 위치한 방데(Vendée)를 중심으로 프랑스 혁명정부에 저항해 일어난 농민 봉기이며, 봉기한 농민군과 자코뱅파가 주도하는 프랑스 혁명정부 사이에 벌어진 전쟁, 그리고 그 결과 이어진 대학살을 가리킨다.

다. 개인의 불평등의 폐지와 더불어 선거권과 병역의무가 동시에 생겼는데, 병역의무가 선거권보다 훨씬 앞서 시행되었다. 혁명파는 절대주의의 철폐, 인민 대표자들의 입법에의 참여, 독단을 대체한 헌법, 또 마지막으로 행정부 자체의 간접적 축출 등을 강조했다. 반혁명파는 권력이 원칙상으로는 절대적이나 실제로는 관습과 많은 중간 단체들의 특권, 불문율 등에 의해 제한되어 있음을 상기시켰다. (어쩌면 모든 혁명과 마찬가지이지만) 프랑스 대혁명의 결과로 국가의 개념이 새로워졌고, 또 그 사실상의 기능도 새로워졌다.

사회주의자들은 반혁명파 논법의 일부를 채택했다. 다양한 개인적 지위의 불평등을 철폐함으로써 사람들 사이에는 빈부격차 이외의 다른 차별이 없어졌다. 귀족은 정치적 지위와 위신, 그리고 그의 사회적 위치의 경제적 토대와 토지 소유권을 대부분 잃었다. 하지만 평등을 구실로 부르주아지는 부와 국가를 독점하게 되었다. 특권을 가진 소수집단이 특권을 가진 다른 소수집단을 대체한 것이다. 그렇다면 국민은 그로부터 어떤 이익을 얻었을까? 게다가 사회주의자들은 개인주의에 대한 비판에서도 반혁명파에 동조하는 경향이 있었다. 사회주의자들도 역시 시장의 우연과 예측 불가능한 경기 순환의 변동에 휩쓸려 서로 싸우고 있는 수백만의 군중들 속에 함몰되어 살아가는 곳을 공포에 전율하는 정글로 묘사했다. 약자들을 강자들로부터, 빈자들을 부자들의 이기주의로부터 보호하기 위해, 또 경제 자체를 무질서로부터 보호하기 위해, 집단에 의한 경제생활을 의식하는 '조직'이란 슬로건이 '해방'이란 슬로건을 대체하거나 추가되었다. 하지만 옛 프랑스에서 부르주아 사회로의 이행에 수반되었던 동일한 변증법이 자본주의에서 사회주의에로의 이행에서는 더욱 악화된 형태로 다시 나타났다. 개인들의 손에 생산수단을 대거 집중시킨다고 트러스트를 비난하는 것은 좌파의 단골 주제 중 하나이다. 좌파는 인민의 옹호자요, 압제자에 대한 채찍을 자처한다. 트러스트를 운영하는 자들은 일반 백성들을 억압하고 공중의 이익을 무시하는 봉건 영주의 근대판 모습이다. 여러 좌파 정당들이 제시하는 해결책은 트러스트를 해체하는 것이 아니라, 오히려 몇 개의 산업체나 지나치게 거대한 몇몇 기업체의 통제를 국가에 일임하는 것이다. 다음과 같은 고전적인 반론은 제쳐 두자. 국유화는 거대 기업으로 인한 경제적 불편함을 제거하기는커녕 더 조장한다는 반론을 말이다. 노동자들이 포함된 기술관료적 위계질서는 소유권의 지위에 변화를 가져오지 못한다. 프랑스의 르노자동차 공장이나 채탄회사의 중역들은 그들의 기업에 유리한 결정을 위해 정부에 압력을 가할 수 있다. 국유화로 인해 대기업주들이 비밀리에 행사했다고 비난받는 정치적 영향이 배제된다는 것은 사실이다. 그들이 마지못해 내놓는 여러 행동 수단은 국가의 지도자들에게 되돌아간다. 그들의 책임은 생산수단의 소유자들의 책임이 감소함에 따라 비례해 더 커진다. 국가가 민주적으로 남게 되면, 국가의 범위가 확장됨과 동시에 약해질 위험이 있다. 한 정당이 국가를 차지하는 경우, 좌파가 트러스트를 비난할 때에는 언제나 그 이유로 내세운 경제적 힘과 정치적 힘의 결합을 실현하고 그것을 유리하게 이용한다.

생산을 위한 근대적 기구에는 기술관료적이라고 부를 수 있는 위계질서가 포함되어 있다. 그 최상위층에는 이른바 기술자들이나 기사技士들이 아니라 조직자들이나 경영자들이 자리 잡고 있다. 프랑스, 영국 또는 소련에서 실시된 것과 같은 국유화가 이루어진다고 해도 자본가들로부터 노동자들을, 트러스트로부터 소비자들을 보호하지 못한다. 국유화는 주주들, 행정위원회의 구성원들, 재정가들, 소유주와의 관계에 실질적이라기보다 명목상 참여하고 있거나, 또는 주식의 조작으로 기업들의 운명에 영향을 줄 수 있는 자들을 모두 배제한다. 이런 국유화의 장점과 단점을 정리하고자 하는 것은 여기에서의 주된 관심사가 아니다. 우리는 국유화의 경우에 좌파의 개혁을 통해 특권자들 사이의 힘의 분포가 변화된다는 점을 지적하는 것으로 그치고자 한다. 국유화를 통해 빈자들이나 약자들의 지위가 고양되지 않을 뿐만 아니라, 부자들이나 강자들의 지위가 낮아지는 것도 결코 아니다.

서구 사회에서 기술관료적 위계질서는 산업 기구 한 분야에 한정되어 있다. 수많은 중소기업들이 존재하고, 농업에서는 여러 신분(지주, 자작농, 소작농)이 있으며, 분배 체계에는 거대 연쇄점들과 길모퉁이에 있는 작은 규모의 잡화상들이 있다. 이렇듯 서구 사회의 구조는 복잡하다. 전前 자본주의 시대의 귀족의 후예들, 몇 세대에 걸친 부자들, 개인 기업가들과 농장 주민들은 여러 가지의 사회 형태와 독립 집단을 이루고 있다. 수백만의 사람들이 국가 밖에서 생활할 수 있다. 기술관료적 위계질서를 확대시키는 것은 이런 복잡한 조직의 해체를 의미할 수도 있다. 어떤 개인도 다른 개인에게 더 이상 종속되지 않을 것이고, 또 그런 자격으로 모두가 국가에 복종하게 될 것이다. 좌파는 개인을 직접적인 종속에서 해방시키려고 노력할 것이다. 하지만 좌파는 개인을 권리상으로는 멀리 있지만, 사실상으로는 도처에 있는 공공 행정에 종속시킬 수도 있다. 그런데 국가가 관여하는 사회의 영역이 넓으면 넓을수록, 이 국가가 민주적으로 될 기회는 그만큼 더 줄어든다. 다시 말해 국가가 상대적으로 자치집단들 상호 간의 평화 경쟁의 대상이 되는 기회가 더 줄어드는 것이다. 사회 전체가 하나의 거대 기업에 비교될 수 있게 되는 날, 최상층의 사람들에게서 하층에 있는 대중들의 의사에 무관심하고자 하는 유혹은 과연 저항할 수 없는 것이 될 것인가?

이런 사태가 진전됨에 따라 전통적인 수많은 관계와 지역공동체 사회의 잔존은 민주주의의 발전을 제어하기보다는 오히려 개인들이 과도하게 비인간적인 관료 제도 ─산업 문명의 심연에서 솟아나는 비인간적인 괴물─ 에 흡수되는 것을 막아 주는 방파제로 보인다. 이제 시간에 의해 약화되고 정화된 역사적인 위계질서는 과거에 겪었던 불평등의 옹호자라기보다는 오히려 사회주의의 절대주의적 경향에 대한 방파제로 보인다. 사회주의의 익명의 독재 체제에 맞서 보수주의는 자유주의의 동맹자가 된다. 만일 과거에서 물려받은 이 제어 장치마저 무너진다면, 그 어떤 것도 전체주의 국가의 도래를 저지하지 못하게 될 것이다.

이처럼 인간의 해방을 최종 목표로 하는 역사에 대한 낙관적 해석은 전체주의, 곧 인간의 육체와 정신의 노예 상태는 '국가'를 철폐하는 일로 시작해서 인간과 집단의 모든 자율을 파괴하는 일로 끝나는 운동의 결과라는 점에 의해 비관적인 견해로 대체된다. 소련의 경험을 보면 이미 19세기에 명석한 통찰력을 가진 몇 사람에 의해 예견되었던 이런 비관주의가 조장되었음을 볼 수 있다. 가령, 토크빌Alexis de Tocqueville[27]은 분명하게 예언한 바 있다. 만일 대의제도가 대중의 조급함에 의해 일소된다면, 만일 처음에는 당당했던 자유의 의미가 그 힘을 잃고 만다면, 민주주의의 되돌릴 수 없는 원동력이 어떤 결과를 초래할 것인가에 대해서 말이다. J. 부르크하르트Jacob Burckhardt[28]나 에르네스트 르낭Ernest Renan[29]과 같은 역사가들은 인간들의 화해를 바라는 마음보다 오히려 암흑시대에 있었던 독재정치를 더 두려워했다.

우리는 이런 두 가지 주장에 찬동하지 않을 것이다. 기술이나 경제 구조의 불가피한 변화나 국가의 확대에 반드시 해방이나 노예화가 포함되어 있는 것은 아니다. 하지만 모든 해방에는 새로운 형태의 노예화의 위험

27　알렉시 드 토크빌(1805-1859): 프랑스의 정치철학자, 정치가이자 역사가이다.
28　야코프 부르크하르트(1818-1897): 스위스의 미술사와 문화사를 연구한 역사가이다.
29　에르네스트 르낭(1823-1892): 프랑스의 문헌학자, 철학자이자 종교사가이다.

이 포함되어 있다. 좌파의 신화는 역사의 운동은 각 세대의 부를 축적하는 행복한 종말을 향해 가는 과정이라는 환상을 만들어 낸다. 사회주의 덕택으로 부르주아들이 쟁취한 형식적인 자유에 현실적인 자유가 가미될 수 있다. 물론 역사는 변증법적이다. 현재 공산주의자들이 이 단어에 부여하는 것과 같은 엄밀한 의미에서는 아니다. 여러 제도가 반드시 모순적인 것은 아니다. 반드시 분열과 폭력을 통해 한 제도에서 다른 제도로 넘어가는 것도 아니다. 하지만 각 제도 안에서 사람들은 상이한 위협에 봉착하게 되고, 또 그로 인해 같은 제도도 그 의미가 달라진다. 그들은 금권정치에 맞서 보통선거 또는 국가에 호소한다. 그들은 급속도로 침해해 오는 기술주의에 맞서 지방자치나 직업적 자치제를 지키기 위해 노력하기도 한다.

주어진 한 제도에서 궁극적으로는 양립하기 어려운 요구들 사이에서 합리적인 타협을 이루는 것이 문제이다. 균등한 소득을 향한 노력을 가정해 보자. 자본주의 제도에서는 과세가 부자들과 가난한 자들 사이의 차이를 줄일 수 있는 수단 중 하나이다. 이 수단은 직접세의 부담이 균등하게 이루어지고, 또 국민의 일인당 소득이 충분히 오른다면 효과가 없지 않을 것이다. 나라에 따라 다르기는 하지만 과세는 어느 구간에서부터 소득을 감추거나 속이는 경우가 생기며 자발적으로 납부를 하지 않게 된다. 우리는 경쟁의 원리와는 분리될 수 없는 어느 정도의 불평등을 감내해야 한다. 상속세가 많은 재산의 분산을 가속화시키기는 하지만 불평등을 완전히 없애지 못한다는 사실을 인정해야 한다. 결국 이런 방법으로는 소득의 균등을 위한 방향으로 무한정 나아가지 못한다.

현실의 저항에 실망한 좌파에 속한 사람은 철저한 계획경제를 요구하는가? 하지만 그런 사회에서도 또 다른 형태의 불평등이 생겨날 것이다. 이론상으로 보면 계획자들은 그들에게 합당하게 보이는 범위 내에서 소득의 불평등을 줄일 수 있을 것이다. 대체 어떤 조치가 그들에게 집단 이익이나 개인 이익에 모두 합치되는 것으로 보일까? 경험도 심리적인 그럴 듯함도 평등이라는 대의명분에 유리한 답을 주지 않는다. 계획자들은 개인의 노력을 촉구하기 위해 임금의 폭을 넓힐 것이다. 그렇다고 해서 그들을 비난할 수는 없을 것이다. 좌파는 반대당일 때에는 평등을 요구하고, 또 자본가에게는 부의 산출에 책임이 있다고 강변한다. 하지만 일단 정권을 장악하게 되면 좌파도 역시 평등의 요구와 대량 생산의 필요를 조정해야 한다. 계획자들에 대해 말하자면, 그들은 자신들의 노력이 자본가들인 전임자들의 노력에 비해 더 가치 있다고 생각할 것이다.

집단 자원의 대량 증가가 지금까지의 역사적 평균을 크게 상회하지 못한다면, 모든 제도는 경제적 평등을 일정 부분만 이룰 수 있을 뿐이다. 우리는 하나의 경제의 기능 방식과 밀접한 관계가 있는 불평등을 없앨 수는 있다. 하지만 그 경우에도 또 다른 형태의 불평등이 자동적으로 나타나게 될 것이다. 소득 평등화의 한계는 사회적 자원의 양과 인간의 이기주의에 의해 결정된다. 하지만 이 한계는 또한 불평등에 대한 항의와 마찬가지로 정당한 집단의 정당한 도덕적 요구에 의해서도 결정된다. 가장 활동적이고 또 가장 재능 있는 자들에게 보상을 해 주는 것은 정당할 뿐만 아니라, 어쩌면 생산력의 증가에도 필요할 것이다.[30] 만일 영국과 같은 나라에서 절대적인 평등이 실현된다고 가정한다면, 문화를 유지하고 풍요롭게 하는 소수자에게 창조적 활동에 필요한 여러 조건을 보장해 주지 못할 것이다.[31]

---

30 우리가 살고 있는 시대에는 아주 많은 수입이나 굉장한 재산이 반드시 필요한 것은 아니다. 자본주의를 채택한 여러 민주주의 국가에서는 국가가 많은 수입 중 상당 부분을 가져가고 있다. 그와 마찬가지로 굉장한 재산을 가진 자들이 있기는 하지만 그 비율은 현저히 줄어들고 있다.
31 베르트랑 드 주브넬은 이렇게 셈하고 있다. 즉, 250리브르보다 낮은 소득을 연간 250리브르에 맞추기 위해서는 1947-1948년에 세금 부과 후에 최고 높은 소득을 500리브르로 한정시킬 필요가 있다

좌파가 박수갈채를 보내고, 또 여론의 거의 전적인 지지를 받는 사회적 입법들이 선거권이 없는 시민들에게까지도 적용되기 시작했다. 하지만 이 입법들이 다른 사람들의 정당한 이익을 해치지 않고 무한히 확장될 수는 없었다. 예컨대 프랑스에서 임금에 대한 세금으로 충당되는 가족수당은 젊은이들과 독신자들, 달리 말해 가장 생산적인 사람들의 희생으로 가족의 가장들이나 노인들에게 혜택을 주고 있다. 좌파는 경제적 진보를 가속화하는 것보다 고통을 줄이는 일에 더 큰 관심을 가져야 하는가? 그 경우에 공산주의자들은 좌파에 속하지 않게 될 것이다. 하지만 사람들이 생활수준의 문제에 골몰해 있을 때, 비공산주의 좌파는 자본가들이 과거에 그랬듯이 서둘러서 사회적 생산의 증가에 관심을 가져야 한다. 결국 이런 증가는 사회 전체의 복지와 마찬가지로 개인들의 복지에도 합당하다. 여기에서 다시 이상주의자의 의지는 사회 대중에 저항하며, 또한 '각자의 필요에 따라'와 '각자의 작업에 따라'라는 서로 다른 슬로건 사이에도 모순이 드러나게 된다.

영국에서는 간접세와 결합된 식량 보조금을 통해 가족 내에서의 여러 비용이 재분배된다. 1950년 4월 1일 자 『이코노미스트*Economist*』지가 인용한 통계를 보면, 일 년 수입이 5백 파운드 이하인 가족은 국가에서 매주 평균 57실링씩을 받고, 세금과 사회봉사의 기부금 명목으로 67.8실링을 지불했다. 특히 주류와 담배로 31.4실링을 지불했다. 이런 상황에 이르게 되면 복지국가와 재정 정책은 그 목적을 스스로 부인하게 된다. 오늘날 국가 지출과 과세 삭감은 아마도 1900년에 가졌던 의미와는 반대될 것이다. 정치에서 '일방통행'은 큰 환상이며, 이데올로기적 열광은 재난의 근원이 된다.

고 말이다.(*The Ethics of redistribution*, Cambridge University Press, 1951, p.86.)

좌파 사람들은 몇몇 경제적 메커니즘을 위해 정확하게 관념에 속할 뿐인 위신을 요구하는 잘못을 저질렀다. 공공 소유나 완전고용은 그것들의 도덕적인 영감이 아니라 효율성에 따라 판단되어야 한다. 좌파 사람들은 마치 미래란 항상 과거보다도 훌륭하다는 듯이, 또 마치 변화를 추구하는 진보당은 보수주의자들에 비해 항상 옳은 것으로 여기면서 과거의 유산을 당연한 것으로 알고, 또 새로운 정복에 전념할 수 있는 것처럼 끝없이 상상의 날개를 펼치는 잘못을 저질렀다.

전통적이든, 부르주아적이든 또는 사회주의적이든, 그 어떤 제도에서도 정신의 자유와 인간적 연대가 완전히 보장된 적은 없다. 좌파의 정신에 충실한 유일한 좌파는 자유나 평등이 아니라 오히려 박애, 즉 사랑을 촉구하는 좌파이다.

이상과 현실

우리가 분석의 편의를 위해 분리한 좌우파 대립의 다양한 의미는 서구의 여러 나라에서 다소 정도의 차이를 보인다. 좌파는 모든 곳에서 구제도에 대한 투쟁이라는 몇몇 특징을 가지고 있다. 좌파는 모든 곳에서 사회입법, 완전고용, 생산수단의 국유화에 대해 관심을 표명하고 있다. 좌파는 모든 곳에서 좌파를 자칭하고 또 감히 완전히 부인할 수도 없는 스탈린주의적 전체주의의 가혹성으로 인해 위태로워지고 있다. 좌파는 모든 곳에서 의회의 지지부진한 활동과 대중의 초조함으로 말미암아 정치적 가치들과 경제적 가치들의 분리를 낳을 위험에 처해 있기도 하다. 하지만 이런 의미들이 밀접하게 연결되어 있는 나라들과 하나의 의미가 토론을 지배하고 또 정치 노선의 형성을 결정하는 나라들 간에는 큰 차이가 있다. 프랑스는 전자에 속하는 반면, 영국은 후자에 속한다.

영국에서는 큰 노력 없이 파시즘을 일소에 부치는 데 성공했다. 윌리엄 조이스William Joyce[32]는 사태의 흐름에 따라 조롱이나 배신 중 하나를 택해야만 하는 상황에 몰렸다. (그는 배신을 택했다.) 노동조합의 지도자들은 자신들이 국가 공동체에 속해 있다는 사실과 국가의 전통을 저버리거나 입헌주의 생활의 계속성을 중단하지 않으면서도 노동자들의 삶의 조건을 개선할 수 있다고 확신했다. 현재 의회에서 단 한 석도 차지하지 못한 공산당에 대해 보자면, 이 당은 침투 활동이나 세포 조직을 통해 노동조합에서 겨우 약간의 중요한 지위를 얻었을 뿐이다. 공산당이 지식인들 중에서 얼마 안 되는 당원들과 동조자들을 얻고 있기는 하다. 하지만 이 당은 정치계나 언론계에서는 중요한 역할을 하지 못하고 있다. 몇몇 '좌파' 주간지는 꽤 영향력이 있긴 하다. 이 주간지들은 유럽 대륙이나 아시아의 여러 국가에게는 인민전선이나 소비에트화의 장점들에 관대하게 동의하고 있다. 하지만 이 주간지들은 오랜 전통을 가진 영국을 위해 그런 장점들을 요구할 의도가 없어 보인다.

영국에는 파시스트당이나 공산당이 없으므로 사상에 대한 토론은 모두 현실적인 갈등과 관련된다. 사회적 차원에서는 평등에 대한 갈망과 과거의 유산인 계급제도 사이의 대립, 경제적 차원에서는 집단적 경향(집단적 소유, 완전고용, 통제)과 자유 시장 기구에 대한 선호 사이의 대립 등이 그것이다. 한편에서는 평등주의 대 보수주의, 다른 한편에서는 사회주의 대 자유주의의 대립이 있다. 보수당은 현재 상태에서 소득의 재분배를 멈추고

---

32 전쟁 중에 호호 경(Lord Haw-Haw)이라는 이름으로 더 알려졌으며, 영어로 송출된 독일 라디오 방송에서 중요한 역할을 맡았다.

자 하는 반면, 노동당, 적어도 신新파비안Fabiens 지식인들[33]은 그것을 좀 더 밀고 나가고자 한다. 보수당은 대전 중에 노동당이 인계받았던 여러 통제 기구를 해체했다. 하지만 노동당은 다시 집권하면 그것들을 부분적으로 다시 세울 것인지를 자문하고 있다.

만일 두 개의 정당 대신에 세 개의 정당이 있다면, 상황은 더 분명해질 것이다. '토리당원들Tories'[34]의 자유주의는 반대에 직면해 있다. 온건 좌파 (프랑스에서 그렇게 부른다)에 속하는 사람들, 즉 이성적인 사람들과 개량주의자들 중에는 국가주의로 기우는 경향이 있는 사회주의자들에게 투표하기를 주저하는 자가 많다. 사회주의 좌파와 혼동해서는 안 될 비타협주의 좌파의 정신을 대표하는 의원은 아직 의회에 진출하지 못하고 있다.

정치 세력이었던 자유당의 소멸은 부분적으로 역사적 상황에서 기인했고(1차 세계대전 후의 로이드조지David Lloyd-George[35] 정부의 위기), 또 제3당을 무자비하게 제거해 버리는 선거제도에서도 기인했다. 하지만 자유당의 소멸은 역사적 의미를 갖기도 한다. 개인의 자유 존중과 평화스러운 통치 방법이라는 자유주의의 본질은 더 이상 한 정당의 독점물이 아니다. 왜냐하면 이 본질은 모든 정당의 공동선이 되어 버렸기 때문이다. 종교적 이단이나 정치적 이의를 주창할 권리가 더 이상 문제가 되지 않게 되었을 때, 비타협주의는, 이렇게 말하자면, 전쟁에서 승리한 후와 같이 이미 그 기능을 다한 것이다. 이제는 노동당이 세속화된 기독교에서 태어난 영국 좌파의 도덕적 영감의 주도권과 책임을 짊어지고 사회개혁을 목표로 내걸고 있

---

33 신파비안 지식인들: 1884년에 설립되어 20세기 초에 노동당 설립에 관여하고, 2차 세계대전 후 노동당 집권이 실현됨과 동시에 현실화된 복지국가 건설에 사상적, 이론적 기초를 제공한 영국 지식인 집단이다.

34 토리당원들: 영국의 보수당인 토리당 당원들을 가리킨다.

35 데이비드 로이드조지(1863-1945): 영국의 정치가로 1차 세계대전 중에 총리를 역임했다.

다. 어떤 의미에서 19세기의 좌파는 너무 완벽한 승리를 거두었다. 자유주의는 더 이상 좌파의 고유한 특징이 아니다. 또 다른 의미에서 19세기의 좌파는 사태에 압도당하고 말았다. 노동당은 오늘날 기득권이 없는 사람들의 요구의 대변인처럼 보인다.

노동당원들은 1945년에 그들 자신도 놀랄 만한 대승리를 거두었다. 그들은 5년 동안 입법의 자유를 한껏 누렸고, 또 그 권리를 대대적으로 이용했다. 1950년의 영국은 분명 1900년 또는 1850년의 영국과는 많이 달랐다. 반세기 전에 영국에서 소득 불평등은 서구의 다른 어떤 나라보다 더 심했지만, 오늘날에는 대륙의 어떤 나라보다도 심하지가 않다. 이제 사기업의 발상지가 사회입법의 거의 완성된 모델을 보여 주고 있다. 만일 무상 건강 진료가 프랑스에 도입되었다면, 이 나라에서 사회입법의 이론과 제도의 정신이 제대로 구현된 증거를 볼 수 있었을 것이다. 물론 영국에서도 산업의 일부가 국유화되고, 농산물 시장이 조직화되기는 했다. 하지만 영국에서 어떤 결과가 파생되었든지 간에, 영국은 여전히 전과 다름없는 나라다. 프롤레타리아트의 삶과 노동 조건은 개선되었으나 근본적으로 변하지는 않았다. 인도에서는 행운을 맛보았지만, 근동에서는 불행을 맛보았던 노동당의 외교는 그 본질상 보수당 정부의 그것과 큰 차이가 없다. 그렇다면 사회주의는 결국 그것밖에 아니었던가?

보수당과 노동당 양쪽에서 의문이 제기되었다. 노동당 쪽에서는, 특히 지식인들 사이에서는 무엇을 할 것인가를 자문했다. 보수당 쪽에서는 자신감을 되찾았고, 지난 세기와 마찬가지로 영국은 피를 흘리지 않고 또 여러 세기에 걸쳐 세웠던 전통도 희생시키지 않으면서 대륙에서 발생한 여러 혁명의 주요 사상을 수용했다는 것을 의심치 않았다.

『파비안 신평론집*Les Nouveaux Essais fabiens*』[36]에는 빈곤에 대한 투쟁보다는 현재의 부에 대한 투쟁의 욕망이 나타나 있다. 사람들은 개인에게 일을 하지도 않고 살 수 있는 가능성을 주는 재산 집중 현상을 일소하고자 했다. 그들은 또한 최고, 최저 임금의 폭을 줄일 수 있는 공공 부문을 확대시키고자 했다. 사적 부문이 대부분의 경제 영역을 차지하고 있는 한, 최고 임금의 수준은 이 사적 부문에 의해 결정된다. 만일 국가가 국영 산업 관리자들에게 큰 사기업의 중역들보다 보수를 적게 준다면, 국가는 유능한 인재들을 잃게 될 것이다. 만일 옛 지배계급을 파산시킬 수 있다면, 영국 사회가 여전히 간직하고 있는 귀족적인 성격을 완화시킬 수 있을 것이다.

이런 종류의 연구는 당연히 하나의 정치적 이론에 포함된다. 영국의 사회주의자들은 그들의 계획을 대부분 실현하고, 그다음 단계로 이것을 공고화할 것인지 아니면 새로이 더 진전시킬 것인지를 묻고 있다. 공개적으로 말하는 것은 아니지만, 온건파들 역시 공고화의 주장을 받아들이고 있으며, 또한 역사적 차원에서 장차 제기될 여러 경제문제들을 제기하고 있는 다소 진보적인 보수당과도 제휴하고 있다. 그 문제들은 다음과 같은 것들이다. 노동조합들이 고용주들과 자유로이 교섭할 수 있을 때에 완전고용하에서 어떻게 인플레이션을 피할 것인가? 어떻게 경제의 유연성을 유지하고, 기업가들의 창의력을 고취할 것인가? 어떻게 과세를 제한하고 줄일 것인가? 장래가 확실치 않은 산업을 위한 투자에 필요한 자본을 어디에서 끌어올 것인가? 요컨대 가장 재능 있는 자들의 상승을 막거나 사회 전체의 발전을 저해하지 않고 어떻게 자유 사회를 사회주의에 동화시키며, 또 전 구성원들의 안전을 어떤 방식으로 보장할 것인가?

영국에서는 여전히 우파와 좌파 간에 토의가 가능하다. 노동당의 개혁

---

36 *New Fabian Essays*, publié par R. H. S. Crossman, Londres, 1952.

이 불충분하다고 실망하는 자들과 그 개혁이 연장될까 봐 두려워하는 자들 사이에도 토의가 가능하다. 불평등이 사라지고 집단소유가 더 많아지기를 바라는 자들과 더 많은 노력을 독려하고 보수를 올리는 일에 관심을 기울이는 자들 사이에도 토의가 가능하다. '물리적 통제'를 신뢰하는 자들과 시장 메커니즘의 기능을 재건하기를 바라는 자들 사이의 토의도 가능하다. 영국의 지배계급은 부와 권력의 일부를 희생하는 것에 기꺼이 동의했다. 이 계급은 여전히 귀족적인 생활양식을 향유하고 있으나, '미래의 세력'을 구현할 것 같은 자들과의 협정을 계속 구하고 있다. 아마도 우파는 좌파의 모습이 어리는 신新영국을 결코 좋아하지 않을 것이다. 하지만 모두가 지혜나 또는 열의로 신영국을 받아들이고 있다. 윈스턴 처칠은 선거 유세를 위한 공공 모임에서 '예속에의 길'을 설명하면서 계획경제에 따르는 '게슈타포'의 숙명적 출현에 대해 암시했다. 누구도 처칠의 이 말을 두려워하지 않았다. 처칠은 그저 많은 유권자들을 웃게 만들었다. 하지만 오늘날 우리에게 선거 유세의 한 논조처럼 보이는 것이 지금으로부터 몇 십 년 또는 한 세기 뒤에는 예언적인 진실로 보일지도 모른다. 영국의 정치사상은 현실과 보조를 맞추고 있다. 프랑스에서는 그렇다고 말할 수가 없다.

오늘날 프랑스에서 이데올로기적 무질서를 야기하는 것은 좌우 대립에 대한 다양한 의미를 가진 혼란 때문이고, 이 혼란 자체는 대부분 여러 사실에서 기인한다. 프랑스에서는 산업화 이전 사회의 구조들이 영국이나 스칸디나비아 유형의 나라들보다 더 잘 보존되어 있다. 구제도와 대혁명 사이의 갈등이 자유주의와 사회주의의 갈등처럼 여전히 일어나고 있다. 하지만 관념이 미래에 대해 예측하듯이, 프랑스인은 기술 문명의 혜택을 받기도 전에 벌써 그 위험성을 비난하고 있다.

프랑스의 서부 여러 도에서는 아직 종교와 관련된 보수주의와 세속적이고 합리적이며 평등 성향의 진보당 사이의 갈등이 심하다. 우파는 기독교적이며 특권계급과 분리되어 있지 않다. 반면, 좌파는 특히 하층 부르주아계급과 직업 정치가들에 의해 대표된다. 사회주의자들은 프랑스 중부와 남부 지방의 공산주의자들처럼 과격주의자들의 뒤를 잇는 것처럼 보인다.

프랑스의 다른 여러 도에서도 저개발 국가들과 같은 모습을 볼 수 있다. 공업이 거의 발달되지 않고 농업을 위주로 하는 루아르강 남쪽의 일부 지역에서는 개인주의적인 구조를 간직하고 있다. 이 지역 주민들은 기꺼이 지역 귀족들이나 중산층 부르주아들에게 투표한다. 이 지방에서는 민주 좌파 연합과 무소속이 공산당과 더불어 많은 당선자를 배출하고 있다. 이것은 좌파의 전통 때문이거나 또는 더딘 경제적 발전 때문이기도 하다.

프랑스의 공업화된 도들과 대도시들은 제3의 유형을 형성한다. 1948년에서 1951년 사이에 프랑스국민연합Rassemblement du peuple français[37]과 공산당이 연합해서 많은 표를 얻었다. 사회당은 공산당과의 경쟁에서 잘 버티지 못했고, 인민공화파Mouvement républicain populaire[38]는 프랑스국민연합이나 온건파에게 표를 많이 잃었다.

사회구조들의 이질성은 정당들의 이질성에 반영된다. 한 여론조사의 설문에 대한 답으로 판단해 보면, 공산당 지지자들의 대다수는 영국에서 노동당 좌파에 의해 표현된 것과 같은 갈망을 가지고 있다. 하지만 만일 많은 공산당 지지자들이 무의식중에 '베번파Bevanistes'[39]가 된 것이 사실이라면, 이것은 하나의 설명을 제공해 준다기보다 오히려 설명을 필요로 한

---

[37] 프랑스국민연합(RPF): 1947년에 샤를 드골에 의해 창립된 프랑스 정당이다.

[38] 인민공화파(MRP): 1944년에서 1967년까지 존속했던 프랑스 정당으로 중도 노선을 표명했다.

[39] 베번파: 1950년대 말에 영국 정치인 어나이린 베번(Aneurin Bevan)[나이 베번(Nye Bevan)이라고도 알려짐]에 의해 주도된 노동당 중도 좌파 지지자들을 일컫는다.

다. 왜 프랑스의 유권자들은 영국, 독일, 벨기에의 유권자들이 피하는 혼란에 빠지는가? 세 개의 정치 구조 ―서부 지방, 저개발 지역, 현대적 도시― 를 나란히 놓고 비교해 보면 적어도 설명이 가능할지도 모른다.

공산주의는 개신교 국가들에서보다 더 그럴듯하게 부르주아적, 합리주의적 혁명의 상속인으로 자처하고 있다. 공산주의는 경제적으로 별로 역동적이지 못하지만, 종종 전통적으로 여론에서 앞서가는 지역에서 아프리카나 아시아에서 성공한 것과 같은 이유로 추종자들을 얻고 있다. 공산주의는 소작인들, 분익 소작인들과 지주들 사이의 갈등을 조장한다. 공산주의는 제일 열악한 환경에 있는 자들의 요구를 부풀린다. 공산주의는 경제적 불경기로 생긴 불만을 이용한다. 마지막으로 한 나라의 공업 지역에서 개량주의적 노동조합들과 사회당의 실패로 인해 혁명당에 매력을 느낀 노동자계급으로부터 당원들이 공산주의로 몰려들고 있다. 물론 개량주의적 노동조합들과 사회당의 실패는 다른 원인도 있으나, 이 경우에는 낙후된 지역에서 지속되는 낮은 생산력, 가장 활발한 지역에서 잔존하는 전前 자본주의적 요소 때문이라고 할 수 있다.

사회 형태의 이와 같은 이질성은 수백만에 달하는 표를 얻고 있는 공산당의 발전에 한계가 있다는 사실을 설명해 준다. 프랑스의 가장 낙후된 농촌 지역에서는 공산주의자들에게 적대적인 토지 소유주들이나 프티부르주아들이 너무 많아 공산당이 소수파를 면하기 어렵다. 더군다나 공업이 발달한 여러 도에서도 모든 계급에서 일정한 삶의 양식을 고수하려는 의지가 너무 강해 공산당에 1/3 이상의 표를 몰아주지 않는다.

공산당 추종자들과 마찬가지로 프랑스국민연합 추종자들도 같은 이유로 각계각층에서 모여들었다. 구제도와 대혁명, 또 교회와 세속적인 유파 사이의 투쟁에 대한 기억이 아직도 살아 있는 곳에서, 공산주의 추종자들은 대부분 반동 정당이나, 또는 온건 우파 정당의 추종자들과 상당 부분

섞여 있었으며, 고전적으로 우파와 인민공화파로부터 지지자들을 앗아 가기도 했다. 프랑스의 북부 공업 지역의 여러 도시에서 프랑스국민연합 에게 투표하는 자들은 다른 유형의 사람들이었다. 그들은 오늘날 사회당 좌파나 인민공화파, 급진당 또는 온건파에 합류한 자들이다. 반공산주의 와 전통적 민족주의가 결합해 좌파로부터는 사회적 가치를, 우파로부터 는 정치적 가치를 빌려 오기 위해 노력한 이른바 '우파 혁명' 당의 이데올 로기를 환기시키고 있다.

사회당과 인민공화파의 일부는 2차 세계대전이 끝난 직후에 일종의 영 국의 노동당에 해당하는 정당을 프랑스에서 조직하고자 꿈꿨다. 하지만 그들을 따를 수 있었던 잠재적 무리들이 떠나가 버렸다. 이런 실패는 부 분적이기는 하지만 사람들 때문이었다. 과거의 교회와 대혁명 사이의 투 쟁하던 모습이 너무나 생생하게 남아 있었고, 수많은 노동자들이 공산주 의와 진보적 사회주의를 혼동해 속았으며, 너무나 많은 프티부르주아주 아들이 옛날 생활양식에 대한 애착으로 인해 보수주의로 기울어졌다. '프 랑스 공산당'은 꿈의 세계로부터 벗어날 수 없다는 운명에 사로잡히고 말 았다.

좌파와 우파의 대립이 프랑스처럼 뚜렷한 나라가 없으며, 또 모호한 나 라도 없다. 프랑스의 보수주의 역시 이데올로기를 통해 의견을 표출한다. 프랑스인들은 국가적으로 가장 위대한 시기에 세기의 모든 전쟁을 겪었 고, 또 그 주도권을 줄곧 잡고 있었다고 상상하고자 한다. 좌파는 사유를 통해 성게오르기우스St. Georges가 용을 죽이는 것으로 끝나는 전설[40]과 같이

---

40 초기 기독교의 순교자이자 14성인 중 한 명인 성게오르기우스(?-303)는 인간의 희생을 요구하는 용 을 물리쳤다는 전설이 전해지고 있으며, 그런 이유로 회화에서는 주로 칼이나 창으로 용을 찌르는 백마를 탄 기사의 모습으로 그려졌다.

단순한 줄거리의 역사를 지어내고 있다. 하지만 좌파도 우파도 인정하기를 원치 않는 자들은 때때로 계획자들이 빈곤뿐만 아니라 환상과 자유까지도 제거해 버릴 수 있는 합리화된 사회를 상상한다. 프랑스의 정치사상은 회고적이거나 아니면 유토피아적이다.

정치적 행동도 역시 현재와 분리되기 일쑤이다. 전후 프랑스에서 실행된 사회보장 계획은 앞선 반면, 상업 기구는 공업 발전에 비해 낙후되었다. 프랑스는 외국의 예를 모방해 산업화된 나라들에서와 같은 오류로 고민하고 있다. 기계나 공장 등과 같은 것을 수입하기 때문에, 기사들이 계산해 낸 기술적인 최적 조건을 환경에 따라 변화하는 경제상의 최적 조건과 혼동할 위험이 있다. 현대의 세제는 납세자가 입법자나 행정관과 같은 관념의 세계에 속할 때만 효과를 달성할 수 있을 뿐이다. 그렇게 많은 농업, 상업, 수공업 조직들이 부기簿記도 없이 운영되고 있는 나라의 세제는 충분히 효과적으로 시행될 수 없다.

프랑스인들은 자본주의를 공박하는 것을 즐긴다. 하지만 공박해야 할 프랑스의 자본가들은 어디에 있는가? 소수의 대공장 창업주들이나 기업가들인가? 시트로엥이나 미슐랭, 부삭Boussac[41]의 후손들인가? 리옹이나 북부의 기독교 신도들이고 교양인들인 고용주들의 가족들인가? 사기업과 공기업을 경영하는 중역들인가? 국가의 통제하에 있는 대규모의 상업은행인가? 중소기업 ─그중 소수는 참으로 지혜롭게 경영되며 나머지는 인위적으로 존속되고 있다─ 을 맡고 있는 수많은 중역들인가? 마르크스가 말한 의미의 자본주의, 월가나 대규모의 식민지 회사의 자본주의는, 이렇게 다양하게 유포된 자본주의, 더욱이 자본주의를 자칭하는 자들까지 합

---

41 부삭: 프랑스 섬유회사의 이름이다.

하면 소수의 국민보다 훨씬 더 많은 사람들을 포함하고 있는 부르주아지보다도 더 좋은 공격 목표가 된다.

프랑스에서 반자본주의적 좌파나 케인스적, 반맬서스적 좌파를 정의하는 것은 결코 불가능하지 않다. 하지만 거기에는 한 가지 조건이 따른다. 즉, 과거의 좌파와 우파의 대립이나 마르크스주의적 방식에 갇히지 않고 현 사회를 구성하는 구조의 다양성을 인식하고, 거기에서 파생되는 문제와 그 해결에 필요한 수단들의 다양성을 인정한다는 조건이 그것이다. 역사의식은 이와 같은 다양성을 드러내는 반면, 이데올로기는 그것을 감춘다. 심지어 이데올로기가 역사철학이란 값싼 장식으로 가려져 있을 때조차도 그렇다.

좌파는 반드시 모순되지는 않으나 대개의 경우 서로 분리된 세 가지 관념에 의해 활기를 띠게 된다. 자의적인 권력에 맞서고 개인의 안전을 위하는 '자유', 전통이나 개인적 창의성의 무질서를 합리적인 질서로 대체하기 위한 '조직', 출생과 부의 특권에 반대하는 '평등'이 그것이다.

'조직'을 중요시하는 좌파는 다소간 '권위적'이 된다. 왜냐하면 자유로운 정부는 더디게 움직이고, 또 이해관계나 편견 등의 반대에 부딪혀 저지되기 때문이다. '조직'을 중요시하는 좌파는 국가주의적은 아니라고 해도 '국가적'이 된다. 왜냐하면 오직 국가만이 계획을 수행할 수 있기 때문이다. '조직'을 중요시하는 좌파는 가끔 '제국주의적'이 된다. 왜냐하면 계획자들은 공간과 많은 자원의 이용을 갈망하기 때문이다. '자유'를 강조하는 좌파는 사회주의에 반대한다. 왜냐하면 이런 좌파는 국가의 비대화와 관료적이며, 익명인 전제적인 지배에로의 회귀를 단언하지 않을 수 없기 때문이다. 이런 좌파는 국가주의적 사회주의에도 반대하며, 그 대신에 무기에 의한 신앙의 승리를 요구하지 않는 국제주의의 이상을 유지한다. '평등'을 강조하는 좌파에 대해서 말하자면, 이런 좌파는 때로는 경쟁자이기도 하며, 또 때로는 한데 섞이기도 하는 부유층이나 권력가들에 대항해 항상 대립 관계를 유지해야 하는 선고를 받은 것처럼 보인다. 이들 좌파 중에서 진짜 좌파, 영원한 좌파는 어느 것일까?

어쩌면 훌륭한 좌파주의자들인 『에스프리Esprit』지의 편집자들은 이 문제에 대한 답을 의도하지 않은 채 우리에게 주었다. '미국의 좌파'에 할애된 한 특집호에서 그들은 미국에서는 유럽에서 사용되는 용어에 해당하는 것을 찾기가 어렵다고 솔직하게 지적하고 있다. 미국 사회는 구제도에 대한 투쟁 같은 것을 결코 경험하지 않았고, 그 사회에는 노동당이나 사회당도 없었으며, 또 그 사회의 두 개의 전통적인 정당은 제3의 진보적, 사회주의적 정당 결성을 저지해 왔다. 미국 헌법이나 경제 체계의 원칙은 심각한 문제가 되지 않았다. 정치적 논쟁은 이데올로기적이라기보다는 기술적인 경우가 훨씬 많았다.

이런 사실들에서 출발해서 우리는 두 가지 방식으로 추론할 수 있다. 우선, 이 잡지에 기고했던 미국인들 중 한 명처럼 이렇게 말할 수 있다. "미국은 불리한 계급의 삶의 조건을 개선하고 사회정의를 보장해 왔다는 의미에서 언제나 사회주의 국가였다."[42](A.-M. 로제Arnold Marshall Rose.[43]) 또는 유럽의 순진한 한 사회주의자처럼 "미국 사회를 변화시키는 첫 번째 조건인 노동당의 창설"을 바랄 수 있고, 또 미국에서의 "사회주의의 실현"은

---

42 *Esprit*, novembre 1952, p.604.
43 아널드 마셜 로제(1918-1968): 미국의 사회학자이자 정치인이다.

"세계적으로 화급을 다투는 정언명령"이라고 선언할 수 있다.[44] 『에스프리』지의 편집자들은 분명히 두 번째 방향으로 경도된다. 노동조합의 차원에서 산업별조직회의Congress of Industrial Organizations[45]의 사회주의화한 노동자들은 '신좌파'에 속한다. 유럽식의 노동당만이 유일하게 좌파의 목표를 달성할 수 있을 것이다. 노동당이나 계획화 등과 같은 수단들이 중요한 가치로 변했다.

하지만 편견에 사로잡힌 이런 증거를 비의지적으로 제시한 후에, 편집자들 중 한 명은 결론을 맺으면서 '인텔리겐치아'의 신념도 잊은 듯이 이렇게 말하고 있다. "더 이상 걱정거리가 없는 나라에서 좌파를 운위하는 것이 가능한지를 자문해 볼 필요가 있다. … 왜냐하면 좌파에 속한 사람은 ―최소한 프랑스인들의 눈에는― 그의 조국의 정책에 언제나 찬성하지 않고, 그 정책이 미래에 정당할 것이라는 신화적 보장도 없다는 것을 아는 사람이기 때문이다. 좌파에 속한 사람은 또한 식민주의에 항의하고, 적에 대한 보복에서도 잔혹 행위를 용인하지 않는 사람이기도 하기 때문이다."[46] "… 가난한 자들과 피억압자들에 대한 인간적인 연대 책임의 소박한 감정과 예전에 구미 양 대륙의 대중으로 하여금 사코와 반제티의 변호[47]를 위해 궐기하도록 했던 감정이 이미 무뎌져 버린 나라에서 '좌파'에 대한 이야기를 할 수 있을까?"[48]

---

44 Michel Crozier, p.584; p.585.
45 산업별조직회의(CIO): 1938년에 미국노동총동맹(American Federation of Labor: AFL)에서 분리되어 설립된 산별노조협의회로, 1955년에 다시 미국노동총동맹과 연맹했다.
46 나는 J.-M. 도메나흐가 "아마도 일어났을" 세균전에 대해 쓴 문장을 생략했다.
47 이탈리아계 미국인 무정부주의자들인 니콜라 사코(Nicola Sacco, 1891-1927)와 바르톨로메오 반제티(Bartolomeo Vanzetti, 1888-1927)가 1920년 미국 매사추세츠주의 신발 공장에서 무장 강도 행각을 벌이다가 두 명을 죽인 혐의로 기소되어 처형된 사건에 대한 변호를 가리킨다.
48 pp.701-702.

만일 모든 정통주의에 반대하고, 인간의 모든 고뇌에 개방된 좌파 사람들이 진짜 좌파라면, 오직 미국에서만 그런 사람들이 자취를 감추어 버렸는가? 소련을 항상 옳다고 보는 공산주의자는 좌파에 속하는가? 아시아와 아프리카의 모든 민족을 위한 자유를 요구하면서도 폴란드인이나 동독인을 위한 자유는 요구하지 않는 자들은 좌파에 속하는가? 역사상 좌파의 용어는 우리의 시대에 승리를 거두었는지는 몰라도, 연민 자체가 일방적인 덕이 될 때에 영원한 좌파의 정신은 죽어 가고 있다.

제2장
혁명의 신화

좌파의 신화는 진보라는 관념을 암묵적으로 포함하고 있으며, 계속적인 운동이라는 생각을 암시한다. 혁명의 신화는 보완적이고 대립적인 의미를 가지고 있다. 혁명의 신화는 인간사의 일상적인 흐름과의 급격한 단절이라는 기대를 조장한다. 혁명의 신화도 역시 과거에 대한 성찰에서 생겨나는 것처럼 보인다. 구제도와 양립할 수 없는 사고방식을 퍼뜨리면서 프랑스 대혁명을 준비했던 사람들도 구세계가 완전히 붕괴되는 것은 예견하지도 않았고 또 바라지도 않았다. 그들 대부분은 이론상으로는 용감했지만, 장자크 루소가 군주나 입법자의 참모 역할에서 보여 준 것처럼 신중했다. 그들 대부분은 낙관주의로 기울었다. 일단 전통, 편견, 광신이 일소되고, 또 일단 사람들이 계몽되면, 사회의 자연적 질서가 완성될 것으로 생각했다. 1791년이나 1792년부터 철학자들을 포함해 많은 동시대인들은 대혁명을 재앙으로 생각했다. 하지만 거리를 두고 돌이켜보면 대혁명이 재앙이라는 생각은 사라졌고, 사람들은 그 위대함만을 떠올린다.

진보적인 정당에 속한다고 자처하는 자들 중에서 어떤 자들은 바스티유 감옥을 탈취하던 빛나고 영웅적인 날이나 연합정부의 경축일을 계기로 공포, 전제, 계속되는 전쟁, 유혈이 낭자한 사건들을 잊고자 노력했다.

내전, 군사적 승리나 패배는 대혁명에 따르는 우발적인 사건에 불과했을 뿐이었다. 인간과 정신의 해방과 공동체의 합리적 개조를 희구하는 억제 불가능한 격정이 왕당파나 종교적인 반동으로 인해 진압되기도 했다. 하지만 필요한 경우에 무력의 제한적 사용, 어쩌면 평화적 사용이 계속되기도 했다.

그와는 반대로 다른 자들은 권력의 장악과 국가의 전복을 강조했다. 그러면서 그들은 폭력을 미래 건설을 위한 유일한 수단이라고 믿었다. 혁명의 신화를 믿는 자들은 대개 개량주의자들과 같은 가치 체계에 찬동했다. 그들은 같은 목표, 즉 이성에 복종하는 평화롭고 자유스러운 사회를 꿈꿨다. 하지만 인간은 프로메테우스와 같은 창조의 고통을 겪을 각오 없이는 그 사명을 실현하거나 운명을 떠맡을 수 없을 것이다. 더군다나 그런 일은 그 자체로 필요 불가결한 가치나 수단이 된다.

그런데 혁명은 이와 같은 명예로운 가치를 가지는가? 혁명을 생각하는 자들이 곧 혁명을 일으키는 자들은 아니다. 혁명을 시작한 자들로서 그 결말을 지켜본 자들은 망명이나 수감 중인 경우를 제외하면 거의 없다. 만일 만인의 만인에 대한 투쟁의 결과에서 누구도 자신의 공로를 알아볼 수 없다면, 혁명은 과연 인도주의의 상징이라고 할 수 있는가?

프랑스 대혁명과 군소 혁명

오늘날 사용되는 사회학 용어에서 혁명은 폭력에 의한 한 정권의 다른 정권으로의 갑작스러운 대체를 의미한다. 사람들이 이 정의를 받아들인다면, 애매하고 혼동의 소지가 있는 용어의 사용을 피할 수 있을 것이다. 예컨대 산업혁명 같은 표현은 단순히 빠르고도 철저한 변화를 나타낼 뿐이다. 또 영국에서 노동자계급의 혁명에 대해 말하는 경우, 1945년에서 1950년까지 이 나라 정부가 시행한 개혁을 통해 이루어진 개혁의 실질적이거나 가정된 중요성을 말하는 것이다. 결코 폭력적이거나 합법성의 공백이 수반되지 않은 이런 변화는 1789년에서 1797년까지 프랑스에서 일어난 사건들이나, 1917년에서 1921년까지 러시아에서 발생한 사건들과 동일한 역사적 현상을 구성하지 못한다. 영국의 노동당이 이룩한 결과는 자코뱅파나 볼셰비키가 이룩한 결과에 적용되는 의미를 가진 혁명과는 본질적으로 다르다.

하지만 혁명이라는 단어의 남용을 제쳐 두더라도 약간 애매한 부분이 남아 있다. 개념이 반드시 사실과 부합하는 것은 아니다. 개념은 엄밀하게 이루어져도, 사실이 분명치 않은 경우도 있다. 우리는 망설임이 정당화되는 경우를 수없이 나열할 수 있다. 나치즘이 표방한 국가사회주의의 정권 획득은 합법적이었고, 그 배후의 폭력 사태는 국가에 의해 자행된 것이다. 정부 이행의 합법적인 성격에도 불구하고 정부 각료의 경질이나 국가 제도의 급변을 가져왔다고 해서 그런 이행을 혁명이라 부를 수 있는가? 또 다른 극단의 예로 한 명의 장교가 다른 장교로 대체되거나, 겨우 한 명의 군인이 민간인으로 대체되거나, 또는 그 반대이기가 일쑤이고, 한 지도계급에서 다른 지도계급으로의 실질적인 권리 이양도 없고, 또 한 통치 방식에서 다른 통치 방식으로의 변화도 없는 남미 여러 공화국의 '항명 선언Pronunciamiento'[49]을 혁명이라고 할 수 있는가? 합법적인 계속성이 단절되기는 하지만 거기에는 헌정상의 단절은 없다. 유혈이 낭자한 투쟁이 동반되든 아니든 간에 한 개인에서 다른 개인으로의 권력의 이양에는 궁전과 감

---

49 항명 선언: 스페인이나 남미에서 정부를 전복하기 위해 기존 정부에 대해 선언하는 군사 항명 선언을 말한다.

옥 사이의 왕래만 있을 뿐 제도적인 변화는 없다.

위의 질문들에 독단적으로 답을 하는 것은 전혀 중요하지 않다. 정의定義는 사실도 허위도 아니며, 다소간 유용하고 편리할 뿐이다. 미지의 하늘 세계에서가 아니라면 혁명의 영원한 본질은 존재하지 않는다. 개념은 어떤 현상을 포착하고, 또 그것을 우리의 생각 속에서 분명하게 바라볼 수 있는 방법을 제공해 준다.

쿠데타라는 용어는 권력의 담지자(예컨대 1851년의 나폴레옹 3세)에 의해 일어난 불법적인 헌법 개정, 또는 새로운 지배계급이나 다른 정치제도를 수립하지 않은 채 무장한 자들의 무리에 의한 국가의 수탈에 대해(그것이 유혈을 수반하든 안 하든 간에) 사용되는 것이 합리적인 것으로 보인다. 혁명은 "내가 있을 자리에서 떠나라"라는 의미 이상을 함축하고 있다. 그에 반해 히틀러의 정권 장악은 혁명적이라 할 수 있다. 비록 그가 힌덴부르크 Paul von Hindenburg[50] 대통령에 의해 합법적으로 수상에 임명되었어도 그렇다. 폭력이 사용된 것은 히틀러가 수상에 오른 다음이었다. 그 결과, 그의 정권 장악에는 혁명적 현상에 따르는 몇몇 사법적 특징들이 결여되어 있다. 하지만 사회학적으로 보면 거기에서 혁명의 주요 특징들을 다시 발견할 수 있다. 적대자들을 가차 없이 제거한 소수파의 권력 행사로 새로운 국가를 설립하고 또 국가의 모습을 변화시키려는 꿈을 꾼 것 등이 그것이다.

용어에 대한 이런 논의는 그 자체로는 사소한 의미만 가질 뿐이다. 하지만 용어에 대한 논의를 통해 가끔 사건의 핵심이 드러나기도 한다. 나는 1933년에 베를린에서 다음과 같은 주제로 프랑스인들이 즐겨 했던 논쟁

---

50 파울 폰 힌덴부르크(1847-1934): 바이마르공화국의 군인이자 정치가이다.

을 기억한다. 나치즘의 승리가 혁명인가 아닌가? 사람들은 합법성으로 가장한 외관이나 거짓이 크롬웰Oliver Cromwell[51]이나 레닌의 선례와는 다른 것인지 아닌지를 이성적으로 묻지 않았다. 오히려 나의 대화 상대자 중 한 명이 1938년에 프랑스 철학학회에서 지적한 대로 혁명이라는 훌륭한 용어를 1933년에 독일을 동요시켰던 것과 같은 평범한 사건에 적용할 수 없다면서 분노를 터뜨리기도 했다. 하지만 인간이나 지배계급, 헌법, 이데올로기의 변화를 혁명이라고 하지 않는다면 도대체 무엇을 혁명이라 부를 것인가?

이런 질문에 베를린에 있었던 프랑스인들은 어떤 답을 했을까? 어떤 사람들은 1933년 1월 30일에 있었던 히틀러의 수상 임명의 합법성과 거리에서 소요가 없었다는 사실로 미루어 보면, 독일 제3공화국의 등장은 1792년의 프랑스공화국의 설립이나 1917년 공산주의의 도래와 근본적으로 다르다고 답변했다. 하지만 실제로는 히틀러의 정권 장악이 같은 종류의 사건에서 갈라진 별개의 것인지 또는 근본적으로 다른 것인지는 별로 중요하지 않다.

다른 사람들은 국가사회주의를 반혁명적이라고 판단하면서 나치즘이 혁명을 완수했다는 것을 부정하기도 했다. 우리는 다음과 같은 경우에 반혁명이라는 말을 사용할 권리를 가진다. 즉, 구제도가 복고되는 경우, 과거의 집권자들이 정권을 되찾는 경우, 오늘의 혁명가들이 과거의 혁명가들이 제거했던 사상들이나 제도들을 다시 도입하는 경우 등이다. 하지만 거기에도 구별하기 어려운 경우가 많다.

반혁명이 완전한 복고인 것은 아니다. 또한 모든 혁명은 일정 부분 앞

---

51 올리버 크롬웰(1599-1658): 영국의 정치가이며 군인으로 영국 종교개혁의 주요 인물이다.

선 것을 항상 부정하며, 그 결과 몇몇 반혁명적인 특징이 자연스럽게 나타난다. 하지만 파시즘이나 나치즘이 전적으로 또는 본질적으로 반혁명인 것은 아니다. 물론 이 두 주의는 보수파들, 특히 이들이 1789년 대혁명의 사상에 반대해 사용했던 몇몇 표현들을 다시 사용하고 있기는 하다. 하지만 국가사회주의자들은 기독교의 종교적 관습을 공격했고, 또 귀족의 사회적 관습이나 부르주아의 자유주의도 공격했다. '독일식 신앙', 대중의 규격화, 지도자 원리 등은 분명 혁명적인 의미를 가지고 있었다. 국가사회주의는 과거에로의 복귀를 주창하지 않았으며, 공산주의처럼 급격히 과거와의 관계를 끊어 버린 것이다.

사실, 혁명에 대해 말할 때, 또 권력의 장악에 성공한 이런저런 사건들이, 1789년의 프랑스 대혁명, 영광의 3일Trois Glorieuses,[52] 또 '세상을 뒤흔들어 놓은 10일간'[53]에 이미 헌정되어 있는 명예의 전당에 들어갈 수 있는 자격이 있는지를 자문할 때, 사람들은 의식적으로든 무의식적으로든 간에 다음과 같은 두 가지 생각을 참조한다. 첫째, 피를 흘리든, 평범하든, 실망스럽든 간에 수많은 나라에서 관찰되는 것과 같은 크고 작은 혁명들은, 인도적이고 자유스러우며 평등한 좌파의 이데올로기와 일치된다는 조건하에서만 혁명에 속한다는 생각이다. 둘째, 그런 크고 작은 혁명들이 기존의 소유 제도를 전복시킨다는 조건에서만 그 목적이 완전히 실현될 수 있을 뿐이라는 생각이다. 역사의 차원에서도 이 두 가지 생각은 단순한 통념이 되어 있다.

과격하고 폭력적인 정치제도의 변동으로 인해 부당한 행운과 파산이

---

52 영광의 3일: 1789년 프랑스 대혁명 후에 발발한 두 번째 혁명으로 7월 혁명(Révolution de Juillet)이라고 하며, 혁명의 결과로 루이 필리프 1세가 왕위에 올랐다. 이 혁명은 1830년 7월 27일, 28일, 29일, 3일 동안 이루어졌으며, 이 3일을 '영광의 3일'이라고 지칭한다.
53 1917년에 발발한 러시아 혁명을 가리킨다.

발생하게 되며, 또 재화와 유능한 인적자원들의 이동과 순환이 가속화된다. 그렇다고 해서 반드시 소유권에 대한 새로운 개념이 나타나는 것은 아니다. 마르크스주의에 따르면, 생산수단의 소유권 폐지는 혁명의 본질적 특징을 구성한다. 하지만 과거이든 현재이든 간에 활동적인 소수파에 의한 왕정의 타도, 공화제의 폐지, 국가의 전복은 언제나 법적 규율의 파괴와 일치하지 않았다. 폭력을 좌파의 가치와 분리 불가능하다고 여길 수는 없을 것이다. 오히려 분리 가능하다는 것이 진리에 더 가까울 것이다. 혁명 세력은 정의상 전제 권력이다. 혁명 세력은 법을 무시하고, 제법 많은 사람들로 구성된 집단의 의지를 표명하며, 수많은 사람들의 이익에 무관심하며 또 무관심할 수밖에 없다. 혁명에서 전제적인 국면은 주위 상황에 따라 다소간 지속될 수도 있으나, 이 국면을 없앨 수는 없다. 더 정확히 말하자면 그것을 피하면 개혁은 가능하나 혁명은 존재할 수 없게 된다. 폭력에 의한 권력의 탈취와 행사는 교섭이나 타협으로 해결할 수 없는 분쟁, 달리 말해 민주적인 절차로 해결할 수 없는 분쟁이 존재했다는 것을 가정하는 것이다. 혁명과 민주주의는 상반되는 개념이다.

그때부터는 혁명을 찬양하거나 비난하는 것은 원칙상 모두 타당치 않다. 있는 그대로의 인간들과 집단들은 자기들 이익의 방어를 고집하고, 현재의 노예이며, 장래에 도움이 된다는 것을 알면서도 거의 희생할 수 없으며, 결정적인 입장을 취하지 못하고 저항과 양보의 중간에서 왔다 갔다 하는 경향(가령, 루이 16세는 타협주의자나 극렬분자들을 거느리는 것보다 군대를 장악하는 데 성공하지 못했다)을 보이기 마련이다. 그런 만큼 혁명은 앞으로도 인간 사회와 불가분의 상태로 남아 있을 것이다. 책임져야 할 공동체를 너무나 자주 배신한 지배계급은 새 시대의 요구를 이해하는 것을 거부한다. 일본의 메이지유신을 주도한 개혁자들이나 케말 아타튀르크Kemal Atatürk[54]는 정치적, 사회적 질서를 개조하기 위해 부패한 지배계급을 축출했다. 그들이 반대파를 물리치고 무력으로 새로운 정권을 세우지 않았더라면, 그들이 그 짧은 기간에 그만한 업적을 남기지는 못했을 것이다. 어쩌면 국민들 대다수가 새 정권을 거부했을 수도 있었을 것이다. 나라를 혁신하기 위해 전통이나 합법성을 내던진 지배자들이 모두 폭군은 아니다. 표트르 대제 Pyotr Velikiy[55]나 일본의 천황은 케말 아타튀르크나 때로는 볼셰비키와 비교될 만한 업적을 남긴 합법적인 군주들이었다.

국가의 마비, 엘리트의 타락, 시대착오적인 제도 등으로 인해 소수의 폭력 사용이 때때로 불가피하고, 때때로 바람직하게 여겨지기도 한다. 이성적인 인간, 특히 좌파에 속하는 인간은 보통 외과 수술보다는 치유법을, 혁명보다는 개혁을 더 선호해야 할 것이다. 그가 전쟁보다는 평화를, 전제정치보다는 민주정치를 선호해야 하는 것처럼 말이다. 혁명적인 폭력은 그에게 종종 그의 이상과 일치하는 변화를 얻기 위해 수반되어야 하거나, 또는 불가피한 조건인 것처럼 보일 수 있다. 하지만 혁명적 폭력이 그 자체로 그에게 있어서 반드시 옳은 것은 아니다.

때때로 전제정치에의 호소를 용인해 주는 경험으로 미루어 보면, 정권의 불안정과 사회질서의 변화 사이에는 아무런 관계가 없다는 사실 역시 드러난다. 19세기의 프랑스는 영국보다 더 많은 혁명을 겪었으나, 경제 진보라는 점에서 보면 영국보다 더 빠르지 않다. 한 세기 전에 프레보스트파라돌Lucien-Anatole Prévost-Paradol[56]은 다음과 같은 사실을 개탄한 바 있다. 즉, 프랑스가 혁명이라는 사치에 대한 대가를 지불했으나 많은 국민들이 필요하다고 생각한 개혁은 달성하지 못했다고 말이다. 오늘날에는 혁명이

54 케말 아타튀르크(1881-1938): 터키의 정치인으로 터키공화국의 건국자이자 초대 대통령을 역임했다.
55 표트르 대제(1672-1725): '표트르 대제'로 더 알려진 표트르 1세는 러시아제국의 초대 황제를 지냈다.
56 뤼시앵아나톨 프레보스트파라돌(1829-1870): 프랑스의 언론인이자 에세이스트이다.

란 낱말이 유행하고 있으며, 프랑스는 아직 옛 테두리에서 벗어나지 못하고 있는 것으로 보인다.

반면, 미국은 약 2세기 이래로 헌법을 전혀 수정하지 않고 있다. 미국은 시간과 더불어 점차 헌법에 거의 성스러운 권위를 부여해 왔다. 하지만 미국 사회는 부단히 급속하게 변화하고 있다. 경제의 발전과 사회의 변동은 헌법을 흔들지 않으면서 헌법적 구조 속에 융화되었다. 농업을 주류로 하는 공화주의자들에 불과했던 미국이 아무런 헌정질서의 공백 없이도 세계 최대의 공업국이 되었다.

다양한 식민지 문명들은 과거의 오랜 역사를 갖고 있고, 또 지리적으로 제한된 여러 문명들의 법과는 다른 법에 복종한다. 그럼에도 헌법의 불안정은 건강의 표시라기보다는 질병의 징조인 것이 사실이다. 민중의 반란이나 쿠데타에 희생된 정치제도들은 도덕적 죄악 때문이 아니라 ―이 제도들은 종종 승리자들의 제도보다 더 인도적이다― 정치적 실패 때문에 무너졌다는 것을 증명해 준다. 이 제도들은 반대파에게 자리를 양보할 수 없었거나, 보수파의 저항을 물리칠 수 없었거나, 불평분자들을 진정시키거나 야심가들을 만족시킬 만한 개혁을 제안할 수 없었다. 역사의 가속화를 견뎌 낸 영국이나 미국의 정치제도는 확고한 융통성을 바탕으로 한 최고의 것이었음이 증명되었다. 양국의 정치제도는 갱신되면서도 전통을 보존하는 데 성공했다.

진보적 지식인은 분명 남미의 이런저런 국가들에서 계속 발생하는 쿠데타가 위기의 징후와 진보적 정신의 희화화임을 인정할 것이다. 어쩌면 그는 18세기 이래 헌법의 지속성이 영국과 미국에 크게 도움이 되었다는 것을 마지못해 인정할 것이다. 그는 파시스트나 나치즘 또는 국가사회주의에 의한 정권의 탈취는 폭력, 당黨의 무소불위의 힘 등과 같은 수단이 그 자체로 옳지 않다는 것뿐만 아니라 끔찍한 목적에 사용될 수 있다는 점을 증명해 준다는 사실을 기꺼이 인정할 것이다. 하지만 그는 또한 하나의 정권을 다른 정권으로 대체하는 것이 아니라 모든 정권을 타도하거나 인간적인 것으로 만드는 것을 겨냥하는 유일하게 진정한 의미의 혁명에 대한 희망과 의지도 간직할 것이다.

불행하게도 경험을 통해 보면 마르크스주의의 예언이나 인도주의적 희망에 일치하는 혁명의 예를 찾아볼 수 없다. 실패하지 않은 혁명들은 이미 알려진 유형의 이유들을 가지고 있다. 예컨대 최초의 러시아 혁명인 2월 혁명은 전통적인 절대주의와 진보 사상 사이에 생긴 모순, 러시아 황제의 무능, 오랜 전쟁의 결과로 인해 이미 위태로운 상태에 있었던 제정의 타도였다. 또한 두 번째 혁명인 11월 혁명은 국가 기능의 마비와 국민의 평화 의지에 편승해 무장한 소수파에 의한 정권 탈취였다. 두 번째 혁명에서는 수는 적었으나 산업 프롤레타리아가 중요한 역할을 수행했다. 하지만 내란 기간 중에는 반혁명파에 대한 농민들의 적대감이 결정적인 요소였다. 중국에서는 노동자계급의 수가 더 적어 공산당에 많은 당원들을 공급하지 못했다. 중국 공산당은 지방에 뿌리를 내리고 있었으며, 거기에서 군대를 모집해서 승리를 준비했다. 공장노동자들보다 수가 더 많았던 지식인들이 당의 간부들을 배출했다. 사회의 여러 계급들이 한 계급에서 다른 계급으로 횃불을 이어받으면서 전진한다는 생각은 어린이들의 그림책에나 나오는 역사 이야기와 같은 것이다.

전형적인 마르크스주의적 혁명은 아직 현실에서 일어나지 않았다. 왜냐하면 이런 혁명에 대한 생각조차 신화적이기 때문이었다. 생산력의 발전도 노동자계급의 성장도 자신들의 사명을 자각한 노동자 대중에 의한 자본주의 타도를 아직 준비하지 못했다. 과거의 모든 혁명처럼 프롤레타리아 혁명도 한 엘리트에서 다른 엘리트에로의 폭력적인 교체를 낳았을 뿐이다. 그들은 마치 '전前 역사의 종언'이라고 반기는 혁명들을 정당화할 수 있는 그 어떤 특징도 보여 주지 못하고 있다.

혁명의 위엄

프랑스 대혁명은 프랑스 국민의 위대한 유산이다. 프랑스인들은 혁명이란 단어를 좋아한다. 왜냐하면 그들이 지난날의 영광을 연장하거나 재생산한다는 환영을 갖기 때문이다.

한 프랑스 작가는[57] 1945년의 해방 직후에 실패로 그친 '기독교사회주의 혁명'을 상기시키면서도 그 정확성과 증거의 요구에 대해서는 무관심하다. 혁명이라는 표현은 감정을 격앙시키고 기억과 환상을 불러일으킨다. 하지만 누구도 그것을 정의할 수 없다.

완수된 개혁은 무엇인가를 변화시킨다. 혁명은 모든 것을 변화시킬 수 있는 것처럼 보인다. 왜냐하면 혁명이 무엇을 변화시키는지를 모르기 때문이다. 정치에서 오락, 신념의 대상 또는 사색의 주제를 찾고자 하는 지식인에게 개혁은 지루하나, 혁명은 흥분을 일으킨다. 개혁이 산문적이라면, 혁명은 시적이다. 개혁은 관리들의 작품으로 여겨지나, 혁명은 착취자들에게 반항하는 인민의 작품으로 여겨진다. 혁명은 일상의 질서를 깨뜨리고, 모든 일이 가능하다는 것을 믿게끔 해 준다. 1944년, 프랑스의 반※혁명은 그것을 직접 겪은 사람들에게(바리케이트의 이편에서) 희망의 시대에 대한 향수를 불러일으킨다. 그들은 잃어버린 서정적인 환상을 애석하게 생각하며, 그것에 대한 비판을 주저한다. 실망에 대한 책임은 '다른 요소

---

57 프랑수아 모리아크이다.

들' —인간들, 사고事故들, 소련 또는 미국— 에 있다.

관념을 사랑하고, 제도에 무관심하고, 또 사생활에서는 단호한 비판자이며, 정치에서는 합리적인 절제에 반대하는 프랑스인들은 이론상으로 훌륭한 혁명가들이고, 실제 행동에서는 보수주의자들이다. 하지만 혁명의 신화는 프랑스 또는 프랑스 지식인들에게만 국한되지 않는다. 혁명의 신화는 진실하다기보다는 종종 빌려 온 여러 종류의 위엄으로부터 혜택을 받고 있는 것처럼 보인다.

우선, 혁명의 신화는 '미학적 모더니즘의 위엄'의 덕을 보고 있다. 예술가가 평민을 비난하는 것처럼, 마르크스주의자는 부르주아지를 비난한다. 예술가와 마르크스주의자는 공동의 적에 대항하는 투쟁에서 결속되어 있다고 생각할 수 있다. 예술적 아방가르드들과 정치적 아방가르드들은 자주 해방이라는 공동의 모험을 꿈꿔 왔다.

실제로 19세기에 이 두 아방가르드들은 결속되었다기보다도 오히려 분리되어 있었다. 어떤 문학적 유파도 정치적 좌파와 결속된 적이 없다. 빅토르 위고는 영광스러운 노년에 이르러 민주주의의 공식적인 사도임을 자처했다. 하지만 젊은 시절에 그는 무너진 과거를 찬양했으며, 결코 현대적 의미에서 혁명가가 아니었다. 그 당시의 유명한 작가들 중에는 반동주의자들이 있었고(발자크), 또 강한 보수주의자들(플로베르)도 있었다. '저주받은 시인들'도 결코 혁명가들이 아니었다. 인상파 화가들은 아카데미즘과 투쟁했으나 사회질서를 비난하고 또 평화주의자들을 위해 비둘기를 그리는 일은 생각조차 하지 않았다.

또한 이론가이든 투사이든 간에 사회주의자들도 문학 또는 미술의 아방가르드들이 내세우는 가치 체계에 항상 찬동한 것은 아니었다. 한 예로 레옹 블룸[58]은 여러 해 동안, 어쩌면 평생 동안 포르토리쉬Georges de Porto-Riche[59]를 그 당시의 대작가 중 한 명이라고 생각했다. 블룸은 당시의 아방가르드 성향의 문학지 『르뷔 블랑쉬*Revue Blanche*』에 글을 쓰는 좌파 경향을 가진 유일한 사람이었다. 하지만 과학적 사회주의의 창안자인 그는 예술에 대해서는 고전적인 취미를 가지고 있었다.

그 두 아방가르드들이 동맹을 맺은 것은 1차 세계대전 직후로 보인다. 프랑스에서는 초현실주의가 이 동맹의 상징이었다. 독일에서는 문인들, 실험 극장들, 독창적인 창조 극단들이 종종 볼셰비키와 합체가 되었다. 이런 동맹을 통해 예술의 획일주의, 도덕적 타협주의, 황금만능주의를 한목소리로 비난했다. 또한 종교도 자본주의와 마찬가지로 원망의 대상이 되었다. 하지만 이런 동맹은 오래 지속되지 못했다.

러시아 혁명이 발발한 지 10년 뒤에, 모더니스트 건축가들은 신고전주의 스타일 부활의 희생물이 되었다. 나는 아직도 장리샤르 블로크Jean-Richard Bloch[60]가 개종자의 정열적인 신념으로 다음과 같이 선언하는 것을 듣고 있는 듯하다. 즉, 원주圓柱나 주랑柱廊을 다시 사용하는 것이 예술적인 퇴보라고 해도, 그것은 변증법적 진보라고 말이다. 소련에서의 문학, 미술 분야의 가장 훌륭한 아방가르드들은 1939년 전에 모두 제거되었다. 회화는 50년 전의 프랑스의 살롱풍으로 복귀했고, 작곡가들은 고백과 자아비판을 해야 했다. 35년 전에 소련은 영화감독들, 시인들, 연극 연출가들의 과감성을 자랑했었다. 그런데 오늘날 서구인들은 현대 예술의 영웅들을 한명 한명 조사하고 있다. 관객의 몰이해로 인해 비참한 상황에 처한 영웅들까지 포함해서 그렇다. 또한 서구인들은 혁명의 조국인 소련이 인습적인 반동 예술의 근거지가 되어 버렸다고 비난하고 있다.

---

58 레옹 블룸(1872-1950): 프랑스의 정치가로, 1936년에 인민전선 내각에서 총리를 지낸 사회당의 주요 인물이다.
59 조르주 드 포르토리쉬(1849-1930): 프랑스의 극작가이자 소설가이다.
60 장리샤르 블로크(1884-1947): 프랑스 공산당 계열의 작가, 정치인이자 에세이스트이다.

소련 밖에서는 프랑스의 아라공이 초현실주의에서 공산주의로 옮겨 갔으며, 프랑스군을 전적으로 '격찬하거나' 또는 '비방할' 준비가 되어 있는 가장 열성적인 투사가 되었다. 또 프랑스의 브르통은 젊은 시절의 총체적인 혁명에 여전히 충실한 태도를 보였다. 아카데미즘과 부르주아적 가치로 전향함으로써 소련은 정신의 해방과 전능한 당 사이의 혼란을 일소했다. 하지만 두 개의 '반동'이 서로 대립하는 것처럼 보일 때, 어떤 역사적 운동에 의지해야 하는가? 작가는 고독이 아니면 파벌 속에 갇히게 된다. 화가는 당에 충성하면서 사회주의 리얼리즘을 무시하게 된다.

두 아방가르드들 사이의 동맹은 오해와 예외적인 상황에서 생겨났다. 타협주의에 대한 혐오로 인해 예술가들은 모든 반항의 중심인 당에 합류했다. 하지만 정복자들이 승리를 만끽하는 자들과 일치하는 경우는 극히 드물다. 혁명 후에 사회를 지배하는 계급은 안정과 존경을 갈구한다. 이 계급은 원주를 좋아하고, 진짜이든 가짜이든 고전주의를 좋아한다. 빅토리아 여왕 시대의 부르주아지와 오늘날 소련의 부르주아지 사이에는 좋지 않은 비슷한 취향이 있다. 양편 모두 물질적인 성공에 대해 거만한 태도를 보인다. 초기 산업화 단계를 넘어선 자본가들이나 경영자들의 세대는 멋진 가구들과 위풍당당한 외관을 필요로 한다. 또 스탈린의 인격은 오늘날 소련이 몽매주의에 빠져 극단적인 형식으로 치우치는 경향을 설명해 준다.

소련은 아마도 지금부터 몇 년 또는 몇십 년 내로 파리 유파에 대해 자유롭게 연구하는 경력을 허용할 것이다. 소련은 일시적으로 히틀러가 격렬하게 비난했던 데카당스 예술과 부패한 예술을 비난할 것이다. 하지만 정말로 새로운 경우는 아마도 푸주롱André Fougeron[61]일 것이다. 정치적으로 혜택을 입은 아방가르드 예술가 중 한 명인 그는 그의 신념인 공산주의에 일치하는 아카데미즘을 창립하기 위해 노력한 바 있다.

'도덕적 비타협주의의 위엄'은 동일한 오해에서 태어났다. 일부 문학적 보헤미안은 스스로 극좌파의 행동에 연결되어 있다고 느꼈다. 사회주의 투사들이 부르주아적 위선을 거부했던 것이다. 19세기 말에 —자유연애, 합법적 낙태와 같은— 자유주의적 도덕관념이 진보적인 정치 그룹 사이에 널리 퍼졌다. 남녀가 결혼식을 하기 위해 관청에 출석하지 않는 것을 자랑으로 여겼고, 또 서로 부인, 처妻 대신 부르주아적 냄새가 풍기는 '여보'나 '자기'라는 단어를 더 즐겨 사용했다.

"우리는 모든 것을 변화시켰다." 결혼이나 가족은 혁명의 조국에서 미덕이라고 칭송되었고, 이혼과 낙태는 상황에 따라 합법적으로 인정되기도 했다. 하지만 소련 당국은 공식적인 선전을 통해 이혼과 낙태와 싸우고 있으며, 개인적인 쾌락이나 정열은 사회 전체의 이익에 종속되어야 한다는 의무감을 개인들에게 환기시키고 있다. 전통주의자들도 그 이상을 요구할 수 없을 것이다.

역사학자들은 여러 번에 걸쳐 혁명가들에게는 청교도들이나 자코뱅파와 공통되는 성향이 있다고 주장했다. 이런 성향은 다른 사람들에게 그들만의 고유한 순수성을 요구하는 낙천주의적 혁명가들의 특징이기도 하다. 볼셰비키들 역시 늘 도덕적인 해이를 맹렬히 비난했다. 방탕한 사람은 항상 그들의 눈총을 받았다. 그가 인정된 법규를 무시하기 때문이 아니고, 오히려 그가 악에 빠져 중요하지 않은 활동에 너무 많은 시간과 노력을 허비하기 때문이다.

가정의 지위가 복구된 것은 전혀 다른 현상이다. 이 현상은 일단 정치에 대한 강박관념이 사라지고 난 뒤에 정상적인 생활로 되돌아왔음을 보

---

61   앙드레 푸주롱(1913-1998): 프랑스 공산당 계열의 화가이다.

여 준다. 가족제도는 국가나 사회의 대변동보다도 오래 지속되는 특징이 있다. 낡은 질서의 붕괴로 그 기초가 흔들린 가족제도는, 새로운 질서가 확립되고, 또 새로운 엘리트가 현재와 미래를 신뢰할 수 있게 됨에 따라 재형성된다. 때로는 단절로 인해 가족들이 아주 헤어지기도 한다. 유럽에서는 가족의 권위주의적 구조가 국가의 권위주의적 구조와 역사적으로 결부되어 있다. 시민에게 투표권을 인정하자고 주장하는 사상은 또한 행복해질 권리를 위한 것이기도 하다. 중국 공산주의의 미래가 어떻든 간에, 대가족제도는 여러 세기 동안 지속되어 온 것과는 같지 않을 것이다. 여성의 해방은 결정적으로 이루어진 듯하다.

관습적인 도덕에 대한 비판이 정치적 아방가르드와 문학적 아방가르드의 연합의 계기가 된 것과 마찬가지로, 무신론은 '반항의 형이상학을 혁명의 정치'와 결합시켜 주는 것처럼 보인다. 여기에서도 역시 혁명이 부당한 위엄을 누리고 있는 것으로 보인다. 왜냐하면 혁명이 반드시 인도주의에 이른다는 것은 그릇된 판단으로 보이기 때문이다.

마르크스주의는, 마르크스가 포이어바흐에게서 받아들인 종교에 대한 비판을 바탕으로 전개되었다. 인간은 그가 갈망하는 완전한 모습을 신에게 투사하면서 스스로 소외된다. 신은 인간의 창조자이기는커녕 단지 상상의 우상에 불과하다. 인간들은 생각은 할 수 있지만 도달할 수 없는 완전함을 지상에서 실현하려고 노력하는 경향이 있다. 종교에 대한 비판은 곧 사회에 대한 비판으로 이어진다. 하지만 이런 비판이 왜 혁명을 일으켜야 한다는 명령에 반드시 도달하게 되는가?

혁명은 행동의 본질과 동일시될 수 없으며, 그것은 단지 형태상의 문제이다. 모든 행동은 사실상 주어진 여건에 대한 부정이다. 하지만 이런 의미에서 보면 개혁은 혁명과 마찬가지로 행동이다. 1789년의 프랑스 대혁명은 헤겔에게 혁명의 신화가 되어 버린 여러 사건 중의 하나를 시사했다.

이성에 봉사하는 폭력이 그것이다. 하지만 계급투쟁에 특별한 가치를 인정하지 않는 한, 이 투쟁에서 살아남은 자들을 제외하고 정신의 규범에 맞는 사회를 건설하려는 노력은 갑작스러운 봉기나 내란을 필요로 하지 않는다. 혁명은 신의 뜻이나 역사에 예정된 목표가 아니고 수단이다.

마르크스주의에서 혁명에 대한 세 가지 다른 견해를 볼 수 있다. 첫째, 블랑키파적인 견해이다. 이 견해는 무장한 소수 그룹으로 정권을 탈취하고, 국가의 지배자가 되고 난 뒤에 제도를 바꾸고자 하는 견해이다. 둘째, 진보적인 견해이다. 미래의 사회는 최후에 구원될 위기가 닥쳐오기 전에 현재 사회에서 서서히 성숙해 나가야 한다는 견해이다. 셋째, 항구 혁명의 개념이 된 견해이다. 노동자당은 여러 부르주아당에 계속 압력을 가하고, 그 결과 여러 부르주아당이 마지못해 동의한 개혁을 통해 자본주의의 질서를 전복시켜 당의 승리와 사회주의의 도래를 준비하고자 한다. 이 세 견해는 모두 폭력의 필요성을 인정한다. 마르크스 자신의 기질과 가장 어울리지 않지만, 마르크스주의 사회학과는 가장 잘 어울리는 두 번째 견해는 단절의 순간을 확정되지 않은 미래로 떠넘기고 있다.

어느 시대의 사회든지 현실적으로 고려해 보면, 쉽게 양립할 수 없다고 단정했던 다른 시대의 요소들과 여러 스타일들이 나타나기도 한다. 군주제, 의회, 노동조합, 무료 건강검진, 징병, 국유산업, 해군 등과 같은 것들이 현재의 영국에도 공존하고 있다. 만일 우리가 생각하듯이 역사상의 여러 정체가 본질 면에서 균등하다면, 한 정체에서 다른 정체에로 옮겨 가기 위해서는 혁명이 필수 불가결할 수도 있다. 하지만 불완전한 자본주의에서 준※사회주의로, 귀족적이고 부르주아적인 의회에서 노동조합들이나 대중 정당들이 대표하는 의회에로의 이행은 이론적으로 보면 인간들 사이의 살육을 요구하지 않는다. 그것을 결정하는 것은 상황이다.

역사적 인도주의 ─여러 정체와 여러 제국의 계승을 통해 이루어진 인간 자신에 대한 탐구— 는, 인간의 영원한 갈망과 그것을 실현하는 행동의 기술 사이의 독단주의적 혼란에 의해서만 혁명에 대한 숭배로 이어질 수 있을 뿐이다. 계급투쟁이 역사적 사명을 성취하기 위해 시체들을 쌓지 않는 한, 방법의 선택은 철학적 사색이 아니라 경험과 지혜에 속한다. 대체 왜 모든 인간의 화해가 단일 계급의 승리에서 기인해야 하는가?

마르크스는 역사의 변증법을 매개로 무신론에서 혁명으로 나아갔다. 변증법에 대해 아무것도 알고자 하지 않는 많은 지식인들도 무신론에서 혁명으로 나아간다. 혁명이 인간들을 화해시키거나 역사의 신비를 풀어 주기 때문이 아니다. 그보다는 오히려 혁명이 평범하거나 더러운 세계를 파괴해 버리기 때문이다. 문학적 아방가르드와 정치적 아방가르드 사이에서 기존의 질서나 혼란에 대한 공통된 증오가 쟁점이 되고 있다. '혁명은 반항에 따르는 위엄'의 혜택을 받고 있는 셈이다.

오늘날 '반항'이란 단어는 니힐리즘이라는 단어와 같이 유행하고 있다. 하지만 이 단어가 너무 자의적으로 사용되고 있어 그 정확한 의미를 알지 못하고 만다. 대부분의 작가들이 다음과 같은 앙드레 말로의 말에 찬동 여부를 자문한다. "사고의 근본적인 위엄은 삶에 대한 도전 어린 비난 속에 있다. 실제로 세계를 정당화시키는 모든 사고는 희망을 바탕으로 한 것이 아니라면 무가치하다." 20세기에는 세계를 정당화시키기보다 비난하는 것이 확실히 더 용이하다.

형이상학적 반항은 전통적으로 가치나 도덕에 토대를 제공해 주었던 신의 존재, 종교나 정령설을 부정한다. 형이상학적 반항은 또한 세계와 인간의 삶의 부조리를 여실히 보여 준다. 그리고 역사적 반항은 사회 그 자체 또는 현재 사회를 문제 삼는다. 이 두 가지 반항은 가끔 교차된다. 하지만 그 어느 것도 혁명이나, 또는 혁명의 대의명분 속에 구현된다고 주장하는 가치를 향해 반드시 나아가는 것은 아니다.

무의미한 세계가 인간들에게 안겨 준 운명을 비난하는 자는 때로 혁명가들과 합류한다. 이것은 분노나 증오가 다른 요소보다 앞서기 때문이며, 또한 궁극적으로 파괴만이 유일하게 실망감을 누그러뜨려 주기 때문이기도 하다. 하지만 같은 논리로 그는 당연히 인간의 불행에 대한 사회적 징후와의 투쟁에 빠져든 나머지 그 깊이를 측정하지 못하는 교정 불가능한 낙관론자들에 의해 널리 퍼진 환상을 쫓아 버리게 될 것이다. 어떤 반항인은 행동에서 행동 그 자체를 목적 없는 운명의 최후 목적으로 여긴다. 또어떤 반항인은 그것을 온당하지 않은 기분 전환, 즉 인간이 자기 자신에게 공허한 삶의 조건을 은폐하려는 시도로만 여길 뿐이다. 오늘날 승리를 구가하고 있는 혁명당은 키르케고르, 니체, 카프카 등의 후세대들을 신의 죽음을 달래지 못하는 부르주아지 ─왜냐하면 그들이 자신들의 죽음을 자각하고 있기 때문이다─ 의 입장을 증언해 주는 지적 예언자라고 비웃고 있다. 이처럼 반항인이 아니라 혁명가는 초월과 의미, 즉 역사의 미래를 소유하고 있다.

반항인들이 기존 질서에 맞서는 것은 사실이다. 그들은 대부분의 사회적 명령이나 금지 속에서 관습 또는 위선만을 목도할 뿐이다. 하지만 그들중 일부는 사회에서 널리 받아들이는 가치를 인정한다. 반면, 그들 중 다른 일부는 신이나 운명이 아니라 자신들의 시대에 맞서 반항한다. 19세기 중반에 러시아의 니힐리스트들은 유물론과 이기주의의 이름으로 부르주아-사회주의 운동에 합세했다. 신의 죽음을 선언한 니체와 신의 신봉자였던 베르나노스는 모두 진정한 비타협주의자들이었다. 두 사람 모두 민주주의, 사회주의, 중우정치에 반대했다. 니체는 미래에 대한 본능적인 선입견의 이름으로, 베르나노스는 이상화된 구제도의 이미지를 상기하면서였다. 그들은 생활수준의 향상, 프티부르주아의 일반화, 기술 진보에 적대적이거나 무관심했다. 그들은 선거제도나 의회를 통해 퍼지는 저속과 통속을 혐오했다. 베르나노스는 이교국, 소란한 리바이어던, 곧 의회에 독설을 퍼부었다.

파시즘이 패퇴한 이후, 반항을 지지하는 대부분의 지식인들과 혁명을 지지하는 모든 사람들은 나무랄 데 없는 타협주의에 대해 증언했다. 그들은 자신들이 비난하는 사회의 가치와의 관계를 완전히 끊지 않았다. 알제리 주재 프랑스 식민자들, 튀니지에 사는 코르시카 출신의 관리들은 원주민들을 존중하지 않았으며, 인종평등 사상 역시 믿지 않았다. 하지만 프랑스의 우파 지식인은 감히 식민주의 철학을 전개하려고 하지 않을 것이다. 러시아 지식인이 강제포로수용소에 대한 이론을 전개하지 않는 것과 마찬가지로 말이다. 히틀러, 무솔리니, 프랑코 지지자들은 분노를 촉발시켰다. 왜냐하면 그들이 민주주의, 인간, 계급, 인종의 평등, 경제적 진보, 인도주의, 평화주의 등과 같은 새로운 사상 앞에서 머리를 숙이기를 거부하기 때문이었다. 1950년대의 혁명가들은 때때로 두려움을 주기는 했지만 스캔들을 일으킨 적은 없었다.

오늘날 대중의 생활수준이 중요하지 않다고 말하거나 생각하는 기독교 신도 ─심지어 반동주의자라고 해도─ 는 없다. 이른바 좌파 기독교 신도는 용기나 자유를 보여 주는 자라기보다는 오히려 세상의 속된 사상적 풍조를 가장 많이 흡수하는 것에 동의하는 자이다. '진보적'인 기독교 신도는 결국 정체의 변화나 인간의 물질적 조건의 개선을 기독교의 진리 보급에 불가피한 것으로 여길 것이다. 시몬 베유의 메시지는 좌파의 메시지가 아니라 비타협주의자의 메시지이다. 이 메시지는 더 이상 들을 수 없는 진리를 상기시켜 주고 있다.

현재 프랑스에서는 구제도와 합리주의처럼 양립하기 어려운 두 가지 철학을 찾고 있다. 하지만 소용없다. 오늘날의 싸움의 당사자들은 파시즘의 소수 잔당을 빼놓고는 모두 형제-적이다. 사회주의는 부르주아 시대의

지도 이념들을 다시 취하고 있다. 가령, 자연적 힘의 통제, 모든 사람들의 안위와 안정이라는 지배적인 관심사, 인종과 국가의 불평등 거부, 사생활로서의 종교 등이 그것이다. 소련 사회는 분명 유럽 사회와 반대되는 가치 체계를 그 내부에 가지고 있다. 하지만 외적으로 두 세계는 서로 상대편이 자기편의 공동의 가치를 해치고 있다고 비난한다. 사유재산권과 계획에 대한 논쟁은 목적보다는 수단에 관련된 것이다.

반항인들이나 니힐리스트들은 현 사회를 언제나 비난한다. 한편에서는 현재 세계가 원하는 대로 나아가라 하고, 다른 편에서는 그런 주장에 충실하지 말라고 한다. 현재는 후자들의 견해가 훨씬 더 우세하다. 하지만 격렬한 논쟁은 이들 양자들 사이에서 이루어지고 있는 것이 아니다. 그런 논쟁은 오히려 본질에 대해서는 의견이 일치되는 지식인들 사이에서 일어나고 있다. 그들이 서로 갈라지기 위해서는 궁극적인 목적에서의 대립이 아니라 단지 혁명이라는 성스러운 말에 대한 의견이 다른 것으로 충분하다.

반항과 혁명

알베르 카뮈, 장폴 사르트르, 프랑시스 장송Francis Jeanson[62] 사이에 오간 편지들과 글들[63]은 곧바로 유명한 논쟁의 성격을 띠게 되었다. 우리는 이 논쟁의 과정을 하나하나 살펴보거나 옳고 그름을 따지려는 의도를 가지

---

62 프랑시스 장송(1922-2009): 프랑스 철학자로, 특히 알제리전쟁 당시 알제리해방전선에 참여한 것으로 유명하다.

63 *Les Temps modernes*, août 1952, nº 82.

고 있지 않다. 우리는 단지 냉전이 시작된 지 7년째 되는 해인 1952년에 저명한 두 작가의 의식 속에 나타난 혁명의 신화가 지닌 의의만을 포착하고자 한다.

두 명의 대화 상대자의 형이상학적 입장은 비슷하다. 신은 죽었고, 세계는 인간의 모험에 아무런 의미도 주지 않는다. 물론 사르트르의 『존재와 무L'Etre et le néant』에서 볼 수 있는 인간 조건에 대한 분석은 카뮈의 『시지프 신화Le Mythe de Sisyphe』의 그것과 다르다는 것은 분명하다. (또한 이 두 저서는 비교 불가능하기도 하다.) 하지만 진실을 추구하고자 하는 의지, 환영과 거짓에 대한 거부, 세계와의 조우, 능동적인 스토아주의 등이 이 두 저서의 공통된 주장이다. 비록 이 주장들이 다른 문체로 쓰였지만 말이다. 이렇게 기본적인 것에 대한 태도에서는 두 사람 사이에 충돌할 여지가 없다.

두 사람이 동의와 거부 의사를 표명할 때, ―카뮈가 사르트르보다 더 많았지만― 그들은 유사한 가치판단을 보여 주고 있다. 두 사람 모두 인도주의자이고, 인간의 고통을 줄이고 피억압자들의 해방을 바란다. 두 사람 모두 식민주의, 파시즘, 자본주의에 맞서 싸운다. 스페인, 알제리, 베트남 문제에 대해 카뮈는 진보주의를 손상시키는 과오를 범하지 않았다. 스페인이 유네스코UNESCO에 가입했을 때에 카뮈는 훌륭한 항의문을 썼고, 소련과 체코슬로바키아가 가맹했을 때는 침묵을 지켰다. 본질적으로 카뮈는 바르게 생각하는 좌파에 속한다.

『존재와 무』 이후에 사르트르의 사상이 근본적으로 변하지 않았다면, 그는 역사를 정신의 발전으로 해석하지 않는다. 그는 어떤 종류이든 간에 혁명에 존재론적 의미를 부여할 준비가 되어 있지 않다. 계급 없는 사회는 인간의 운명의 신비를 해결해 주지도 않고, 본질과 존재 또는 인간들 사이의 융합도 실현시키지 못한다. 사르트르의 실존주의는 역사적 총체성에 대한 신뢰를 배제한다. 각자는 개별적으로 역사 속에 들어 있고, 그 자신의 기투와 동료들을 실수의 위험을 무릅쓰고 선택한다. 카뮈 역시 이런 주장에 별 어려움 없이 동의할 것이다.

그렇다면 왜 결렬인가? 그 기원에는 서구 세계에서 형제들, 동지들, 친구들을 영원히 갈라놓는 다음과 같은 하나의 문제가 있는 것으로 보인다. 소련과 공산주의에 대해 어떤 태도를 취해야 하는가? 대화 상대자들이 레닌, 스탈린 또는 말렌코프Georgii Malenkov[64]의 당에 가입하거나 가입을 거부한다고 해서 그들의 대화가 감정적으로 과격해지는 것은 아니다. 비공산주의자들은 자신들의 공산당 입당 거부를 다른 방법으로 정당화하려고 했다. 어떤 이들은 스스로 비공산주의자들이라고 했고, 또 다른 이들은 스스로 반공산주의자들이라고 했다. 어떤 이들은 레닌과 스탈린을 비난하기도 했다. 또 다른 이들은 스탈린만 엄격하게 비난하기도 했다. 철의 장막 저편에서는 숙청될 자들이 자신들을 공산주의의 불구대천의 원수라고 자인하는 데는 이런 방법들로 충분했다.

그 유명한 논쟁이 일어났을 때, 사르트르는 아직 빈도 모스크바도 가본 적이 없었다. 하지만 그는 이렇게 쓸 수 있었다. "만일 내가 비밀리에 활동하는 부끄러운 동조자라면, 그들이 증오하는 것이 당신이 아니고 왜 나일까요? 하지만 우리가 불러일으킨 증오를 뻐기지는 맙시다. 나는 이런 적의를 진심으로 유감스럽게 여기고 있음을 솔직하게 밝힙니다. 그리고 나는 때때로 그들이 당신에게 내보이는 전적인 무관심을 부럽게 생각하기조차 합니다."[65] 사르트르는 소련 체제, 강제포로수용소의 잔학성을 결코 부인하지 않았다. '민주혁명연합Rassemblement démocratique révolutionnaire'[66] 시절,

---

64 게오르기 말렌코프(1901-1988): 소련의 정치인으로 스탈린의 측근이었다.

65 *Ibid.*, p.341

66 민주혁명연합(RDR): 2차 세계대전 후에 루세, 알트망, 사르트르 등에 의해 조직된 중도 성향의 정치 집단이나.

미소 양 진영에 대한 거부의 시절, 제3의 노선을 만들기 위한 노력의 시절이 지난 지 오래지 않았다. 카뮈도 사르트르 못지않게 식민주의 탄압과 프랑코 정권하에서 일어나는 '프랑코주의'를 분명히 비난했다. 두 사람 모두 정치 노선과는 상관없이 자유로운 위치에서 이런저런 일들을 비난했다. 그렇다면 차이는 어디에 있는가? 통속적인 말로 말하자면 그 답은 이렇다. 카뮈는 궁극적으로 서구를 택하고, 사르트르는 동구를 택하리라는 것이다.[67] 좀 더 고상하게 말하자면, 사르트르는 정치사상의 차원에서 카뮈가 비간섭주의에 빠졌다고 비난한 것이다. "당신은 유럽의 프롤레타리아가 소련을 공개적으로 비난하지 않는다고 책망합니다. 하지만 당신은 또한 스페인의 유네스코 가입을 승인했다고 유럽의 여러 정부를 비난합니다. 이 경우에 나는 당신을 위한 단 한 가지 해결책만을 볼 뿐입니다. 그것은 갈라파고스섬에 가서 사는 것입니다." 양편에 모두 잘못이 있다는 것을 똑같이 엄격하게 비난하기 위해 균형을 유지하려는 의지를 가졌다고 해서, 그것이 정치 행위로 이어지는 것은 아니다. 하지만 카뮈는 정치인이 아니고, 사르트르도 마찬가지다. 두 사람 모두 펜으로 행동한다. 민주혁명연합의 해체 뒤에 사르트르가 말하는 갈라파고스섬에 대한 다른 해결책은 무엇인가? (내가 보기에는 저편에 있는 노예를 도울 수 있는 유일한 길은 여기에 있는 노예의 편을 드는 것이다.)

이런 추론은 1933년에서 1939년까지 프랑스 반동주의자들 또는 평화주의자들의 그것과 정확히 같은 것이다. 그들은 좌파 사람들이 박해를 빋는 유대인을 위해 성명서를 발표하고 대중 집회를 늘리고 있다고 비난했다. 그들은 이렇게 말했다. "당신들의 일이나 돌보고, 당신 집의 문 앞이나 쓸

67　물론 서구에서 산다는 조건하에서이다.

어라. 제3공화국의 희생자들을 돕는 최선의 길은 불경기, 식민지주의, 제
국주의에 의한 희생자들의 고통을 누그러뜨리는 것이다." 사실, 이런 추
론은 잘못된 것이다. 제3공화국도 소련도 외부 세계의 여론에는 완전히
무관심하다. 아마도 세계의 여러 유대인 조직들의 항의는 반유대주의, 반
세계주의 운동을 완화시키는 데 다소 도움이 되었을 것이다. 하지만 한편
으로 철의 장막 뒤에서는 그 틈을 타서 유대인들을 다시 박해했다. 유럽과
아시아에서 자유롭게 행해진 미국인들의 인종차별에 대한 선전은 흑인들
의 위치를 개선하고, 헌법에 보장된 권리의 평등을 주장하는 사람들에게
도움이 되었다.

　사르트르와 카뮈가 각각 취한 태도의 실질적 결과는 일단 제쳐 두자.
도대체 외관적으로 근소한 뉘앙스의 차이가 어떤 이유로 그토록 격렬한
논쟁으로 이어졌는가? 사르트르나 카뮈는 공산주의자들도 아니고, '북대
서양조약기구 지지자들'도 아니다. 두 사람 모두 동서 양 진영에 문제들
이 있음을 인정하고 있다. 카뮈는 서구의 문제를 비난함과 동시에 동구의
문제도 비난한다. 그에 반해 사르트르는 서구의 악만을 비난하고자 한다.
그렇다고 그가 동구에 있는 문제를 부인하는 것은 아니다. 이것은 단지 뉘
앙스의 차이에 불과할지 모르지만, 그들의 철학 전체를 문제시하는 차이
이기도 하다.

　카뮈는 소련의 현실 중 이런저런 양상들만을 반대하는 것이 아니다. 그
는 공산주의 정체를 하나의 철학으로부터 영감을 받으며, 그 철학에 의해
움직이는 전체주의적 정체로 본다. 그는 또한 혁명가들이 모든 영원한 가
치, 계급투쟁과 시대의 다양성을 초월하는 모든 초월적, 도덕적 가치를 부
인하는 것을 비난한다. 그는 또한 실존주의와 모순되는, 어쨌든 양립 불가
능한 이른바 절대적인 선, 하나의 역사적 목적을 위해 혁명가들이 산 사람
들을 희생시킨다고 비난한디. 만일 강제수용소를 '비난하는' 자가 그 비난

에 혁명적 '계획'과의 결별이라는 의미를 덧붙이는 것이 아니라면, 또 강제수용소의 존재를 '부정하는' 자가 지지하지 않는 '계획'과의 단절을 거부한다면, 카뮈와 사르트르는 별로 문제 되지 않을 것이다.

카뮈는 『반항하는 인간』에서 헤겔에서 마르크스와 레닌에 이르는 이데올로기적 진화, 마르크스의 저작에 포함된 몇몇 예언과 그 뒤에 나타난 사태와의 차이를 분석했다. 그의 분석에는 새로울 것이 거의 없다. 하지만 거기에는 쉽게 공박할 수 없는 몇 가지 점이 들어 있다. 카뮈의 저서와 '『레탕모데른*Les Temps modernes*』'지의 편집장에게 보낸 편지'가 공격의 대상이 될 수 있다는 것은 분명하다. 『반항하는 인간』에서 논의의 주요 흐름은 여러 부분 사이의 정합성 부족으로 인해 방향을 잃고 있다. 문체와 도덕론자의 어조로 인해 이 저서에는 철학적인 엄격성이 결여되어 있다. 또한 카뮈의 편지는 실존주의자들을 너무 단순한 대안 제시 속에 가두려는 것으로 보였다. (사르트르는 마르크스주의가 예언이나 방법에 한정된 것이 아니고 철학까지도 포함한다고 지적했다.) 그럼에도 카뮈는 사르트르나 장송이 쉽게 대답할 수 없는 몇 가지 결정적인 문제를 제기하고 있다.

카뮈는 이렇게 묻고 있다. "당신은 소련 정권이 혁명의 '계획'을 달성했다고 인정합니까? 그렇습니까? 아닙니까?"

그런데 이 질문에 대한 장송의 대답은 분명한 듯하면서도 혼란스럽다. "스탈린주의에 대한 나의 의견을 분명하게 밝히는 것을 방해하는 것은 주관적인 모순이 아니라 사실상의 곤란함이다. 이 사실상의 곤란함은 이렇게 표현될 수 있다고 생각한다. 세계 도처에서 일어나는 스탈린주의 운동은 진정한 혁명 운동으로 보이지 않는다. 하지만 그것은 혁명적이라고 주장하는 유일한 운동이고, 대다수의 프롤레타리아트 —특히 프랑스에서— 를 끌어들이고 있다. 따라서 우리는 그 방법을 비판하는 한에서는 그 운동에 반대하고, 또 다음과 같은 사실들을 알지 못하는 한에서는 지지한다.

즉, 진정한 혁명이라는 것이 한갓 꿈은 아닌지, 또 더욱 인간적인 사회질서를 정립하기 전에 혁명의 수행은 그런 단계를 거쳐야 하는 것인지, 그리고 현재 상황에서 모든 것을 고려할 때 혁명 수행의 불완전성은 그 시도를 무조건 중단하는 것보다 좋은 일인지가 그것이다."[68] 카뮈가 "그 시도를 무조건 중단하는 것"(이 표현이 어떤 의미를 가진다는 가정하에)을 바란 것인지는 알 수 없다. 그렇다고 해도 장송이 이런 사실을 모르겠다고 고백한 것은 칭찬할 만하다. 하지만 참여 철학자로부터 그런 고백이 나왔다는 점은 놀랍다. 역사에서의 행동은 실제로 사람들이 알지 못한 상태에서도 결정을 내리는 것을 요구하며, 또 적어도 그런 결정 속에서 자신들이 알고 있는 것 이상으로 사태를 확인하는 것을 요구하기도 한다. 20세기 중엽에서의 모든 행동은 소련의 혁명 수행에 대해 어떤 태도를 취하는가가 미리 가정되어 있다. 그런 태도를 회피하는 것은 역사적 실존의 예속을 회피하는 것이다. 비록 사람들이 역사를 환기시킨다고 해도 그렇다.

카뮈는 이렇게 쓰고 있다. 즉, 정권의 탈취, 집단화, 공포, 혁명의 이름으로 수립된 전체주의 국가를 정당화시키는 유일한 길은, 역사의 목적을 실현하기 위한 필요성과 긴급성에 따라야 하는 확실성이라고 말이다. 그런데 실존주의자들은 그런 필요성을 인정할 수도 없고, 역사의 목적을 믿을 수도 없을 것이다. 사르트르는 이 문제에 대해 다음과 같이 답했다. "역사는 하나의 의미를 가지는가? 당신은 이렇게 물을 것입니다. 역사는 하나의 목적을 가지는가? 하지만 내게는 이것이 의미가 없는 문제입니다. 왜냐하면 역사는 그것을 형성하는 인간을 떠나서는 추상적이고 불변하는 관념에 지나지 않으며, 그것이 목적을 갖고 있는지 아닌지 말할 수 없

---

68 *Ibid.*, p.378.

기 때문입니다. 그리고 문제는 역사의 목적을 '아는 것'이 아니라 그것에 하나의 목적을 '부여하는' 것입니다. … 사람들은 역사에 초월적인 가치가 있는지 없는지 논의하지 않습니다. 단지 그런 가치가 '있다면' 분명히 역사적인 인간들의 행동을 통해 그런 가치가 나타난다는 사실을 단순히 지적할 뿐입니다. … 마르크스도 역사에는 목적이 있을 수 있다고 말하지 않았습니다. 그가 어떻게 그런 말을 할 수 있을까요? 이것은 인간이 언젠가 목표를 갖지 않게 될 것이라고 말하는 것과 같습니다. 마르크스는 단지 전前 역사의 목적을 말한 것뿐입니다. 다시 말해 역사 자체 내에서 도달되고 또 모든 목표들처럼 초월되는 목표를 말한 것뿐입니다." 이런 답이 정직한 토론의 규칙에서 약간 벗어났다는 사실을 사르트르는 그 누구보다 더 잘 알 것이다. 우리의 행동이 역사에 의미를 준다는 것은 누구도 부인하지 않을 것이다. 하지만 우리가 보편적 가치를 결정하지 못하거나, 또는 전체를 이해할 수 없다면, 어떻게 우리가 이런 의미를 선택할 수 있는가? 영원한 규준이나 역사의 전체성을 참고하지 않은 결정은 분명히 자의적이 되지 않는가? 또한 그런 결정으로 인해 투쟁자들 사이에서 누구를 선택할 수도 없는 싸움에 인간과 계급이 빠져들도록 방치하지 않는가?

헤겔은 개념들의 변증법과 제국들이나 정체들이 정립되는 과정 사이에 있는 유사점을 지적했다. 마르크스는 역사의 수수께끼에 대한 해결로 계급 없는 사회를 예견했다. 사르트르는 존재론적 차원에서 절대정신과 연계되어 있는 역사의 목적이란 개념을 다시 취할 수 없었고, 또 그것을 원하지도 않았다. 하지만 그는 정치 분야에서 그 개념을 재도입하고 있다. 그런데 만일 사회주의 혁명이 전 역사의 목적이라면, 이 혁명은 과거와 비교해 상당한 독창성을 보여 주어야 하며, 또 시간의 흐름 속에서 단절, 즉 사회의 참다운 변화를 제시해야 할 것이다.

사르트르 자신의 말에 따르면, 그는 마르크스주의에서 예언이나 방법

이외에 몇몇 철학적인 진리를 빌려 왔다. 그런데 내가 보기에는 청년 마르크스의 저작들에 나타나 있는 이런 진리들은 본질적으로 형식적 민주주의의 비판, 소외 분석, 자본주의 질서의 조속한 전복에 대한 주장 등이다. 실제로 이런 철학에는 잠재적으로 예언주의가 내포되어 있다. 프롤레타리아들의 혁명은 과거의 혁명과 본질적으로 다르며, 유일하게 이 혁명만이 사회의 인간화를 가능케 해 줄 것이라는 예언주의가 그것이다. 이와 같은 마르크스주의의 교묘한 예언은, 기업의 집중과 대중의 빈곤화를 기대했던 통속적인 예언과 마찬가지로, 지난 세기에 일어났던 사건들에 의해 논박되지 않았다. 하지만 이 예언은 여전히 추상적이고 형식적이고 불명확한 것으로 남아 있다. 하나의 당에 의한 정권의 장악은 어떤 의미에서 전 역사의 목적이 되는가?

통속적인 언어로 요약된 카뮈의 사상에는 어쩌면 새로움이 결여되어 있다. 『레탕모데른』지의 분노를 일으킨 몇몇 쟁점에 대한 카뮈의 생각은 평범하고 합리적으로 보인다. 만일 반항이 불행한 자들과의 연대와 동정심에 대한 명령을 발견하게 해 준다면, 스탈린 유형의 혁명가들은 실제로 반항의 정신을 배반할 것이다. 역사의 법칙에 따르고 있으며, 불가피하고도 자비적인 목적을 위해 노력하고 있다고 확신하고 있는 그들은 하등의 죄의식도 없이 전제자나 사형 집행인이 될 것이다.

이런 판단으로부터 우리는 아무런 행동의 규칙도 끌어낼 수 없을 것이다. 하지만 역사적 광신주의에 대한 비판은 다양한 상황에 따라, 개연성과 경험에 따라 우리가 무엇인가를 선택하도록 촉구한다. 스칸디나비아식의 사회주의는 보편적인 모델이 아니며, 또 그렇다고 주장하지도 않는다. 프롤레타리아트의 사명, 소외의 극복, 혁명 등과 같은 개념들은 분명 단순한 주장 이상의 것을 증명해 보인다. 하지만 나는 이런 개념들이 20세기에 우리가 나아갈 길을 정하는 과정에서 그다지 큰 도움이 되지 않을까 봐 우려

된다.

프랑스나 파리의 생제르맹데프레Saint-Germain-des-Prés[69] 밖에서는 사르트르와 카뮈 사이의 논쟁이 거의 이해되지 않을 것이다. 영국이나 미국에는 이런 논쟁을 가능케 하는 지적, 사회적 조건이 구비되어 있지 않다. 이 두 나라에서는 마르크스의 사회학이나 경제학은 학문 발전의 단계에서 중요한 역할을 한 저작들처럼 별다른 열의 없이 논의된다. 또한 두 나라의 사람들은 마르크스의 성년 시절의 철학과 마찬가지로 청년 시절의 철학에 대해서도 무관심하다. 상품-물신에 대한 비판에서는 여전히 헤겔적이고, 다른 텍스트들과 엥겔스의 저작에 대한 글에서는 더욱 자연주의적 성격을 보여 주는 마르크스의 철학에 대해서 말이다. 헤겔 철학을 배제하게 되면, 그때부터는 소련의 혁명이 얼마큼 프랑스 대혁명과 일치하는가 하는 질문은 모든 의미를 상실하게 된다. 혁명가들은 이데올로기의 이름으로 하나의 정권을 세웠다. 우리는 이 정권이 무한정 확대되는 것을 바라고 있지는 않다는 것을 잘 알고 있다. 그렇다고 해서 이런 거부로 인해 우리가 이 정권의 '무조건적인 사라짐'을 바라는 것은 아니며, 또한 프롤레타리아 혹은 피억압자들의 반항에 맞서 싸우는 것도 아니다.

현실적인, 따라서 불완전한 정권에 동승함으로써 우리는 어느 시대, 어느 나라에서도 피할 수 없었던 불의나 참상에 연대 책임을 지게 된다. 참다운 공산주의자는 당의 지령대로 소련의 모든 현실을 받아들이는 자이다. 참다운 서구인은 우리의 문명을 비판할 자유와 그것을 개량할 기회를 제외하고는 이 문명으로부터 아무것도 받아들이지 않는 인간이다. 프랑스 노동자들의 일부가 공산당과 연계되어 있는 것은 프랑스의 지식인이

---

69 생제르맹데프레: 프랑스 파리 6구에 자리 잡은 파리의 24번째 행정 구역으로, 2차 세계대전 이후에 사르트르를 위시한 지식인들의 구역이 되었다.

이런 선택을 할 수밖에 없는 상황에 영향을 미친다. 한 세기 전에 몽유병에 걸린 독일과 초기 산업화의 공포에 저항한 한 젊은 철학자, 즉 마르크스가 외친 혁명의 예언은 과연 우리가 상황을 이해하고 합리적으로 선택하는 데 도움이 될 것인가? 혁명을 꿈꾸는 것은 프랑스를 변하게 하는 하나의 방식인가, 아니면 이 나라를 황폐화시키는 하나의 방법인가?

프랑스의 상황은 혁명적인가?

기독교 신도, 사회주의자, 드골파, 공산주의자 또는 실존주의자 할 것 없이 프랑스의 지식인들은 왜 혁명에 대해 이야기하고자 하는가? 그들이 역사의 진동에 보통 사람들보다 감수성이 더 예민해서 황금시대의 도래를 감지하기 때문인가?

2차 세계대전에 앞선 10년 동안 이런 질문이 계속 제기되었다. 하지만 히틀러의 위협으로 인해 프랑스인들끼리 싸우는 것이 금지되었을 뿐만 아니라, ─아무것도 또 누구도 그것을 방해할 수 없었을 것이다─ 그들의 싸움을 폭력으로 깨끗이 해결하는 것도 금지되었다는 사실을 곧장 덧붙이곤 했다. 해방에는 준準혁명에 해당하는 변화가 수반되었다. 준혁명의 지지자들이나 반대자들 모두 이 혁명이 불발에 그쳤다는 점을 인정한다. 1950년에 다시 한번 프랑스가 폭발 전야에 있는지를 선거를 통해 물었다. 이 선거에서 유권자의 거의 50%가 이론적으로 정부에 적대적인 공산주의자들이거나 드골파였다. 그로부터 몇 년 후에 보수주의는 폭력과 과격주의의 위협하에서 흔들렸다기보다는 오히려 강화된 듯이 보였다. 1940년과 1944년에 프랑스에서 일어났던 의사疑似 혁명의 최종 결과는 제3공화국의 제도, 인사, 관례로의 복귀였다. 선거 패배로 인해 의회는 1940년

7월에 해산을 약속할 수밖에 없었다. 우파 이론가들, 행동하고자 하는 젊은이들, 공화파의 잔존자들로 구성된 혼성 그룹은 권위적인, 하지만 전체주의적이지 않은 정부를 세우려고 노력했다. 그렇지만 해방이 이런 시도를 일소해 버렸다. 또한 해방으로 인해 다른 그룹이 정권을 장악했다. 그런데 이 그룹 역시 구성원들의 모집이나 이념에서 혼성 그룹이었다. 비시 정부에 맞서 이 정권도 때로는 구정권의 마지막 정부와 연합하고, 또 때로는 레지스탕스 운동 속에 구현된 국민의 의지를 상기시키면서 공화제의 참다운 상속자를 자처했다. 또한 이 새로운 정권은 기회가 있을 때마다 자신들의 기원이나 계획이 혁명적이라고 선언했다. 이 정권은 그 합법성을 투표가 아니라 일종의 신비적인 권위를 대표에게 위임하는 것, 곧 국민의 생각을 대표하는 한 인간 위에 정초했다. 달리 말하자면 이 정권은 단순한 공화국의 복구만이 아니라 국가의 갱신을 주장했던 것이다.

이 혁명은 숙청과 인민전선의 정치 프로그램에서 지지부진했던 이른바 구조상의 개혁(국유화), 또 몇몇 사회보장법 —이것은 이전 단계 발전의 연장이었고 중대한 변동은 없었다— 에 한정되었다. 헌법 조문과 그 실시에 대해서는 전통 또는, 더 분명히 말하자면, 낡은 악습은 개혁을 위한 충동에 승리를 거두었다. 제4공화국의 의회와 정당들은 제3공화국 때의 특권을 부러워했고, 강력한 행정부에 대해서는 적의를 드러냈다. 1946년에 여러 정당, 특히 3대 정당[70]은 일사불란함으로 인해 오히려 비난을 받았다. 1946-1947년에는 과격파와 온건파가 이들 다수당에 대해 반대 캠페인을 벌였다. 그러면서 그들은 드골 장군이 얻고 있는 인기를 이용했고, 또 인플레이션과 사회 불안으로 인한 당시 정부의 비인기를 이용했다. 오늘날

---

70 3대 정당: 공산당, 사회당, 인민공화당을 가리킨다.

공산당을 제외한 여러 정당에서는 이전보다 일사불란한 요소가 줄어들었다. 이들 정당들은 대부분의 선거에서 분열을 일으켰다. 일사불란함은 오늘날의 정당 내부에서 나타나고 있는 투쟁만큼 큰 병폐는 아니었다.

전통적으로 보면 프랑스의 의회민주주의는 행정부 기능의 약화와 무슨 일을 도모하려는 의지가 아니라 정부를 불안정하게 하는 의회의 능력에 의해 좌우되었다. 패전과 해방은 이런 전통을 전복시킬 기회가 되었다. 드골 장군은 1947년에 두 번째 기회를 만들려고 노력했으나 실패했다. 자유를 회복한 프랑스 정치는 그 당시에 국외 사건에 의해 가능했던 것을 용인할 수가 없었다.

드골이 이끄는 프랑스국민연합의 실패 원인은 무엇보다도 잘못된 전술에 있다고 변명할 수 있을 것이다. 만일 '해방자' 드골이 1946년에 권좌에 있으면서 최초의 헌법에 대한 반대 운동의 선두에 섰더라면, 또 만일 그가 사직한 몇 달 뒤에 있었던 첫 번째 국민투표 전날에 선거전에 돌입했었더라면, 그가 없이 사회주의자나 공산주의자의 진영과의 대결에서 얻었던 승리는 그의 승리가 되었을 수도 있었을 것이다. 드골은 제2차 국민투표에서 채택된 헌법과는 다른 헌법을 제시할 수 있었을 것이다. 만일 1947-1948년의 지방선거 후에, 또는 1951년 6월의 의회 선거 뒤에, 그가 선거에서 명부연합名簿聯合에 동의했더라면, 그는 절대적인 권위는 얻지 못했을지라도 결합력이 큰 내각을 조직하고 개혁을 단행할 수 있었을 것이다. 1952년에 드골이 프랑스국민연합을 해체한 것은 아주 서툰 행동이었다. 프랑스국민연합의 대표였던 그는 마음속으로 의심스러운 성공보다 확실한 실패를 더 선호했을까? 그가 장악할 수 있었을 한계가 있는 권력은 부분적이고 실망스러운 조치만을 가능케 해 주었다. 책임을 진다는 시련이 없는 항의가 더 강한 기억을 남겨 주었을 수도 있다.

근본적인 오해로 인해 처음부터 프랑스국민연합의 시도는 위태로웠다.

공산주의에 대한 공포가 사라지자마자 드골파의 많은 지지자들, 유권자들, 심지어는 국회의원들까지도 레몽 푸앵카레Raymond Poincaré[71] 정부와 유사한 정부를 희망했다. 지도자들은 대중보다 더 큰 야심을 가졌다. 그들은 대중들이 승인했을지도 모를 절충안을 거부했다.

1940년과 1944년의 혁명 실패와 드골의 프랑스국민연합의 패배에 기여한 사건들이 무엇이었든 간에, 보수 세력의 승리는 설명이 가능하다. 전후의 프랑스인들은 불만족스러웠으나 거리에 나가 싸울 생각은 없었다. 식량 부족과 인플레이션이 공산주의의 위협에 더해져 1946년에서 1948년 사이에 불만이 더욱 악화되었다. 1949년부터 대다수의 국민들은 익숙해졌던 생활양식으로 되돌아갈 수 있기를 바랐다. 대부분의 산업 노동자들은 그들의 생활수준을 보장해 주지 못하고, 또 그들의 공동체에 도덕적으로 정당한 참여를 거부하는 정권에 적대적이었다. 하지만 노동자들의 정치적 결합과 노동조합의 지도자들의 공산당에의 가입은 어쩔 수 없는 봉기를 촉발시키기보다는 계급투쟁의 분위기를 유지하는 데 더 도움이 되었다.

혁명은 불만보다는 오히려 희망이나, 또는 절망에서 생겨난다. 전후에 프랑스가 계속 외부에서 받은 압력으로 인해 혁명이 일어날 확률의 개연성은 더 낮아지고 있다. 의회의 정쟁에서 우파는 선거에서 프랑스 공산당이 가진 힘의 덕을 보고 있다. 만일 프랑스 공산당이 소련에 예속되지 않았다면, 만일 프랑스 공산당이 사회당과 싱실하게 협력했다면, 명백한 역설에 의해 혐오하는 적에게 자신의 부활을 빚지고 있던 인민전선은 보수적인 공화국을 단숨에 날려 버렸을 것이다.

---

71 레몽 푸앵카레(1860-1934): 프랑스 정치가로 1913년부터 1920년까지 대통령을 역임했다.

적어도 가까운 미래에 혁명가들이 택해야 하는 두 가지 정책 중에 ― 노동자들을 공산주의자들로부터 분리하든가, 또는 공산주의자들과 비공산주의자들의 좌파 공동전선(국민전선이나 인민전선)을 실현하는 것― 어느 것도 최상의 기회를 갖지 못할 것이다. 공산당의 힘은 사회당의 무기력과 비례한다. 사회당이 역동성과 노동자들의 지지를 잃게 되면, 공산당은 프롤레타리아트의 상당 부분과 연대하는 데 성공할 수 있을 것이다. 이 두 현상은 하나가 원인이고 다른 하나가 결과라기보다는 오히려 상호 의존적이다. 이런 악순환에서 어떻게 벗어날 수 있는가? 어떤 기발한 개혁으로 수백만의 좌파 지지자들이 희망을 거는 정당에서 유권자들을 떼어 놓을 수 있는가? 분위기를 단번에 바꾸기 위해서는 활기찬 총리의 선출이나 경제적 성장으로 충분하다고 생각할 수 있다. 하지만 적어도 시간이 필요할 것이다.

프랑스의 보수계급은 노동자계급 운동의 '스탈린주의화'에 의해 좌파 혁명으로부터 보호를 받았고, 또 사회당의 무기력에 의해 개혁에 대한 초조한 요구로부터도 보호를 받았다. 게다가 이런 보호 속에 있었던 프랑스 보수계급은 지금까지 북대서양조약기구에 가담한 국가들의 연대에 의해 그 자체의 실수를 감쌀 수 있었다. 1946년과 1949년 사이에 미국의 경제 원조 덕택으로 제2의 외부 원조가 없었으면 위기 극복을 위해 불가피하게 요구되었을 가혹한 조치들을 취하지 않을 수 있었다. 프랑스가 국제기구에 합류하는 일은 필요한 일이긴 했으나 개혁의 의지를 짓눌러 버릴 위험을 무릅쓰게 되었다.

1946년에 많은 관측자들의 견해로는(나도 그 가운데 한 명이다) 프랑스에서 시행되고 있는 의회 제도는 냉전, 국내 프랑스 공산당의 위협, 부분적인 계획경제의 요구에는 이상하게 들어맞지 않는 것처럼 보였다. 사람들은 세계에서의 프랑스의 지위를 잊어버렸다. 과거에 마케도니아의 헤게모니가 확립되었을 때, 사람들은 아테네의 제도를 개선하는 일에 크게 신경 쓰지 않았다. 알렉산드로스제국의 일부로서 또는 로마제국의 일부로서의 찬란했던 도시 아테네의 정치적 생명은 이미 끊어진 뒤였다.

하지만 이런 비교는 부분적으로만 타당하다. 미국은 참다운 헤게모니를 잡을 능력도 없고, 또 헤게모니에 대한 욕망으로 활기차게 움직이지도 않는다. 프랑스는 유럽이나 아프리카에서 그 나름의 정치적 책임을 가지고 있다. 사실 망데스 프랑스Pierre Mendès France[72]의 정권 획득과 그의 북아프리카 문제에 대한 놀랄 만한 결정에 이어 미국은 인도차이나에서 프랑스에 대한 원조를 거부했다. 디엔비엔푸Dien-Bien-Phu[73]의 패배를 계기로 그 책임자들이 의회에서 축출되었다.

1930년에서 1939년 사이에 프랑스를 통치했던 자들의 무기력과 맹목적인 태도에 대해 어떻게 격분하지 않을 수 있었겠는가? 2차 세계대전 직전의 공업 생산 수준은 1929년보다 약 20% 낮아졌다. 1940년에 프랑스 육군은 거의 단독으로 독일과 싸우지 않으면 안 되었다. 10년간 거의 상상하기 힘든 실정의 연속으로 통치자들은 프랑스 경제의 쇠퇴와 동맹 체제의 해체를 야기하거나 묵인해야만 했다.

제4공화국의 외교정책이 이미 쇠퇴하고 있던 제3공화국 때보다 더 나았다고 확신할 수 없다. 우리는 이미 실질적인 이해관계도 없고, 또 행동 수단도 없는 지역인 인도차이나에서 패배할 수는 있지만 이길 수는 없는 전쟁을 하면서 우리의 최우수 부대를 오랫동안 희생시켰다.

유럽에서 프랑스는 1950년까지 서독의 복구를 늦추려는 외교정책을 썼

---

72 피에르 망데스 프랑스(1907-1982): 프랑스 정치가로 좌파의 정신적 지주로 여겨진다.
73 디엔비엔푸: 1954년 3월 13일부터 5월 7일까지 계속된 전투가 발생한 베트남 북부의 도시 및 지역 이름으로, 이곳에서의 전투로 1차 인도차이나전쟁의 승패가 결정되었다.

다. 독일의 복구는 불가피하고 또 예견할 수 있는 것이었다. 이런 상황은 특히 소련이 주위 환경을 이용해 화해를 추구하는 것이 아니라 오히려 동구의 소련화를 시도할 때부터 나타났다. 쉬망 계획Schuman Plan[74]으로 프랑스의 외교정책은 또 다른 극단으로 치우쳤다.

그 당시에 프랑스는 독일, 이탈리아, 베네룩스 3국을 포함한 일종의 연합국가를 세우고자 했다. 6개국 연합은 프랑스 대표자들이 주장했던 장엄한 목표였다. 그렇다면 프랑스의 통일을 희생하지 않고 어떻게 이것을 달성할 수 있는가? 프랑스 의회에서 다수당을 차치하고 있는 세력은 과연 이와 같은 유럽연합 계획에 동의할 것인가?

하지만 전쟁이나 평화가 달려 있는 중요한 결정은 프랑스 외무성에서 내려지지 않는다. 장차 있을지도 모르는 프랑스 외교정책의 실패로 인해 20년 전과 같은 비참한 결과가 더 이상 초래되지는 않을 것이다. 1939년 이전에 프랑스인들은 지도자들을 원망할 만한 공통의 이유를 가졌었다. 왜냐하면 그들이 여전히 하나의 정확한 목표를 가지고 있었기 때문이었다. 즉, 독립을 잃지 않으면서 전쟁을 피한다는 목적이 그것이었다. 하지만 오늘날에는 이런 최소한의 합의도 더 이상 존재하지 않는다. 아직 경계가 확실히 확정되지 않은 유럽 통합에는 대다수가 우호적이다. 하지만 프랑스, 서독, 이탈리아, 베네룩스 3국으로 구성되는 6개국 연합 같은 유럽연합 혹은 의사疑似 연합이라는 구체적인 안건이 문제가 되기 시작하면, 프랑스인들은 분열된다. 서독의 재무장, 동구의 해방, 튀니지나 모로코의 개혁을 두고 분열되는 것처럼 말이다. 프랑스인들은 정부가 일관된 정책

---

[74] 쉬망 계획: 프랑스 외무장관 로베르 쉬망(Robert Schuman)이 1950년 5월 9일의 한 기자회견에서 독일과 프랑스를 중심으로 한 서유럽의 석탄 철강 산업을 초국가적 기구하에 통합할 것을 제창한 선언으로, 1951년 4월 18일 유럽석탄철강공동체 설립 조약이 파리에서 서명되고, 그 이듬해에 베네룩스 3국과 독일, 프랑스, 이탈리아, 6개국이 서명했으며, 유럽연합의 토대가 되었다.

을 수행할 능력이 없다고 비난하는 점에서는 의견이 일치한다. 그들은 확고한 의지가 없음을 한탄한다. 하지만 그들은 진정으로 그것을 바라는가?

대내적으로 제4공화국의 첫 10년은 제3공화국 마지막 10년보다 더 나은 시기였다. 통화 가치의 하락, 관료 제도의 확장을 강조하는 자유주의자들은 이런 판단으로 충격을 받을 것이다. 인플레이션을 유발시킨다고 해도 경제 발전은 정상적인 통화가 유지되는 불경기보다 더 낫다. 더욱이 프랑화의 환율을 유지하려는 노력의 피할 수 없는 결과였던 1931-1936년의 디플레이션으로 인해 1936년의 사회 소요와 인민전선의 실책이 발생했다.

농업, 공업 또는 사회입법 등이 문제가 되는 경우에도 프랑스는 예전처럼 편협하지 않다. 하지만 기업인들의 맬서스주의가 완전히 일소되고, 또 농민들이 모두 농경법의 근대화 필요성을 인정했다고 말할 수는 없다. 획득한 모든 이익을 지키고 또 부차적인 기업들의 직종 변경을 할 수 있는 자유주의적이거나 행정적인 조치에 반대하는 보수적인 계획경제가 계속 성행하고 있다. 그럼에도 패배, 점령, 1944년의 준혁명은 습관을 전복시켰고, 그로 인해 프랑스인들은 이전보다 변화에 덜 반대하고 위험에도 덜 적대적이 되었다.

국가가 비록 더 생기를 얻었다고는 하지만, 정치제도는 더 나아지지 않았다. 정부는 제3공화국 말기의 수년간의 정부보다 더 약하고 더 분열되었다. 무능력을 국가의 최고 미덕으로 여기지 않는 한, 누구도 제4공화국에 동의할 수 없다. 그렇다고 지식인들을 유일한 분파주의자라고 비난할 수는 없을 것이다. 프랑스와의 관계 속에서 프랑스인들의 분파주의에 대해, 또는 국가와의 관계 속에서 시민들의 분파주의에 대해 말해야 할 것이다. 경화된 사회와 이데올로기를 내세우는 지식인, 이 두 현상은 외관상 모순되는 것같이 보이지만, 사실은 불가분의 관계가 있다. 지식인은 현실에 덜 밀접하면 할수록 더욱더 혁명을 꿈꾸게 된다. 현실이 편협할수록 지식인은 더욱더 비판과 거부 속에서 그의 임무를 발견하게 된다.

보수주의의 껍질 아래에서 무르익는 재생력, 출산율 상승, 공업과 농업의 근대화 등은 미래의 번영의 길을 열어 준다. 지식인들은 국가가 그들의 이상과 부합할 때 비로소 국가와 화해할 것이다. 만일 이런 타협이 이루어지지 않거나 더디게 일어날 뿐이라면, 혁명가들이 바란다고 공언하는 폭발이 일어날 개연성은 없으나 가능하긴 하다. 정당들은 이런 폭발을 내심 두려워하나 최선을 다해 그것을 준비한다. 물론 이런 폭발로 인해 국가의 상처를 감싼 붕대가 갑자기 벗겨지기도 한다. 하지만 거기에 공화국의 일종의 불문율이 있다. 위기가 정체政體, 그 자체의 존속 및 의회 활동을 위협할 정도에 이르게 되면, 의회는 권한을 한 사람의 손에 맡기게 되는 불문율이 그것이다. 이런 불문율에 따라 제3공화국은 꽤 오랫동안 존속했으며, 또 그것은 제4공화국으로 이어진 것처럼 보인다. 이렇게 해서 인도차이나에서의 패배는 망데스 프랑스 장관에게 길을 열어 주게 되었다.

프랑스인들은 그들의 운명에 반항할 정도로 아주 불행하지는 않다. 그들의 눈에는 조국이 쇠퇴하는 원인이 사람들보다는 오히려 사건들에 있다. 미래를 위해 공동으로 행동할 수 없는 그들에게는 대중을 일으켜 세울 희망도 없다. 그들은 이상理想 없이 살아갈 수 있는 지혜를 가진 적도 결코 없다. 완수해야 할 임무들도, 그것들이 이데올로기로 변형되지 않는 한, 그들의 관심을 끌지 못한다. 그들은 상반되는 이데올로기로 인해 서로 대립한다. 그들은 회의주의에 의해 그들 자신의 모순되는 정열이 완화된다는 조건에서만 함께 지낼 수 있다. 물론 회의주의는 혁명적이지 않다. 설령 이 회의주의가 혁명의 언어로 설파된다고 해도 그렇다.

혁명이라는 개념은 좌파라는 개념과 같이 사라지지 않을 것이다. 혁명이라는 개념은 또한 향수鄕愁를 표현한다. 사회가 불완전하고 또 그런 사회를 개혁하려는 욕망이 인간에게 지속되는 한 이런 향수는 존속할 것이다.

사회적 개선을 바라는 욕망이 항상 또는 논리적으로 혁명의 의지에 이른다는 의미는 아니다. 그러기 위해서는 어느 정도의 낙관과 초조함도 역시 필요하다. 우리는 혁명가들을 세상에 대한 증오와 재난을 바라는 삐뚤어진 욕망을 통해 알아볼 수 있다. 대부분의 경우에 그들은 낙관적이라는 결점을 지니고 있다. 우리가 경험한 모든 정체는 평등과 자유라는 추상적인 이상에 비추어 보면 비난받을 수 있다. 혁명은 모험이기 때문에, 또는 혁명적 정체는 언제나 폭력 사용에 동의하기 때문에, 오직 혁명과 혁명적 정체만이 완전함이라는 숭고한 목표에 도달할 수 있는 것처럼 보인다. 혁명의 신화는 유토피아적 사상의 피난처가 되고, 또한 현실과 이상 사이의 신비스럽고 예견할 수 없는 중계자가 된다.

폭력 자체는 사람들을 밀쳐 내기보다는 오히려 그들을 끌어들이고 매혹시킨다. 영국식 노동주의, '계급 없는 스칸디나비아 사회'는 유럽, 특히 프랑스의 좌파 주위에서 러시아 혁명의 위엄 ―내란, 집단화에 대한 공포, 대숙청에도 불구하고 이 혁명이 갖게 된 위엄― 을 향유한 적이 없다. '그럼에도 불구하고'라고 해야 할까? 아니면 '그 때문에'라고 해야 할까? 종종 모든 것은 마치 혁명의 가격이 기업의 대차대조표의 차변借邊보다는 대변貸邊에 기입된 것처럼 진행된다.

평화보다도 전쟁을 좋아하는 자만큼 정신 나간 사람은 없다. 헤로도토스의 이 말은 내란에도 적용될 것이다. 전쟁의 무공담을 늘어놓는 낭만주의는 독일과 싸웠던 플랑드르의 진흙탕에서 모두 사라졌다. 하지만 내란의 무공담을 늘어놓는 낭만주의는 소련 비밀경찰의 본부 건물[75]의 지하 감옥에 여전히 남아 있다. 사람들은 혁명의 신화가 결국 폭력에 대한 파시스트적 숭배에 합류하는 것이 아닌가 하고 자주 자문한다. 사르트르의 극작품 『악마와 선한 신Le Diable et le bon Dieu』의 마지막 장면에서 괴츠Goetz는 이렇게 외친다. "인간의 지배가 시작된다. 멋진 시작이야. 자! 나스티Nasty, 난 고문관과 살인자가 될 거야. … 해야 할 전쟁이 있고, 나는 이 전쟁을 할 거야."

인간의 지배는 정녕 전쟁의 지배인가?

---

75 원문은 'Loubianka'이다. 모스크바 소재 광장 이름으로, 여기서는 소련 비밀경찰의 본부 건물을 가리킨다.

제3장
프롤레타리아트의 신화

마르크스의 종말론에서는 프롤레타리아트에게 집단적 구세주의 역할이 부여되고 있다. 청년 마르크스가 사용한 표현에 따르면, 인류의 대속代贖을 위해 수난을 거쳐 선택된 프롤레타리아계급이라는 신화의 기원이 유대기독교에 있다는 것은 의심의 여지가 없다. 프롤레타리아트의 사명, 혁명에 힘입어 나타나는 전前 역사 시대의 종언, 자유의 지배 등에서 다음과 같은 천년지복설의 구조를 어렵지 않게 찾아볼 수 있다. 메시아, 과거와의 결별, 신의 왕국이 그것이다.

이런 비교를 통해 마르크스주의가 훼손되는 것은 아니다. 세속적인 신앙이 외관적으로 과학적인 형식 아래에서 부활했을 때, 그것이 신앙심을 저버린 사람들의 마음을 매혹시키는 것은 당연하다. 근대적 관념이 미몽의 잔재에서 출현할 수 있는 것과 마찬가지로 신화 역시 진리의 전前 형상에서 나타날 수 있다.

이처럼 있는 그대로의 프롤레타리아트에 대한 열광은 보편적인 현상이 아니다. 거기에서 프랑스의 편협한 지역주의를 볼 수도 있다. '새로운 신앙'이 이미 지배하고 있는 곳에서 숭배의 대상은 프롤레타리아트가 아니고 오히려 프랑스 공산당이다. 노동주의가 승리를 거둔 곳에서 프티부르주아가

되어 버린 노동자들은 이미 지식인들에 대해 관심을 가지고 있지 않으며, 또 이데올로기에 대해서도 무관심하다. 그들의 운명이 개선되면서 그들만이 불행하다는 생각을 하지 않게 되고, 또 폭력을 사용하려는 유혹에도 쉽게 넘어가지 않게 된다.

프롤레타리아트와 그 기능에 대한 추론은 소련의 정체에 대한 매력과 민주주의적 자유에 대한 애착 사이에서 망설이는 일부 서구 제국에만 국한된다는 것을 말하는 것일까? 『레탕모데른』지나 『에스프리』지에 자유롭게 실리는 프롤레타리아트와 공산당에 대한 교묘한 논쟁은 반세기 전 러시아나 독일에서 투사들과 이론가들 사이에 있었던 논쟁을 닮았다. 러시아에서 이런 논쟁은 권위에 의해 단번에 해결되었다. 반면, 독일에서는 논쟁자들이 없어서 이런 논쟁이 저절로 사라졌다. 하지만 공산주의로 개종한 국가들과 생산 확대로 인해 대지 위의 저주받은 자들을 온건한 노동조합 구성원들로 변화시킨 서구 여러 나라 사이에서, 아직도 서구 여러 나라의 생활수준을 부러워하면서도 공산주의 국가들에 대해 희망에 찬 눈초리를 던지는 사람들은 세계 인류의 절반에 달할 것이다.

프롤레타리아트의 정의

아마도 현재 가장 널리 사용되는 정치 용어 중에서 계급이란 개념에 대한 정의를 위해 뜨거운 논쟁이 일어나고 있다. 여기에서 우리는 어떤 의미에서는 결론을 포함하고 있지 않은 논쟁에 가담할 생각은 없다. 계급이라고 지칭되어야 하는 단 하나의 예정된 실재가 존재한다고 증명해 주는 것은 아무것도 없다. 현대 사회에서 어떤 부류의 인간들을 프롤레타리아트라고 하는지 모르는 사람은 없는 만큼, 이런 논의의 필요성은 줄어든다.

프롤레타리아트는 공장에서 일하는 육체노동자들이다.

그렇다면 노동자계급을 정의하는 것은 왜 종종 어려운 일로 여겨지는 가? 어떤 정의도 그 범주의 한계를 분명하게 규정지을 수 없다. 계급의 위계질서에서 숙련된 노동자는 어떤 단계부터 더 이상 프롤레타리아트에 속하지 않게 되는가? 공공 부문에 종사하는 육체노동자가 민간 고용주가 아니라 국가에서 임금을 받아도 프롤레타리아인가? 다른 사람들이 만든 상품을 취급하는 상업에 종사하는 임금노동자들은 공장의 임금노동자들과 같은 부류에 속하는가? 이런 질문들에 독단적으로 답하는 것은 중요하지 않다. 다양한 기준들이 일치하지 않는다. 직업의 성질, 보수의 많고 적음과 보수를 받는 방법, 생활양식 등을 고려하는지에 따라 어떤 노동자들이 프롤레타리아의 범주에 포함될 수도 있고 그렇지 않을 수도 있다. 자동차 정비 공장의 직공, 곧 육체노동을 하는 임금노동자는 르노자동차 공장의 조립 부문에서 일하는 노동자와 같은 상황에 있지 않고, 또 사회에 대해서 같은 시각을 가지고 있지도 않다. 물론 일부 임금노동자들이 속하는 프롤레타리아트의 본질은 존재하지 않는다. 그 대신 범주는 존재한다. 이 범주의 중심은 뚜렷한 특징을 가지고 있지만, 그 주변은 불분명하다.

이와 같은 구획 짓기의 어려움만으로는 격렬한 논쟁이 일어나지 않았을 것이다. 마르크스의 이론은 프롤레타리아트에게 역사적 사명을 부여했다. 어떤 이들은 그것이 역사를 변혁시키는 것이라고 하고, 또 어떤 이들은 그것이 인간성을 실현시키는 것이라고 한다. 수많은 기업에 흩어져 있는 수백만 명의 공장노동자들이 어떻게 그런 사명 완수의 주체가 될 수 있는가? 그로부터 두 번째 문제가 제기된다. 프롤레타리아트를 구분하는 경계선이 아니라 프롤레타리아트의 단결 문제가 그것이다.

산업에 종사하는 육체노동자들에게서는 어렵지 않게 몇몇 물질적, 심리적 공통점을 발견할 수 있다. 그들의 소득, 지출 내역, 생활양식, 직업이나 고용주에 대한 태도, 가치관 등에서 그렇다. 객관적으로 포착 가능한 그들의 공동체는 부분적이다. 어떤 측면에서 보면 프랑스의 프롤레타리아들은 영국의 프롤레타리아들과 다르고, 오히려 프롤레타리아들이 아닌 다른 프랑스인들과 비슷하다. 촌락이나 소도시의 프롤레타리아들은 어쩌면 대도시의 노동자들보다도 프롤레타리아들이 아닌 이웃 사람들과 더 많은 공통점을 가지고 있을 것이다. 달리 말하자면 프롤레타리아라는 범주의 동질성은 다른 범주가 가지는 동질성보다는 뚜렷하지만, 극히 불완전하다는 것은 명백하다.

이런 평범한 지적들은 다음과 같은 문제를 잘 설명해 준다. 사회학자가 연구하고 있는 프롤레타리아트와 역사를 바꾸는 사명을 띠고 있는 프롤레타리아트 사이에 왜 불가피하게 차이가 있는가의 문제가 그것이다. 이런 차이를 메꿀 목적으로 오늘날 유행하고 있는 방법은 다음과 같은 마르크스의 말에 의존하는 것이다. "프롤레타리아트는 혁명적이거나 그렇지 않을 것이다." "프롤레타리아가 진짜 프롤레타리아가 되는 것은 그 자신의 소외를 거부하면서이다."[76](프랑시스 장송.) "프롤레타리아트의 단결은 사회의 다른 계급들과의 관계, 곧 이 사회와의 투쟁이다."[77](장폴 사르트르.) 프롤레타리아트가 일반의지에 의해 정의되는 순간부터 프롤레타리아트는 주관적인 단결을 요구하게 된다. 이런 의지에 동승하는 진짜 프롤레타리아트의 수가 얼마나 되는지는 그다지 중요하지 않다. 투쟁을 하는 소수 집단이 프롤레타리아트 전체의 합법적인 구현이라고 할 수 있다.

토인비가 프롤레타리아트라는 용어를 사용함으로써 새로운 형태의 애

---

76 *Esprit*, juillet-août 1951, p.13.
77 "Les Communistes et la paix", dans *Les Temps modernes*, octobre-novembre 1952, nos 84-85, p.750.

매함이 나타나게 되었다. 산업 노동자는 현재의 문화에서 소외되었다고 느끼고, 기존 질서에 반항하며, 예언자의 소리에 민감한 사람들 중의 한 예에 불과하다. 문명이 무너져 가는 단계에서는 이런 사람들이 특히 많다. 고대 세계에서도 노예들이나 추방자들은 사도司徒들의 목소리를 들었다. 마르크스의 설교로 도시 노동자들 중에서 수백만 명이 프롤레타리아트로 귀의했다. 문명의 가장자리에 위치해 교화되지 못한 반半야만적인 사람들이 프롤레타리아들인 것과 같이 사회에 통합되지 못한 자들도 역시 프롤레타리아들이다.

우리는 프롤레타리아트에 대한 이와 같은 마지막 정의를 일단 옆으로 제쳐 둘 것이다. 그런데 오늘날의 추방자들, 수용소 감금자들, 소수민족들이 산업 노동자들보다도 더 이 정의에 부합한다. 하지만 그와는 반대로 사르트르의 정의는 우리를 중요한 문제로 이끈다. 왜 프롤레타리아트는 역사에서 유일한 임무를 가지는가?

프롤레타리아트의 선별은 청년 마르크스의 텍스트에 들어 있는 다음과 같은 유명한 표현 속에 잘 드러나 있다. "급진적으로 연쇄를 이루는 계급, 부르주아 사회에 있는 부르주아 사회의 계급이 아닌 계급, 자신들의 보편적 고통으로 인해 보편적인 성격을 갖게 된 사회의 분야…"라는 표현이 그것이다. 모든 공동체에서 볼 수 있는 프롤레타리아트들의 비인간화는 그들을 순수한 인간들, 따라서 보편적인 인간들로 만드는 것이다.

이런 생각은 실존주의 철학자들에 의해 여러 형태로 나타났다. 특히 메를로퐁티는 이렇게 말하고 있다. "마르크스주의가 프롤레타리아트에게 특권을 준다면, 그것은 태생 조건의 내적 논리를 따라, 덜 성숙된 생활 방식에 따라, 모든 메시아적 환상에 관계없이, '신이 아닌' 프롤레타리아만이 인간성을 실현할 수 있는 위치에 있기 때문이다. … 주어진 역사적 성좌 속에서 프롤레타리아트의 역할을 고려해 보면, 그들은 인간에 의한 인간의 인정의 방향으로 나아가고 있다. …"[78] "프롤레타리아의 조건은 사고와 추상의 과정에 의해서가 아니라 실제로 삶의 운동 자체에 의해 특수성과 분리된다. 프롤레타리아 혼자서 그 자신이 생각하는 보편성이고, 또 프롤레타리아 혼자서 여러 철학자들이 그들의 사색 속에서 그 윤곽을 그린 자기에 대한 의식을 실현하게 된다."[79]

지식인들이 상업이나 공업에 관련된 직업에 대해 의도적으로 드러내는 홀대는 언제나 경멸스러운 것으로 보인다. 고급 기술자들이나 공장주들을 위에서 바라보는 지식인들이 선반이나 조립 현장에서 일하는 노동자들에게서 보편적인 인간을 본다고 생각하는 것은 훈훈해 보이기는 하지만 다소 놀라워 보이기도 하다. 분업이나 생활수준의 향상도 이런 보편화에 도움이 되지 않는다.

마르크스가 관찰한 프롤레타리아들의 모습을 생각해 보자. 하루 열두 시간 일하고, 노동조합이나 사회입법의 보호도 받지 못하고, 임금이라는 철칙을 따르면서 불행으로 인해 '개성을 잃은' 것처럼 보이는 그들의 모습을 말이다. 디트로이트, 코번트리Coventry,[80] 스톡홀름, 비양쿠르Billancourt[81] 또는 루르Ruhr[82]의 노동자[83]는 이런 모습을 하고 있지 않다. 그는 보편적인 인간을 닮지 않았으며, 그저 한 국가의 시민 또는 한 정당의 당원을 닮았다. 철학자들은 프롤레타리아가 현존 질서에 통합되지 않고, 스스로 혁명적 행위에 대비하도록 바랄 수 있는 권리를 가지고 있다. 하지만 이들 철

---

78 *Humanisme et Terreur*, Paris, 1947, p.120.
79 *Ibid.*, p.124.
80 코번트리: 영국 웨스트미들랜즈주의 도시로 버밍엄 남동쪽에 있는 도시이다.
81 비양쿠르: 프랑스 중북부 오드센주에 위치한 도시로, 특히 르노자동차 공장으로 유명하다.
82 루르: 독일 서부에 위치한 최대 공업, 도시화 지대이다.
83 또는 모스크바의.

학자들도 20세기 중엽에 산업 노동자의 보편성을 하나의 사실이라고 주장할 수는 없을 것이다. 여러 경쟁하는 조직과 분열된 프랑스의 프롤레타리아트를 어떤 의미에서 '진정하고 유일한 상호 주체성'이라고 부를 수 있는가?

마르크스주의의 종말론을 확인해 주는 경향이 있는 추론의 마지막 단계는 이미 설득적이지 않다. 왜 프롤레타리아는 '혁명적이어야 하는가?' 혁명적이란 이 단어를 어느 정도 모호하게 해석해도 좋다면, 1850년의 맨체스터 노동자들은 오늘날 콜카타의 노동자들처럼 일종의 반항을 통해 자신들의 환경에 대응했다고 변호할 수 있을 것이다. 그들은 부당한 조직의 희생자들이 되었다는 사실을 자각하고 있다. 모든 프롤레타리아가 착취당하거나 억압받았다는 감정을 가지고 있지는 않다. 극도의 빈곤이나 물려받은 체념이 이런 감정을 억눌러 버릴 수도 있고, 생활수준의 향상과 산업 사회의 인간관계의 개선으로 완화될 수도 있다. 하지만 이런 감정이 완전히 사라지는 것은 아니다. 심지어 공산주의 국가의 광적인 선전하에서도 그럴 것이다. 이런 감정이 임금생활자의 생활 조건이나 근대 산업 사회의 구조와 불가분의 연관성이 있는 한에서 말이다.

하지만 이런 이유로 있는 그대로의 프롤레타리아트가 자발적으로 혁명적이 된다는 결론을 내릴 수는 없을 것이다. 레닌은 노동자들이 보여 주는 그들의 사명에 대한 무관심, '지금, 여기에서의hic et nunc' 개혁에 대한 관심을 통찰력 있게 단언한 바 있다. 실제로 당이 프롤레타리아트의 아방가르드라는 이론은 정확히 생활의 향상은 바라지만 묵시록은 싫어하는 대중을 지도할 필요성 —혁명가들도 이 필요성은 인정하고 있다— 에서 나온 것이다.

청년 마르크스의 이론에서 프롤레타리아트의 혁명적 사명은 변증법의 요구에서 유래한다. 프롤레타리아는 자기를 위해서가 아니라 모든 사람들을 위해 주인을 타도할 노예이다. 프롤레타리아는 비인간성에 대해 증언하는 증인이며, 또 인간성을 실현하게 될 것이다. 마르크스는 경제적, 사회적 분석으로 이 변증법의 진리를 입증하기 위해 여생을 보냈다.

정통 공산주의도 프롤레타리아트의 혁명적 사명을 가정하는 데 별다른 어려움을 느끼지 않는다. 이것은 정통 공산주의가 이론의 여지가 없는 것으로 여기는 역사에 대한 전체적 해석에 의해 암시되어 있다. 물론 가치의 중심은 당으로 옮겨졌다. 그런데 당의 존재도 당의 혁명적 의지도 의심의 여지가 없다. 공산주의자들은 처음에 당에 가입한다. 왜냐하면 당이 집단적 구세주의 역할을 담당하도록 예정된 계급을 구현하고 있다고 생각하기 때문이다. 하지만 일단 당에 들어가면, 동지들이 다양한 계급 출신이라는 사실을 알게 되는 만큼 오히려 계급에 대해서는 덜 궁금해한다.

하지만 오늘날의 프랑스 철학자들에게는 사정이 동일하지 않다. 그들은 혁명가들이고자 하면서도 공산당에 가입하는 것은 거절한다. 그들은 또한 사람은 "인류와 자기 자신의 적이 되지 않고서 노동자계급과 싸우는 것"은 불가능하다고 주장한다.[84] 20세기 중엽의 산업 노동자는 모든 계급과 모든 특수성을 빼앗긴 채 인간 조건의 가장 적나라한 모습으로 격하된 인간이 아니다. 그렇다면 이 사상가들은 어떻게 노동자에게 일임한 사명을 정당화하는가?

복잡한 언어를 버리고 간단히 말하자면, 그들의 주장은 대략 다음과 같다. 즉, 산업 노동자는 반항을 하지 않는 한 자기 자신이 처한 상황을 자각할 수 없다고 말이다. 반항은 비인간적인 조건의 확인에 대한 유일한 인간적 반응이다. 노동자는 그 자신의 운명을 타인들의 운명과 분리시키지 않

---

84 J.-P. Sartre, *Les Temps modernes*, julllet 1952, nᵒ 81, p.5.

는다. 그는 자신의 불행이 개인적인 것이 아니라 집단적이며, 그것은 자본가의 의도가 아니라 사회제도와 연결되어 있다는 사실을 분명하게 알아차린다.

그 결과, 프롤레타리아의 반항은 조직화되고, 당의 지도하에서 혁명적인 성격을 띠는 경향을 갖게 된다. 프롤레타리아트는 다음과 같은 경우에만 하나의 계급으로 구성될 뿐이다. 즉, 프롤레타리아트가 단합을 이루고, 또 이 단합이 다른 계급에 대한 반대로부터 기인하는 경우가 그것이다. 요컨대 프롤레타리아트는 사회에 대한 투쟁 그 자체이다. 사르트르는 최근의 저작들에서 다음과 같은 진짜 마르크스적인 생각, 즉 프롤레타리아트는 다른 계급들에 반대하면서만 단결될 뿐이라는 생각에서 출발한다. 그리고 그것을 바탕으로 조직, 즉 '당'이 필요 불가결하다는 결론을 내린다. 사르트르는 암암리에 프롤레타리아 정당과 공산당을 혼동하고 있다. 그 결과 그는 공산당에 유리한 논의를 하게 되고, 또 노동자들의 이익을 옹호하기 위해 당의 필요성만을 강조하게 된다. 하지만 이런 논의가 1955년의 프랑스의 프롤레타리아트, 지난 2세기 동안의 프랑스의 프롤레타리아트, 또는 자본주의를 채택한 여러 국가의 모든 프롤레타리아트에 역시 적용되는 것인지는 알 수 없다.

보다 평범한 고찰로 돌아가 보자. 만일 모든 산업 노동자들을 프롤레타리아트라고 부르는 데 동의한다면, 그들이 반항하는 원인이 되는 환경은 어떤 양상을 띨까? 혁명이 일소해 버릴 환경은 어떤 환경일까? 구체적으로 말해 '탈프롤레타리아화한' 노동자계급의 승리란 어떤 것일까? 과거의 소외를 극복해 내고 승리한 노동자들은 오늘날의 노동자들과 어떤 점에서 다를까?

현실적 해방과 관념적 해방

마르크스와 그를 지지하는 사상가들은 우리에게 프롤레타리아는 '소외되어' 있다고 말한다. 프롤레타리아는 시장에서 생산수단의 소유자에게 판매할 수 있는 노동력 이외의 다른 것을 가지고 있지 않다. 그는 자기 임무의 좁은 테두리 속에 갇혀 노동의 대가로 자기와 가족이 겨우 생활할 수 있는 임금만을 받을 뿐이다. 이 이론에 따르면 생산수단의 사적 소유가 억압과 착취의 궁극적인 원인이다. 자본가에 의해서만 축적되는 잉여가치를 빼앗긴 노동자는 말하자면 그 자신의 인간성을 빼앗긴 것이다.

이런 주제들이 마르크스주의 사상의 배경에 놓여 있다. 그 주제들을 있는 그대로 제시하는 것은 어려운 일이다. 『자본론』에서 논의의 핵심은 모든 상품과 마찬가지로 노동자의 임금이 가치를 가질 수 있으며, 그 가치는 노동자와 그의 가족의 필요에 의해 결정된다는 생각이다. 그런데 이런 생각은 좁은 의미로도 넓은 의미로도 해석이 가능하다. 좁은 의미로 해석될 경우, 서구에서의 임금 인상에 의해 이런 생각이 분명 논박될 수 있다. 넓은 의미로 해석되는 경우, 노동자의 억누를 수 없는 요구가 군중심리에서 나오며, 따라서 이런 생각 자체는 우리에게 아무것도 가르쳐 주지 않는다. 20세기 중엽에 미국 노동자들은 그들의 임금으로 전기세탁기나 텔레비전을 구입할 수 있는 상황이다.

프랑스에서 『자본론』은 거의 연구되지 않았고, 사상가들도 이 저서를 거의 참고하지 않는다. 하지만 노동자의 소외에 대한 분석을 약화시키는 것은 마르크스 경제학의 원리를 알지 못하는 것보다는 오히려 다음과 같은 명백한 사실에 대한 단언이다. 즉, 노동자들의 불만의 원인이 되는 것 중 많은 것이 소유 제도와는 아무런 관계도 없다는 사실이 그것이다. 이런 불만은 생산수단이 국유화되어도 그대로 존속한다. 근본적인 불만들을 열거해 보자. ① 충분치 못한 보수, ② 과중한 노동 시간, ③ 실업의 위협, ④ 공장의 기술적, 행정적 조치와 연결된 불만, ⑤ 발전이 없는 상황에 갇혔다는 느낌, ⑥ 제도로 인해 노동자가 국부의 일부를 공정하게 배당받지 못한다든가, 또는 경영에 참가할 수 없는 것과 같이 근본적으로 불의의 희생물이 되고 있다는 의식 등이다.

마르크스주의의 선전은 이런 근본적인 불만에 대한 의식을 널리 퍼뜨리고, 또 이것을 착취의 논리로 확정하려는 경향이 있다. 이런 선전이 모든 나라에서 성공을 거두는 것은 아니다. 노동자들의 당면한 요구들이 상당 부분 충족되는 나라에서 정부에 대한 공격은 헛된 급진주의가 된다. 그와는 반대로 이런 요구들이 충족되지 않는 나라, 또는 그 충족이 너무 더디게 이루어지는 나라에서는 정부를 비난하려는 유혹이 불가항력이 될 공산이 크다.

프롤레타리아트들의 불행에 대한 마르크스주의의 해석은 그들에게는 그럴듯하게 보일 수밖에 없다. 임금제도, 빈곤, 기술, 장래성 없는 삶, 실업의 위협 등에서 기인하는 비참함, 이 모든 것을 왜 자본주의의 책임으로 돌리지 않는가? 이 자본주의라는 애매한 말은 생산관계와 동시에 분배 방법을 가리키는데도 말이다. 개혁주의를 가장 잘 실현하고 있는 나라들, 민간 기업들이 일반적으로 인정되고 있는 미국에서조차도 영리 행위에 대한 편견이 존재한다. 이것은 자본가들 또는 주식회사들이 노동자들을 착취하고 있다는 은폐된 의혹으로 언제든지 표면화될 수 있다. 마르크스주의적 해석은 현재 사회에 대한 시각과 일치하며, 노동자들은 자발적으로 그런 시각 쪽으로 기울어지게 된다.

주지의 사실이지만, 서구에서의 임금 수준은 실제로 생산성, 투자와 군비 지출과 소비 사이의 국가 소득의 분할, 여러 계급 간의 수입 배당 등에 좌우된다. 이런 소득 분배는 소련과 같은 나라에서도 자본주의 국가 또는 혼합형 국가에서보다 더 평등하지 않다. 투자로 배당되는 몫은 철의 장막 저편의 국가인 소련에서 더 크다. 이 나라에서는 경제성장이 생활수준의 향상보다 권력 강화에 더 도움이 되었다. 집단소유제가 사유소유제보다도 생산성을 증대시켰다는 증거는 없다.

노동 시간의 단축은 자본주의와 양립 가능한 것으로 드러났다. 그와는 반대로 실업의 위협은 사유재산과 시장에 바탕을 둔 제도만큼은 아니라고 해도 모든 경제제도의 여러 악惡 중 하나이다. 경기 순환의 변동을 제거하든가 아니면 항구적인 인플레이션을 받아들이지 않는 한, 노동의 자유로운 고용에 바탕을 둔 모든 경제에는 최소한 일시적 실업의 위험이 수반된다. 이런 결함을 부정해서는 안 되며, 그보다는 가능한 한 그것을 줄이는 것이 필요하다.

공장 노동의 불편함에 대해서는 산업 심리학자들이 다양한 원인과 결과를 분석하고 있다. 그들은 피로나 지루함을 완화시키고, 대인 관계를 원활하게 하며, 또 불평을 누그러뜨려 노동자들이 공장 생활에 잘 적응할 있도록 하는 여러 방법을 제안한다. 자본주의이든 사회주의이든 간에 그 어떤 정치제도도 이런 방법들을 전적으로 채택하거나 배제하지 않는다. 이런 시각에서 보면 사유재산제의 약점은 다음과 같은 사실에 있다. 즉, 자본주의 제도를 문제 삼는 것은 수많은 노동자들이나 지식인들로 하여금 인간에 대한 여러 학문에서 얻은 교훈들의 보수적인 사회 목적에의 적용을 비난하도록 촉구한다는 사실이 그것이다.

노동자들의 승진 기회는 체제의 성격과 함수관계에 있는가? 이 문제에 답을 하는 것은 쉽지 않다. 이동성에 대한 비교 연구는 너무 불완전해 확실한 판단을 내릴 수 없다. 일반적으로 육체노동이 아닌 직업의 비율이 증가함에 따라 승진은 용이해진다. 경제성장은 그 자체로 이동성을 초래하는 요인이다. 부르주아민주주의 국가들에서 계급제도에 대한 편견이 없어지면 엘리트들의 갱신은 당연히 가속화된다. 소련에서는 낡은 귀족계급의 소멸과 빠른 속도의 산업화로 인해 승진의 기회가 많아지는 결과가 나타났다.

결국 현재 있는 그대로의 제도에 대한 저항은 논리적으로 당연히 혁명을 부른다. 만일 생산수단의 사적 소유권과 자유 시장제에 의해 정의되는 자본주의가 모든 악의 근원이라면, 개혁은 비난받게 될 것이다. 왜냐하면 개혁은 가증스러운 제도를 연장시킬 위험성이 다분하기 때문이다.

이와 같은 간략하고 평범한 지적에서 출발해서 노동자계급의 해방이나 혹은 소외의 종말의 두 형태를 구별하는 것은 어렵지 않다. 첫 번째 형태는 완성된 것은 아니나 여러 부분에 대한 개별적 조치들로 이루어져 있다. 즉, 생산성의 증가와 동시에 노동자의 보수도 증가하고, 사회입법이 가족이나 노인을 보호하고, 노동조합이 고용주와 노동 조건에 대해 자유롭게 토론하며, 교육제도의 확충으로 승진의 기회를 늘리는 것이다. 이런 해방을 '현실적' 해방이라고 부르자. 그 특징은 프롤레타리아트 환경의 구체적인 개선에 있다. 그럼에도 일부의 불만(실업이나 기업 내에서의 불안)은 남는다. 또 제도의 원칙에 대한 다소간 세력이 강한 소수파의 반대도 종종 남아 있다.

소련 유형의 혁명은 프롤레타리아트의 대표를 자칭하는 소수파에 절대적인 권력을 부여하고, 많은 노동자들과 그들의 자제들을 기술자들이나 인민위원들로 만든다. 그런데 이런 조치로 프롤레타리아트 자신, 즉 공장에서 육체노동에 종사하는 수백만에 달하는 노동자들이 해방되는가?

동구의 여러 인민민주주의 국가에서는 생활수준이 급격히 상승하지 않았고 오히려 저하되었다. 아마도 새로운 지배계급이 낡은 지배계급보다도 국부의 소비를 적게 하지는 않을 것이다. 자유로운 노동조합들이 있었던 국가들에는 이제 국가에 종속된 조직들만 존재할 뿐이다. 이들 조직들의 기능은 노동자의 권리를 위해 요구하는 것이 아니라 더 많은 일을 시키는 것이다. 실업의 위험은 사라졌지만, 그와 동시에 직장이나 일하는 장소를 선택할 자유와 조합 지도자들이나 관리들을 선출할 자유도 역시 사라졌다. 프롤레타리아트는 이제 더 이상 소외되지 않는다. 왜냐하면 이데올로기에 따르면 프롤레타리아트는 생산수단, 심지어 국가까지도 소유하고 있기 때문이다. 하지만 프롤레타리아트는 추방의 위험, 노동 수첩, 관리자의 권력으로부터는 해방되지 않았다.

그렇다면 우리가 '관념적' 해방이라고도 부르는 이 두 번째 해방은 한갓 환영에 불과한가? 논쟁에 말려들지 말자. 프롤레타리아트는 사회 전체를 마르크스주의 사상에 따라 해석하는 경향이 있다고 했다. 프롤레타리아트는 실제로 특히 저생산성의 희생자임에도 불구하고 스스로를 고용주의 희생자로 생각한다. 이런 판단이 그릇된 것일 수는 있지만, 거기에는 진정성도 없지 않다. 자본가들을 제거하고, 그들을 국가의 관리자들로 대체한 후에 하나의 계획을 세워 보면 모든 것이 분명해진다. 임금의 불평등은 맡은 일의 중요성의 차이에서 생기는 당연한 결과로 여겨지고, 소비의 감소는 투자의 증대에 따르는 피할 수 없는 사실이라는 것을 알게 된다. 프롤레타리아트, 적어도 그들 중 상당수는 고용주의 자가용 차인 패커드Packard[85]보다는 국가에 의해 임명된 관리들이 타는 자가용 차인 '자이스Zeiss'[86]를 더 쉽게 용인한다. 그들은 자신들의 희생에 대해 항의하지 않는다. 왜냐하면 그것이 미래를 위해 필요한 일이라고 생각하기 때문이다. 역사의 지평에서 먼 미래의 일이긴 하나 계급 없는 사회를 궁극적으로 믿

---

85 패커드: 미국 미시간주 디트로이트의 패커드자동차가 제조한 미국의 고급 차 유명 상표이다.
86 자이스: 2차 세계대전 당시 나치에 협력했던 기업으로, 쌍안경과 카메라를 제조하는 업체였으나, 후일 자동차를 생산하기도 했다.

는 사람들은, 자신들의 희생에 의해서이긴 하지만 위대한 일과 관련이 있다고 느끼게 될 것이다.

마르크스주의자들이 '현실적'이라고 규정하는 해방을 우리는 '관념적'으로 규정한다. 왜냐하면 이런 해방은 이데올로기에 의해 정의되기 때문이다. 사유재산은 모든 소외의 근원이 되며, 소비에트식 정체에서 임금소득자는 한 기업가를 위해 일하는 것으로 특수화되는 대신에 공동 사회에 참가함으로써 보편화된다. 또한 그 임금소득자는 자유롭다. 왜냐하면 그가 확고한 법칙을 따라 움직인 역사의 요구와 일치하는 산업화 계획에 구현된 필요성에 복종해야 할 것이기 때문이다.

자본주의를 비난하는 자는 누구나 예측할 수 없을 정도로 변동이 심한 시장의 메커니즘보다도 정치적인 엄격성을 지닌 계획을 더 선호한다. 소비에트주의는 역사 속에 상황 지어져 있다. 이 주의는 현재의 상태보다도 미래의 상태로 판단되기를 원한다. 1차 5개년 계획 기간의 생활수준의 더딘 상승도 이론이 아니라 외부의 위협을 받은 소련의 군사력과 경제력을 높일 필요성에 의해서 정당화된다. 하지만 일단 사회주의 국가가 확립되면 그 뒤로는 관념적 해방은 더욱더 현실적인 해방을 닮게 될 것이다.

그 어떤 볼셰비즘의 이론가도 권력을 잡기 전에는 노동조합들이 사회주의 국가의 지배를 받으리라고 생각하지 않았다. 레닌은 소위 프롤레타리아 국가가 부르주아 국가의 과오를 되풀이할 위험성이 있음을 간파했다. 그는 일찍이 노동조합의 독립을 옹호했다. 내란 이후의 경제적 혼란과 적에게 항거하기 위해 트로츠키나 볼셰비키가 채택한 군국주의적 방법은 예전에 설파했던 자유로운 생각들을 잊게 했다.

오늘날 요구, 파업, 권력에 대한 반대는 더 이상 의미가 없다고 선언되고 있다. 왜냐하면 국가가 프롤레타리아 국가이기 때문이다. 관료정치에 대한 비판은 합법적이고 필요히기까지 하다. 비의적인 이론에 의하면, 비판의 권리는 사회주의 국가 건설의 발전으로 규율을 완화해도 좋을 단계에 이르게 되면 확장될 것이다. 정체가 문제 되지 않게 되면, 노동조합들은 영국이나 미국에서와 같이 노동자들의 이익을 경영자들의 요구로부터 보호하게 될 것이다. 노동자의 권리에 대한 요구의 기능이 노동자들을 조직하는 기능에 점차로 추가될 것이다. 실제로 이 두 기능은 모든 산업 사회의 노동조합들에서도 수행되고 있다.

이와 같은 장기적 낙관주의를 인정하자. 그렇다면 지난 세기에 1차 5개년 계획에 해당하는 발전의 단계를 거친 서구의 여러 나라들은 왜 '관념적 해방'을 위해 '현실적 해방'을 희생해야 했는가? 자본주의 정권 또는 혼합 정권이 마비된 나라에서는 저개발 국가들에서처럼 같은 논쟁이 계속될 것이다. 국가의 지배자가 된 한 집단의 무조건적인 권위만이 유일하게 반동분자들이나 대지주들의 반항을 억누르고 집단 경제를 부과할 수 있게 된다. 그렇다면 경제성장이 계속되고, 생활수준이 상승한 곳에서는, 비록 부분적이라고는 하지만, 왜 프롤레타리아의 실질적인 자유를 기이하게도 국가의 막강한 힘과 혼동되는 전체주의적 해방을 위해 희생시켜야 하는가? 아마도 국가의 막강한 힘은 조합주의나 서구적 사회주의를 경험해 보지 못한 노동자들에게 일시적으로나마 진보의 기분을 주게 될 것이다. 현실적 자유를 체험해 본 동독이나 체코슬로바키아 노동자들의 눈에는 관념적 해방이 신비화로 보일 것이다.

관념적 해방의 유혹

프롤레타리아트의 대다수가 '현실적 해방'에서 얻은 지도자들을 추종할 때, 좌파의 지식인들은 양심의 가책을 받지 않아도 된다. 어쩌면 그들은 중요한 임무보다도 즉각적으로 접근 가능한 이익에 더 민감한 노동자들의 태도로 인해 무의식중에 실망할 수도 있다. 예술가들과 작가들은 영국의 노동주의나 스웨덴의 조합주의에 대해 심사숙고하지 않는다. 여러 면에서 훌륭하지만 고상한 정신의 소유자들의 사색을 요구하지 않는 실천을 연구하는 데 그들이 시간을 허비하지 않는 것은 옳은 행동이다. 영국에서는 노동자계급 출신인 노동운동의 지도자들이 보통 지적 직업을 거친 지도자들보다 더 큰 온건함을 보여 준다. 하지만 어나이린 베번[87]은 예외이다. 그는 지식인들에 의해 둘러싸여 있으며, 또 노동조합의 지도자들이 그의 첫 번째 적에 해당한다.

프랑스에서는 사정이 다르다. 프랑스에서는 노동자계급의 상당수가 공산당에 투표하고, 또 가장 유력한 노동조합 지도자들은 당에 속하는 자들이며, 개혁주의는 아무 효력이 없다고 생각한다. 바로 거기에 실존주의자들, 좌파 기독교 신도들, 진보주의자들을 분열시키고 또 매혹시키는 모순이 나타난다. 어떻게 그들이 프롤레타리아트를 구현하고 있는 당과 갈라설 수 있는가? 어떻게 그들이 프랑스 노동자계급의 이익보다도 소련의 이익을 존중하는 당에 더 충실할 수 있는가?

합리적 용어로 제기된 이런 질문에 여러 답이 가능하다. 만일 사람들이 어쨌든 소련이 프롤레타리아트의 대의명분을 대표한다고 판단한다면, 그들은 모두 공산당에 협조하거나 가입하게 된다. 그와는 반대로 그들이 현실적 해방이 서구에서 성공할 기회가 더 많다고 판단하거나, 혹은 공존이 평화의 유일한 수단이므로 프랑스는 지리적으로 부르주아민주주의 편에 머물러야 한다고 판단한다면, 그들은 소련에 충성을 다하는 사람들의 지

---

87 앞의 주 39의 베번파를 참고할 것.

배에서 노동조합을 분리시키고자 할 것이다. 마지막으로 그들은 나라 안에서는 진보주의를, 나라 밖에서는 서구와는 단절되지 않고서 중립을 지키는 중간노선을 모색할 수도 있을 것이다. 이런 결정 중에서 어느 것도 형이상학적인 추론을 요구하지 않으며, 또 어느 것도 지식인을 프롤레타리아트의 적으로 만들지 않는다. 하지만 거기에는 다음과 같은 조건이 따른다. 즉, 결정이 마르크스주의적 예언주의가 아니라 역사적 현실에 비추어 내려져야 한다는 조건이 그것이다. 그런데 실존주의자들이나 진보적 기독교 신도들도 현실을 오직 예언주의를 통해서만 보려고 한다.

프롤레타리아트와 연대를 맺고자 하는 의지는 선한 감정을 증명해 준다. 하지만 이런 의지는 세계로 나아가는 데 전혀 도움이 되지 않는다. 20세기 중엽에 세계적인 프롤레타리아트는 존재하지 않는다. 러시아의 프롤레타리아당에 가입하는 자는 미국의 프롤레타리아당에 반대한다. 그가 수천 명의 공산주의자들과 흑인들 또는 멕시코의 준※프롤레타리아트를 미국 노동자계급의 대표로 여기지 않는 한에서 그렇다. 또 공산주의자들에 의해 좌우되는 프랑스 노동조합의 지지자들은 거의 만장일치로 반공적인 독일 노동조합에 반대한다. 과반 이상의 표를 얻기 위해 프랑스에서는 1930년대에는 사회주의자, 1950년대에는 공산주의자가 되어야 했을 것이다. 또 영국에서는 노동당 지지자가 되고, 프랑스에서는 공산당 지지자가 되어야 했을 것이다.

공장에서 일하는 수백만의 육체노동자들은 자발적으로 일치된 의견이나 의지를 갖지 못한다. 국가나 상황에 따라 그들은 폭력이나 체념으로 기운다. 진정한 프롤레타리아트는 산업 노동자들로서의 경험이 아니라 역사의 이론에 의해 정의된다.

구체적인 것을 포착하는 데에 관심을 가진 철학자들이 2차 세계대전 이후, 곧 20세기 중엽에 프롤레타리아트 —가령 프랑스와 같이 농민들이나 프티부르주아들이 프롤레타리아트들보다 더 많은 나라의 프롤레타리아트— 에 대해 마르크스적 예언을 재발견하는 것은 어떤 이유에서일까? 유사類似 공산주의para-communisme를 향한 사르트르의 여정은 변증법적으로 보인다. 거기에는 공산주의에 대한 찬성이나 반대가 포함되어 있다. 인간은 "무용한 정열passion inutile"[88]이기 때문에, 그는 마지막 단계에서 다양한 '기도企圖들'을 효과가 없는 것으로 판단하는 경향이 있다. 계급 없는 사회의 찬란한 모습이 오늘날의 추악한 사회에 대한 묘사에 이어진다. 마치 자연주의 소설가들의 작품에서 정치적 낙관론이 인간의 비열함과 더불어 나타나는 것처럼 말이다. 현재의 오물 더미 위에서 미래의 작고 푸른 꽃이 피어나는 것처럼 말이다.

실존적 정신분석은 마르크스주의자의 이데올로기에 대한 비판처럼 언어적 관용 아래 감춰진 비열한 이해관계를 폭로함으로써 서서히 공산주의의 교리를 훼손시킨다. 실존적 정신분석은 일종의 니힐리즘 —자신들의 확신이 다른 사람들의 그것보다 더 순수하다고 생각하는 니힐리즘—에 빠질 위험이 있다. 파시스트적 삶의 방식에서 개인적이거나 집단적인 의지에 의한 독단적 결정을 따르면, 이런 보편적인 부정에서 빠져나갈 길이 있다. 프롤레타리아트의 '체험된 상호 주체성'이나, 또는 역사의 법칙은 또 하나의 빠져나갈 길을 제공해 준다.

마지막으로 실존주의 철학은 도덕적 열망으로 고취된다. 사르트르는 진정성, 소통, 자유에 대한 관심에 사로잡혀 있다. 그에게서 자유의 행사를 마비시키는 모든 상황은 인간의 목표에 반대된다. 한 인간의 다른 인간에의 종속은 의식들 사이의 대화를 그릇되게 한다. 왜냐하면 의식들은 모

---

88 무용한 정열: 사르트르가 『존재와 무』의 말미에서 인간은 '신이 되고자 하는 욕망'을 실현할 수 없다는 의미로 사용한 표현이다.

두 동등하게 자유롭기 때문이다. 윤리적 급진주의는 사회구조에 대한 무지와 결합해 언어적 혁명주의로 기울어졌다. 부르주아지에 대한 혐오는 이런 윤리적 급진주의를 평범한 개혁으로 우회시켰다. 프롤레타리아트는 획득된 권리를 지키는 '비열한 인간들salauds'과 타협해서는 안 된다. 이렇게 해서 총체성을 완전히 배제해 버린 철학자 사르트르는 노동자계급의 소명을 재도입하게 된다. 극복되기보다는 감춰져 있는 모순을 자각하지 못한 채로 말이다.

진보적 기독교 신도들의 갈망은 또 다르다. 그들의 도덕적 각성은 때로 감동적이다. 비기독교 신도가 이런 말을 하게 되면 위선이나 광신이라는 비난을 받기 마련이다. 노동자-사제들에게 내려진 조치들로 인해 기독교 신도들은 큰 충격을 받았다. 그리고 일부 사람들 역시 이런 조치들을 이용하기도 했다. 그런데 그들은 종교에 무관심한 자들이었고, 또 신앙적 자질이 아니라 정치적 통찰력이 의문시되는 사람들의 말을 인용하면서 교회를 비방하고, 특히 친공산주의자들의 입장을 돕는 기회를 가졌던 자들이었다.

진보적 기독교 신도들의 태도를 이해하기 위해 고려해야 할 첫 번째 사실은, 다수의 프랑스 프롤레타리아들과 공산당 사이의 결속이다. 가령, 『교회의 청춘 시절Jeunesse de l'Eglise』[89]의 저자는 이렇게 쓰고 있다. "교회의 영향력은 오직 다음과 같은 경우에만 모든 사람들의 선을 위해 유용하게 행사될 수 있을 것으로 기대될 수 있을 뿐이다. 즉, 교회가 뿌리내려야 할 노동자들의 세계에 대해 우리가 편리하기는 하지만 추상적이고 왜곡된 시각만을 가지는 경우가 그것이다. 따라서 우리는 어떤 대가를 치르더라도

---

89 *Les Evénements et la Foi, 1940-1962*, Paris, Ed. du Seuil, 1951, p.35.

끝까지 갈 것이다. 끝까지 말이다. 다시 말해 공산주의와 노동자들의 세계 전체와의 '유기적 관계'를 하나의 기정사실로 받아들일 수 있을 때까지 말이다."

하지만 왜 이와 같은 유기적 관계일까? 이 책의 저자는 인민전선 당시의 노동조합들의 융합, 레지스탕스 운동, 해방 당시의 공산주의의 침투 등과 같은 사건들에 대한 역사적인 설명을 상기시키지 않는다. 그는 문자 그대로 해석되고, 또 언제 어느 곳에서나 항상 적합한 이유를 제시한다. 공산당은 "노동자계급을 억누르는 억압의 원인을 과학적으로 발견했다"라는 것이다. 공산당은 또한 "부분적이고 직접적인 결과보다 더 중요한 먼 미래의 성공을 약속하는 행동을 위해" 폭력에 호소하기 쉬운 노동자계급을 조직했다는 것이다. 마지막으로 공산주의는 노동자들에게 "장 라크루아Jean Lacroix[90]가 대단한 통찰력으로 프롤레타리아트의 내재적 철학이라고 부른 철학"[91]을 제공해 줄 수 있다는 것이다.

『교회의 청춘 시절』의 저자는 계속해서 이렇게 쓰고 있다. "우리가 찾는 것, —우리가 그것을 발견하지 못하면, 우리가 절망 속으로 빠지게 되니까 정열적으로 찾고자 하는 것— 그것은 과거의 온갖 더러운 모함으로부터 보호되고, 또 다른 사람들이 생각하는 것만으로, 또 그들이 이기적으로 이용하는 것만으로 만족했던 것을 수행할 수 있는 새롭고도 건전한 역사적인 힘이다. 그런데 이런 힘은 분명 존재한다. 여러 사건을 통해 우리가 인민과 가까워짐에 따라 우리는 그 힘의 밀도와 잠재성을 발견했다. 우리의 희망에 부합하는 유일한 현대 세계는 바로 노동자들의 세계이다. … 아니다. 노동자들은 초인들도 성인들도 아니다. 그들은 때로 위대한 인간

---

90 장 라크루아(1900-1986): 프랑스 철학자이다.
91 *Ibid.*, pp.36-37.

들로부터 미덕의 본보기라고 제시받은 비행_{非行} 앞에서는 아주 약해 보인다. 그럼에도 그들은 그들의 내부에 새로운 세계의 청춘 시절을 간직하고 있다. 물론 그 세계는 우리의 눈앞에서 무너져 가고 있는 세계와 비교해 보면 새로운 세계이다. 또한 그 새로운 세계는 여러 세기와 수많은 공간을 넘어 돈이나 자본이 아직 모든 것을 장악하고 변질시켜 버리지 않은 문명과 다시 결합되는 세계일 것이다."[92]

노동자들은 그들 내부에 세계의 청년 시절을 지니고 있다. 공산당은 그들과 조직적으로 연결되어 있다. 하지만 "자신들의 것이며, 그 자신들의 몫인 생존과 투쟁의 조건을 통해 노동자들에게 제시되는 계획이나 수단을 따르는 경우에만 노동자계급의 진보가 가능할 뿐이다."[93] 그렇게 되면 주저하지 않고 이렇게 결론을 내리는 것이 가능하다. "노동자계급은 다시 기독교적이 될 것이다. 이 점에 대한 우리의 희망은 견고하다. 하지만 이런 희망은 아마도 이 계급에 속한 자들 스스로의 힘으로, 또 그들 내부에 있는 내재적 철학에 따라 인류를 정복한 후에나 실현될 것이다."[94] 그리고 이렇게 결론을 내리는 것도 가능하다. "인류는 노동자들의 운동을 통해 새로운 청년기를 다시 맞이하고 있는 중이다."[95]

몇몇 텍스트에 드러나 있는 분명한 '지적_{知的}' 과오, 이런저런 사람의 과오들이 아니라 몇몇 교파에서 널리 퍼져 나가고 있는 과오들을 지적하는 것은 무용한 일로 보이지 않는다. 공산주의자들이 선전하는 대로의 마르크스주의를 노동자계급의 비참함에 대한 과학적 설명으로 받아들이는 것, 이것은 아리스토텔레스와 아인슈타인의 물리학을 혼동하거나, 또는

---

92 *Ibid.*, pp.18-19.
93 *Ibid.*, p.59.
94 *Ibid.*, p.67.
95 *Ibid.*, p.56.

다윈의 『종의 기원』을 현대 생물학과 뒤섞는 것과 같다. 좌파 기독교 신도들이 순진하게 받아들이고 있는 스탈린주의자들의 마르크스주의는, 억압과 빈곤의 책임을 현 정체의 탓으로 돌리고 있다. 노동자계급의 고통의 원인을 소유의 형태나 시장 메커니즘 등에서 찾고 있다. 그런데 이른바 과학으로 지칭되는 이런 마르크스주의는 하나의 이데올로기에 불과할 뿐이다.

게다가 마르크스주의는 '프롤레타리아트의 내재적 철학'도 아니다. 공장노동자들은 어쩌면 사회 전체가 생산수단의 소유자들에게 지배되고 착취당하고 있다고 생각하는 경향을 가질 수 있다. 자본주의는 공장과 같은 사유재산권에 대한 비난, 빈곤의 원인에 대한 비차별 등과 같은 모든 악에 대한 책임을 지고 있기 때문에, 노동자들은 종종 공산주의자들의 선전에 자극받아 성급하게 판단하는 경향이 있다. 하지만 혁명만이 노동자계급의 해방을 가져다준다는 주장은 프롤레타리아트의 내재적 생각의 표현과는 거리가 멀다. 이런 주장은 공산주의자들이 자신들의 추종자들을 완전히 설득시키지 못한 이론에 속한다.

마르크스주의는 노동자계급의 불행에 대한 학문이기는커녕 프롤레타리아트의 일부를 유혹한 지식인들의 철학이다. 또한 공산주의는 프롤레타리아트의 내재적 철학이기는커녕 고유한 목적, 즉 정권을 장악하기 위해 마르크스주의라고 하는 의사疑似 학문을 이용하고 있을 뿐이다. 노동자들은 자신들이 인류의 구원을 위해 선택되었다고 믿지 않는다. 그들은 오히려 부르주아지를 향한 상승을 더 동경한다.

이와 같은 두 가지 과오로부터 계급투쟁이나 신세계의 도래에 대한 세 번째 과오가 기인한다. 우리는 좌파 기독교 신도가 노동자들에게 내보이는 덕성, 즉 "우리는 우리의 무지를 고백한다"라는 말에 대해서는 토의할 생각이 없다. 우리가 "노동지계급은 참다운 민중이며, 이 계급이 교회로부터라기보다는 부르주아지가 교회를 가둬 두었던 구조나 외관으로부터 의식적으로 또는 무의식적으로 떨어져 나간 것은 자유에 대한 사랑 때문이었다"[96]라든가 "인민에 속하는 대부분의 남녀들은 … 산상수훈에 충실하다"[97]라는 문구를 읽게 될 때, 우리는 이 문구를 부정하거나 거기에 동의하고 싶은 마음이 없다. 단순한 사람들이 선량하다는 것은 전설이 아니며, 선택된 계급의 신화는 분명히 이 문구에 섞여 있기 때문이다.

기독교 신도는 집단소유제 또는 계획화는 이른바 자본주의 제도보다 더 많은 사람의 복지에 유리하다고 생각할 수 있다. 이것은 사람들이 주장할 수도 있고 또는 거절할 수도 있는 세속적인 사건에 대한 견해이다. 기독교 신도는 또한 역사는 자기가 좋아하는 제도를 향해 발전하리라고 믿으며, 국가 수입의 분할이나 사회의 조직을 위해 사회계급 간에 일어나는 투쟁을 사실로 인정할 수도 있다. 하지만 만일 그가 사회주의의 도래를 '역사의 의미'라고 말하고, 만일 그가 공산당의 힘을 노동자계급의 해방으로 변모시키고, 또 만일 그가 계급투쟁에 정신적인 가치를 부여한다면, 그는 이미 마르크스주의자가 된 것이며, 또 기독교적 이단을 기독교 정교正敎와 화해시키려고 헛되이 노력하고 있는 것이다.

자기도 모르는 사이에 노동자계급의 세계와 마르크스주의적 이데올로기 속에서 기독교 신도를 유혹하는 것은 바로 종교적 경험을 불러일으키는 자 또는 종교적 경험의 반향 때문이다. 프롤레타리아와 당의 투사들은 초기 기독교 신도들처럼 새로운 세계를 고대하면서 살았다. 그들은 동포를 착취하지 않았기 때문에 순수하고 자선적이다. 인류의 청춘 시절을 지니고 있는 이 계급은 부패한 과거에 저항한다. 주관적으로 말하자면 좌파

96   *Ibid.*, p.78.
97   *Ibid.*, p.79.

기독교 신도들은 여전히 기독교 신도들이다. 하지만 그들은 혁명을 성취하기까지 종교적 요소는 제쳐 놓은 자들이다. "우리는 두려울 것이 없다. 우리는 확고한 신앙을 가지고 있으며, 우리의 교회를 믿는다. 게다가 우리는 교회가 실질적인 인간의 진보에 오랫동안 반대하지 않았다는 사실을 알고 있다. … 만일 노동자가 언젠가 종교에 대해서 말하고, 또 세례를 받고 싶어 우리를 찾아오면, 우리는 먼저 그들이 노동자계급의 불행의 원인에 대해 생각해 본 일이 있는지, 또는 만인의 복지를 위해 동지들과 함께 투쟁에 참가한 일이 있는지를 묻는 것으로 시작할 것이다."[98] 그러면 마지막 단계를 넘은 것이다. 복음 전도를 혁명에 종속시킨 것이다. 진보적 기독교 신도들은 자기들이 노동자들을 기독교 신도로 만들려고 한 것인데도 그들이 오히려 "마르크스주의자들"이 된 것이다.

기독교 신앙은 진보 정당, 노동운동, 계획 사회에 대한 동정심과는 양립할 수 있다. 하지만 이 신앙은 마르크스주의적 메시아주의와는 양립할 수 없다. 왜냐하면 마르크스주의적 메시아주의는 역사적 과정 속에서 구원의 길을 보기 때문이다. 공산주의 운동이 향하는 해방은 객관적으로 기술될 수 있다. 지불해야 하는 대가에도 불구하고, 어떤 경우에는 개혁이라는 느린 진보보다도 혁명적 폭력을 더 선호하는 것이 정당할 수도 있다. 하지만 관념적 해방이 모든 진보의 필수 조건이고, 구원의 첫 단계처럼 보이는 것은 오직 여러 사태에 대한 엄격한 종교적 해석 속에서일 뿐이다. 파렴치하게도 무신론자임을 자처하는 공산주의자들이 실제로는 신앙에 젖어 있다. 그들은 천연자원이나 공동생활의 합리적 개발만을 겨냥하는 것이 아니다. 그들 또한 역사의 수수께끼를 풀고 또 초월에 대한 명상에서 자족적

98 *Ibid.*, pp.61-62.

인 인류에게로 우회시키기 위해 전 우주의 힘과 사회 전체에 대한 지배를 갈망하는 것이다.

관념적 해방은, 그것이 기독교적 전통에서 차용된 말로 표현되는 한, 좌파 기독교 신도들을 매혹한다. 실존주의자들도 또한 거기에 매료된다. 왜냐하면 프롤레타리아트는 의식의 고독에 사로잡힌 철학자들에게 신비로운 공동체를 제공해 주는 듯이 보이기 때문이다. 요컨대 관념적 해방은 기독교 신도들과 실존주의자들 모두를 매혹시킨다. 왜냐하면 그 안에 미지인, 미래와 절대에 대한 시詩가 포함되어 있기 때문이다.

현실적 해방의 평범성

엄밀한 의미에서 프랑스의 진보적 기독교 신도들 수는 그리 많지 않다. 또한 프랑스 이외에는 거의 없다. 프랑스의 많은 기독교 신도들은 좌파이다. 하지만 이 점에도 여전히 프랑스적 현상이 문제가 된다. 실존주의 철학자들의 혁명적 어법으로는 서구의 다른 어떤 나라에도 이런 현상이 존재하지 않는다. 여기에서 관념적 해방에 대한 향수, 현실적 해방에 대한 멸시는 수도 파리에만이라고 할 수는 없으나 프랑스에만 국한된 분위기라고 결론 내릴 수 있을 것이다.

어쨌든 이런 현상이 실존주의자들이 주로 모여드는 생제르맹데프레 너머에서 어떤 의미를 가지는지는 확실하지 않다. 관념적 해방의 유혹은 현실적 해방이 각성시킨 환멸 대신에 생기는 것이다. 유혹은 좁은 범위에 국한되어 있다. 하지만 환멸은 꽤 널리 퍼진 것이 아닌가 우려된다. 서구의 노동자들은 프티부르주아들의 수를 늘려 주었을 뿐이다. 그들은 문명의 갱신을 이룩하지 못했고, 일종의 중고품 문화의 보급을 조장했다고 할 수 있다. 아마도 일시적이겠지만, 지식인들은 현재의 국면을 비판하지 않을 수 없을 것이다.

지난 세기의 노동운동 이론가들은 단순하게 혁명, 개혁, 혁명적 조합주의라고 부를 수 있는 세 가지 방법을 고안해 냈다. 첫 번째 방법은 러시아와 중국에서 성공했고, 두 번째 방법은 대부분의 서구 여러 나라에서 성공했으나, 세 번째 방법은 그 어느 곳에서도 성공하지 못했다. 여러 측면에서 가장 매력적인 이 마지막 방법은 다음과 같은 혁명을 전제로 한다. 즉, 노동 현장에서 노동자들이 자신들의 계급에 대해 확신과 긍지를 가지고 자본가의 가족주의에 굴복하기를 거절하거나, 또는 자신들을 프티부르주아와 혼동하는 것을 거절하면서 수행하는 혁명이 그것이다. 하지만 노동자들은 어느 곳에서도 이와 같은 생산의 경영을 수행하지 못했다. 상황이 달리 진행될 수 없었다.

기술의 진보는 행정이나 연구에 종사하는 자들의 역할을 확대했고, 고도의 능력을 가진 숙련 기술자들을 필요로 했다. 또한 기술의 진보로 인해 미숙련 노동자들과 전문직업인들의 수가 줄어든 반면, 단지 몇 주의 훈련만으로 충분한 특수 노동자들의 수가 증가했다.

생산자들 자신들에 의한 생산관리는 어떤 의미를 가질 수 있는가? 지도자들의 선거는? 기업위원회의 빈번한 회의나, 또는 피고용인들의 총회는? 이런 실천들은 어리석거나 가소로울 수 있다. 기업의 점진적인 변화, 이익의 분배, 공평한 급료 지불 방법 등을 생각할 수는 있다. 선동가들이 종종 입에 올리는 임금 차율의 폐지는 상징적인 의미에서만 가능할 뿐이다. 만일 임금을 개인 고용주가 시간이나 노동의 성과 등에 따라 지불하는 고정된 보수라고 부르는 것이 적합하다면, 르노자동차 공장이나 고르키 공장Usine de Gorki[99]에서 일하는 노동자는 임금생활자가 아니다. 혁명이 기업에서 이루어지지 않는 순간부터 혁명은 정치, 노동조합, 당에 의지하게 된다. 영국의 노동조합들에서 노동자들은 규모가 크고 평화스러운 운영에 참가하고, 지도자들은 흔히 말년에 상원의원이 되거나 울리에르Houillères[100]나 전기 회사와 같은 국유산업위원회에 참여하기도 한다. 영국 프롤레타리아트의 해방은 그들 자신의 작품인가? 어떤 의미에서는 그렇다. 노동당은 투쟁 없이 일어선 것이 아니다. 이 당은 '노동조합들trade-unions'의 재정적 원조로 지탱되었고, 지금도 그렇다. 하지만 이 노동조합들은 노동자들을 대표한다. 물론 대부분의 노동자들은 수동적이고, 또 민간 기업에서보다 국영 기업에서 더 많은 책임을 떠맡는 것을 원하지 않는다. 자신들의 노동조합의 지도자들이 장관이 된 경우가 있는 노동자들은 애틀리Clement Richard Attlee[101] 정부(노동당)에서는 처칠 정부(보수당)에서보다 임금 인상 요구를 위해 더 많은 열성을 기울이지 않는다. 노동당 정부는 '노동자들'의 정부인 것이다. 하지만 어떤 의미에서는 처칠의 정부도 마찬가지다. 두 경우에서 노동자들은 권력에서 자신들의 모습을 본다. 왜냐하면 그들은 정신적으로 자기들 밖의 사회와 분리되어 있지 않기 때문이다.

다른 나라들에서는 계급들 간의 역사적인 장벽이 더 많이 철폐되고 있다. 연구자들은 스웨덴을 계급 없는 사회로 규정한다. 국민들의 생활이 아주 비슷하고, 또 '하나의' 계급에 속한다는 의식도 아주 낮기 때문이다.

프롤레타리아들의 참상을 개탄하는 사람들이 공식적인 이론이 없는 사회주의에 의해 달성된 성과를 비웃는다는 것은 참기 어려운 위선일 것이다. 우리 시대에는 그 이상의 높은 목적을 제안하지 못할 수도 있다. 이런 상황이라면 노동운동에 희망을 걸었던 지식인들의 주저하는 태도에 놀랄

99 고르키 공장: 소련의 자동차 공장 이름이다.
100 울리에르: 프랑스의 북동부 지역에 있는 탄광이다.
101 클레멘트 리처드 애틀리(1883-1967): 영국의 정치가로 수상을 역임했다.

권리도 없는 셈이다.

『에스프리』지의 편집자들은 우리에게 계속해서 무엇을 반복적으로 지적했는가? 프롤레타리아트가 보편적 가치의 담지자들이고, 또 그들의 투쟁은 인류 전체의 투쟁이라는 사실을 지적했다. 그로부터 수많은 애매하고 혼란스러운 주장이 도출된다. "철학의 진보가 자기들을 초월하는 가치의 담지자로서 행동하는 프롤레타리아트와 연결되어 있다는 사실을 이해하게 해 준 마르크스에게 감사해야 한다." "이런 모든 이유에서 노동자계급의 신장伸張은 성찰하는 힘을 갖기 위해 오늘날 많은 사람들이 참여해야 하는 사건이다."[102] "프롤레타리아트가 미래의 담지자라면, 그것은 정확히 그들의 해방이 돈의 지배를 신격화된 노동자의 독재로 대체하는 권력의 전복으로가 아니라 모든 사람들의 해방으로 제시되는 한에서이다."[103]

한 철학 교수가 그 자신도 참여하고 있다고 주장하는 '노동자계급의 신장'은 무엇인가? 그것이 생활수준의 향상, 노동조합 운동의 강화, 사회입법, 산업 관계의 인간화라면 찬동할 수 있다. 하지만 이런 개혁으로는 노동자계급을 사회의 최상층으로 끌어올리지 못한다. 물질을 상대로 나날의 힘든 일에 종사해야 하는 노동자는 사변적인 세계에 사는 사람들과는 달리 타락할 걱정은 없을 것이다. 손을 기계로, 육체적 노력을 기술로 대체한 기술적 진보도 결국 노동자에게 신장을 '약속하지는' 못한다. 육체노동자는 사회의 최하층으로 떨어진다. 그것은 자본주의나 사회주의의 잘못이 아니라 과학의 결정론이 산업에 적용된 결과이다.

어떤 의미에서 노동자계급의 신장은 현실적인 일이다. 모든 지식에서 제외되고 또 좁은 사회에 갇혀 외부와 소통할 기회도 없는 비특권자들이

---

102 Jean Lacroix, in *Esprit*, 1951, n°s 7-8, p.207.
103 *Esprit*, 1951, n°s 7-8, p.217.

역사의 운명에 이방인으로 남아 있던 시대는 이제 지나갔다. 지금은 누구나 책을 읽을 수 있고 글을 쓸 수 있게 되었으며, 또 대도시에서 살 수 있게 되었다. 그들은 또한 노동자의 이름으로 그들을 지배하려는 권력자들의 아첨을 받고 있기도 하다. 하지만 모두가 너무나 잘 알고 있듯이 대중의 세기는 또한 독재자들, 파시스트적 야수들, 음모의 세기이기도 하다.

궁정의 그늘에서 자행된 독재자들이나 경찰의 수장들에 대한 암살은 뉘른베르크 행진이나 모스크바의 노동절 축제와 동시대에 속한다. 노동자들의 조직의 힘이 커짐에 따라 노동자 개개인은 점차로 더 수동적인 태도를 취하게 된다. 철의 장막 이편과 저편에서 프롤레타리아가 부르주아화되고 또 소위 인민문학 또는 '사회주의 리얼리즘'이라는 끔찍한 문학을 탐욕스럽게 흡수함에 따라 노동자계급의 독특한 문화가 소멸하고 있다.

'황금의 폭력'이나 '노동 문화'와 같은 표현들은 '노동자계급의 신장'이란 표현보다도 더 모호하다. 이런 표현들을 사용하는 자들의 소원이 무엇인지를 쉽게 짐작할 수 있다. 인간들은 집단에 봉사하고 또 이상을 위해 왜 최선을 다하지 않는가? 냉소적이라는 비난을 받을 위험이 있기는 하지만, 나는 그 어떤 사회질서도 시민들의 미덕이나 무관심을 자랑스럽게 여길 것이라고 생각하지 않는다. 최대한의 보수를 얻기 위해 계획 수립자들은 아주 오래전부터 임금 불평등 제도와 심지어 이익을 추구하는 심리까지 이용하고 있다. 소련 기업의 대표는 그의 기업에서 생기는 잉여분의 대부분을 자기 수중에 넣어 버린다.

청년 마르크스가 쓴 유명한 저작 이후로 반자본주의적, 반부르주아적 문학에는 돈에 대한 비난이 가득하다. 그와 동시에 좌파는 귀족적인 문화에 대한 향수를 간직하고 있는 사상가들에 의해 거부된 보편적인 안락이라는 이상을 채택하고 있다. 현대 세계를 비판하는 레옹 블루아Léon Bloy[104]와, 베르나노스, 시몬 베유 등은 돈을 비난할 권리를 가지고 있다. 하지만 두 세기에 걸쳐 기계가 오랫동안 지속된 빈곤을 극복하지 못한 것에 분노하고 있고, 또 프롤레타리아계급과 프롤레타리아 국가들이 아직도 세계의 부를 공평하게 분할하고 있지 못하는 것에 분노하고 있는 진보론자들은 대체 어떤 기적을 바라는가? 그들이 옛 인간의 갑작스러운 개종을 기대하지 못한다면, 그들은 가용할 수 있는 부의 증가에 대해 내기를 걸고, 또 이 목적을 위해 가장 활동적이고 가장 야심에 찬 사람에게 세속적인 보상을 주는 데 내기를 걸어야만 할 것이다. 계획화와 집단소유는 어떤 형태의 이익을 없앨 수 있다. 하지만 그것들이 세계의 재물에 대한 탐욕, 즉 돈에 대한 욕망을 없애지는 못한다. 사회주의 경제이든 자본주의 경제이든 간에 현대 경제는 불가피하게 돈의 경제이다.

모든 사회에는 돈에 무관심하고 자기희생을 각오하고 있는 소수집단이 있기 마련이다. 그들의 수는 안정된 정권보다 혁명 정당이나 최근의 혁명으로 생긴 정권에 더 많다. 그들의 수는 세속적인 성공이나 상업적 성공 등에 중점을 두는 문명 속에서는 특히 적다. 인간의 사회적 본성은 이데올로그들의 소원에는 순종하지 않는다. 혁명 초기의 열광의 국면이 끝나자 곧바로 공산당원들이 노동자들보다 더 많은 임금을 받는 것을 금지시켰던 법령이 사라졌다. 5개년 계획이 진행되고 있는 중에 "부자 되세요"라는 낡은 슬로건이 사회주의적 명령에 추가되었다. 공산주의자들은 쾌락과 힘을 축적할 권리를 얻었다. 사회에 봉사한 대가로 프롤레타리아를 자처한 엘리트들은 옛 귀족처럼 생활하는 것을 당연하게 생각하게 되었다. 미국인들이 자본가들의 특권에 분개하지 않듯이 소련 국민들도 관리자들의 특권에 분노하지 않을 수 있었으며, 심지어는 개연적인 일이 되었다.

104 레옹 블루아(1846-1917): 프랑스의 소설가이자 에세이스트이다.

하지만 소련에서는 돈이 지배하는 것은 아니라고 말할 것이다. 왜냐하면 부자들이 정권을 장악한 것이 아니기 때문이다. 부자들이 그들의 부로 권력을 장악하지 않은 것은 사실이다. 지배계급은 당과 사상을 필요로 한다. 피지배자들의 눈으로 보면 통치자들이 필요로 하는 합법성은 그들의 권위가 행사되는 방법보다 중요하지 않다. 철의 장막 저편에서는 경제권력과 정치권력은 같은 사람의 수중에 있다. 하지만 철의 장막 이편, 곧 서구에서는 이 두 권력은 연대하면서 경쟁하는 입장에 있는 집단들에 의해 분할되어 있다. 권력의 분할은 자유의 선결 조건이다.

혁명가들은 관념론을 통해 노동자계급에게 산업 사회의 명백한 악을 제거하는 초인적인 사명을 부과한다. 하지만 그들은 점차 부르주아화됨에 따라 프롤레타리아트가 숭고한 사명을 수행하기 위해 부여받은 여러 미덕을 잃어버린다는 것을 솔직히 인정하는 용기를 가지고 있지 못하다.

현실적 해방이나 자유로운 조합주의의 평범한 상식에 대한 불만으로 지식인들은 관념적 해방의 유혹에 더 민감해진다. 영국이나 스웨덴 노동자의 현실적 해방은 영국의 일요일처럼 지루하다. 반면, 소련 노동자의 관념적 해방은 미래에서의 도약 또는 사회적 대이변처럼 자극적이다. 어쩌면 텔레비전 수상기들이 모스크바의 해방된 프롤레타리아들로부터 순교자의 후광을 제거해 버릴 수도 있을 것이다.

실존주의자들과 좌파 기독교 신도들은 다음과 같은 프랑시스 장송의 말에 찬동하는 것으로 보인다. "프롤레타리아트의 사명은 역사 안에 있는 것이 아니다. 그것은 역사의 변화를 일으키는 것이다."[105] 클로드 르포르 Claude Lefort[106]는 이렇게 말하고 있다. "노동자들의 정치투쟁은 착취의 폐지라는 본질적인 목표를 겨냥하기 때문에, 이 투쟁은 성공하지 못하면 완전히 실패할 수밖에 없다."[107] 착취에 대한 정확한 정의가 없기 때문에, —수입의 불평등 또는 기업가와 임금생활자와의 노동계약의 어느 시점에서부터 착취가 일어나는가?— 두 번째 주장은 모호하다. 착취에 어떤 의미를 부여해도 그 의미는 틀린 것이다. 프롤레타리아트는 부분적으로 성공했으나 완전히 승리를 거둔 것은 아니다. 산업 노동자들이 역사를 변화시키는 임무를 위해 특정되었다고 말해 주는 것은 아무것도 없다.

철학자들이나 기독교 신도들의 사상에서 무엇이 산업 노동자들로 하여금 이런 독특한 운명을 갖게 하는가? 그것은 사회적 불의와 인간의 불행의 증거인 고통이다. 서구 프롤레타리아들의 고통은 오늘날에도 여전히 특권계급으로 하여금 양심의 가책을 느끼게 한다. 하지만 그들은 우리 시대의 수치스러운 상징인 '불결한 소수집단' —제3공화국에 의해 절멸된 유대인들, 트로츠키파, 시온주의자, 사해동포주의자들, 공산당 서기장의 노여움으로 내쫓긴 발트해의 여러 국민이나 폴란드인들, 서서히 목숨을 잃어 가는 강제수용소의 감금자들, 지정 구역에 있는 남아프리카공화국의 흑인들, 망명자들, 미국이나 프랑스의 준프롤레타리아들 등— 의 고통과 얼마만큼 다른가? 만일 불행이 사명을 부여해 준다면, 오늘날 선택될 자들은 바로 인종적, 이데올로기적, 종교적 박해의 희생자들이다.

산업에 종사하는 임금생활자들과 개인 고용주들 사이의 '모순'이야말로 20세기에 공산주의자가 이용하는 데 가장 힘들어하는 문제이다. 저개발 국가들에서는 프롤레타리아들의 수가 충분하지 않기 때문이고, 자본주의

---

105 *Esprit*, 1951, nos 7-8, p.12.
106 클로드 르포르(1924-2010): 프랑스의 철학자로 전체주의와 민주주의에 대한 성찰로 유명하다.
107 *Les Temps modernes*, juin 1952, no 81, p.182.

국가들에서는 프롤레타리아들이 그다지 혁명적이지 않기 때문이다. 공산주의는 민족주의적 정열이나 백인들의 지배를 받고 있는 민족들의 요구를 내세울 때 훨씬 큰 성공을 거둔다. 20세기는 고전적 의미에서 계급투쟁의 시대라기보다는 오히려 인종 또는 민족투쟁의 시대이다.

독립을 빼앗긴 민족들, 열등 인종으로 취급되는 인종들보다 프롤레타리아들이 폭력으로 기우는 경향이 작다는 사실, 이것은 당의 교리를 잠깐 잊는다면 쉽게 설명된다. 산업에 종사하는 임금생활자는 어쩔 수 없이 노동의 규율에 얽매여 있다. 그들은 자본의 원시적 축적 기간 또는 기술적 실업의 시기 또는 디플레이션 시기에 기계나 고용자들에 맞서 종종 궐기한다. 이런 폭발은 약화된 국가나 항복할 준비가 되어 있는 지도자를 위기에 몰아넣는다. 노동자들이 일단 조직되게 되면, 그들은 생산기구와 노조기구에 의해 이중으로 에워싸여 보호받게 된다. 양쪽으로부터의 이익은 동시에 증가한다. 생산기구는 더 많은 상품을 제작하게 되고, 노조기구는 임금생활자의 가처분 몫을 증가시킨다. 그 결과 임금생활자들은 어쩔 수 없이 자신들의 조건에 체념하게 되고, 노동조합의 지도자들은 권력과 그로 인해 생기는 이익에의 참여를 거절하지 않는 사회를 별다른 혐오감 없이 받아들이게 된다.

토지를 소유하고 싶다는 이유로 대지주들에게 반감을 갖고 있는 농민들이 훨씬 더 폭력에 호소하기 쉽다. 소유권 제도가 정말로 결정적인 중요성을 갖게 되는 것은 시골에서이며, 또 땅 문제 때문이다. 근대 산업이 발전하면 할수록 소유 형태는 점점 더 중요성을 잃게 된다. 키로프Kirov[108] 공장이나 제너럴모터스 회사에서는 그 누구도 소유자가 아니다. 차이는 단

---

108 키로프: 러시아 상트페테르부르크에 위치한 대기업으로, 1862년에 푸틸로프 공장이 되었으며, 금속야금업과 발전소 플랜트, 조선업, 트랙터 등을 생산한다.

지 관리자의 모집과 힘의 분할뿐이다.

'역사의 변화'라는 말이 어떤 의미를 갖게 된다면, 그것을 수행할 노동자계급의 능력이 가장 떨어지는 것으로 보인다. 산업 사회에서의 혁명은 다음과 같은 생각, 즉 노동자들이 자신들의 환경을 손수 만들고, 또 그들에게 명령을 내리는 자들도 손수 뽑는다는 생각을 변화시킨다. 혁명은 또한 쌍둥이 같은 지배계급인 기술자들과 관료들, 정치인들과 노동조합주의자들 사이의 관계를 변화시킨다. 20세기의 위대한 혁명의 결과를 통해 후자가 전자에 예속된 것은 사실이다.

히틀러 치하의 제3공화국이나 소련에서 노동자계급 조직의 지도자들은 노동자들의 요구사항을 국가에 전달하기보다는 오히려 국가의 명령을 노동자들에게 전달하는 일에 더 전념한다. 물론 권력의 담지자들은 계급이나 공동체의 지지를 받는다고 주장한다. 정치국원들은 역사가 선출한 자들이다. 공산당의 제1서기장은 프롤레타리아트의 지도자라는 구실을 내세워 몇몇 서구 철학자들은 갑자기 그들이 자본가들을 비난했던 실천들(강제 저축, 도급제 임금 등)을 합리적이라고 주장한다. 또한 만일 민주주의자들이 행했더라면 틀림없이 비난받았을 여러 제한에도 동의한다. 동독에서는 노동자들이 규칙에 반대해 파업을 일으키게 되면, 그들은 노동자계급의 반역자가 된다. 만일 그로테볼Otto Grotewohl[109]이 마르크스의 제자를 자처하지 않았다면, 그는 프롤레타리아트의 학대자가 되었을 것이다. 이것이 바로 굉장한 언어의 매력이다!

전체주의 정권은 기술자들의 지배계급과 정치인들의 지배계급을 결합시킨다. 이 정권을 찬양하든 저주하든 간에, 수 세기에 걸친 체험을 무시

---

[109] 오토 그로테볼(1894-1964): 독일의 정치가로, 1949년부터 1964년까지 동독의 총리를 역임했다.

하는 한 거기에는 새로울 것이 전혀 없다. 권력이 분산되고, 국가가 종교적 색채를 갖지 않는 서구의 자유로운 세계야말로 역사의 개별성을 이룬다. 완전한 해방을 꿈꾸는 혁명가들이 독재정치라는 낡아빠진 사상에로의 복귀를 서두르고 있다.

정치적 낙관주의에 대하여

'좌파', '혁명', '프롤레타리아트' 등과 같은 요즘 유행하는 개념들은 한때 정치적 낙관주의를 활성화시켰던 위대한 신화, 즉 '진보', '이성', '인민'에 대한 뒤늦은 응수이다.

하원의 반원형 회의장의 한쪽을 차지하고 있는 모든 정당을 포함하며, 불변하는 목적이나 영원한 사명을 부여받고 있는 좌파는, 미래가 현재보다 훨씬 더 나으며, 또 사회의 미래의 방향은 확고하게 정해져 있다는 조건하에서 존재한다. 좌파의 신화는 진보의 신화를 전제한다. 그리고 방금 지적한 것과 같은 확신을 가진 것은 아니나 좌파는 진보에서 다음과 같은 역사적 환영을 끌어낸다. 즉, 좌파는 그 앞을 가로막고, 또 절대로 정복되거나 개종하지 않는 우파와의 대결을 멈추지 않는다는 환영이 그것이다.

혁명의 신화에서는 이와 같은 불확실한 투쟁을 숙명과도 같은 행위로 여긴다. '찬란한 미래'에 적대적인 요소나 계급에 대한 반항은 힘으로서만 타파될 수 있을 뿐이다. 외관적으로 보면 혁명과 이성은 정확하게 대립된다. 이성은 대화를, 혁명은 폭력을 상기시킨다. 이성을 지지하는 쪽에서는 토론하고 '상대편'을 설득하나, 혁명을 지지하는 쪽에서는 설득을 포기하고 무력에 호소한다. 하지만 일부 참을성 없는 합리주의자는 폭력을 마지막 수단이었고 또 앞으로도 그럴 것이라고 여긴다. 사회제도들이 어떤 모습을 가져야 하는지를 알고 있는 혁명가들은 이성을 지지하는 동지들의 말과 맹목성에 절망하고 분노한다. 실제로 혁명가들은 개인이나 사회의 성격에서 기인하는 현재의 장애물들이 내일에도 똑같이 나타날 것이라는 것과 자신들이 국가의 지배자가 되었을 때 타협이냐 전체주의냐의 양자택일에 직면하리라는 것을 망각하고 있다.

프롤레타리아트에게 부여된 사명은 인민에게 돌아가야 하는 공덕보다는 오히려 더 작은 신념을 증언해 준다. 인민을 신뢰한다는 것은 곧 인간성을 신뢰하는 것이다. 프롤레타리아트를 신뢰한다는 것은 곧 불행에 의해 역사의 주체로 선출되었음을 믿는 것이다. 인간답지 못한 삶의 조건은 모두의 구원의 방향을 정해 준다. 인민과 프롤레타리아는 모두 소박한 자들의 진리를 상징적으로 보여 준다. 하지만 인민은 권리상 보편적이다. 인민들은 특권을 가진 자들이고 결국에는 공동체에 포함될 수 있다고 생각한다. 하지만 프롤레타리아트는 여러 계급 중의 한 계급이고, 다른 계급들을 제거하면서 승리를 쟁취한다. 프롤레타리아트는 또한 유혈이 낭자한 투쟁을 거치고서야 사회 전체와 융합할 수 있을 뿐이다. 프롤레타리아트의 이름으로 말하는 자는 누구나 수 세기에 걸쳐 주인들의 지배하에 있었던 노예들을 재발견한다. 그런 자는 더 이상 자연적 질서의 점진적 도래를 믿지 않는다. 그 대신 그는 노예제도의 폐지를 위해서는 노예들의 반항이 최선의 방법이라고 생각한다.

위의 세 개념에는 좀 더 상세한 해석이 필요하다. 좌파는 불의에 체념하지 않는 정당이며, 또 권력의 자기 정당화에 맞서 자유로운 양심의 권리를 지키는 정당이다. 혁명은 (특히 기억 속에서) 격정적이거나 매혹적인 사건으로 종종 불가피하기까지 하다. 혁명 자체를 위해 혁명을 원한다는 것은, 혁명이란 불가피한 것이라는 점을 비난하는 것과 마찬가지로 개탄스러운 일이다. 지배계급이 법을 위반하지 않거나 무력에 호소하지 않은 채 자격이 없는 지배자들을 물리칠 수 있다는 것을 가르쳐 주는 것은 아무것도 없다. 대규모의 산업에 의해 생겨난 노동 대중이라는 분명한 의미로서의 프롤레타리아트는, 지난 세기말에 영국으로 망명한 독일 지식인 마르크스를 제외하고 그 누구한테서도 '역사의 개혁'이란 사명을 부여받은 적이 없다. 하지만 20세기의 프롤레타리아트는 다수의 희생자계급보다는 오히려 간부들에 의해 조직되고, 또 선동자들에 의해 고무된 노동자들의 집단을 대표하고 있다.

그런데 이런 개념들은 이제 합리적이지 않으며, 지적 과오로 인해 신화적이 되어 가고 있다.

수 세기를 이어 온 좌파의 계속성을 재확립하거나, 또는 시대마다 좌파 내부의 분열을 은폐하기 위해서는 체제의 변증법, 한 정당에서 다른 정당에로의 가치의 이동, 계획화와 중앙집권에 반대해 우파가 내세우는 자유로운 가치에 대한 인정, 상반되는 목적들 사이에서 지혜로운 타협을 할 필요성 등을 잊어버려야 한다.

20세기의 역사적인 경험을 통해 공업 시대에 혁명의 빈도와 그 원인이 드러난다. 혁명이 갖고 있지 않은 논리를 혁명에 결부시키거나, 혁명을 이성에 근거한 운동의 논리적인 귀결로 보거나, 또 혁명이 그 본질과 양립하지 않는 혜택을 가져다줄 것이라고 기대하는 것은 잘못이다. 어떤 사회가 혁명의 폭발 이후에 평화를 다시 찾고 긍정적인 대차대조표를 기록하는 것이 전례 없는 일은 아니다. 하지만 혁명의 수단인 폭력은 소기의 목적과 다르게 그대로 남아 있는 경우가 있다. 상대편에게 감행하는 폭력은 때로 불가피할 수 있지만, 한 사회의 구성원들을 단결시키는 상호 인정에 대한 명백한 부정이기도 하다. 시민으로서의 그들의 상호 존중과 전통을 근절시키는 폭력은 그들 사이의 평화의 기반을 파괴할 위험성이 있다.

프롤레타리아는 우리 시대의 공동체에서 합당한 자리를 요구하고 또 그것을 확보하지 않을 수 없다. 지난 세기에 프롤레타리아트는 산업 사회에서 학대받는 자들을 의미했다. 그 뒤로 서구의 경제 발전에 따라 프롤레타리아트는 지금까지 역사상 가장 자유로운 노예, 가장 보수를 잘 받는 노예가 되었다. 또한 불행이란 단어는 이제 그들보다도 더 억압받는 소수 집단의 몫이 되었다. 기계의 노예, 혁명의 병사인 프롤레타리아트는 어떤 정권의 상징도 수혜자도 지도자도 결코 아니다. 마르크스주의적 이데올로기에서 권력을 창출한 정권이 프롤레타리아트라고 명명된 것은 실제로 지식인들이 즐겨 사용하는 일종의 신비화에 의한 것이다.

이런 오류들의 공통 원인은 공상적 낙관주의가 현실에 대한 비관주의와 합쳐진 데 있다.

사람들은 항상 동일한 대의명분에 도움이 되는 동일한 사람들을 동원하는 좌파에 신뢰를 보내고 있다. 사람들은 항상 공고한 자기 이익을 옹호하고, 새로운 시대의 징조를 알아볼 수 없는 영원한 우파를 계속 미워한다. 좌파 지도자들은 위계질서의 중간에 위치해 있고, 상류 계급을 축출하기 위해 하류 계급을 동원한다. 좌파 지도자들은 반半특권자들이고, 승리로 특권을 얻기까지는 특권 없는 사람들을 대표한다. 우리는 이런 평범한 사실들로부터 풍자를 위한 교훈을 끌어내고자 하지는 않는다. 정치제도들이나 경제 체계들은 모두 동일하지 않다. 하지만 애매한 한 단어에 대해 사상들에만 해당될 뿐인 영광을 안기면서 그것을 잘못 정의된 사태들의 집합으로 변화시키지 말아야 한다는 것은 상식에 속하는 일이다. 사람들은 자유를 들먹이면서도 너무 자주 전제주의를 정립하곤 했다. 물론 경험은 우리에게 정강보다는 정당들의 업적을 비교하라고, 또 언어가 사상을 가리고, 가치가 매 순간 변하는 의심투성이의 전투에서 신념에 바탕을 둔 행동이나 피상적인 비난을 피하라는 경고를 해 주고 있다.

승리로 끝맺은 재앙에서 구원을 기대하는 것은 잘못이다. 평화적인 투쟁에서 승리를 체념하는 것도 잘못이다. 폭력은 최종 목표점에 도달하는 첩경이고, 에너지를 발산시키며, 유능한 새 인물들의 상승을 부추긴다. 하지만 그와 동시에 폭력은 국가 권위의 전통적인 장악력을 파괴하고, 힘을 통한 해결에 대한 취향과 습관을 퍼뜨린다. 혁명이 남긴 악을 치유하기 위해서는 시간이 필요하다. 설사 혁명으로 무너진 정권의 악이 치유되었다고 해도 그렇다. 합법적인 권력이 무너지게 되면, 일군의 사람들, 때로는 한 인물이 공동 운명에 대해 책임을 지게 된다. 혁명가들의 말에 의하면 그 목적은 혁명이 식지 않게 하기 위함이다. 실제로 만인의 만인에 대한 투쟁에서 안전보장이라는 가장 중요한 덕목을 재건하기 위해서는 한 명의 지도자가 승리를 쟁취해야 한다. 대화를 없애고 또 모든 규범을 부정하면서 온갖 가능성을 열어 주는 전쟁과 유사한 혁명이라는 하나의 사건이 어떻게 인류의 희망을 간직할 수 있는가?

프롤레타리아트에게 하나의 유일한 임무를 떠맡기는 것은 정신착란적인 낙관주의이다. 다른 계급들의 무능력을 모두 프롤레타리아트에게 떠맡기는 것은 지나친 비관주의이다. 시기마다 한 국민이 다른 나라 국민들보다 더 창조적일 수 있다. 헤겔의 표현에 따르면, 세계의 정신은 서로 다른 국민들 속에서 차례로 구현된다. 16세기의 독일, 18세기의 프랑스, 20세기의 러시아에서 나타나는 것과 같은 개혁, 부르주아 혁명, 산업혁명의 연속은 이성의 도구로 해석될 수 있다. 하지만 헤겔의 철학은 어느 사회에 대해서도 공통된 법률보다 정치적, 도덕적 덕성을 더 중요시하지 않는다. 예외적인 사람들은 있으나 예외적인 사회는 없다.

계급들은 국가들보다 선민들과 버림받은 사람들을 차별할 준비가 덜되어 있다. 때때로 계급들은 공업 노동자들처럼 광범위한 집합들을 에워싸고 있으며, 또 그런 의미에서 계급들은 의지보다는 고통에 의해 역사의 운명에 참여한다. 또 때때로 계급들은 소수 정복자 집단, 귀족 또는 부르주아지와 섞이기도 한다. 그러면서도 계급들은 수행해야 하는 개혁뿐 아니라 완수해야 하는 기능, 맡아야 할 임무도 가지고 있다. 공장의 혹독한 규율에 복종하는 프롤레타리아트는 공장 소유주를 바꾸면서 본성을 바꾸려고 하지 않는 것과 마찬가지로 사회의 성격 역시 바꾸려고 하지 않는다.

바로 거기에 논의의 핵심이 있다. 비관주의에 젖은 역사적 낙관주의는 공동체의 전래의 질서가 전복되는 것을 요구한다. 역사적 낙관주의는 현재 상태를 문제 삼으며, 본질적으로 미래의 상태가 달라지기를 바란다. 이렇듯 역사적 낙관주의는 자유의 지배를 향해 점진적으로 또는 급진적으로 나아가기 위해 진보적인 여러 정당, 폭력, 특수한 계급에 기대를 건다. 또 항상 실망으로 끝나는 역사적 낙관주의는 스스로를 비난하며, 그 원인을 저항의 대상인 사회적 구조의 부동의 특성들에서 찾고 있다.

사람들은 정치 지도자들을 출생 신분이 아니라 선거로 선출할 수 있다는 점에 자부심을 가질 수 있다. 사람들은 생산수단의 경영을 개인들보다는 국가에 위임할 수도 있다. 세습 귀족이나 자본가들의 제거는 사회질서의 근간을 변화시키지 못한다. 왜냐하면 이런 제거를 통해 '호모 폴리티쿠스Homo politicus', 즉 정치적 인간의 본질이 변화하지 않기 때문이다.

국가의 존재는 내부 분열이나 외부로부터의 침략으로 시시각각 위협을 받는다. 침략에 대비하기 위해서는 국가가 강해야 한다. 분열에 맞서기 위해서는 권력 담지자들이 시민들의 단결과 규율을 유지해야 한다. 이론가들은 불가피하게 정치에 대해 환상 없는 전망으로 기운다. 그들의 눈에 인간은 믿을 수 없고 허영에 들뜬 존재로 보인다. 인간은 자기의 운명이 만족스럽지 않다고 판단하며, 권력과 위신을 갈망한다. 이런 견해는 부분적이고 지나치게 단순하게 보인다. 하지만 궁극적으로는 논쟁의 여지가 없다. 정치적 투쟁에 발을 디디고서 희귀한 재화를 탐하는 자는 누구나 자기의 야심을 충족시키고, 또 그것을 원하는 행복한 적들에게 보복하기 위해 공화국을 혼란한 상태로 빠뜨리려는 경향이 있다.

공공질서도 국가권력도 정치의 유일한 목표를 구성하는 것은 아니다. 인간은 정신적 동물이며, 모든 사람에게 참여의 기회가 주어지는 조건하에서만 인간들의 공동체는 인간적일 수 있다. 하지만 근본적인 의무 사항들이 불가피하게 정권의 교체에 이어진다. '정치적 인간'은 그 어떤 기적에 의해서도 공공선에 대한 독점적인 관심이나, 또는 우연이나 공적으로 얻은 지위에 만족하는 지혜를 갖지 못한다. 사회가 우연적인 어떤 구조로 굳어지는 것을 저지하는 불만, 위대한 건설자들이나 보잘것없는 음모자들을 자극하는 명예욕으로 인해 국가는 계속 요동친다. 좌파가 변혁을 이루고, 혁명이 임무를 수행하고, 프롤레타리아트가 승리를 거둔 뒤에도 그렇다.

승리를 거뒀다고 여겨지는 좌파, 혁명, 프롤레타리아트는 해결한 만큼의 문제를 야기한다. 귀족의 특권을 제거하면 남는 것은 국가의 권력 또는 국가로부터 자신들의 기능을 얻어 내는 자들이다. 태어날 때 받은 권리의 상실은 돈으로 얻은 권력이 자유롭게 활개 치도록 방임한다. 지역공동체의 해체는 중앙권력을 강화한다. 2백 명의 관리들이 2백 세대의 자리를 차지한다. 혁명이 전통에 대한 존경을 거부하고, 기득권자들에 대한 혐오를 퍼뜨릴 때, 대중은 지도자의 칼 앞에 머리를 숙일 준비가 되어 있다. 물론 대중은 정열이 진정되는 날을 기다린다. 그동안에 시간이 지남에 따라 합법성이 재정립되고 또 이성의 영향력도 회복될 것이다.

좌파, 혁명, 프롤레타리아트라고 하는 세 개의 신화의 성공보다 실패가 더 많이 논의되었다. 좌파는 사상의 자유, 사회조직에 대한 학설의 적용, 세습적 지위에 대한 거부에 의해 구제도에 반대하는 입장을 취하는 것으로 정의되었다. 좌파는 분명히 승리를 거두었다. 오늘날에도 그런 방향으로 나아가는 것은 더 이상 중요한 문제가 아니다. 그보다는 오히려 계획화와 주도권, 모든 사람들을 위한 공평한 일자리 분배와 노력의 촉구, 관료주의의 힘과 개인들의 권리, 중앙집권화 경제와 개인들의 자유 보장 사이의 균형을 이루는 것 등이 중요한 문제이다.

서구에서 혁명은 우리 앞에 있는 것이 아니라 이미 우리 뒤에 있다. 이탈리아나 프랑스만 해도 공격해야 할 바스티유 감옥이나 목매달아 처형할 귀족은 없다. 장차 일어날지도 모를 혁명은 국가를 강화하고, 이익을 억제하며, 사회의 변혁을 가속화시키는 것을 목적으로 삼을 것이다. 풍습과 법률 면에서 안정적이어야 한다는 낡은 사회관에 대해서는 20세기 중엽, 좌파도 우파와 같이 항구 혁명을 행하고 있다. 이것은 미국이 선전을 통해 자랑하는 것이고, 또 (또 다른 의미에서는) 소련도 마찬가지이다. 버크의 말에 따르면 좁은 범위의 지식인들에게 한정된 보수주의는 경제 발전이 아니라 영구적인 정신적 가치의 해체를 막고자 하는 것이다.

물론 기대와 성과를 가르는 간격은 크다. 과학으로 합리화된 사회들은 더 이상 평화롭지 않으며, 실제로 사회는 과거보다도 더 비합리적인 것으로 보인다. 만일 어떤 정권을 명예롭지 못하게 만드는 데 단 하나의 부정만으로 충분하다면, 우리 시대에 불명예를 뒤집어쓰지 않을 정권은 하나도 없다. 우리는 개인소득의 할당이 최저선 이하로 떨어진다고 생각할 수 있다. 하지만 집단 자원의 증가가 사회를 한층 더 불평등하게 하고, 또 덜 전제적으로 만들 것이라는 점을 확인하기 위해서는, 지난 세기의 부의 분할과 정치 수준을 오늘날의 그것들과 비교할 필요가 있다. 그럼에도 우리 사회는 여전히 과거의 노동과 권력의 숙명에 복종하고 있다. 낙관주의자들의 눈에는 사실상 그것은 받아들일 수 없는 것이다.

헌법이나 경제제도의 기능을 관찰할 때, 우리는 우연, 전통, 광기 등이 계속 지배를 한다는 인상을 갖게 된다. 이런 인상은 어쩌면 틀릴 수도 있지만, 분명히 피상적인 것은 사실이다. 기술적 이성의 법칙을 이상으로 삼는 사람들에게는 인간들이 공동으로 꾸리는 생활 방식은 부조리한 것처럼 보인다.

이런 실망에 대해 지식인들은 사색이나 반항으로 응수한다. 그들은 지난날의 꿈과 현실 사이의 간격의 원인을 찾거나, 또는 그 꿈을 다시 한번 찾아 오늘과는 전혀 다른 현실 속에서 구체화하려고 애쓴다. 어떤 환상을 내포하고 있든 간에 이런 신화들은 아시아에서 여전히 미래를 주조하고 있다. 이런 신화들은 유럽에서는 이미 비효율적이며, 행동보다도 오히려 언어상의 분노를 정당화할 뿐이다.

이성은 약속했던 모든 것, 또는 그 이상의 것을 달성했다. 하지만 이성이 공동체의 본질을 변화시키지는 못했다. 사람들은 사회 발전에 반항하는 인간의 몫을 결정하기보다는 오히려 정당이나 계급 또는 폭력이 갖지 못한 힘을 역사라는 기이한 조물주에 부여하고 있다. 사람들은 함께, 그리고 시대의 도움으로 종교적 진리에 대한 향수로 합리주의가 계속 희망하고 있는 이런 개혁을 완수해 내지 않을까?

제2부

역사에 대한 우상숭배

제4장
성직자들과 신도들

마르크스주의는 더 이상 서구 문화에서 중요한 자리를 차지하고 있지 않다. 일군의 지식인들이 공개적으로 스탈린주의에 가담하고 있는 프랑스나 이탈리아에서조차도 그렇다. 엄밀한 의미에서 마르크스주의자라고 규정할 수 있는 유명한 경제학자를 찾아봤자 헛수고이다. 어떤 이는 『자본론』에서 케인스학파의 진리에 대한 예감을 보고, 다른 이는 『자본론』을 사유재산권이나 자본주의 제도에 대한 실존적 분석으로 보기도 한다. 지금의 세계를 설명하는 것이 문제가 될 때, 부르주아 학문의 범주보다 마르크스의 범주를 선호하는 사람은 아무도 없다. 그와 마찬가지로 유명한 역사가의 저술 중에 변증법적 유물론을 표방하거나, 또는 그것을 바탕으로 쓰인 저작을 찾아봤자 헛된 일일 것이다.

물론 현대 역사가나 경제학자 중에서 마치 마르크스가 존재하지 않았던 것처럼 생각하는 자는 아무도 없다는 것은 사실이다. 경제학자는 착취 또는 자본주의 경제에서 차지하는 인간의 가치에 대해 자각하게 되었는데, 이것은 정확히 마르크스에 대한 경의를 표하는 것이라 할 수 있다. 역사가는 수백만에 달하는 인간들의 생활을 지배하는 팍팍한 현실에 대해 감히 모르는 체할 수는 없을 것이다. 더 이상 노동자의 소식, 생산의 기술,

계급 간의 관계를 모르고서 사회를 이해한다는 환상을 가질 수도 없을 것이다. 그렇다고 도구들을 바탕으로 예술이나 철학의 양식을 이해할 수 있다는 결론이 도출되는 것은 아니다.

마르크스주의는 우리 시대의 이데올로기 투쟁에서 최초의 형태대로 남아 있다. 사유재산이나 자본주의적 제국주의에 대한 비난, 시장경제와 부르주아 지배는 그 끝에 사회주의적 계획화와 프롤레타리아트의 권력을 향해 간다는 확신 등과 같은 마르크스의 이론에서 파생된 파편들은, 스탈린주의자들이나 그 동조자들뿐만 아니라 진보파를 자칭하는 상당히 많은 사람들에 의해 인정되고 있다. 심지어 『자본론』이 잘 읽히지도 않는 앵글로색슨계 여러 나라에서조차 소위 진보적인 지식인들은 거의 자발적으로 이런 의견에 편승하고 있는 실정이다.

과학적인 면에서는 시대에 뒤떨어졌으나, 이데올로기적인 면에서는 과거 어느 때보다 더 현실적인 마르크스주의 ─가령, 오늘날 프랑스에서 해석되고 있는 것과 같은 마르크스주의─ 는 역사에 대한 해석 그 이상인 것으로 보인다. 금세기에 유럽을 뒤흔들었던 대재앙을 겪은 사람들은 비극적이고 거대한 사건들을 겪을 때마다 그 의미를 물으면서 살고 있다.

마르크스 자신도 자본주의 제도가 작동하고 유지되며 또 발전해 가는 법칙을 찾으려고 했다. 20세기의 전쟁이나 혁명은 모두 마르크스가 증명했다기보다는 암시한 이론에 부합하지 않을 것이다. 하지만 아주 달라진 현실을 기술하기 위해 사람들이 여전히 자본주의, 제국주의, 사회주의 등과 같은 용어들을 사용하는 것을 방해하는 것은 아무것도 없다. 더욱이 이런 용어들은 역사의 흐름을 과학적으로 설명해 주는 것이 아니고, 그저 미리 정해진 의미를 그것에 부여할 뿐이다. 이렇게 해서 대참사는 구원을 위한 수단으로 변모해 버렸다.

절망의 시대에 희망을 찾았던 철학자들은 대참사에 근거한 낙관주의에 만족하고 있다.

당의 무오류성

마르크스주의는 그 자체로 종합이다. 이 주의는 진보적 사상의 주요 주제들을 결합한다. 이 주의는 최후 승리를 보장하는 과학을 자처한다. 이 주의는 인간 사회의 오래된 흐름을 바꿔 버린 기술을 찬양한다. 이 주의는 정의에 대한 인간의 영원한 갈망을 내세운다. 이 주의는 불행한 인간들의 복수를 예고한다. 이 주의는 역사라는 드라마의 전개는 하나의 결정론, 즉 변증법적인 필연성을 따라 전개된다고 주장한다. 그런데 이 변증법적 필연성에는 이어지는 제도들 사이의 모순, 한 제도에서 다른 제도로의 이행에서의 급격한 단절, 또 분명히 모순되는 여러 요구들의 최종적인 화해 등이 함축되어 있다. 단기적으로는 비관적이고, 장기적으로는 낙관적인 마르크스주의는 대변동의 풍요로움에 대한 낭만적인 신앙을 퍼뜨리고 있다. 어떤 기질이나 어떤 정신을 가진 사람도 이 주의에서 자기 기분에 맞는 것을 발견한다.

이런 종합은 항상 엄밀하기보다는 유혹적이었다. 이런 견해를 갖지 않은 자들은 언제나 역사적 총체성의 가지적可知的 성격과 유물론 사이의 양립성을 인정하는 데 힘이 들었다. 역사 자체가 정신의 진보와 동일한 것으로 생각되는 한, 이상과 현실의 최종적인 일치를 이해할 수 있을 것이다. 하지만 사적 유물론과 마찬가지로 형이상학적 유물론도 이런 필연과 진보의 결합을 모순적인 것은 아니라 해도 이상한 것으로 만들고 있다. 자연의 힘이 지배하는 세계에서 왜 이런 상승이 일어나는가? 그 구조가 생산 관계에 의해 결정되는 역사는 왜 계급 없는 사회에 이르게 될까? 물질과 경제는 왜 유토피아가 이루어진다는 확실성을 우리에게 주는가?

스탈린주의는 저속한 유물론을 강조하고, 더욱이 역사적 진화의 모든 도식을 제거함으로써 마르크스주의의 내적인 문제들을 악화시켰다. 마르크스주의가 세속적 사실들의 음영에서 도출해 낸 신성한 역사는 원시 공산주의에서 미래의 사회주의로 향해 나아간다. 사유재산 속에서의 추락, 착취, 계급투쟁 등은 생산력의 발전과 인류를 고도의 통제와 각성으로 이끄는 일에 불가결했다. 자본주의는 부를 균등하게 분배하지 못해 생산수단을 축적함으로써 파멸을 촉진한다. 막대한 수의 희생자들, 소수의 억압자들, 지나치게 비대해진 생산력 등으로 인해 혁명 폭발의 상황이 전례가 없을 정도에 달할 것이다. 진보 이념은 단절을 넘어서도 그 가치를 획득할 것이다. 프롤레타리아 혁명 후의 사회적 진보에는 정치적 혁명이 더 이상 필요하지 않게 될 것이다.

독일 사회민주주의와 제2인터내셔널 시대에 자본주의의 자멸 이론은 그 본질로 여겨졌다. 에두아르트 베른슈타인Eduard Bernstein[110]은 인터내셔널의 평의회에서 수정주의자라는 비난을 받았다. 왜냐하면 그가 그 이론의 주요 논점 중 하나에 의심을 품었기 때문이다(중앙 집중). 하지만 교조주의는 그 이론과 그에 따르는 전략(자본주의의 변증법적 최종 단계에서의 혁명)을 넘어서지는 않았다. 각 정당의 내부나 국내의 정당들 사이에서 노출되는 다양한 의견은 일상적인 활동에서 정당한 것이 되었고, 이렇게 해서 전술戰術은 신성한 역사에 속하지 않게 되었다. 하지만 스탈린주의에서는 상황이 달랐다.

1917년의 러시아 혁명과 서구에서의 혁명의 실패로 인해 예기치 않았

---

110 에두아르트 베른슈타인(1850-1932): 독일의 정치인으로 수정주의적 마르크스주의를 발전시킨 사회민주주의의 이론적 창시자이다.

던 상황이 나타났으며, 그 결과 교리의 수정이 불가피했다. 역사의 구조와 관련된 개념들이 보류되었다. 하지만 프롤레타리아당의 최초의 승리가 자본주의의 성숙 여건이 충족되지 않은 러시아에서 발생했기 때문에, 생산력의 발전만이 혁명의 가능성을 결정하는 것은 아니라는 것을 인정하지 않을 수가 없었다. 자본주의가 발전함에 따라 혁명의 기회가 줄어든다고 체념하면서 선언하는 데까지 나아가지는 않았다. 그럼에도 다음과 같은 테제를 어쩔 수 없이 완화해야만 했다. 즉, 혁명은 여러 정세의 변화에 따라 여러 형태로 발생한다고 말이다. 자본주의에서 사회주의에로의 이행을 볼셰비키당의 역사와 혼동한 것이다.

달리 말하자면 1917년의 사건을 교리와 조화시키기 위해 역사는 모든 나라에서 같은 단계를 거쳐 발전한다는 생각을 버리고, 또 러시아의 볼셰비키당은 프롤레타리아트의 자격을 부여받은 대표라고 선언하는 것이 필요했다. 당(러시아의 당을 자처하는 한 국가의 당)에 의한 정권의 장악은 정확히 피억압자들이 쇠사슬을 끊는 프로메테우스적 행위의 구현이다. 당이 국가를 정복할 때마다 혁명은 진보한다. 비록 진짜 프롤레타리아들이 그들의 당과 혁명 안에서 자신들을 알아볼 수 없다고 해도 그렇다. 제2인터내셔널의 첫 번째 신앙의 대상은 세계의 프롤레타리아트와 러시아의 볼셰비키당을 동일시하는 것이다. 스탈린파이든 말렌코프파이든 간에 공산주의자는 무엇보다 소련의 대의명분과 혁명의 대의명분을 구별하지 않는 사람이다.

당의 역사는 인류의 구원에 이르는 신성한 역사이다. 그런데 당이 어떻게 선천적인 약자들을 세속적인 과업에 참여시킬 수 있을까? 볼셰비키까지 포함해 모든 인간은 과오를 범할 수 있다. 하지만 어떤 의미에서 당은 과오를 범할 수가 없으며 또 범해서도 안 된다. 왜냐하면 당이야말로 역사적 진리의 대변자이고 수행자이기 때문이다. 그런데 당의 행위는 예견할 수 없는 상황에 적응해야 한다. 아무리 충성을 아끼지 않는다고 해도 투사들은 취해야 할 결정, 또는 취할 수밖에 없었던 결정에 대해 서로 대립할 수 있다. 당 내부에서 일어나는 이런 분쟁은 당에 대한 프롤레타리아트의 권리 위임을 문제시하지 않는다는 조건하에서는 정당하다. 하지만 당이 중요한 문제, 예컨대 농업의 집단화 같은 문제로 분열되었을 때, 한쪽이 프롤레타리아트와 역사적 진리인 당을 대표하고, 다른 쪽, 즉 패배한 반대파는 신성한 목적을 배반한 것이 된다. 레닌은 그의 사명을 의심한 적이 없었다. 그의 눈으로 본다면 이 사명은 노동자계급의 혁명적 사명과 분리되지 않았다. 소수의 그룹이나 한 인간에 의해 보장된 '프롤레타리아트의 전위대'에 대한 절대 권위는, 점차 당에 부여된 절대 가치와 구조화되지 않은 역사에 포함된 행위의 우여곡절 사이의 모순을 해소해 준다.

항상 옳은 당은 매 순간 당파주의와 기회주의 사이에 정당한 경계선을 그어야 한다. 이 경계선은 어디에 놓이는가? 그곳은 기회주의와 당파주의라는 두 개의 함정에서 같은 거리에 있는 곳이다. 하지만 이 두 개의 함정은 본래 정당한 경계선과의 관계에서 정해진다. 이런 악순환에서 벗어나는 유일한 길은 진리나 오류를 동시에 규정하는 권위의 명령이다. 그리고 이런 명령은 불가피하게 임의적이다. 왜냐하면 개인들과 집단들 사이에서 주권적으로 결정을 내리는 인간이 이런 명령을 내리기 때문이다. 처음의 교리가 진실이었다면, 당연히 그렇게 되었으리라 생각되는 세계와 현재 있는 그대로의 세계 사이의 불일치는, 진리를 권력에 의해 자격을 부여받은 한 사람의 해석자가 내리는 애매하고 불가능한 결정에 예속시킨다.

처음에 모든 경제 체제는 소유의 형태로 규정되었다. 자본주의에서 행해지는 노동자들에 대한 착취는 생산수단의 사적 소유의 결과이다. 빈곤이 착취에 이어지고, 또 생산력의 발전은 점차 중간계급을 제거하게 된다. 혁명은 그 과정의 끝에서 일어난다. 따라서 사회주의는 자본주의의 축적의 과실을 공평하게 분배하는 것을 임무로 삼는다. 그런데 1917년의 혁명은 자본주의적 축적에 대등한 것을 부과하는 기능을 수행하지 않을 수 없었다. 그 반면에 유럽이나 미국에서는 통속적인 마르크스주의에 기초한 예견에도 불구하고 대중의 생활수준이 향상되고, 새로운 중산계급은 낡은 시대에 기술 발전이 만들어 놓은 간격을 끊임없이 메워 나갔다.

잘 알려진 이런 사실들이 역사에 대한 공산주의의 해석을 반박하지는 않는다. 소유 형태로 사회경제제도를 특징짓기 위해서는 철학적 이유들을 상기시킬 수 있다. 생활수준이 소유 형태보다 오히려 생산성에 더 좌우된다고 해도 그렇다. 하지만 이런 사실로 인해 언어의 미묘하거나 비의적인 의미와 통속적인 의미 사이의 구별을 도입해야 한다.

우리는 이런 구별의 한 예를 이미 노동자계급의 해방에 대한 이상적이고 현실적인 두 방식의 차이에서 보았다. 만일 착취가 '정의상' 생산수단의 사적 소유와 기업의 이익과 연결되어 있다면, 포드자동차 공장의 노동자는 분명히 착취당하고 있다. 만일 집단을 위해 일을 함으로써 '정의상' 착취에서 벗어날 수 있다면, 푸틸로프Putilov 공장[111]의 노동자는 '해방되었다.' 하지만 미국 노동자에 대한 '착취'는 노동조합 지도자들의 선거, 임금에 대한 자유로운 토론, 급여 상승을 배제하지 않는다. 소련 노동자들의 '해방'은 국내에서 쓰는 여권, 노동조합의 국가화, 서구 노동자들보다 낮은 보수를 배제하지 않는다. 소련 지도자들은 자본주의적 착취가 노동자들의 빈곤화, 국민소득상 노동자 배당금의 삭감을 포함하지 않는다는 것을 알고 있다. 낱말들이 가진 미묘한 의미와 통속적인 의미 사이의 간격이 크면 클수록 소련 지도자들은 이런 구별에 의한 현실을 더 공인하기 어렵게

111　앞의 주 108을 참고할 것.

된다. 따라서 그들은 대중에게 미묘한 의미와 통속적인 의미가 일치하는 세계관을 제시하고자 하거나, 또는 제시하지 않을 수 없다. 모스크바의 선전에 의하면, 디트로이트, 코번트리, 비양쿠르의 노동자는 비참해질 것이고, 하리코프Kharkov[112]나 레닌그라드의 노동자는 서구에서는 알지 못하는 행운을 누리게 될 것이다. 소련 국가가 선전의 독점권을 가진 이상, 또 '해방된' 프롤레타리아들이 국경을 넘는 것이 금지된 이상, 세계에 대한 이와 같은 의도적인 거짓 묘사도 부분적으로나마 성공적으로 수백만 국민들을 대상으로 행해질 수 있다.

낱말의 미묘한 의미와 통속적인 의미 사이의 구별은 다양한 낱말들에서도 찾아볼 수 있다. 군사적인 승리까지를 포함해 공산당의 모든 승리는 평화의 승리이다. 사회주의의 국가는 본질적으로 평화적이다. 왜냐하면 제국주의가 자본주의적 모순의 결과이기 때문이다. 전쟁은 그 자체로 비난을 받는 것이 아니고, 그것이 정당하지 않을 때, 다시 말해 사회주의, 즉 공산당의 승리로 이어지지 않을 때 비난을 받게 된다. 다른 한편, 통속적인 의미로 말하자면 평화는 전쟁의 부재를 나타낸다. 크렘린이나 프랑스 공산당의 정치국은 평화와 전쟁의 비의적 교리를 모르지 않는다. 하지만 선전에서 평화라는 단어는 대중의 평화주의에 아첨하기 위해 가능하면 자주 통속적인 의미로 사용된다.[113]

이와 같은 두 가지 의미의 구별을 통해 객관성이라는 개념에 대해 최근 몇 년 동안 스탈린주의가 가하고 있는 기묘한 비난이 설명된다. 교리를 참

---

112 하리코프: 하리코프는 우크라이나의 제2의 도시이다.
113 우리가 보기에 제국주의는 이웃 국가들을 지배하고 또 거기에 무력으로 자국의 제도와 체계를 퍼뜨리고자 노력하는 모든 국가의 특징을 구성한다. 공산주의자들의 시각으로 보면, 자본주의 국가들만이 유일하게 제국주의적이 될 수 있다. 소련의 군대에 의해 이루어진다고 해도 소련의 사회주의는 제국주의의 한 형태가 아니다.

고하지 않고 사실들 그 자체를 고려하는 것은 부르주아적 과오를 범하는 것이다. 하지만 부분적인 자료들을 전체와 관련시키는 것이 정당하다 해도, 사실들을 더 깊게 이해한다는 구실로 사실들과 전적으로 모순되는 의미를 부여하는 것은 정당하지 않다. 경찰력의 강화는 국가의 멸망을 예고하는 것도 아니고, 노동조합들의 일률적 지배가 사회주의의 도래가 가까워졌음을 시사하는 것도 아니다. 그런 만큼 권력의 조직, 고용주와 피고용주의 관계 등과 같은 단순한 자료들을 고려하고자 하는 자들은 이단의 길을 걷고 있는 것이다.

당의 무소불위의 권위가 어디까지 적용되는지는 아무도 모른다. 즈다노프Aleksandrovich Zhdanov[114]-스탈린 시대에 당은 유전遺傳 문제에 관련된 논란을 불식시켰고, 예술 이론을 정립했고, 언어학에 관여했으며, 과거와 미래의 진리를 설파했다. 하지만 '역사적 진리'가 문자 그대로의 해석에 배치된 적은 없었다. 트로츠키의 이름이 혁명의 연대기에서 지워졌으며, 붉은 군대의 창시자인 그의 존재 자체도 소급해서 부정되었다.

소련의 수많은 선전 기관을 통해 울려 퍼진 언어에 책임을 지고 있는 변증법주의자들은 정통의 교리와 어떤 계급 또는 어떤 국민을 유혹하거나 장악하기 위해 이용되는 이데올로기를 구분한다. 교리 자체는 모든 종교를 미신으로 단정하고 있으나, 신앙의 자유는 허용되고 있다. 사람들은 정교회와의 연대를 목적으로 평화 운동에서 모스크바의 대사교大司敎를 이용할 것이다. 교리는 민족주의를 거부하고, 또 보편적인 계급 없는 사회를 염두에 두고 있다. 히틀러의 침략을 물리치는 것이 문제가 될 때에 알렉산

---

114 알렉산드로비치 즈다노프(1896-1948): 소련의 공산당 지도자이자 스탈린의 협력자이며, 문화 이데올로기 신봉자이다.

드르 넵스키Aleksandr Nevskii[115]나 수보로프Aleksandr Suvorov[116]를 추억하고, 또 대러시아 민족의 장점을 찬양한다. 30년 전에 러시아 황제의 군대가 행한 정복은 제국주의적이었다. 하지만 오늘날의 정복은 러시아 군대가 가져다주는 문명의 우수성과 모스크바에서 약속된 혁명적인 미래로 인해 '진보적'이다. 대러시아 민족의 유일한 사명은 심리기술자들에 의해 기회주의적 동기 때문에 이용된 이데올로기인가? 아니면 교리의 한 요소인가?

정통파의 의미를 명확히 규정할 수 없는 신도들은 그들의 말하는 방식에는 엄격한 규율을 부과하고, 또 사고방식에는 상당한 자유를 허용한다. 체스와프 미워시Czesław Miłosz[117]는 인민민주주의를 채택한 여러 나라에서 지식인들이 공산당과 '연대를 하거나 주저하는' 이유와 정당화의 체계를 분석했다. 폴란드나 동독의 지식인들은 소련식 현실을 체험했다. 그들은 종속, 희망 없는 저항이나 국외 이주 중에서 선택을 해야 했다. 그 반면에 서구의 지식인들은 자유롭다.

가입의 동기, 신념의 내용은 사람에 따라 다르다. 신도들에게 있어서 진정한 공동체는 교회 공동체이지 사상이나 감정의 공동체가 아니다. 진정한 공산주의자들은 러시아 볼셰비키당과 이 당의 도움을 요청하는 여러 당이 사회주의와 하나가 된 프롤레타리아트의 대의명분을 구현하고 있다는 사실을 인정한다.

이런 신앙적 행위는 다양한 해석을 배제하지 않는다. 어떤 자는 당이야말로 공업화의 가속화에 필요 불가결한 주체이며, 생활수준의 향상에 따라 소멸하리라고 생각한다. 또 어떤 자는 사회주의는 전 세계에 전파될 운

---

115 알렉산드르 넵스키(1220-1263): 노브고로드공화국의 왕자로 여러 전쟁에서 승리를 거둔 러시아의 국민적 영웅이다.
116 알렉산드르 수보로프(1730-1800): 러시아제국의 장군으로 러시아의 국민 영웅이다.
117 Cf. *La Pensée captive*, Paris, 1953.

명을 지니고 있으며, 서구는 필연적으로 정복되거나 개종될 것이라고 생각한다. 그 까닭은 서구가 도덕적으로, 정신적으로 뒤떨어져서가 아니라 역사적으로 죄를 지었기 때문이라는 것이다. 어떤 자는 사회주의적 자본 축적을 본질적인 것으로 여기고, 또 이데올로기적 광기를 이성이 명령하는 일에 따르는 개탄할 만한 부수물로 여긴다. 또 어떤 자는 반대로 '로고크라시logocratie'[118]를 새로운 시대의 예고라고 여긴다. 즉, 기계화된 사회는 신에 대한 신앙을 잃고 현세적 신학의 멍에에 묶이게 될 것이라고 말이다.

낙관론자이든 비관론자이든 간에, 또는 끝없는 기대 때문에 봉기를 했든 비인간적 숙명 때문에 체념했든 간에, 모든 신도들은 개인의 차원에 있지 않은, 또 책임이 당에 귀속되는 모험이라는 상황 속에 있는 것이다. 그들은 강제수용소나 문화의 일률적 지배 등을 잘 알고 있다. 하지만 그들은 위대한 시도에 대해 충성의 서약을 하는 것을 거절하지 않는다. 인간으로 하여금 역사 속에서 그 자신의 시대에 대해 거리 —시간의 흐름이 역사가에게 허락해 주는 거리— 를 갖게끔 하라! 우리의 후손들은 아마도 감사하는 마음으로 이 명령에 순종할 것이다. 오늘부터 당장 이 후손들의 지혜를 모방하지 않을 이유가 어디에 있는가? 당으로부터 순진하게 진리를 매일 부여받는 투사와 세계를 '객관적으로' 알고 있는 사람들, 즉 모든 의미의 베일이 벗겨진 세계를 아는 사람 사이에는 수많은 중간자들이 존재한다.

포착 불가능한 이 정통파는 여전히 지배력과 설득력을 가진다. 이 정통파는 다음과 같은 하나의 사실이 가진 힘을 통해 마르크스주의 이념의 위신을 드높인다. 당이 거대한 제국인 소련이라는 국가의 주인이라는 사실이 그것이다. 부인할 수 없는 이 사실 앞에 머리를 숙이지 않고 이념에 호

---

118 로고크라시: 언어가 지배적 힘을 발휘하는 정치 체제를 말한다.

소하는 자들은, 때로는 이념의 이름으로 이 사실을 폭파하려는가 하면, 또 때로는 이념에 의해 이 사실을 정당화하려고 하면서 문지방에서 주저한다. 스탈린주의자는 자기가 믿는 바를 항상 정확하게 알고 있는 것은 아니다. 하지만 그는 볼셰비키당, 또는 최고회의 간부회에 역사적 사명이 부과되었다는 것을 굳게 믿고 있다. 이런 신념은 1903년에는 엉뚱한 것으로, 1917년에는 기이한 것으로, 1939년에는 의심스러운 것으로 보였을 수도 있다. 하지만 그 뒤로 이 신념은 전쟁의 신에 의해 축성되었다. 과연 다른 어떤 당이 세계 프롤레타리아트의 대의명분을 구현할 만한 자격을 지녔는가?[119]

혁명적 이상주의

승리는 언제나 혁명가들의 양심을 시험한다. 그들은 이상주의를 무기로 기존의 질서에 반대해 봉기했지만, 그들 스스로가 특권을 누리는 자들이 되기도 한다. 혁명의 열광과 폭력의 막간극이 끝나면 소련 사회는 다시 일상생활로 돌아간다. 만일 그 사회가 스탈린에 의해 탈취되지 않았더라면, 또 만일 그 사회가 대규모의 산업을 일으키지 않았더라면, 볼셰비키들이 세운 정체는 신도들을 실망시켰을 것이다. 신도들은 안과 밖에서 다음과 같은 두 가지 태도 사이에서 주저한다. 어떤 일이 있든 그들의 갈망에 충실한 신新정권은 지금 목표를 향해 나아가고 있다고 생각하는 태도, 아니면 정권 장악 전에 예언자들이 예고한 것과 관료들이 건립한 실제 국

---

119 혼란을 불식시키기 위해서는 세계적인 프롤레타리아트와 세계적인 프롤레타리아트의 대의명분이 존재하지 않는다는 사실을 이해하는 것으로 충분할 것이다.

가 사이에 나타난 차이점을 비난하는 태도가 그것이다. 철의 장막 저편에서는 첫 번째 태도가 두 번째 태도보다 더 신도들을 매혹시킨다. 실망은 반항이 아니라 정신적 유보에 의해 표현된다. 사람들은 필요성에 의해 스스로를 정당화시키고, 이 필요성을 이상과 섞는 것을 거절한다. 철의 장막 이편, 특히 프랑스에서는 두 번째 태도가 지식인들 사이에서 더 자주 나타난다.

비非스탈린파 혁명가들은 스탈린주의와 마찬가지로 자본주의와도 과격하게 관계를 끊어 버릴 수 있는 혁명, 하지만 관료주의적 변질, 미개한 독단, 지나친 경찰국가로 기울어지는 것을 피하는 혁명을 상상한다. 1917년의 사건을 계속 찬양하고, 또 차이는 있으나 소련 정권의 몇몇 측면을 강하게 비판하는 마르크스주의자들을 트로츠키주의자들이라고 부를 수 있다면, 비스탈린파 혁명가들은 트로츠키주의의 일파를 대표한다. 트로츠키주의자들은 자본주의 국가들에 반대한다는 점에서는 소련 편이다. 하지만 삶의 자유와 표현의 자유를 허용하는 부르주아 세계에 적대적이면서도 그들은 다른 세계 ―이 세계에서 그들은 가차 없이 제거될 것이고, 또 멀리 있으면서도 매혹적인 이 세계는 그들의 꿈과 프롤레타리아트의 운명을 간직하고 있다― 에 대해서는 향수를 간직하고 있다.

스탈린의 독재가 공고해진 이후에 비스탈린파 혁명가들은 중요한 정치적 역할을 전혀 담당하지 않았다. 하지만 파리의 지식인들 사이에서는 비스탈린파 혁명가들이 무대의 전면을 차지했다. 또한 사르트르나 메를로퐁티 등과 같은 실존주의자들은 혁명적 이상주의에 일종의 철학적 경의를 표시했다. 물론 트로츠키의 비극적인 생애와 스탈린의 현실주의는 이와 같은 혁명적 이상주의를 모두 비판했을 것이다.

기독교 신도이든 합리주의자이든 간에 혁명을 탐구하는 반항자들은 청년 마르크스의 저작으로 거슬러 올라간다. 마치 프로테스탄트들이 정신의 고갈을 교회에서 채울 수 없어 복음서를 읽는 것처럼 말이다. 예컨대 『경제정치 초고Le manuscrit économico-politique』, 『헤겔 법철학 비판 입문L'Introduction à la Critique de la Philosophie du droit de Hegel』, 『독일 이데올로기Idéologie allemande』 등이 그것이다. 이런 저작들에는 소련 정체에 대해 어느 정도 거리를 유지함과 동시에 자본주의에 대한 반항을 포기하지 않기 위해 실존주의자들이 참고한 원래의 메시지가 포함되어 있다.

메를로퐁티의 『휴머니즘과 공포Humanisme et Terreur』는 이런 사상을 가장 체계적으로 기술한 저서이다. 『에스프리』지와 『레탕모데른』지의 기고자들은 여러 기회에 메를로퐁티가 전개한 추론에 포함된 논거를 이용했다. 프롤레타리아트에 대한 사르트르의 성찰은 그 한 계기에 불과하다.

핵심적인 내용을 요약해 보면 사르트르의 성찰은 다음과 같다. 마르크스주의 철학은 이중의 의미에서 결정적인 진리를 가진 진실된 철학이다. 이 철학은 사회의 '인간화'에 필요 불가결한 여러 조건들을 규정했다. 또한 이 철학은 '공존 문제에 대한 급진적인 해결', 즉 프롤레타리아 혁명이라는 해결이 이루어질 수 있는 기회를 얻는 노정을 그려 냈다. '진정한 상호 주체성', '보편적 계급'인 프롤레타리아트만이 스스로 당을 조직하고, 자본주의를 전복시키며, 자신들을 해방하면서 모든 인간을 해방하게 될 것이라는 노정이 그것이다.

이와 같은 철학의 기본적인 의미를 부정하거나, 또는 그것을 뛰어넘는 것이 문제가 아니다. 그보다는 오히려 프롤레타리아트가 공산당의 지도 하에서 과연 이 철학에 의해 부여된 사명을 수행하는 중에 있는지를 자문하는 것이 좋을 것이다. 스탈린 치하에서 프롤레타리아의 휴머니즘에 대한 소련의 충실성을 의심하게 하는 강한 이유가 있다. 하지만 어떤 계급, 어떤 당, 어떤 개인도 프롤레타리아트를 대신할 수 없다. 프롤레타리아트의 실패는 인류 전체의 실패가 될 것이다. 그런 만큼 소비에트 진영에 대해서는 시간상의 연기라는 특혜가 주어질 것이다. 물론 이런 특혜는 자유의 혜택을 소수를 위해서만 간직하고, 또 위선적 이데올로기의 엄폐하에 부정(식민주의, 실업, 임금)을 행하고 있는 부르주아자본주의의 국가들에게는 주어지지 않을 것이다.

"더 가까이 보면 마르크스주의는 내일 다른 가설로 대치될 수 있는 가설 중의 하나가 아니다. 그것은 마치 그것 없이는 인간들의 상호 관계라는 의미에서의 인간성이나 역사에서 합리성도 없어지게 될 조건들에 대한 단순한 기술이다. 어떤 의미에서 마르크스주의는 '하나의' 역사철학이 아니라 '역사철학' 그 자체이다. 그것을 포기하는 것은 역사적 이성을 말살하는 것이다. 그렇게 되면 몽상이나 모험밖에는 아무것도 남지 않게 될 것이다."[120] 이 텍스트는 그 독단과 순진함으로 놀랄 만한 것이기는 하지만, 또한 계시적이기도 하다. 결국 거기에는 세계의 수많은 지식인들의 확신이 포함되어 있다. 마르크스주의는 역사철학 그 자체와 동일시되어야 하고, 또 결정적으로 진실이어야 한다는 확신이 그것이다.

그렇다면 메를로퐁티에 따르면 이런 결정적 진리는 무엇으로 구성되어 있는가? 그것에는 생산관계의 우위성도 역사적 발전의 도식도 포함되어 있지 않다. 하지만 그것에는 다음과 같은 본질적인 생각이 들어 있다. 정치경제 체계를 이해하기 위해 사람들의 생활양식을 검토하지 않으면 안 된다는 생각과, 또 상호적 인정은 진정으로 인간적인 공동체의 특징이라는 생각이 그것이다.

이 두 가지 생각은 첫 번째 것의 애매성을 일소하고, 또 두 번째 것의 형식적 성격을 강조하는 조건에서라면 받아들일 수 있다. 마르크스를 내세

---

120 *Humanisme et Terreur*, p.165.

울 수 있는 이데올로기에 대한 비판이 정치적 의식의 결과물이라는 것은 사실이다. 자본주의를 완전한 경쟁의 모델을 통해, 또는 의회주의 정체를 자가통치autogouvernement의 허구를 통해 정당화하는 것은 부끄러운 일일 것이다. 그렇다고 인간이 사회적 역할에서 벗어나면 아무것도 아니라든가, 인간들 사이의 관계가 각 개인이나 모든 사람들의 존재를 흡수해 버린다는 결과가 도출되는 것은 아니다. 실제로 합당한 비판이라는 겉껍질을 쓰고 메를로퐁티는 선험적인 것과 정신생활의 부정으로 미끄러지는 실수를 한 것이다.

철학에서 고립된 경우에 '인정'이라는 개념은 자유라는 개념 이상으로 정확하지도 않고 구체적이지도 않다. 그렇다면 이와 같은 인정의 요구 조건은 무엇일까? 어떤 이질성이 이런 인정과 양립할 수 있을까? 이 질문에 대한 답은 『휴머니즘과 공포』에서 찾아볼 수 없다.

인정이라는 단어와 개념은 청년 마르크스의 저작에서라기보다 헤겔의 철학에서 온 것이다. 헤겔의 철학에서 인정은 주인-노예의 변증법과 투쟁과 노동의 변증법에서 출발해서 규정된다. 메를로퐁티가 이 변증법을 채택하고, 또 그 역시 기술적 진보와 종지부를 찍을 세계국가 개념에 의지하고 있다고 가정해 보자. 그렇다고 해도 마르크스와는 달리 그는 전체적인 역사 개념을 갖고 있지 않다. 마르크스의 비판은 미리 진리라고 여겨진 역사와 인간에 대한 개념과의 관계 속에서 전개되었다. 현실은 철학, 다시 말해 헤겔의 철학에서 인간이 인간 자신에 대해 얻을 수 있는 관념과 일치하지 않았다. 사람들은 목적에 대해서보다 오히려 방법, 수단에 대해 질문을 던졌다. 마르크스는 철학적 주제에 대한 추론이 아니라 경제와 사회의 분석에 생애를 바쳤다. 물론 그 목적은 여러 사건들의 혼란을 통해 이성의 진로를 밝혀 보는 데 있었다. 각자의 경험을 기술한다고 주장하지만, 사회의 진행이 인류의 진보라는 목적을 달성하는지를 알지 못하는 현상학적 이론은, 인정이라는 개념에 실질적인 내용을 부여해야 한다. 그렇지 않으면 이 이론은 현재를 판단하지도 미래를 결정하지도 못할 것이다.

복잡한 모든 사회에는 권력과 부와 불평등한 분배, 희귀한 재화의 소유를 위한 개인들과 집단들 사이의 적대 관계 등이 포함되어 있다. 메를로퐁티의 표현을 빌리자면, 이것은 '소수의 힘과 나머지 사람들의 체념'이다. 사람들이 불평등과 적대 관계를 없애고자 과격하게 주장한다면, 또 소수의 권위가 더 이상 나머지 사람들의 체념을 요구하지 않게 된다면, 그때 비로소 혁명 이후의 국가는 모든 사람들의 사회 조건의 변화를 요구하게 된다. 이렇듯 청년 마르크스는 주체와 객체, 존재와 본질, 자연과 인간 사이 구별의 폐지에 대해 사색했던 것이다. 하지만 사람들이 그런 과정을 통해 합리적인 사상의 테두리에서 벗어난다고 해도, 그들은 천년지복설의 꿈, 세계의 종말에 대한 종교적 기대를 단지 철학적 용어로 바꾸어 놓는 것에 그칠 것이다.

그와 반대로 만일 사람들이 땅 위에 머무른다면, 이런 상호 인정을 보장해 줄 수 있는 국가의 경제 조직을 정비할 필요가 있다. 마르크스가 책을 쓴 것은 한 세기 전으로, 프롤레타리아트가 갓 태어난 시기였다. 또한 섬유 산업이 근대 산업을 상징했고, 또 주식회사는 거의 알려지지 않은 시대였다. 그는 모든 악을 사유재산과 시장의 메커니즘의 탓으로 돌렸고, 경험을 참고하지도 않은 채 공적 소유와 계획화에 비교할 수 없는 장점을 부여했다. 오늘날 소련을 '공존 문제에 대한 급진적인 해결'이라는 마르크스적 욕망으로 정의하는 것은 정확히 식민지화를 이교도를 교화시키고자 하는 욕망으로 정의하는 것과 같다.

그렇다면 혁명은 어떻게 프롤레타리아들의 생활 조건을 단번에 변화시킬 수 있는가? 혁명은 어떻게 상호 인정의 시대를 만들 수 있는가? 사람들은 철학적 차원에서 사회학적 차원으로 이행하자마자 다음과 같은 두 가지 대답 중에서 하나를 선택하게 된다. 하나는 제도들을 하나의 생각과 관련지어 정의하는 것이다. 즉, 만일 개인 고용주를 위해 일하는 노동자가 '소외되었다'고 한다면, 모든 노동자들이 집단소유와 계획화에 힘입어 집단, 즉 보편성에 직접 봉사하게 되는 날로부터 소외가 사라질 것이라는 생각이 그것이다. 다른 하나는 여러 다른 정체하에 있는 인간들의 운명, 그들의 생활수준, 그들의 권리, 그들의 의무, 그들이 복종하는 규율, 그들에게 개방되는 승진의 전망 등을 통속적으로 고려하는 것이다. 이 두 가지 답은 우리를 '관념적 해방'과 '현실적 해방'의 양자택일이나, 또는 다시 한 번 낱말의 비의적 의미와 통속적인 의미의 양자택일로 이끈다. 비의적인 의미로 말하자면 러시아에는 계급이 더 이상 존재하지 않는다. 왜냐하면 말렌코프를 포함해 모든 노동자들이 임금노동자들이고, 또 정의상 착취는 배제되었기 때문이다. 통속적인 의미로 말하자면 여러 정체들은 본질에서가 아니라 정도에 따라 다르다. 각각의 정체는 어느 정도의 불평등, 어떤 유형의 권력을 내포하고 있다. 하지만 사람들은 공동생활을 인간화시키려는 노력을 결코 끝내지 않을 것이다.

위의 두 가지 답 중에서 메를로퐁티는 어떤 것을 선택했는가? 그것은 미묘한 스타일의 답, 하지만 하나가 아니라 세 개의 기준을 적용하면서 제시된 답이다. 즉, 집단적 경제, 대중의 자발성, 국제주의의 기준이 그것이다. 불행하게도 이 세 개의 기준 중에서 두 개는 너무 막연해서 어떤 판단의 기초가 되지 못한다. 대중은 완전히 수동적이지 않으며, 또 그들의 행동도 완전히 자발적이지 않다. 히틀러, 무솔리니, 스탈린에 환호한 대중은 순수한 강제가 아니라 선전을 따른 것이다. 또 붉은 군대의 힘으로 이루어진 공산당의 동구에 대한 지배는 과연 국제주의의 충실한 표현인가 아니면 그 희화화인가?

'인텔리겐치아'의 편견을 비판 없이 받아들이는 마르크스는 생산수단의 사적 소유가 인간들의 상호 인정과 양립 불가능하다고 가정한다. 많은 진보적 사상가들처럼 이 철학자도 어제의 대담한 사고에 순진하게 동의한다. 그리고 거대 기업이 문제가 될 때, 경험이 두 가지 소유 방식의 대립에 이데올로기적으로 큰 영향을 미치지 않았다는 사실을 무시한다. 소련의 공장들에 비해 미국의 '회사들'이 사유재산의 이름으로 행해진 마르크스의 비난에서 오히려 더 멀리 떨어져 있는 실정이다.

하지만 이런 기준들은 혁명적 이상주의와 스탈린주의적 현실 사이의 간격을 보여 주기에 충분하다. 불평등의 고착화, 공포의 연장, 민족주의의 고양 등은 혁명이 고취해야 했던 가치들과 같은 방향으로 나아가지 않는다. 마르크스는 다음과 같은 새로운 물음을 통해 이런 의문과 불안으로부터 하나의 역설적인 결론을 끌어낸다. 볼셰비키의 기획 실패는 마르크스주의의 실패이고, 따라서 역사 자체의 실패인데, 어떻게 소련을 비난할 수 있는가? '인텔리겐치아'의 아주 전형적인 이런 사고방식을 찬양하자. 사람들은 인간의 인간에 대한 인정에서 출발했고, 또 혁명에 이르렀다. 사람들은 혁명의 능력을 프롤레타리아트에게, 또 오직 프롤레타리아트에게만 부여했다. 사람들은 암묵적으로 공산당이 프롤레타리아트의 유일한 대표라는 주장에 동의했다. 이렇듯 결국 스탈린주의의 결과를 실망감을 갖고 바라보면서도, 사람들은 이전 단계의 발전 과정을 전혀 의문시하지 않는다. 또 사람들은 상호 인정이나, 프롤레타리아트의 사명이나, 볼셰비키적 행동 방식이나, 전체적 계획에 포함된 권력 등에 대해서도 의문을 제기하지 않는다. 마르크스주의의 이름으로 발발한 혁명이 전제정치로 전락해도, 그 잘못은 마르크스나 그의 해석자들의 것일 수 없다. 레닌은 정당했음에 틀림없고, 메를로퐁티도 역시 정당할 것이다. 따라서 역사가 잘못되었을 것이다. 또는 오히려 역사란 존재하지 않으며, 세계란 무분별한 소요이다.

마르크스주의의 시련임과 동시에 역사의 시련이기도 한 최고의 시련은 왜 20세기 중엽에 일어났고, 또 그것이 왜 소련의 경험과 동일시되는가? 만일 프롤레타리아트가 보편적 계급의 형태로 봉기하지 않고, 또 인간들의 운명을 짊어지지 않았다면, 왜 미래에 절망하지 않고 철학자들이 공장 노동자들에게 유일한 사명을 부여하면서 잘못을 저질렀다는 사실을 인정하지 않는가? 왜 사회의 '인간화'가 현실과 이상 사이의 간격을 제거할 수도 없고, 또 그로 인해 체념할 수도 없는 항상 미완의 상태에 있는 인류의 공동의 과업이어서는 안 되는가? 국가의 독점을 예약하는 프롤레타리아트당에 의한 권력 장악은 왜 영원히 끝나지 않을 이런 과업에 대한 불가피한 서곡이어야 하는가?

이렇듯 사람들은 마땅히 마르크스의 비난 대상이 되었던 다음과 같은 과오 속으로 다시 빠져든다. 즉, 사회를 그 자체가 구성원들에게 준 운명이 아니라 그들의 이데올로기에 따라 판단하는 과오가 그것이다. "개념들을 그것들이 활성화시킨다고 여겨지는 사회적 기능과 대결시키고, 우리의 관점과 타인들의 관점을 대결시키며, 우리의 도덕을 우리의 정치와 대결시키도록 가르쳐 준 것은 마르크스주의의 결정적 공적이고, 서구적 양심의 진보에 해당한다." 이보다 더 훌륭하게 말할 수 없을 것이다. 그렇다면 혁명가들은 왜 이와 같은 대결에 찬동하는가?

재판과 자백

1936-1938년 사이에 레닌의 동지들에 대한 유죄 판결과 티토의 전향 이후에 소련의 위성국들에서 재현된 대재판은 서구의 많은 관찰자들에게 스탈린주의 세계의 상징처럼 보였다. 기독교 종교재판에 비교될 수 있는

이 대재판은 이단을 적발함으로써 정통파를 드러낸다. 이와 같은 역사적 행동의 종교에서 정통파는 과거와 다가올 미래의 사건들에 대한 해석에 관계되고, 이단은 이탈, 규율 위반, 행동의 잘못과 동일시된다. 이 종교는 내면생활, 영혼의 순결 또는 선의와는 아무런 상관이 없으며, 따라서 모든 이탈은 실제로 이단인 동시에 분열로 여겨진다.

이런 재판들에 대해 무슨 말을 하든 그것들은 그다지 신비스럽지 않다. 수많은 증인들이 우리에게 자백이 어떻게 이루어졌는지를 가르쳐 주고 있다. 그중에서도 물리학자 바이스베르크치불스키Alexander Weissberg-Cybulski,[121] 폴란드의 저항자 스티폴스키Stypolski, 미국의 기사 보글러Robert Vogeler[122] 등이 그들의 모험을 상세히 들려주고 있다. 그들은 1936-1937년의 대숙청 중에 항쟁이 그쳐 가는 모스크바에서, 또는 헝가리 인민민주주의 정권하의 부다페스트에서 공산주의자들이나 비공산주의자들이 저지르지도 않은 죄를 자백하도록 강요했던 방법을 자세히 기술하고 있다. 그런데 그들의 죄는 때로는 완전히 날조되었거나, 또는 어떤 행위를 했으나 그 행위나 행위자나 아무런 죄가 없는데도 범죄 행위로 규정되었다.

자백의 기술은 반드시 피고들의 죄의식을 전제로 하는 것이 아니고, 심문자들과 피고들 사이의 교리에 대한 연대성을 전제로 하는 것도 아니다. 이 기술은 체포된 반대자들에게 가해지기 전에 이미 비非볼셰비키들, 혁명적 사회주의자들 또는 외국인 기술자들에게 적용되었다. 이 기술은 처음에는 정치적 기회주의라는 평범한 의도에 의해 설명된다. 자백을 강요하는 자들은 다음과 같이 대중을 설득하고자 한다. 반대파들은 그들의 증

121　알렉산더 바이스베르크치불스키(1901-1964): 폴란드의 물리학자이다. 원문에서는 Weissberg로 표기하고 있다.

122　로버트 보글러: 헝가리 주재 미국의 전화 회사 직원으로 1949년에 간첩죄로 체포되어 재판을 받았다. 원문에서는 Voegeler로 표기하고 있다.

오나 야심을 채우기 위해서는 어떤 짓이라도 감행하는 신념도 법도 없는 자들이라고 말이다. 또 자본주의 세력이 노동자들의 조국에 반해 음모를 꾸미고 있으며, 사회주의 국가 건설이 어려운 것은 적들과 그들의 방해 때문이라고 말이다. 소련 정부만이 희생양을 찾아내고자 하는 것은 아니다. 위험에 처했거나 패배한 민족들은 모두 반역에 대해 목소리를 높였다. 공산주의자들이 원하는 자백도 그와 같은 세속적인 행동을 완벽하게 개조한 것에 불과하다. 대중의 분노가 집중되는 희생자는 스스로 자기에게 가해지는 형벌의 정당성을 인정하게 된다.

이런 설명은 지노비예프Grigorii Zinovyev,[123] 카메네프Lev Kamenev,[124] 부하린 Nikolai Bukharin[125] 등의 경우에도 해당된다. 어제의 영웅들이 스스로 당에 대해 음모를 시도했고, 파괴와 테러 행위를 계획하거나 자행했으며, 또한 제3공화국의 경찰과 비밀 관계를 맺었다는 사실을 자백하게 되면, 그 순간부터 혁명과 조국의 대의명분은 스탈린과 그의 측근의 의도와 더 이상 분리되지 않게 된다. 모든 재판은 의도하는 목적과 정부 선전의 필요성에 의해 쉽게 설명된다. 자백을 얻는 수단들은 어느 경우에나 비슷하며, 피고들의 개성에 따라 어떤 자에게는 심리적인 수단이, 또 다른 자에게는 육체적인 수단이 동원된다. 어떤 것도 협박과 약속을 효과적으로 섞는 것을 막지 못한다. 가장 정교한 고문은 다음과 같은 기본적인 원칙에 이르게 된다. 나폴레옹이라면 고문이 처형의 '단순한 기술'이라고 했을지 모르나, 처형의 '모든' 것이라는 원칙이 그것이다.

그렇다면 이 주제에 대해 서구에서 왜 그렇게 많은 추론이 있는가? 소

---

123 그리고리 지노비예프(1883-1936): 소련의 정치가로 스탈린에 의해 숙청되었다. 원문에서는 Zinoviev 로 표기하고 있다.
124 레프 카메네프(1883-1936): 소련의 볼셰비키 혁명가이자 정치가로 스탈린에 의해 숙청되었다.
125 니콜라이 부하린(1888-1938): 소련의 혁명가, 정치가로 스탈린에 의해 숙청되었다.

런 정권 내부의 숙청 문제는 제쳐 놓더라도 다음 두 가지 주제에 대해서는 사색이 필요하다. 고발자들은 스페인의 종교재판관과 같은 태도로 폭력을 사용하면서도 자백시킴으로써 진리를 강요하고 있다는 감정을 가지는 것은 아닌가? 그리고 자백된 사실이 실제로 정확한 것이 아니라면, 이런 진리는 '초현실'을 반영하는 것이 아닌가? 다른 한편, 피고들은 죄책감을 느끼지 않는가? 부하린이 레닌의 암살을 음모했다든가, 지노비예프가 게슈타포의 대표를 만났다는 문자 그대로의 의미에서가 아니라, 실제로는 재판관과 피고의 관점에서 반대가 반역과 같은 것으로 여겨질 수도 있다는 미묘한 의미에서의 죄책감을 말이다.

늙은 볼셰비키들의 심리학을 분석하고, 자백에서 강제를, 죄책감에서 들리지 않는 양심의 몫을 가려내고, 게다가 당에 마지막으로 봉사하고자 하는 욕심(일본의 가미카제식으로) 등을 가려내는 것은 우리에게 그다지 중요하지 않다. 그보다는 오히려 이런 특권적인 예를 통해 포착하기 어려운 정통파와 혁명적 이상주의의 애매성, '성직자들'과 '신도들'에게 공통되는 세계의 역사적 재현, 그리고 그와 유사한 오류의 근원을 다시 발견하는 것이 중요하다.

정통파 스탈린주의자는 피고들의 진술과 기소된 내용의 한 구절 한 구절을 믿는 사람인가? 그런 정통파가 있는가? 위계질서의 상층부에서는 그런 사람을 확실히 만날 수 없다. 스탈린 자신, 그의 동지들, 재판관들은 자백의 비자발성과 사건이 날조된 것을 모르지 않는다. 숙청을 경험한 당의 투사들, 즉 자기 자신들 또는 친구들을 고발하는 사건의 서류 작성에 도움을 준 투사들에게는, 아무런 물질적 증거도 없으며, 이것저것 확인된 진술이 진실하다는 환상을 갖기는 대단히 어려운 일이다. 자백한 사실들은 오히려 의심을 불러일으키는 성질의 것이다. 테러의 핵심 멤버이지만 처형당하지 않은 기이한 테러리스트들, 공장의 전 분야를 지휘하지만, 비밀리에 행동하는 시위 주동자들의 예가 그것이다. 볼셰비키가 아니고 확립된 권위에 복종하는 평균적인 러시아인이 이런 탐정소설 같은 이야기를 곧이곧대로 믿는다고 생각해야 하는가? 또 크렘린의 의사들이 부당하게 의심을 받았다는 이유로 그들 한명 한명이 흰 가운을 입은 암살자라는 사실을 평균적인 러시아인이 받아들일까? 물론 사람들의 너무 쉽게 믿어 버리는 경향을 배제할 수는 없을 것이다. 일부 프랑스인들에게서도 이런 경향을 볼 수 있다. 하지만 이런 경향이 널리 퍼져 있다는 사실에 대해서는 의심하지 않을 수 없다. 재판하는 방법을 쉽게 알기 어려운 만큼 더 의심할 수밖에 없을 것이다. 만일 러시아인들이 자백을 믿는다면, 그들은 어떤 것이든 진실이라고 믿을 준비가 되어 있는 것이다. 그렇다면 그들을 설득시키려고 그렇게까지 애쓸 필요는 없을 것이다.

어쨌든 정통파 스탈린주의자는 자백을 문자 그대로 받아들이는 인간이라고 규정할 수는 없다. 그런 규정에 의하면 스탈린 자신이 정통파가 아닐 것이고, 비의적 진리에 접근 가능한 자들도 모두 정통파에서 제외될 것이다. 그들이 순진한 견유주의에 빠지지 않는 한, 당의 중추부는 빅토르 세르주Victor Serge[126]가 『툴라에브 사건Affaire Toulaev』에서 표현했던 것과 유사한 해석에 호소하지 않으면 안 된다. 그런데 아서 케스틀러Arthur Koestler[127]는 그런 해석을 『영과 무한』, 『정오의 암흑』에서 다루어 널리 알렸고, 더욱이 메를로퐁티가 『휴머니즘과 공포』에서 케스틀러를 격렬하게 비판하면서 그런 해석을 현상학적-실존주의자의 언어로 재차 다루었다.[128]

126 빅토르 세르주(1890-1947): 본명은 빅토르 르보비치 키발치치(Viktor Lvovitch Kibaltchitch)로, 벨기에 출신 자유주의 혁명가이자 프랑스어 작가이다.

127 아서 케스틀러(1905-1983): 헝가리 출신 작가로 후일 영국으로 망명했다.

128 메를로퐁티는 케스틀러가 나쁜 마르크스주의자라고 비난했고, 체험된 상호 주체성을 유일하고 절대적인 현실로 인정하는 대신에, 또 인간들 상호 간의 관점들을 이 체험된 공존에 포함시키는 대신

그 해석의 원리는 아주 단순하다. 재판관이 반대자를 반역자로 여기는 것은 잘못이 아니다. 반대자는 패배 후에 승리를 차지한 상대가 옳다고 인정하는 경향이 있다. 첫 번째 주장에 이르는 추론은 모든 혁명가들의 것이고, 이런 추론은 위기의 시기에 불가피하게 통용된다. 당으로부터 또 당의 대의명분을 구현한 인간으로부터 멀어지는 자는 누구나 적의 진영으로 옮겨 가는 것이자 반혁명에 가담하는 것이다. 부하린은 농업 집단화에 반대하면서 콜호스에 들어가는 것을 거부하는 농민들에게 논거를 제공했고, 정부의 계획을 따르지 않는 자들을 도왔으며, 또 실제로 혁명의 조국을 약화시키려는 외부의 적들과 내통했다는 비난을 받았다. 그는 반대의 논리를 통해 농촌에서 자본주의를 옹호하고 또 그것을 복구하고자 했다. 그는 마치 반혁명의 진영에 가담한 것처럼 행동했다. 또 정치가들은 그들의 의도가 아니라 행동에 대한 책임을 져야 하는 만큼, 부하린은 당과 동시에 사회주의를 대의명분을 객관적으로 배반한 것이다. 볼셰비키들은 소위 '연쇄적 검증' 방법을 즐겨 사용한다. 혁명가들 중에서도 그들이 더 당을 숭배하기 때문이다. 궁극적인 목표인 계급 없는 사회에 기초하는 절대 가치는 당으로 이어진다. 이런 당과 분리되는 것은 궁극적인 오류를 범하는 것이다. 비록 그 의도가 아니라 언어나, 또는 행동에서의 분리라고 해도 말이다.

당내 투쟁에 굴복한 레닌의 동료가 이런 추론을 성실하게 찬동할 수 없

에 마르크스주의를 기계적인 방식으로 생각했다고 비난했다. 케스틀러는 다음과 같이 대답할 수 있을 것이다. 즉, 공산주의자들(항상 주변에 있었던 루카치를 제외하고)은 자신들의 마르크스주의를 그처럼 미묘한 용어로 결코 사고하지 않았다고 말이다. 게다가 메를로퐁티는 결국 기계론자들이 저지른 것과 비교할 만한 실수를 저질렀다고 말이다. 기계론자들은 마지막에 사회주의의 도래가 불가피하다고 상상한다. 이런 사회주의는 최종 단계로서 상호 인정을 스스로에게 부여하며, 또 프롤레타리아 혁명이 향해 나아가야만 하는 역사를 정당화시킬 수 있다는 것이다. 재판에 대한 실존주의적 마르크스주의적 변증법과 기계론자들의 변증법 사이의 대립은 측정할 수 없을 만큼 심하다.

는 것은 아니다. 그는 집단화가 아마도 다른 방법으로 이루어질 수도 있다는 것을 계속 생각한다. 하지만 그에게는 강령도 없고 전망도 없다. 당과 현재의 지도 방향 사이의 구별은 이미 불가능하다. 그의 전체 사상 체계—사회주의에서 프롤레타리아트와 당을 거쳐 스탈린에 이르는 '연쇄적 동일화'— 를 수정할 수 없는 한, 그는 마음속으로 몹시 증오하는 인물에게 유리한 판결을 내린 역사의 심판을 받아들이지 않으면 안 된다. '항복하면서' 그는 자기가 자신의 위엄을 포기했다든가, 약점 때문에 양보를 했다는 감정을 가지지 않을 수 있다. 내적 삶이나 신성한 정의는 이미 존재하지 않는다. 혁명 없는 역사는 존재하지 않으며, 당에 의해 무장된 프롤레타리아트 밖에도 혁명은 없으며, 또 스탈린파의 지휘를 벗어나면 이미 당은 존재하지 않는다. 그렇다면 혁명가는 그의 반대를 부정하면서 마음속으로는 자기의 과거에 충실하게 남아 있지 않을까?

이와 같은 미묘한 해석은 —다른 여러 해석을 하는 것도 쉽다— 결국 성직자들이나 신도들에게 공통되는 것이다. 그렇다면 그들은 서로 어떤 점에서 구별되는가? 세 가지 중요한 차이가 있다.

① 정통파 공산주의자는 종종 사실들이 날조되었음을 모르지 않는다. 하지만 그는 이것을 공개적으로 밝힐 권리는 가지고 있지 않다. 그는 언어상의 규율에 복종하며 또 복종해야만 한다. 이상주의자는 재판을 '언어상의 의식'으로 규정하고, 또 다소간 분명하게 사실들은 고발과 자백 속에서만 존재할 뿐이라고 말할 권리를 가진다. 이런 차이는 일반적인 의미를 가진다. 정통파 공산주의자는 마음속으로 강제수용소의 존재를 알고 있다. 하지만 그는 그것이 말로는 재교육 캠프라는 것만을 알고 있을 뿐이다. 또한 다음과 같은 사실을 지적하자. 어떤 자는 사실이 교리의 언어로 번역된 것을 알고 있을 뿐인데, 다른 사람은 날것 그대로의 사실을 알고 있다는 사실이 그것이다.

② 정통파 공산주의자는 사건들에 대한 세부 사항에 대해서는 이상주의자보다 더 확실하게 알지 못한다. 그는 혁명의 연대기에서 승리를 거둔 자신의 정적에 의해 축출된 트로츠키가 실종된 것에 대해 입으로만 찬동한다. 정통파 공산주의자는 당이 그에게 가르쳐 준 역사적 해석의 '주요 노선'에 대해서는 의심을 갖지 않는다. 투사들에 의하면 '주요 노선'은 어쨌든 정확하게 전개된다. 하지만 그 주요 노선에는 항상 다음과 같은 중요한 요소들이 포함되어 있다. 프롤레타리아트의 역할과 당에서의 그 구현, 계급투쟁, 자본주의의 모순, 제국주의의 단계, 불가피한 계급 없는 사회에로의 이행 등이 그것이다. (각각의 요소는 다양하게 변주된다.) 러시아의 볼셰비키당과 또 그것과 형제 관계를 맺고 있는 여러 정당의 역사는 진정으로 신성한 역사이다. 북한의 어린이도 불가리아 공산당 내부에서 발생하는 노선들 사이의 투쟁을 종교적으로 알게 된다.[129] 당은 언젠가는 과거의 일화들을 재구성한다. 이것은 이 일화들의 의미를 일반인에게 더 분명하게 하기 위함이거나, 또는 그들이 뒤늦게 그 참뜻을 이해하기 때문이다. 근본적으로 당에 의해 만들어진 역사는 진실이며, 그 진실성은 사실들에 바탕을 둔 구체적 진실성보다도 더 우위에 있다.

이상주의자는 그 역사가 진실이길 바라지만, 그것이 진실이라고 확신하지 못한다. 그는 소련에 시간상 지연의 혜택을 준다. 왜냐하면 소련만이 유일하게 역사에 의미를 부여할 수 있는 교리를 정립하기 때문이다. 하지만 이상주의자는 스스로 눈앞의 사실들을 고려해야 하는 만큼, 그것들 속에서 그의 기대에 부응하지 않는 것을 관찰하게 된다. 그는 만일 당이 거짓말을 하면 인류에게는 미래가 없다고 생각한다. 하지만 그는 당이 진

---

129 이 이야기는 북한에서 2년 동안 포로로 있었던 한 프랑스인이 나에게 들려준 것이다.

리를 이야기한다고 확신하지는 않는다. 아마도 그는 역사에는 진리가 없다고 말할 것이다.

요컨대 정통파 공산주의자의 의심은 사소한 것에 관계되는 반면, 이상주의자의 의심은 본질적인 것에 관계된다.

③ 정통파 공산주의자는 자기 신앙의 대상을 가능한 한 확대하거나 모험의 주요 노선에 여러 사건이나 사고를 결부시키는 경향이 있다. 그는 개인의 주도적 행위, 집단적 행위, 전투의 승리 등을 계급과 경제력의 변증법에 연관시키고자 한다. 당을 중심으로 형성되는 신성한 역사에서 일어나는 모든 사건들은 그 나름의 자리를 차지하게 될 것이다. 당의 외부와 내부의 적들은 유일하고 세계적인 투쟁의 논리에 일치하는 이유들로 행동하게 될 것이다. 신성한 역사에서 우연은 사라질 것이다. 예컨대 슬란스키Rudolf Slánský[130]는 그의 부르주아 출신 탓에 반역을 할 수밖에 없는 처지에 있었다고 해야 할 것이다.

이상주의자는 역사의 '주요 노선'과 사건들의 우연성 사이의 불일치를 암묵적으로 받아들인다. 사람들은 역사가 궁극적으로 좋게 끝날 것이라고 믿어야 한다. 그렇지 않으면 그들은 '의미 없는 소동'에 자신들을 내맡기게 될 것이다. 역사의 좋은 결과를 기다리는 동안에 인간은 상황의 유혹에 휩쓸릴 위험이 있다. 순간순간마다 어떤 노선이 정당한 노선인가? 누구도 이 질문에 확실하게 답을 할 수 없다. 그리고 오늘 좋은 의도로 이루어진 결정이 미래에 범죄로 변할 수도 있다. 하지만 의도는 중요하지 않다. 내일이 되면 인간은 이미 역사에 의해 내려진 판결에 대해 변명의 여지를 가지지 못할 것이다.

---

130 루돌프 슬란스키(1901-1952): 체코슬로바키아의 공산당 투사이자 정치가로 2차 세계대전 후에 이 당의 서기장을 역임했다.

정통파 공산주의자의 독단주의는, 진심이든 말뿐이든 간에, 비공산주의자는 물론이거니와 전향자, 배반자도 위협한다. 만일 성직자가 보편적인 진리를 가지고 있다면, 그가 이교도에게 새로운 신앙을 고백시키는 것을 두려워할 이유가 전혀 없을 것이다. 이런 고백은 믿지 않는 자가 자기에게 부과된 믿는 자의 범주와 용어로 쓴 자서전의 형식을 취한다. (교리는 내적 생활의 존재를 부정하기 때문에 고백은 실제의 행동에 관련된다.) 이렇듯 미국인 기술자인 보글러는 부다페스트의 감옥에서 마치 예수교 신부들이 중국의 감옥에서 한 것처럼 자신의 과거를 이야기한다. 두 경우에 당사자들은 누구나 옥리의 범주에 따라 자신들의 삶을 다시 생각하지 않을 수 없다. 그것만으로도 그들의 죄는 충분히 증명된다. 이런 유죄성이 최소한의 의심의 대상도 되지 않기 위해서 그들은 무조건적으로 허위 날조된 사실들을 추가 고백하도록 강요당한다. 가령, 문제의 기술자는 미국을 떠나기 전에 미국 비밀기관의 어느 대령과 만났고, 신부들은 제국주의자들의 음모에 가담했음을 인정했고, 수녀들은 '중국 프롤레타리아의 자녀들을 살해했다'라고 실토하도록 굴복당했던 것이다.

이상주의자는 이론의 체계를 그토록 부조리하고 무서운 지점까지 밀고 나가지 않는다. 하지만 메를로퐁티가 『휴머니즘과 공포』에서 제시한 것과 같은 이상주의자의 주장은 정통파 공산주의자의 그것보다 더 받아들이기 어려운 것으로 보인다. 대부분의 비평가들이 이 철학자의 논의를 잘못 이해하고 있지만, 그들의 분노(전적으로 지적인 의미에서)는 당연한 것으로 보인다.

이른바 혁명적[131] 정의에 대하여

어떤 사상가가 그에게 너그럽지 않은 사회에는 관대하고, 그를 존경하는 사회에는 가혹하게 대하는 것은 언제나 놀라운 일이다. 광신자가 아닌 자에 의한 광신의 예찬, 타인들의 참여를 해석할 뿐이고 그 자신은 참여하지 않는 참여 철학자는 아주 무질서하다는 인상을 준다. 빅토르 세르주, 케스틀러에 이어 메를로퐁티에 의해 이루어진 재판에 대한 분석을 관대히 받아들이는 것은 자유 진영뿐이다. 자유주의에 대해 드러내는 무관심은, 만일 그것이 그리스도의 숭고한 가르침에 속한 것이 아니라면, 일종의 자기부정에 해당한다. 사람들은 언제나 그들이 하는 일의 가치를 믿지 않는 듯한 태도를 보이는 자들을 경계한다. 철학자는 왜 마치 자유에 ―이 자유가 없다면 침묵이나 복종을 선고받을 것이다― 아무 대가가 없는 것처럼 추론하는 것일까?

메를로퐁티가 마르크스적이라고 규정하고 또 근본적인 문제의 해결책을 제시하는 역사에 대한 모든 해석은 프롤레타리아트에 대한 확고한 이론에 의지한다. 그런데 벌써 그 자체로 완전히 추상적인 이 이론은 전前자본주의 단계에 있고, 또 프롤레타리아트가 소수인 여러 국가에서 혁명을 위해 소환된다. 농민 대중을 껴안았던 지식인들이 일으킨 중국 혁명은 어떤 이유에서 '인간적인 공존'의 가능성 ―이미 현재 서구의 프롤레타리아트에게서 반쯤 실현된― 에 대한 약속을 제공해 주는가?

두 종류의 정체 사이의 비교는 비의지적인 자기기만과 더불어 이루어지는 것으로 보인다. 앞에서 살펴본 것처럼, 소련의 정체는 원칙상 '근본

---

131 원서에 따르면 차례에는 '역사적'으로, 본문에는 '혁명적'으로 되어 있으나, 본문에 따르는 것이 맞는 것으로 보인다.

적인 해결책'을 겨냥한다는 구실하에 어느 정도 관대하게 취급되고 있다. '벗과 적은 따로따로의 법칙으로'라는 표현에 의해 상징되는 태도는 ─만일 두 진영 중 하나가 언젠가 진리를 달성한다고 확신하더라도─ 받아들이기 어려울 것이다. 특히 혁명적 사명에 대한 소련의 성실한 태도를 인정하는 것을 주저할 때 그러하다. 알려진 모든 사회의 역사처럼 서구의 역사를 수놓은 폭력 사태들을 상기하는 것은 옳은 일이다. 하지만 각 유형의 정체에서 사용되거나, 또는 본질적으로 그 안에 내포되어 있는 탄압의 방법을 대조시키는 것도 적합할 것이다. 소련 시민들과 서구의 시민들은 각각 어떤 종류의 자유를 누리는가? 철의 장막 이쪽과 저쪽에서는 죄를 지은 사람들에게 어떤 권리가 보장되고 있는가?

　자유에 대한 탄압이 소련 정체가 가진 다른 장점, 예컨대 빠른 경제 발전에 의해 정당화된다고 해도, 그것을 말하고 또 증명하지 않으면 안 된다. 하지만 철학자들은 실제로 다음과 같은 쉬운 논의로 만족하고 만다. 모든 사회는 불의와 폭력을 안고 있으며, 또 소련 사회에서는 그보다도 더 많은 불의와 폭력이 자행되고 있다는 논의가 그것이다. 하지만 이 나라가 추구하는 원대한 목표로 인해 이 나라를 비난하는 것은 금지되고 있다. 혁명의 범죄는 용서할 수 있고 또 용서해야 한다는 것이다. 물론 이런 범죄가 안정된 체제에 의해 자행된 것이라면, 그것은 용서할 수 없을 것이다. 그렇지만 혁명이란 구실이 얼마 동안 유효할까? 혐의만으로 체포를 허락하는 로베스피에르식의 법이 정권 탈취 후 30년에 걸쳐 계속 적용되고 있다면, 이 법은 언제 폐지될까? 수십 년 동안 공포정치가 연장된다면 적어도 다음과 같은 의문이 제기될 것이다. 공포정치는 혁명 그 자체가 아니라 혁명이 발생한 사회질서와 어느 정도까지 연관되는가?

　반대파를 반역자로 몰 수 있는 연쇄적 검증의 방법은 계속되는 공포의 지배를 낳는다. 메를로퐁티는 빅토르 세르주와 케스틀러가 이미 설명했고, 또 그런 만큼 전혀 이상할 것이 없는 다음과 같은 사실을 설명하기 위해 많은 지면을 할애하고 있다. 반대파는 어떤 상황에서는 당의 적처럼 행동하고, 또 그 결과 당 지도자들의 눈에는 대의명분의 배반자로 보인다는 사실이 그것이다. 하지만 이런 반대파와 배반자의 동일시는 결국 모든 반대를 금지하게 될 것이다. 클레망소는 그 자신이 비판했던 정부를 약화시켰다. 하지만 일단 권력을 장악하자 그는 승리할 때까지 전쟁을 계속했다. 볼셰비키들은 언제나 두 가지 슬로건을 내건다. 하나는 단일체주의를 요구하는 것이고, 다른 하나는 당의 활력을 기르기 위해 관념들과 성향들의 대립을 조장하는 경향이다. (레닌은 소수파로 몰릴 위험이 있었을 때 기꺼이 두 번째 방법을 이용했다.) 그렇다면 언제 이 두 가지 방법이 이용되었는가? 1917년, 레닌의 등장 전에 온건적 태도를 취했던 스탈린도, 10월 혁명에 가담하지 않았던 지노비예프와 카메네프도 반역죄로 고발되지 않았다. 혁명 당시에도 그랬고, 그 후에도 마찬가지였다. 사람들은 그들에게 케렌스키Aleksandr Kerenskii[132]나 그의 동지들과 결탁했다고 자백하도록 강요하지 않았다. 연쇄적 검증의 체계는 다음과 같은 때에 비로소 부조리함과 동시에 논리적인 결과에 이르렀을 뿐이다. 당 내부의 의견 대립이 적어도 관료주의의 미궁 속에 묻혀 사라졌을 때, 그리고 소수 그룹이나 어쩌면 당, 경찰, 국가를 대표하는 한 명의 인간이 수백만 명의 생명과 명예를 마음대로 처리할 때가 그것이다.

철학자가 무엇을 생각했든 간에, 그런 분노를 촉발한 것은 결국 그가 혁명가들이나 테러리스트들의 낡은 표현들을 ―자기편이 아닌 자는 모두 반대자이고, 반대는 배반이며, 또 사소한 이탈도 적의 진영과 통한다― 현

---

132 알렉산드르 케렌스키(1881-1970): 러시아의 정치가로, 1917년 10월 혁명 때 볼셰비키에 의해 추방당했다.

상학적-실존주의자의 언어로 표현했기 때문이 아니다. 그것은 오히려 권력 담지자들에 의해 독점된 사상 체계가 패배자들을 짓누르고 승리자들을 찬양하던 그 시기에 메를로퐁티가 이와 같은 공포정치의 연장을 정상적인 것으로 여기는 것처럼 보였기 때문이다. 역사를 해석하는 자가 당의 서기장임과 동시에 경찰의 수장일 때, 싸움의 고귀함과 위험은 사라진다. 힘 있는 자들은 동시에 진리의 전달자이기를 바란다. 혁명적 테러 대신에 법왕적, 황제적 권위가 정립된다. 이와 같은 영혼 없는 종교 속에서 반대파들은 실제로 범죄자들보다는 오히려 이단자들이 된다.[133]

혁명의 시기에는 평상시에 죄를 지은 자들에게 주어지던 권리의 보장이 거절된다. 로베스피에르가 자기 자신이 제거되기 전에 당통을 제거한 것과, 또 두 경우에서 특별법정이 어느 한 당파의 의지를 인정하는 이유를 이해할 수 있다. 법적 수속 밖에서 취해진 결정을 법적 형식에 맞추는 것은 국가의 전복을 통한 합법적인 계속성과 외관을 유지하려는 관심에 상응하는 것처럼 보인다. 프랑스의 해방 후에 설치된 법정은 비시 정부가 1940-1941년 사이에 합법적이었고 또 어쩌면 정당했다는 사실을 무시하지 않을 수 없었다. 최고재판소가 페탱Pétain 원수를 재판할 자격이 있다고 생각할 수 있기 위해서는, 비시 정부의 합법성을 소급하여 타파하고, 또 승리한 드골파의 법적, 역사적 체제 속에서 페탱 원수의 행동을 다시 생각하고 또 다시 검토해야만 했다.

이의의 여지 없이 법제화는 재화와 권력의 분할에 할애된다. 그로부터 반드시 자유주의적 정의가 자본주의와 연대적이라는 결론과 또 자본주의의 불공정성이 이런 정의를 위험하게 만든다는 결론이 도출되는 것은 아

---

133 포로수용소에서 공동의 권리는 정치인들보다 더 잘 보장되었다. 정치범죄가 실제로 가장 엄중한 것이었다.

니다. 메를로퐁티가 자유주의적 정의라고 부른 것은, 수 세기에 걸쳐 구축된 정의로, 범죄에 대한 엄격한 규정, 피의자의 자기변호권, 법의 비소급성 등과 같은 것들이다. 정의의 자유로운 형태와 더불어 정의의 본질이 사라진다. 결국 혁명적 정의란 정의의 희화화에 불과하다. 어떤 경우에는 특별법정이 불가피하다는 사실이 아마도 인정될 것이다. 하지만 예외적인 경우에 취해진 절차가 실제로는 정의에 대한 단순한 부정임에도 불구하고, 마치 그것이 또 다른 종류의 정의인 것처럼 소개되어서는 안 될 것이다.

새로이 정립된 국가가 혁명적 정의를 이용하게 되면, 그때는 이미 누구도 안전을 보장받을 수 없다. 또한 자백의 변증법은 자신들의 상상적인 죄를 고백하는 수백만에 달하는 피의자들과 그들에 대한 대숙청으로 이어지게 된다. 혁명과 공포는 인간주의적 목표와 양립 불가능하지 않다. 그보다는 오히려 항구 혁명과 조직적인 하나의 정치 체계로 된 테러리즘이 양립 불가능하다. 공산주의적 폭력의 목표는 프롤레타리아들을 위한 것이 아니라 당의 사람들, 즉 기득권을 가진 사람들을 위해 봉사하는 폭력이 가지는 유기적이고, 변치 않는, 전체주의적 특징보다 덜 중요하다.

정통파 공산주의자들의 사고이며 또 이상주의자들의 사고이기도 한 이런 사고방식은 역사의 판결로 이어진다. 여기에서 스탈린의 자리에 있는 트로츠키를 생각해 보자. 그러면 배반자와 재판관의 역할이 뒤바뀌게 될 것이다. 당내에서는 사건만이 유일하게 경쟁자들을 구분해 준다. 승자는 공개적으로 자기가 옳다고 확신한다. 그렇다고 하자. 하지만 철학자는 왜 이와 같은 주장에 찬동하는가?

역사에 대한 전체의 동일한 관점을 인정한다면 체포와 기아를 피하면서 농업을 집단화할 수는 없었을까? 1929년에 당 지도부가 이용하고자 했던 방법의 결과들 ―이 결과들은 그 뒤에 실제로 발생했다― 을 비난했던 자는 마지막에 성공을 거둔 당의 공작에 의해 반박되지 않았다. 물론 거기에는 이와 같은 '성공'에 따르는 인간적 손실이 중요하지 않다고 선언할 수 없다는 한에서라는 조건이 뒤따르기는 한다.[134]

인간의 행위에 대해서는 매 순간 다양한 해석이 가능하다. 이런 해석들은 그 행위 주체들의 의도, 과거의 환경 또는 그 행위의 결과를 참고함으로써 가능할 것이다. 만일 행위 주체의 의도에 무관심하다고 해도, —정치에서 그런 권리를 가진 것처럼— 여전히 그 행위에 대해 다양한 해석이 가능하다. 이런 해석들은 그 행위를 결정한 시기로 소급해서 사유하든가, 아니면 그와는 반대로 그동안에 실현된 나중의 결과들을 바탕으로 그 결정을 해석하든가 등의 기준에 따라 이루어질 것이다. 위대한 인간은 그로서는 알 수 없는 미래에 대한 판단에 저항할 수 있는 사람이다. 하지만 만일 역사가가 시간의 흐름을 무한히 거슬러 올라간다면, 그는 그의 직업윤리를 등한시할 수도 있을 것이다. 비스마르크의 업적은 제3공화국의 비극 때문에 비난받는 것이 아니다.

'하물며' 이런 평가 방법은 살아 있는 사람들로 구성된 법정에 의해 동시대인들에게 이 방법이 적용되는 경우에 무모하게 된다. 승자의 관점에

---

134 메를로퐁티는 원칙적으로 역사에 정당성을 부여하고자 하지 않았다. 승자 히틀러는 가련한 자로 남을 수도 있을 것이다. 나치즘을 표방한 국가 공동체는 휴머니즘에 적대적이고, 프롤레타리아트 공동체는 휴머니즘과 일치한다. 하지만 이런 논거는 그다지 설득적이지 않다. 프롤레타리아트가 지금부터 진정한 상호 주체성을 실현한다고 가정해 보자. 그렇다면 왜 이런 고귀함이 헛되이 그 안에서 프롤레타리아트를 찾는 공산당으로 확대되는가? … 프롤레타리아트는 실제로 실패할 수 있고, 그런 만큼 역사는 그 자체로 최고재판소가 아니다. 정통파 공산주의자와는 달리 이상주의자는 미래의 판결 앞에서 미리 몸을 굽히지 않는다. 이상주의자는 오히려 그 자신이 인류의 희망을 구현했다고 여기는 계급에 반대하는 계급들과 미래가 이런 희망을 실망시켰을 때 그 미래 자체를 비난할 권리를 확보하고 있다. 어쨌든 이상주의자는 역사의 우상숭배로부터 벗어나지 못한다. 왜냐하면 그는 인정이라는 관념과 마찬가지로 역사적 도식에 동일한 위엄을 부여하기 때문이고, 그가 인류의 대의명분을 당의 대의명분과 동일화시키기 때문이며, 또한 가정이기는 하지만 그가 승자의 판단을 부여하기 때문이다.

서 행위들을 해석하는 것은 최악의 불의로 이어지게 된다. 모든 오류는 회고적으로 보면 배반이 될 것이다.[135] 하지만 이것보다 더한 오류는 없다. 하나의 행위에 대한 도덕적 또는 법적인 규정은 그다음 사건의 흐름에 의해 변경될 수 없다. 1940년에 휴전을 주장한 사람들의 공적이나 죄과는 그들의 동기와 분리되지 않는다. 만일 의도를 무시하고자 한다면, '1940년에 나타난 대로의' 이 휴전의 이점들과 위험들, 또 반대되는 결정에 따르는 이점들과 위험들을 고려해야만 할 것이다. 휴전이 연합국의 대의명분을 해치지 않으면서 프랑스에게 더 좋은 재건의 기회를 준다고 평가한 사람은 아마 실수를 했을 수도 있다. 그렇다고 해서 그의 실수가 연합국의 승리로 인해 배반으로 변하는 것은 아니다. 조국이 고통받는 것을 면하게 하기 위해 또는 전투의 재개를 준비하기 위해 휴전을 희망한 사람들은 배반자들이 아니었고, 또 배반자들이 될 수도 없었을 것이다. 하지만 프랑스로 하여금 그 입장을 바꾸게끔 하기 위해 휴전을 원했던 자들은, 그 순간부터 1939년의 프랑스와 1945년의 프랑스와의 관계 속에서 보면 배반자들이었다.

만일 독일이 승리했다면, 드골파는 배반자가 되고, 대독 협력자들이 법을 제정하게 되었을까? 분명히 그랬을 것이다. 대독 협력자들과 드골파는 두 개의 양립 불가능하고 완전히 다른 프랑스를 원했다. 그리고 두 진영 사이의 분쟁은 다른 사람들에 의해 시작된 전쟁에 의해 판결이 나게 될 것이었다. 실제로 사건은 판결되었다.[136] 쌍방 모두 법보다는 사실에 입각해 이루어진 이 판결을 수용했다. 사생결단의 투쟁에서는 법정이 아니라 무

---

135 "연합국이 승리했다는 사실은 대독 협력을 자주적 행동으로 보이게 하지만, 또한 그것을 배반의 의지로 변화시키기도 한다. 협력이 실제로 자주적 행동이었든 아니면 그렇게 생각되었든 간에 말이다."(*op. cit.*, p.43.)
136 이것은 더 높은 차원에서 대의명분의 가치를 평가할 수 없다는 것을 의미하지 않는다.

기의 운명에 대해 말을 해야 한다.

투사들은 다른 사람들의 행위를 항상 자신들의 고유한 지각 체계 속에서 해석하는 경향을 가지고 있다. 만일 대독 협력자가 드골파처럼 생각했다면, 그는 분명 수치스러워했을 것이다. 내려진 결정의 불확실성과 알 수 없는 미래에 대한 여러 가능한 시각을 인정하는 것, 이것은 용서할 수 없는 갈등을 제거하는 것도, 거기에 참여하는 것을 피하는 것도 아니다. 그것은 오히려 적에 대한 증오감도 없이, 적의 명예를 부정하지 않고 그런 갈등과 참여를 받아들이는 것이다.

정통파 공산주의자들과 좌파 이상주의자들은 행위를 그 행위 주체와 그의 의도, 그리고 그 행위를 둘러싼 상황에서 분리시키는 것으로 시작한다. 그다음에는 그 행위를 사건들에 대한 그들의 해석 속에 위치시킨다. 또 그들은 자신들의 목표의 절대적 가치를 가정하기 때문에, 다른 사람들이나, 또는 패자들에 대한 그들의 비난은 가차 없다. 어떤 사람들은 결정의 순간까지 되돌아가는 것으로 시작하기도 하고, 또 어떤 사람들은 이 결정의 환경을 고려할 것이다. 그렇게 한다면 그들의 해석의 자의성은 훨씬 줄어들 것이다. 어떤 사람들은 끝이 어찌 될지 모른다고 고백하고, 또 어떤 사람들은 모순된 대의명분들의 부분적인 합법성을 고백할 것이다. 그렇게 해서 진리의 이름으로 결정하는 독단주의의 엄격함을 완화시킬 수 있을 것이다.

결정적인 판결을 내린다고 주장하는 자는 누구나 돌팔이에 지나지 않는다. 역사가 최종의 법정이고, 또 역사는 마지막 날까지 판결을 언도하지 않을 것이다. 또는 양심(혹은 신)이 역사를 심판하며, 미래는 현재보다 더 큰 권위를 갖지 못한다.

30년 전에 소련 사상계의 주류 학파는 마르크스주의의 이름으로 하부구조, 생산력 발전과 계급투쟁의 전개를 분석하는 임무를 스스로에게 부여했다. 이 학파는 영웅들과 전투를 몰랐으며, 그것들을 심오하고, 비인간적이고, 무자비한 힘을 통해 설명했다. 하지만 그 이후로 국가, 전쟁, 장군 등을 다시 도입했다. 어떤 의미에서 다행스러운 반응이었다고 할 수 있다. 과거의 거의 완전한 부활에서 기계들의 결정론, 개인들의 주도권, 일련의 사건들의 조우, 군의 충돌 등은 무시될 수 없다. 역사에 대한 공산주의적 해석에서 사건들의 묘사는 기이한 세계로 이어진다. 그런데 이 세계에서는 모든 것이 무자비하고 비현실적인 논리에 의해 설명된다.

생산력과 생산관계, 계급투쟁, 또 민족적, 제국주의적 야심 등과 같은 요소들로 이루어진 결정론에 의해 지배된 역사에서는 사소한 사건이라도 그 자리를 찾아야 한다. 각 개인에게는 그의 사회적 지위에 일치하는 역할이 주어지며, 모든 일화는 교리에 의해 예견된 갈등이나 필요성의 표현으로 변형되어야 한다. 그 어떤 것도 우연적이지 않으며, 모든 것은 의미를 가진다. 자본주의자들은 그들의 본질에 결정적으로 복종한다. 월스트리트와 더 시티The City of London[137]는 평화와 사회주의 국가들에 맞서 음모를 획책한다. 공산주의자들의 역사적 세계의 희화화인 자백의 세계는 계급투쟁과 비밀경찰의 세계이다.

자본주의와 사회주의는 이제 추상으로 나타나지 않는다. 이 주의들은 당들, 개인들, 관료들 속에 육화되어 있다. 서구의 선교사들은 중국에서

---

137 더 시티 오브 런던: 간단히 더 시티(The City)라고 불리는 런던 금융가의 중심 지역을 말한다.

제국주의의 대행자들이었다. 인간들이란 그들이 행하는 것으로 존재한다. 그들의 행위의 의미는 진리의 담지자가 준 설명서에 잘 나타나 있다. 소크라테스의 말을 뒤집어 이렇게 말할 수 있을 것이다. 인간은 비의지적으로 악을 행하지 않는다고 말이다. 이것은 비공산주의자들의 의도가 도착적이기 때문이 아니라, 그 의도가 중요하지 않기 때문이다. 미래를 내다볼 수 있는 사회주의자만이 유일하게 자본주의자가 시도하는 것의 의미를 알고 있고, 또 자본주의자는 객관적으로 그 자신이 저지르는 악을 의지적으로 원한다고 단언한다. 따라서 그 어떤 것도 최종적으로 죄를 지은 자들에게 그들의 행동의 진정한 본질 ―테러 또는 태업― 을 보여 주는 행동들의 책임을 돌리는 것을 막지 못한다.

우리는 헤겔의 변증법에서 출발해서 공포 소설에 도착했다. 이것은 지식인들에게는 물론이거니와 가장 위대한 지식인들에게도 그다지 불쾌하게 여겨지지 않는 조합이다. 우연과 인지 불가능한 것은 그들을 초조하게 만든다. 공산주의자의 해석은 결코 실패하지 않는다. 논리학자들이 반론을 피할 수 있는 이론은 진리의 범주에서 벗어난다는 사실을 상기해 보았자 아무런 소용이 없을 것이다.

제5장
역사의 의미

외관적으로 보아 모순되는 것 같지만 실질적으로 서로 연결되어 있는 두 개의 오류가 역사의 우상화의 기저에 놓여 있다. '성직자들'과 '신도들'은 모두 스스로를 절대주의의 함정에 빠지도록 방임하며, 아울러 끝없는 상대주의에 자신들을 내맡긴다.

그들은 사고思考를 통해 역사에 최종적이거나 절대적으로 가치 있는 한 계기를 마련한다. 어떤 자들은 그 계기를 계급 없는 사회라고 부르고, 또 어떤 자들은 인간에 의한 인간의 인정이라고 부른다. 그들 모두 그 계기에 앞섰던 모든 계기들과 비교해서 다가올 미래적 계기가 가지는 무조건적인 가치와 그 독창성을 조금도 의심하지 않는다. 이와 같은 '특권적인 상태'가 전체에 의미를 부여하게 될 것이다.

끝나지 않는 역사의 모험이 가진 비밀을 미리 알고 있다고 확신하는 그들은 어제와 오늘의 사건들의 혼동을 목도한다. 그 과정에서 그들은 갈등을 주재하고, 또 권위를 가지고 옳고 그름의 판결을 내리는 재판관의 주장을 내보이기도 한다. 실제로 겪었던 경험이 가르쳐 주는 것처럼 역사적 존재는 양립 불가능한 이해나 사상을 옹호하기 위해 개인들, 집단들, 국가들을 대립으로 내몬다. 동시대의 사람도 역사가도 한쪽이 옳고 다른 한쪽이 그른지를 유보 없이 결정할 수 없다. 그것은 우리가 선악을 모르기 때문이 아니라, 우리가 미래를 알지 못하기 때문이고, 또 어떤 역사적 원인에도 부정이 포함되어 있기 때문이다.

전사들은 그들의 목숨을 거는 대의명분을 변형시키며, 또 인간의 삶의 조건이 가지는 애매성을 무시할 권리를 가진다. 이와 같은 변형을 정당화시키고자 하는 교회나 신앙의 이론가들은 광신과 숙청의 광기를 동시에 정당화시킨다. 사회주의의 전사는 그의 역사적 이념에 따라 타인들의 행동을 해석하고, 그 결과 그와 필적할 만한 반대자를 더 이상 발견할 수 없게 된다. 그는 단지 반동분자들과 냉소적인 자들만이 자기가 그리는 미래상에 반대할 것이라고 생각한다. 그는 하나의 역사적 관점에서 보편적 진리를 주장하기 때문에, 그는 과거도 자기 입맛에 맞게 해석할 권리를 스스로에게 부여한 셈이다.

하지만 절대주의와 상대주의가 결합되어 발생하는 오류는 또한 과거로 소급해 인간적 사실들을 알고자 하는 논리와 합치되지 않는다. 역사가, 사회학자, 법률가는 행동, 제도, 법률로부터 '여러 가지 의미'를 끌어낼 수 있다. 하지만 그들은 전체에 대한 '하나의' 의미는 발견할 수 없다. 역사는 부조리하지 않다. 하지만 살아 있는 그 누구도 역사의 최종적인 '그' 의미를 파악하지 못한다.

의미의 복수성

인간적인 행동들은 항상 인지 가능하다. 이 행동들을 인지할 수 없을 때, 사람들은 그 주체들을 인간의 테두리 밖에 위치시키게 된다. 가령, 사람들은 그들을 소외된 자들로 명명하고, 또 그들을 국외자들로 여기기도 한다. 하지만 이런 인지 가능성은 하나의 유일한 유형에 속하는 것이 아니다. 또한 전체를 구성하는 각각의 요소가 인지 가능하다고 해도, 그 전체가 반드시 관찰자에게 유의미한 것으로 나타나는 것을 보장해 주지는 않는다.

카이사르는 왜 루비콘강을 건넜는가? 나폴레옹은 왜 아우스터리츠전투에서 오른쪽 편대를 후퇴시켰는가? 히틀러는 왜 1941년 소련을 공격했는가? 투기업자들은 왜 1933년 선거 후에 프랑화를 팔았는가? 소련 정부는 왜 1930년에 농업 집단화를 선언했는가? 모든 질문에 대한 대답은 각각의 결정을 각각의 목표와 연결시킴으로써 얻을 수 있다. 예컨대 로마에서 권력을 장악하기, 오스트리아와 러시아 연합군의 왼쪽 편대를 유도하기, 소비에트 정체를 타파하기, 평가 절하로 이익을 얻기, 쿨라크[138]를 없애기, 농산물의 시장 출하율을 높이기 등이 그것이다. 카이사르는 독재나 충성을, 나폴레옹이나 히틀러는 승리를 갈망했다. 투기업자는 이익을, 소련 정부는 도시에 공급할 식량 재고량을 축적하고자 했다. 하지만 마지막 예는 목적-수단의 관계가 충분하지 못하다는 사실을 보여 준다. 사람들은 엄격하게 '단 하나의 목표, 승리'나 또는 '단 하나의 목표, 이윤'이라고 말할 수 있다. 하지만 계획자는 항상 여러 가지 목적 중에서 선택해야 한다. 소련의 농업 집단화의 경우, 농업 생산은 토지 소유 농민들에 의해 단기간에 최대치를 달성할 수 있었을 것이다. 하지만 이들 농민들은 소비에트 제도에 적대적인 계급이 될 수도 있었을 것이고, 또 수확량의 대부분을 소비할 수도 있었을 것이다.

심지어 목표가 확정된 경우에도 역사적 해석이 수단만을 고려의 대상

---

138 쿨라크: 이 단어는 제정 러시아의 부농 계층을 가리킨다. 소비에트 체제의 등장과 더불어 이 단어는 인민의 착취자 또는 적의 의미를 갖게 되었다.

으로 삼는 것은 아니다. 전쟁 지도자의 행동을 보자. 만일 그가 이용하는 지식, 적군의 예상되는 반응, 양편 군대의 기회를 참고하여 그의 결단을 밝히지 않는다면, 만일 군대의 조직과 전술을 검토하지 않는다면, 그의 행동을 어떻게 이해할 수 있겠는가? 전술에서 정치로 넘어가면 상황은 더욱 복잡해진다. 군인의 결정과 마찬가지로 정치가의 결정도 그의 상황 해석에 의해 이해될 수 있다. 카이사르, 나폴레옹, 히틀러의 모험은 한 시대, 한 나라, 아마도 하나의 문명 전체와의 관련성 속에서야 비로소 그 의미가 제대로 드러날 수 있을 것이다.

이렇듯 역사의 연구에는 다음과 같은 세 개의 방향, 또는 세 개의 차원이 포함될 수 있을 것이다.

① 목적과 수단을 결정하기 위해서는 행위 주체의 인식과 사회구조를 고려해야 한다. 하나의 목표는 궁극적인 목표를 향해 가는 한 단계일 뿐이다. 설사 정치에서 권력이 유일한 목적이라고 해도, 야심 있는 정치가가 갈망하는 권력이 어떤 종류의 것인지를 분명히 할 필요가 있다. 의회 제도를 운영하는 정체에서 권력을 장악하는 기술은 전체주의적 제도에서 효과적이라고 생각되는 기술과 거의 공통점이 없다. 저마다 고유한 특징을 가지고 있는 카이사르, 나폴레옹, 히틀러의 야망은 로마의 공화제의 위기, 프랑스 대혁명의 위기, 바이마르공화국의 위기 속에서, 그리고 그것들의 위기에 의해서만 설명될 수 있을 뿐이다.

② 가치의 결정은 인간의 행동을 이해하는 데 있어서 필수 불가결하다. 왜냐하면 인간의 행동이 반드시 실리를 추구하는 것은 아니기 때문이다. 투기업자의 합리적인 계산은 문명에 따라 다소간 널리 퍼져 있는 특징적인 행동이다. 물론 이 행동은 항상 훌륭한 삶이라는 개념에 좌우되기는 한다. 전사나 노동자도 '정치인'이나 '경제인'도 모두 종교적, 도덕적 혹은 관습적 신념에 복종하며, 그들의 행위는 선호도의 폭을 보여 준다. 하나의

사회 형태는 항상 우주, 국가 또는 신에 대한 태도의 반영이다. 어떤 사회도 여러 가치들을 부와 힘이라는 공통분모로 환원시킬 수 없다. 인간이나, 또는 직업의 위엄은 돈에 의해서만 측정되지 않는다.

③ 사람들은 아우스터리츠전투에서 나폴레옹이 보인 행동의 동기들을 결정하는 것은 무용하다고 판단한다. 하지만 모스크바나 워털루에서의 패배는 나폴레옹의 피로나 전염병 때문이었던 것으로 여겨진다. 한 개인의 실패 또는 역사적 인물의 일련의 행위, 또는 한 집단의 행동을 고찰하자마자, 우리는 그의 태도나 행동에서 충동의 체계로 거슬러 올라간다. 그가 받은 교육이나 실제로 영위했던 삶에서 기인하는 것과 같은 충동의 체계로 말이다.

이상의 세 개의 방향 중에서 역사가는 첫 번째 방향을, 사회학자는 두 번째 방향을, 인류학자는 세 번째 방향을 선호한다. 하지만 각각의 전문가는 다른 전문가들의 도움을 필요로 한다. 역사가는 자기에게서 해방되어 타자를 그의 이타성 속에서 발견하려고 노력해야 한다. 하지만 이런 발견은 역사가와 역사의 대상 사이에 뭔가 공통점이 있다는 것을 전제한다. 만일 과거의 인간들이 살았던 세계와 우리가 살고 있는 세계 사이에 아무런 공통점이 없다면, 만일 이 두 세계가 어느 정도 추상화의 단계에서 동일한 형태의 변이체로 나타나지 않는다면, 그들의 세계는 우리의 세계와 완전히 낯선 것이 되고, 또 모든 의미를 상실하게 될 것이다. 역사 전체가 우리에게 인지 가능하기 위해서는 살아 있는 자들이 죽은 자들과의 유사점을 찾아낼 수 있어야 한다. 지금까지의 분석에서 의미의 탐구는 대략 인간 공동체를 구성하는 추상적인 요소들, 가령 충동, 범주, 전형적인 상황, 상징 또는 가치 등을 결정하는 것과 같다고 할 수 있다. 물론 이런 요소들은 행위의 목격자들이 그것을 이해하고, 또 역사가들이 사라진 문명들을 해석히는 데 필요한 조건들이 된다.

역사에 대한 이해에 개방된 차원의 복수성은 역사에 대한 인식의 실패가 아니라 현실의 풍부함을 보여 준다. 어떤 식으로든 역사를 구성하는 파편들은 무궁무진하다. "인간은 저마다 그의 내부에 인간 조건의 전체 형태를 가지고 있다." 한 사회가 완전히 이해된다면, 하나의 공동체만 살펴보아도 모든 공동체의 본질이 드러날 것이다. 천재라면 한 번의 전투를 낱낱이 분석함으로써 전략의 법칙을 충분히 세울 수 있을 것이다. 또한 하나의 국가를 연구함으로써 모든 헌법에 공통되는 원칙을 발견할 수 있을 것이다. 하지만 가장 친하고 가장 가까운 사람의 비밀을 빠짐없이 알아차릴 수는 없는 법이다.

이와 같은 인간적 차원의 내부에서 또 다른 복수성이 나타난다. 역사 이해의 본질적인 단계인 사건의 설정은 부분들에 대해서도 전체에 대해서도 한계를 확정 짓지 못한다. 이런 이유로 역사의 의미는 애매하고, 포착 불가능하며, 고려되는 전체에 따라 달라진다.

1940년 말에 소련을 공격하기로 한 히틀러의 결정은 다음과 같은 전략과 정치적 의도에 의해 설명된다. 그의 전략은 영국이 유럽에 상륙할 수 있기 전에 붉은 군대를 물리친다는 것이었다. 그의 정치적 의도는 볼셰비키 제도를 타파해 슬라브 민족을 열등 민족으로 전락시킨다는 것이었다. 하지만 이런 정치적 의도를 이해하기 위해서는 히틀러의 지적 형성, 그가 수 세기에 걸친 슬라브 민족과 게르만 민족 사이의 갈등을 피상적으로 연구한 문헌으로 거슬러 올라가야 한다. 결국 우리는 중간에서 멈춰야 하는 의무나 권리를 갖지 못한 채로 하나의 행동에서 출발해서 유럽 역사 전체로 거슬러 올라가게 된다. 서구에서 1939년의 독불전쟁은 우리로 하여금 베르됭조약Traité de Verdun,[139] 카롤링거왕조에서 갈리아-로마왕국으로, 다시 거기에서 로마제국 등으로 계속 거슬러 올라가게 해 준다.

자료나, 또는 직접적인 경험을 통해 역사의 개개의 요소를 더 잘 포착할 수 있는 것은 아니다. 어떤 전쟁에 참가하는 수천 또는 수백만 명의 사람들은 저마다의 방식으로 그 전쟁을 경험한다. 한 조약의 문서는 물리적으로 보면 하나의 사물이다. 하지만 의미라는 면에서 보면 그 문서는 여럿이다. 그 문서는 그것을 작성한 자, 그것을 적용하는 자에게 다른 의미를 가지고 있으며, 또 모순적인 생각을 가지고 그 조약에 서명한 상대편에게도 역시 그 의미는 다를 것이다. 의미의 집합체로서의 조약은 전쟁처럼 그것을 재고再考하는 정신, 즉 역사가나, 또는 역사적 인물의 정신 속에서만 통일을 유지하고 있을 뿐이다.

이것은 두 가지 의미에서 끝없는 퇴보이지만, 거기에는 논의의 대상이 원래 무형식이었다는 사실이 포함되어 있지는 않다. 그 자체로 폐쇄된 역사의 요소들을 배제하는 사건들의 인간적 특징은 탐사를 통해 결코 모두 드러나지 않으며, 또한 현실 속에서 형성된 역사적 실체들에 의해서도 나타난다. 역사가는 단지 티끌을 모으는 것이 아니다. 구성 요소와 전체는 상호 보완적인 개념들이다. 요소는 내용이고, 전체가 형식이라든가, 또는 전자가 재료이고 후자가 구성이라고 생각하는 것보다 더 잘못된 것은 없다. 아우스터리츠전투는 척탄병의 행동, 또는 전쟁터에서의 기병의 습격과 관련시켜 보면 '전체'이다. 하지만 이 전투는 1805년의 전쟁과 관련지어 보면 하나의 사건이며, 또 그것은 여러 차례의 나폴레옹의 전쟁들과 관련지어 보면 하나의 사건에 해당한다.

아우스터리츠전투, 1805년의 전쟁, 나폴레옹이 수행한 여러 차례의 전쟁들 사이에는 근본적인 차이가 없다. 그렇다고 아우스터리츠전투는 한

---

139 베르됭조약: 843년 8월 11일 카롤루스 대제의 아들인 경건왕 루트비히 1세의 세 아들이 베르됭에서 체결한 조약으로, 카롤링거제국을 세 왕국(동프랑크왕국, 중프랑크왕국, 서프랑크왕국)으로 분할한 조약이나.

눈에 이해할 수 있다고, 또는 이 전투가 실제로 한 사람의 시선 아래에서 진행되었고, 1805년의 전쟁, 또 다른 나폴레옹의 전쟁들은 그렇지 않았다고 말할 수 있는가? 하지만 그 경우에는 마른전투는 아우스터리츠전투보다 오히려 1805년 전쟁의 범주에 속할 것이다. 사실, 모든 사건은 정확히 전체와 마찬가지로 시간적인 지속과 공간적인 폭을 가지고 있다. 이것을 근본적으로 반박하기 위해서는 사건이 순간적이고 개별적이어야 할 것이다. 그런데 사실은 그렇지 않다.

이와 같은 역사적 재구성의 동질성은 극단적인 항목을 관찰할 때 명확히 나타나는 차이들을 배제하지 않는다. 사건의 복합체가 확장될수록 한계는 덜 분명해지고, 내부의 통일은 덜 명료해진다. 아우스터리츠전투의 시공간적 통일성, 이 전투의 이름 아래 감쌀 수 있는 여러 행동들 사이의 연대성은 그 당시 사람들에게는 분명했고, 또 현대의 역사가에게도 마찬가지다. 하지만 이 통일성은 좀 더 높은 수준에서 본다면 이 사건을 경험한 사람들에 의해 포착되지 않았다. 여러 요소들의 유대는 간접적이고 애매하다. 따라서 사람들의 체험과 역사가에 의한 이 사건의 부활 사이의 차이가 커짐에 따라 자의적인 판단에 그칠 위험성이 커진다.

군대에서 개인의 행동은 군 조직과 규율 체계, 경우에 따라서는 지휘관의 작전 계획에 따라 정해진다. 전쟁터에서 개인의 행동은 다음과 같은 두 개의 계획 사이의 충돌에서 비롯된다. 전체 작전을 결정하는 지휘관의 계획과 적을 섬멸하려는 전투원들의 계획이 그것이다. 첫 번째 유형의 행동은 일련의 규칙이나 법칙에 따라 그 의미를 가질 수 있으나, 이런 규칙이나 법칙 자체는 신념이나 실제의 필요에 의해 결정된다. 두 번째 유형의 행동은 단지 무력에 의한 교전이나 포탄전에만 관계되는 것이 아니다. 이런 유형의 행동은 갈등이나 게임처럼 우연한 만남의 행동 부류에 속하며, 어떤 점에서는 '정해진' 것이다. 전쟁이 모든 관습에서 벗어나는 것은 드물다. 조직은 항상 적대 관계를 만들어 낸다. 헌법은 통치자와 입법자를 선출하는 방법을 정한다. 하지만 헌법은 지위나 직무의 배분을 위해 개인들, 집단들의 경쟁을 일으킴과 동시에 폭력을 방지하기 위한 규칙을 부과한다.

본질적인 구별을 통해 행동의 여러 유형보다도 이상적인 실체와 현실적인 실체 간의 분리가 이루어진다. 이상적 실체는 법규 또는 교리로 형성되는 실체이고, 현실적 실체는 헌법에 따라 통치하거나 교리에 따라 생활하는 사람들이 창조하는 실체이다. 역사가나 사회학자는 어떤 때는 헌법이나 교리의 이상적인 체계 속에서 하나의 텍스트의 특별한 의미를 겨냥하기도 하고, 또 어떤 때는 개인들이 체험한 의미를 겨냥하기도 한다. 법률학자나 철학자는 결과들을 특별한 의미에서 이해하고자 하는 경향이 있으며, 역사가는 결과들을 심리적 또는 사회적 출현에서 의미를 이해하고자 하는 경향이 있다.

이와 같은 두 가지 해석은 모순되거나 서로 배척하지 않는다. 철학적 추론이나 법학적 논의의 여러 계기들 사이의 연결은 정의상 심리학자나 사회학자가 확립하는 관계에 비하면 이질적이다. 이런 연결은 형이상학자나 법률가의 세계 속으로 침투하는 데 동의하는 사람에게만 그 의미를 분명히 드러낼 뿐이다.

하지만 특수한 의미도 일정한 시대에 어떤 신조를 지지했던 사회에서 살던 사람들이 경험한 것이다. 어떤 철학자도 순수하게 정신이었던 적은 없었고, 또 어떤 철학자도 그의 시대와 조국과 완전히 분리된 적은 없었다. 비판적 반성이 역사적 또는 사회학적 해석의 권리를 미리 제한할 수는 없을 것이다. 특수한 의미와 경험된 의미 사이의 환원 불가능한 이질성을 상기시키지 않는다면 말이다. 근원에 대한 연구를 통해 완전히 철학적인 의미 또는 완전히 예술적 성격의 작품 창작에 도달하는 것은 본질적으로 불가능하다. 사회의 상태는 여러 다양한 작품의 특징을 설명해 주기는 하지만 걸작품의 비밀을 밝혀내지는 못한다.

역사적 실체들의 비한정성과 특수한 의미와 경험된 의미 사이의 구별에서 기인하는 의미의 다양성으로 인해 역사적 해석의 '갱신'이 가능할 수 있다. 이것은 우선 독단주의와 짝을 이루는 상대주의의 최악의 형식에 대한 보호를 제공해 준다. 사람들은 처음에는 특수한 의미를 모른다. 그들은 철학적 저작들을 철학자가 아닌 자의 의식 속에서 그것들이 가지는 의미로 환원시키려고 노력한다. 사람들은 경험된 의미를 계급투쟁과 같은 지배적 사실로 명명된 것을 기반으로 해석한다. 마지막으로 그들은 단 하나의 차원으로 환원된 인간 세계에 대해 역사가가 규정한 유일한 의미를 부여하게 된다. 현실적이든 이상적이든 간에 역사적 실체들은 다양성을 가지고 있다. 현실적이든 이상적이든 간에 역사적 실체들의 다양성은 복잡한 사회에서 개인들이 맡고 있는 다양한 역할과 그들의 활동이 이루어지는 체계들의 교차를 인정하지 않는 광신주의를 배제한다. 역사의 재구성은 미완성이라는 특징을 가지고 있다. 왜냐하면 그것은 모든 관계를 풀어헤치지도 못하며, 모든 의미를 끌어내지도 못하기 때문이다.

이와 같은 해석의 갱신은 일종의 상대성을 야기한다. 해석자의 호기심은 역사적 실체들과 특수한 의미들의 결정에 영향을 미친다. 이와 같은 상대성의 특징은 사건들이 문제가 되는지 아니면 작품들이 문제가 되는지에 따라 달라진다. 행위자들과 관련이 있는 사건들은, 비록 사회학적 지식의 발달, 범주의 확충, 경험의 확대 등이 그 사건들에 새로운 해석을 가할 수 있다고 해도, 영원히 있었던 그대로 남는다. 특수한 의미들의 상대성은 여러 역사적 작품들 사이 관계의 성질, 다시 말해 각각의 정신적 세계의 고유한 역사성에 의존한다. 통일된 의미가 나타나는 것은 이런 다양성을 파괴하지 않으면서 또 그것을 초월함으로써이다.

역사의 단위들

"역사철학은 인간의 역사가 나열된 사실들 —개인의 결정들과 모험들, 이념들, 이해관계들, 제도들 등과 같은— 의 단순한 총합이 아니라, 순간과 연속 속에서 역사 전체에 의미를 부여하는 특권적인 상태를 향해 나아가는 총체성이라는 사실을 전제하고 있다."[140] 역사는 분명히 "나열된 사실들의 단순한 총합"이 아니다. 그렇다면 역사는 '순간에서의 총체성'인가? 사회의 구성 요소들은 서로 의존하고 서로 영향을 미치기는 하지만 총체성을 구성하는 것은 아니다.

경제적 사실들, 정치적 사실들, 종교적 사실들을 분리하는 것은 과학자의 개념들이나, 또는 연구를 분할해야 하는 필요성 때문에 도입된 것이다. 하지만 공정한 관찰자의 관심을 끄는 첫 번째 소여는 이 사실들 사이의 상호 의존이다. 역사가는 나열이나 총체성이 아니라 역사적 실체들의 혼합과 그것들의 관계에서 출발한다. 경제사에 속하는 도구, 노동조직, 법적인 소유와 교환 형태, 제도 등은 한편으로는 철학과 종교로부터 서서히 독립한 과학과 연결되고, 다른 한편으로는 법을 보장해 주는 국가와 결부된다. 토지를 매매하고 경작하며, 기계를 다루는 인간은 그의 내부에 여전히 신앙심을 갖고 있고, 생각하고, 기도하는 인간이다. 여러 학문들의 협력을 필요로 하는 다양한 분야의 상호 의존은 과학적 처리를 할 때에 일종의 통일성을 엿보게 해 준다. 단순한 사회에서도 모든 생활 방식과 사고방식이 도출되는 단 하나의 원칙을 세울 수 있을지는 의문이다. (인간 존재가 문제시되는 경우에도 이런 의문은 동일하게 나타난다.) 복잡한 사회는 일관적임과 동시

---

140 M. Merleau-Ponty, *op. cit.*, pp.165-166.

에 다양한 것으로 나타난다. 그 사회의 어떤 부분도 고립되어 있지 않다. 그렇다고 하더라도 어떤 실체도 의미가 일률적으로 정해진 총체성을 구성하지는 못한다.

그렇다면 이런 상호 의존적 통일성을 어떻게 초월할 수 있는가? 이를 위한 첫 번째 가설은 다음과 같다. 현실의 한 분야 또는 인간이 하는 하나의 활동이 다른 분야들이나 다른 활동들을 '결정한다'라는 가설이 그것이다. 생산관계가 정치적, 사상적 조직들이 의지하는 하부구조를 구성한다는 가설이다.

인식에 대한 비판 차원에서 이런 이론은 다음과 같은 경우에는 생각할 수 없을 것이다. 즉, 경제가 정치와 사상을 '결정하기는' 하지만, 역으로 경제가 정치와 사상으로부터 영향을 받지는 않는다는 사실이 이런 이론에 함축되어 있는 경우가 그것이다. 이렇게 말할 수 있다면, 그 이론은 모순적이고, 어쨌든 순진한 관찰과는 양립 불가능하다. 경제적 사실들은 본질상 물질적으로나 개념적으로도 고립될 수 없다. 경제적 사실들에는 과학과 기술을 포함한 생산수단, 생산관계, 즉 노동조직, 소유권의 법제화, 계급 구별(이것은 또한 인구의 크기, 계급제도와 개인의 위신에 따라 좌우된다) 등이 포함되어 있다. 경제적 사실 내부에는 구성 요소들 사이의 상호 작용이 있고, 그런 만큼, 이 경제적 사실 그 자체가 부분적으로 결정되지 않고서는 다른 것을 결정할 수 있다고 생각할 수 없다. 사회의 여러 부분들이나 인간의 여러 활동들 사이의 상호적 의존관계는 뚜렷하다.

그때부터는 하부구조와 상부구조의 구분에 철학적 의미를 부여할 수가 없게 된다. 이 두 구조의 정확한 경계선은 어디인가? 공동체에 대한 연구에서 종교적인 신앙보다 노동조직을 출발점으로 하는 것이 더 편리할 수 있다. 인간이 세계를 그의 노동 형태에 따라 생각한다는 것을 어떻게 '선험적으로' 또는 '후천적으로' 단언할 수 있을까? 실제로 그의 노동 형태는 그 자신이 이 세계에 대해 갖게 되는 관념의 영향을 받지 않는데 말이다.

개인이나 집단도 살아남기 위해서는 자연과 싸우고, 자연에서 생계를 도모하지 않으면 안 된다. 이런 면에서 경제적 기능은 우선권을 가진다. 하지만 가장 원시적인 사회도 효율성으로 환원될 수 없는 신념에 따라 조직되지 않으면서 그 기능을 수행할 수는 없다. 그렇기 때문에 이와 같은 우선권은 일방적인 인과성이나, 또는 '제일원인Primum movens'과 동일시될 수 없다.

그렇다면 이런 우선권의 '경험적인' 의미는 무엇인가? 경제적, 기술적으로 일정한 성숙 상태에 도달한 사회의 공통적 특징들은 무엇인가? 증기기관, 전기, 원자력을 발명한 사회와 그 이전 사회의 차이점은 무엇인가? 이런 질문들은 철학이 아니라 사회학에 속한다.

이용 가능한 생산수단에 따라 사회의 유형들을 결정하는 것은 가능할 것이다. 원사 시대나 전사 시대의 전문가들은 이와 같은 사실에 자발적으로 찬동하는 경향이 있다. 왜냐하면 그들은 그 시대들과 인간들의 집단들을 사용된 도구들과 주된 활동 형식에 따라 분류하기 때문이다. 하지만 복잡한 사회에서는 주어진 기술의 조건에서 기인하는 불가피한 결과들을 확정하고, 또 그렇게 해서 다양한 정치적, 사상적 활동들이 그 내부에서 자리를 잡는 틀의 윤곽을 그려 볼 수 있을 뿐이다.

게다가 역사의 모든 시대를 통해 경제적 사실이 지배적이라는 사실은 증명되지 않았다. 막스 셸러Max Scheler[141]는 혈통의 우위, 권력의 우위, 경제의 우위가 인류 역사의 큰 세 시대를 특징짓는다는 사실을 제시했다. 국가들과 제국들이 출현하기 전에는 혈통으로 얽힌 협소한 공동체가 조직되

---

141 막스 셸러(1874-1928): 독일의 철학자, 사회학자로 자본주의와 민주주의에 반대했다.

었다. 생산방법이 거의 일정한 경우를 가정하면, 사회변동은 무엇보다도 정치에 의해 좌우된다. 권력은 국가를 흥하게도 하고 망하게도 한다. 권력은 전사들이 자랑하는 피와 영광의 연대기를 기록해 준다. 물론 현대 사회에서는 경제적 요소가 결정적이다. 왜냐하면 끊임없이 변화하는 기술이 개인들과 집단들의 부를 측정하는 척도이기 때문이다.

하지만 이런 주장은 철학적 진리가 아니라 단지 가설적 일반화에 불과하다. 또 이런 주장은 공동 자원의 양이 사회조직의 가능한 변동의 한계를 결정한다는 생각과도 모순되지 않는다.

역사 속에서 다양한 요소들의 효율성에 관련된 이론은 분명치 않고, 거의 증명되지 않으며, 복합적인 여러 관계들을 결코 완전히 해명할 수 없는 공식들에 이를 뿐이다.

사회구조의 수많은 변화의 기원과 책임을 단 한 유형의 현상 탓으로 돌릴 수는 없을 것이다. 전기나 전자 기계의 발명, 원자력의 이용이 문학이나 회화와 같은 미묘한 형태에까지 영향을 미치지 않을 것이라고는 누구도 단정할 수 없다. 또한 문학, 회화, 정치제도의 '본질'이 기술, 소유권의 상태 또는 계급 관계에 의해 '결정된다'고 역시 누구도 단정할 수 없다. 하나의 원인의 결과에 미리 한계를 설정할 수는 없다. 그것은 하나의 원인이 배타적이거나 저항할 수 없기 때문이 아니고, 모든 것이 서로 혼합되기 때문이다. 사회는 생산관계 속에서와 마찬가지로 문학 속에서도 그 모습을 나타낸다. 소우주는 전체를 반영한다. 하지만 인간이 한 가지 문제만으로 완전히 규명되지 않는 이상, 또 사회가 전체적인 기획에 따라 만들어진 것이 아닌 이상, 전체는 다양한 관점을 참고할 때만 포착 가능할 뿐이다.

이렇게 해서 역사가는 사회학자, 철학자와는 달리 하나의 특별한 원인에서보다는 오히려 역사적 개인, 시대, 국가, 문화 등의 개별성 속에서 통일을 찾아내고자 한다. 그렇다면 역사적 개인들이란 어떤 개념인가? 시대와 개인의 독창성을 통해 통일을 포착할 수 있는가? 누구도 20세기 유럽의 여러 나라들이라는 현실을 부정하지 못한다. 하지만 이런 현실은 불명확하다. 영국, 프랑스, 스페인 등에서 언어의 완전한 동질화는 아직 요원하다. 하지만 언어, 생활양식 또는 문화에 따라 정의되는 여러 민족들은 20세기 중엽인 오늘날에도 그들 소유의 국가를 가지고 있지 않다. 민족국가들은 권리상으로는 주권국들이지만, 그 안에서의 시민들의 생활과 지배자들의 결정은 국외 사건들로부터 영향을 받는다. 아널드 토인비의 말을 빌리자면, 국가란 학문의 대상이 되는 지적 분야에 포함되지 않는다. 프랑스의 발전은 영국, 독일의 발전과 분리될 수 없다. 프랑스의 발전은 하나의 유일한 정신의 발로가 아니며, 이 유일한 정신은 적어도 대화, 교류를 통해 단계적으로 나타난다. 추상적 개념들로 말해 역사적 단위들에 대해 세 개의 문제를 제기한다. 이 문제들은 '독립성', '일체성', '독자성'과 관련되어 있다. 뒤의 두 문제는 특히 국가 형태의 실체와 관계되고, 첫 번째 문제는 토인비의 '지성적 영역'과 관련지어 보면 결정적인 의미를 가진다.

오스발트 슈펭글러는 세 문제에 모두 긍정적으로 답을 한다. 그에 의하면 각각의 문화는 그 자체의 법칙에 따라 발전하고, 그 자체에 갇혀 그 자체의 본질을 바꾸는 그 어떤 것도 외부에서 받아들이지 않으면서 한 치의 착오도 없이 종착점을 향해 나아가는 하나의 유기체와 비교될 수 있다. 각각의 문화는 출현해서 사라질 때까지 다른 문화와 전혀 비교할 수 없는 그 자체의 정신을 표현한다. 하지만 이런 주장은 사실과 턱없이 동떨어져 있다. 문화와 유기체의 동일시는, 그것이 막연한 비교로 환원되지 않는 한, 그릇된 형이상학에 속한다. 각각의 문화, 과학, 심지어 수학에서까지도 독자성이 있다고 주장하는 것, 또 지식의 축적이나 진보를 전적으로 무시하는 것은 자명한 사실들을 무시하는 것과 같다. 도구들, 관념들, 제도들의 차용이 부정에 직면하지 않고 있는데, 문화들이 서로 영향을 주고받는다는 사실을 부정하는 것은 완전히 자의적인 판단이다. 문자 그대로 슈펭글러 저서의 중심 주제는 자가당착적이다. 이 주제 자체가 그것을 원용하는 시도를 불가능하게 만든다.

아널드 토인비는 위의 세 문제에 대한 답에 뉘앙스를 부여한다. 『역사의 연구』 첫머리에서는 국가들과는 달리 문명들이 인지 가능한 영역으로 주어진다. 하지만 논의가 진행됨에 따라 문명들 사이의 접촉이 이루어지며, 그 결과 국가들과 문명들 사이의 구별은 적어도 발전의 자율성이라는 점에서 보면 본성보다는 정도의 차이인 것으로 기술되고 있다. 문명의 내적 일체성은 증명된다기보다는 오히려 주장되고 있다. 토인비는 한 문명이 가진 여러 요소들이 서로 조화를 이루고, 또 하나의 요소를 수정하려면 다른 것들에도 영향을 줄 수밖에 없다고 반복해서 주장한다. 하지만 토인비는 요소들의 조화보다는 오히려 상호 의존을 지적한다. 어느 시대에서나 문명은 그 시대의 현재의 정신과는 관계없는 몇 가지 요소들을 과거로부터 이어받는다. 하나의 문명은 다른 문명들이 낳은 제도들이나 창조물들을 받아들인다. 고대 문명과 서방 기독교 문명이나 동방의 기독교 문명 사이의 경계선은 어디에 있는가? 기독교와 기술 시대를 연결하는 것은 무엇인가?

토인비는 문명들의 내적 일체성을 끌어내는 데 어려움을 겪는다. 왜냐하면 그는 각각의 문명의 특이성에 대해 분명한 설명을 하지 않기 때문이다. 대체 문명의 독자성은 어디에서 기인하고, 또 무엇이 그것을 규정하는가? 토인비의 저작들에 의하면 그것은 종교라고 답해야 할 것이다. 어떤 경우에는 독특한 종교를 분간해 내지 못할 수도 있다. 일본을 특징짓고 또 일본을 중국과 다르게 만드는 초월적 신앙이 있는가? 서방 기독교와 동방 기독교라는 두 유럽 문화를 예로 들어 종교를 명확히 관찰해 보면 된다.

토인비는 그것에서 신앙의 유일한 정신을 끌어내거나, 또 그것에서 역사적 존재의 특수성이나 역사적 개인의 운명을 결코 끌어내지 못한다. 종교의 외관적인 탁월성이 인과적 질서에 속하는지, 아니면 그것이 다양한 인간 행동들 속에 해석자가 설정한 가치의 질서를 반영하는지를 우리는 알수 없다. 토인비는 그의 저서 마지막 권에서 문명과 보편적 교회의 융합을 역사의 지평선에서 예언하고 있다. 여기에서 토인비는 슈펭글러의 제자에서 보쉬에Jacques-Bénigne Bossuet[142]의 증손자로 변신한다.

슈펭글러의 두 개의 형이상학적 가정 —문화의 유기체론적 형이상학과 정신과 진리의 보편성에 대한 독단적인 부정— 을 제쳐 두면, 곧바로 인류의 통일성의 여정에는 더 이상 장애물이 존재하지 않게 된다. 발전의 자율성, 내적 일체성, 여러 문명들의 독자성은 사실들 속에 투사되어 분명히 존재한다. 하지만 단일한 의미를 드러낼 정도는 아니다. 문명들은 본성상 다른 역사적 개인들과 다를 것이 없다. 문명들은 소규모의 역사적 실체들보다는 더 자율적이고 덜 일체적이다. 또한 문명들은 이 실체들의 나열 이상이기는 하지만, 그것들의 총체성 이하이다.

이와 같은 부정적 결론은 직접적으로 단언될 수도 있었을 하나의 제안과 조우한다. 역사는 인간 존재처럼 진행된다는 제안이 그것이다. 역사는 경험적으로 관찰 가능하거나 현실적이거나 유의미한 통일성을 보여 주지 않는다. 개인의 행동들은 헤아릴 수 없는 역사적 실체들 속으로 편입된다. 우리의 생각들은 그 자체로 폐쇄적이기는커녕 수 세기에 걸친 유산을 포함하고 있다. 사람이 태어나서 죽을 때까지의 과정을 보면 유일하고, 대체 불가능하며, 규정되기보다는 직관적으로 더 쉽게 파악될 수 있는 삶의

---

142 자크베니뉴 보쉬에(1627-1704): 프랑스의 기독교 신학지이자 작가이다.

양식이 나타난다. 전기傳記는 여러 사건들을 한 인물과 관련시킴으로써 성격의 일관성, 혹은 좀 더 중성적인 개념으로 말하자면 반응하는 방식의 일관성을 제시하고, 또 하나의 통일성에 대한 미학적 인상을 창조해 낸다. 그와 마찬가지로 심리학자들이나 정신분석학자들은, 각 개인이 감내하기도 하고 창조하기도 하는 인간의 운명이 가진 모호한 통일성을 시사해 준다. 엑상프로방스의 프티부르주아가 화가 세잔이었다는 것은 의심할 수 없는 사실이다. 이 사람과 화가의 통일성은 착각이 아니라 거의 해석 불가능하다.

집단적인 역사의 여러 요소들은 정도의 차이는 있으나 개인의 삶의 일화들과 같은 방식으로 서로 연결되어 있다. 사람들은 사회를 하부구조에서 출발해서 이해한다. 노동의 조직에서 신념의 구축에 이르는 이해의 과정에서 아마도 극복할 수 없는 방해물들을 만나지는 않을 것이다. 그렇다고 한 순간에서 다음 순간으로 넘어가는 과정에서 필연적인 연속성도 드러나지 않는다.

달리 말하자면 의미의 통일성은 인간 활동의 가치나 위계질서를 한정하지 않고서는 생각할 수 없다. '경제적 요인'이 이런 통일을 가져다준다고 상상하는 마르크스주의자들은 인과적 우월성과 이해관계의 우월성을 혼동한다. 또한 그들은 매번 인과적 우월성의 한계를 지적하면서 암암리에 이해관계의 우월성을 내세운다. 슈펭글러도 이런 의미의 통일성을 상상한다. 하지만 그는 이 통일성을 생물학적 형이상학에 의해서만 그럴듯하게 만들 뿐이다. 또한 토인비는 경험주의의 길을 통해 슈펭글러의 이론과 같은 이론을 주장한다. 사실, 토인비의 경우에 문명의 자율성, 일체성, 독자성은 연구 도중에 점차 용해되고 만다. 그가 추적하는 역사가 궁극적으로 어떤 구조를 갖고 있다면, 그것은 철학자가 점점 역사가를 대체하게 되고, 또 제국들과 교회들, 지상의 도시와 신의 도시의 변증법이 이야기의 방향을 제시하고 또 이야기를 꾸미기 때문이다.

실제로 신의 눈에는 모든 존재가 의미의 통일성을 나타낸다. 왜냐하면 만물, 즉 대상으로 삼을 수 있는 모든 것이 창조물과 창조주 사이의 대화 속에서, 또 영혼의 구원이 문제가 되는 비극 속에서 쟁점이 되기 때문이다. 실존적 정신분석은 개개의 의식의 자기 선택에서 그와 유사한 통일성을 가정한다. 의식은 언제나 자유롭게 다시 시작할 수 있다는 점에서, 통일성은 하나의 행동의 통일성이 아니다. 이런 통일성은 존재가 전체로서 가지는 의미의 통일성, 무신론의 철학에서 구원의 문제와 같은 가치를 가지는 독특한 문제를 참고하는 관찰자에 의해 다시 사유된 의미의 통일성이다. 시간 속에서 이루어지는 인간들의 모험은 모두가 함께 집단적으로 자신들의 구원을 얻으려고 함에 따라 '하나'의 의미를 가진다.

이상과 같은 일련의 학설들이 제시하는 바를 논리로 확인하면, 역사철학은 신학의 세속화이다.

역사의 목적

사회과학은 철학의 첫 번째 과정을 수행한다. 즉 생생한 사실들, 직접 관찰되거나 자료를 통해 확보되는 무수한 행위들을 현실의 양상으로 대치하는 것이 그것이다. 이 현실의 양상은 하나의 문제에 따라 규정되고, 또 이 문제는 그 자체로 어떤 활동을 구성한다. 자연에 대한 투쟁과 더불어 인간 집단에 생존 수단을 보장해 주고 또 근본적인 빈곤을 극복하려는 경향이 있는 행동은 경제적이다. 또 인간들의 집단 형성을 지향하고 또 그들의 공동생활을 조직하고, 따라서 협력과 통치의 법칙을 확립하는 경향이 있는 행동은 정치적이다.

이런 구분은 '현실적'이지 않다. 집단의 자원을 창조하거나 증대시키는 것을 겨냥하는 모든 활동에는 정치가 포함되어 있다. 왜냐하면 거기에는 개인들 간의 협력이 요구되기 때문이다. 그와 마찬가지로 정치 질서에는 경제적 양상이 포함되어 있다. 왜냐하면 정치 질서는 집단 구성원들 간에 재산을 분배하고 또 공동의 노동 방식과 조화를 이루기 때문이다.

역사철학이 유행시킨 인간의 자연 정복, 인간들 사이의 조화와 같은 표현은 정치와 경제의 근본 문제들을 가리킨다. 정치적, 경제적 용어로 규정된 '전체에 대해 의미를 부여하는 특권적 상태'는 공동체 문제의 근본적 해결이나 역사의 목적과 섞이게 될 것이다.

사회는 과학에서 생겨난 기술이 합리적이라는 것과 같은 의미에서는 결코 합리적이지 않다. '문화'는 가족, 노동, 권력과 위신의 분배와 같은 사회적 행동들이나 제도들에 헤아릴 수 없이 많은 형태들을 부여한다. 또한 이 형태들은 형이상학적 신조나 전통으로 만들어진 관습과도 밀접하게 연결되어 있다. 원시 사회에서 여러 종류의 현상들 사이의 구분은 관찰자의 철학에 따라 도입된다. 하지만 이런 구별은 잠재적으로 주어져 있다. 왜냐하면 가족은 항상 복잡하고 엄격한 규칙을 따르고, 나날의 습관들은 결코 자의적이지 않으며, 또 위계질서는 언제나 세계관을 기초로 하고 있기 때문이다.

풍습의 차원에서 다양성은 경험적 사실로 부과되며, 따라서 어떻게 '특권적 상태'가 규정되는지를 알 수 없다. 가족의 다양한 형태들은 자연법의 개념을 배척하지 않는다. 이 다양한 형태는 자연법을 추상적인 차원에 위치시킬 수밖에 없다. 경험적으로 관찰해 보면 이 차원에서는 다양성이 정상적으로 나타난다. 역사의 최종 목적은 가족에 대해 구체적으로 부여된 위상이 아니라, 인간의 본질적 인간성과 분리될 수 없는 법칙에 모순되지 않는 다양성이다.

식물들과 동물들, 그리고 여러 신들과 관련된 신앙은 가족과 국가의 구조와 마찬가지로 생산력과 생산관계에 영향을 미친다. 경제적 모험의 도달점이 될 '특권적 상태'에서 모든 '문화적' 특징들, 또 이 상태를 특정한 공동체와 결부시키는 모든 것은 제거되어야 할 것이다. 그와 마찬가지로 보편적인 신앙은 역사적 언어를 통해 표현되고 또 우연적인 요소들과 섞이게 된다.

그렇다면 이런 '특권적 상태'는 무엇으로 구성되는가? 또 그 상태는 추상적 가치들 —이런 가치들은 제도들을 판단하지만 하나의 확정된 제도적 질서를 표상하지는 않는다— 과는 어떻게 차별화되는가?

합리적인 형태로 역사의 목적에 대한 신학적 개념을 다시 논의해야 할 필요성을 촉발한 새로운 사실은 기술의 진보이다. 모든 철학자들이 트로츠키의 방식으로 분배의 문제가 해결되고, 교육과 내일의 안정으로 인해 인간의 탐욕이 충분히 억제되는 풍요의 시대가 곧 도래한다고 주장하지는 않는다. 하지만 그들 모두는 과학과 생산수단의 발전이 인간의 삶의 근본적 소여들 중 하나를 변화시킬 것이라고 상상해야 한다. 한 사람에게서 빼앗지 않고 다른 사람에게 주는 것을 가능케 해 주는 집단적인 부의 창출이라는 소여가 그것이다. 대다수가 겪는 빈곤은 몇몇 사람들의 사치의 조건이 될 수 없다. 최상위층의 사람들은 인간성이 모든 사람들에게까지 확장되는 것을 방해해서는 안 될 것이다.

풍요의 시대는 생각할 수 없는 것도 아니고 부조리한 것도 아니다. 지난 2-3세기에 걸쳐 관찰된 것과 같은 경제적 진보는 대체로 생산성의 증대로 측정된다. 한 시간의 노동으로 노동자 한 명이 생산해 내는 재화의 총량은 증가했다. 이런 진보는 제2차 부문(공업)에서 가장 빠르고, 제3차 부문(운수, 상업, 서비스업)에서 가장 느리다. 제1차 부문에서는 어느 시점부터는 진보가 느려질 수밖에 없을 것으로 보인다. 농업 부문에서 수익 감소의 법칙이 최소한도로나마 적용된다는 것을 인정한다면 말이다. 그런 만큼 풍요의 시대에는 인구수의 제한이 요구된다. 인구가 고정되고, 농업 생산이 모든 필요에 부응한다고 가정해 보자. 이 경우에도 풍요로운 시대가 되려면 여전히 공업 생산품에 대한 모든 요구가 충족되어야 할 것이다. 많은 사람들은 본래 이런 욕망은 끝이 없다고 대답하고 싶을 것이다. 하지만 그들이 잘못 생각했고, 또 그런 이차적인 필요의 포화점에 도달할 수 있다고 가정해 보자. 그 경우에 본성상 무한한 욕망의 개념은 제3 부문으로 향하지 않으면 안 될 것이다. 하지만 여기서도 문제가 제기된다. 제3 부문의 욕망에는 여가의 욕망도 포함되는데, 어떻게 모든 욕망이 다 충족될 수 있을 것인가?

인구의 정체, 부차적 필요의 포화 등과 같은 가설을 얼마든지 내세워도 노동에 대한 저주는 여전히 없어지지 않을 것이다. 필수 불가결한 노동을 분할하고, 또 사치품 앞에서는 여전히 불평등 상태에 있게 될 소득을 공정하게 분배해야 할 필요가 있다.

지상의 현실로 돌아와 보자. 일차적 필요와 대부분의 이차적 필요의 충족이라는 목표는 지금까지 역사적으로 알려진 그 어떤 사회에서도 달성된 예가 없다. 이런 목표가 미국의 역사적 지평선 너머에 있는 것은 아니다. 사실, 미국은 다른 나라들에 비해 인구 일인당 경작 가능한 아주 넓은 땅을 소유하고 있다. 게다가 미국에서는 상대적인 저인구도 풍요의 시대에 다가가는 것을 용이하게 해 주고 있다. 미국의 경험이 그런 시대의 도래에 대한 예견을 개연적인 것으로 만들고 있는 것은 사실이다.

현시점에서 혁명적인 발명이나 원자폭탄에 의한 참화가 없다면, 기술의 진보는 모든 인간들에게 상당한 수준의 생활 조건, 따라서 문화생활에 참여할 수 있는 가능성의 보장을 약속하고 있다. 하지만 화학자들이 합성 식료품을 '제조하고', 물리학자들이 합성 원료를 생산하며, 인간의 노동을 대신하는 전자 기계가 나타나게 된다면, 그것은 희생을 수반하는 풍요로움일 것이다. 공장에서 얻는 이익에서 산업 사회가 야기하는 종속과 부담을 고려하는 것은 적합하다. 우리가 20세기에서 관찰하는 것과 같은 경제적 진보를 통해 선진국들에서는 사무직원들의 수가 노동자들의 수에 비해 비율상 더 늘어나고 있다. 하지만 사무직원들이 이런 사회와 반드시 조화를 이루고 있는 것만은 아니다. (선진국들에서는 사무직원들의 수가 노동자들의 수에 비해 비율적으로 더 많이 늘어나고 있다.)

몇몇 사회학자들[143]이 상기시키고 있는 정지 상태에는 현재의 경험에 따라 사람들이 상상한 것과 같은 경제 진보의 궁극적 목적이 어느 정도 반영되어 있다. 하지만 이런 상태가 공동체들에 제기한 '경제문제'의 본질을 변경시키지는 않을 것이다. 노동자들의 생산의 일부를 그들에게서 빼앗아 투자로 돌려야 할 필요성, 동일하게 흥미 있고 보수가 좋은 것이 아닌 직업들의 공평한 분배의 필요성, 엄격한 규율을 유지하고, 기술관료적 계급제도를 존중해야 할 필요성 등과 같은 문제가 그것이다. 유토피아를 더 멀리 밀고 나가면서 사람들은 육체노동을 단지 소수집단에게만 부과하지 않고, 모든 인간들이 하루의 몇 시간 또는 일생의 일정 기간을 공장에서 보내는 것을 생각할 수도 있다. 이렇게 해서 그들은 인간의 가능성의 한계는 넘지 않으면서도 역사적 지평의 한계를 넘을 수도 있을 것이다. 심지어 이런 극단적인 가정 속에서도 오늘날 경제적 삶이 종속되어 있는 몇몇 요구 조건은 완화될 수 있을지 모른다. 하지만 그 어떤 요구 조건도 완전히 사라지지는 않을 것이다. (정지 상태에서는 생산성을 증가시키는 것은 더 이상 문제가 안 될 것이며, 단지 도달한 수준을 유지하는 것만이 문제가 될 것이다.)

---

143 장 푸라스티에(Jean Fourastié)가 그들 중 한 명이다.

절대적 풍요를 구가하는 정체에서 발생할 수 있는 상황과는 달리 '경제 문제'는 근본적으로 해결되지 못할 것이다. 소득은 현금으로 분배될 것이고, 개인이 공동 생산에서 자기 몫을 마음대로 차지할 자유는 허용되지 않을 것이다. 어느 정도의 상여금이 필요하다는 것은 변하지 않을 것이지만, 보수는 필요에 따라 지급될 것이다. 누구나 기술적, 지적인 교육을 받을 수 있으나, 각자의 타고난 능력, 공동체에서 갖게 되는 직업에 의한 불평등은 사라지지 않을 것이다.

정지 상태는 '정치문제'에도 급진적인 해결책을 가져다주지 못할 것이다. 그런데 이 문제는 결국 인간들 사이의 평등과 집단에서의 직무 불평등의 조화 문제로 귀착된다. 그렇게 본질적인 임무는 오늘날과 본질적으로 크게 다르지 않을 것이다. 그 임무는 강압을 받지 않고 또 자신의 자존감을 잃지 않고서 약자가 강자에게 인정하는 것을 약자 자신이 얻게 하는 것이다. 개인들과 집단들 사이에서 국민 소득의 분배를 위한 대립의 완화는 격심한 분쟁을 없애는 데 어느 정도 기여할 것이다. 하지만 여기에서도 경험은 여전히 유보가 있다는 것을 가르쳐 준다. 어느 정도 부를 얻은 사람들의 요구가 가장 강하다. 사람들은 돈을 벌려는 것과 같은 열정으로 사치, 권력, 사상을 위해 서로 싸운다. 사람들은 철학이 아니라 이해관계에 따라 화해한다.

만일 모든 사람들의 생존이 보장되었다고 가정한다면, 그들의 집단은 더 이상 착취 시도와는 무관할 것이고, 또 적대자들로부터 위협을 받지도 않을 것이다. 국가들 사이의 생활수준의 불평등 ―이것은 20세기의 부정할 수 없는 사실 중 하나이다― 도 사라지게 될 것이다. 그렇다고 해서 국경 경비소가 폐쇄될까? 세계의 여러 민족들이 서로 형제애를 느낄까? 여기에서 두 번째 가설을 마련할 필요가 있다. 국가의 소멸이나 세계적인 제국의 출현으로 인해 인류가 더 이상 주권 국가들로 분리되는 것이 아니라 평화롭게 공존한다는 가설이 그것이다. 이 가설이 반드시 상대적 충족이나 절대적 풍요라는 첫 번째 가설에서 나오는 것은 아니다. 종족들, 민족들, 제국들 간의 투쟁은 그 다양성 때문에 계급투쟁과 연계되어 있다. 하지만 이런 싸움이 단순히 계급투쟁만의 표현은 아니다. 인종들 간의 증오는 계급 대립이 없어진 뒤에도 여전히 존재할 것이다. 인간들의 집단이 전리품을 얻으려는 희망에 무관심해진다고 곧바로 상호 충돌이 그치는 것은 아닐 것이다. 힘을 얻으려는 욕망은 부에 대한 욕망처럼 뿌리가 깊다.

경제문제에 대한 급진적인 해결을 생각한 것처럼 정치문제에 대해서도 '급진적인 해결'을 생각한다. '정지 상태'와 '절대적 풍요' 사이의 구별과 동일한 것을 정치문제에서도 발견할 수 있다. 정치적 정지 상태에서는 각각의 집단 내에서 모든 구성원들이 집단에 참여하고, 통치자들은 힘에 호소하지 않으면서 통치하고, 또 피통치자들은 굴복의 감정을 겪지 않으면서 통치를 따르게 된다. 집단들 사이에서 평화는 국경의 가치를 낮추고, 또 개인의 권리를 보증할 것이다. 국가의 보편성과 시민들의 동질성이 절대적 풍요에 응답한다. 이 개념들은 모순되지 않지만, 역사적 지평선 너머에 있다. 이 개념들은 공동생활 여건들의 근본적인 변화를 전제로 한다.

기술의 진보는 과학의 발전, 즉 자연에 대한 연구에 적용되는 이성의 발전에 달려 있다. 하지만 만일 사유를 통해 —이것은 이성에 의한 본능의 지배를 함축한다— 인구 수준의 안정이 더해지지 않는다면, 기술의 진보는 상대적 풍요를 낳을 수 없을 것이다. 만일 사람들이 인간들 사이의 상호 인정을 그들의 공통된 본질과 다양성 속에서 생각하지 못한다면, 달리 말해 모두에게서 반항과 폭력에 대한 유혹을 이성으로 지배하지 못한다면, 기술의 진보는 또한 인간들, 계급들, 국가들 사이의 평화를 보장할 수 없을 것이다. 몇몇 사람의 사치로 인해 거의 모든 사람들의 빈곤이 발생하는 한, 인간들이 지상에서 서로 협조하는 것은 불가능하다. 하지만 불행하게도 자산의 증대와 불평등의 감소도 인간과 사회의 본성을 변화시키지는 못하는 것 같다. 결국 인간은 불안정하게 존재하고, 사회에서는 위계질서가 없어지지 않을 것이다. 자연에 대한 승리로 이성이 감정을 지배하게 될지도 모르지만, 이런 지배가 영원히 계속되리라고는 단언할 수 없다.

이렇게 정의된 역사의 목적이라는 개념은 추상적인 이상(자유, 평등), 또는 구체적인 질서와 섞이지 않는다. 가장 넓은 의미에서 인간들의 풍습이 문제를 제기하는 것도 아니고, 또 그것이 해결책을 가지고 있는 것도 아니다. 어떤 정치 체제라도 역사적 우연성을 수반하는 특징을 가지고 있다. 고립된 가치들의 추상화와 각 집단의 특이한 특징들 사이에서 역사의 목적이라는 개념은 정확히 우리가 사회에 대해 드러내는 무수한 요구를 동시에 충족시켜 줄 수도 있는 조건을 확립하는 데 도움을 준다. 역사의 목적은 이성이라는 이념이며, 이 목적은 개개의 인간이 아니라 시대를 통해 이루어지는 인간들의 집단적 투쟁의 노력을 특징지어 준다. 인류가 합리적이기를 바라는 한에서, 역사의 목적은 이 인류의 '기획'이다.

역사와 광신주의

역사 해석의 여러 단계를 따라가면서 우리는 역사의(또는 전前 역사의) 목적 개념에 이르렀다. 그 과정에서 사용한 '전체에 대해 의미를 부여하는 특권적 상태'와 같은 표현은 어느 정도 이 개념의 형식화된 동의어였다. 지금까지의 분석으로 우리는 앞 장에서 다룬 성직자들과 신도들의 철학에 대한 비판을 더 심화시킬 수 있을 것이다.

공동생활의 문제에 대한 급진적인 해결을 생각해 볼 수 있다. 이런 해결책이 실제로 가능한지는 고려하지 않은 채로 말이다. 하지만 거기에는 해결된 모순을 평등이나 박애라는 추상적인 표현이나, 또는 특이하면서도 평범한 현실로 대체하려는 그치지 않는 유혹이 있다.

앞에서 살펴보았듯이 메를로퐁티는 이 두 가지 잘못을 차례로 범하고 있다. 인정이라는 개념 자체는, 그것이 서로 인정하는 사람들 사이에서 사회적 동질성을 요구하지 않는 한, 자유와 박애의 개념처럼 내용이 없이 텅 비어 있다. 하지만 이런 경우에는 장교와 병사, 고용자와 노동자 사이의 상호 인정은 불가능할 것이며, 그와 같은 사회는 비인간적일 것이다. 인정이란 개념에 내용을 부여하기 위해 메를로퐁티는[144] 여러 기준에 호소했다. 하지만 그중 어떤 것들은 너무 구체적이고(공공 소유), 또 다른 것들(대중의 자발성, 국제주의)은 지나치게 애매하다.

스탈린의 철학에서 '특권적' 또는 '궁극적' 상태는 이상 속에서 용해되는 것이 아니라 평범한 사건으로 떨어지는 것이다. 정통파 공산주의자의 눈으로 보면, 공산당이 정권을 장악하자마자 근본적인 단절이 이루어지며, 계급 없는 사회로 가는 도정에 들어서게 된다. 하지만 실제로는 아무것도 해결되지 않으며, 혁명 후에도 자본 축적, 공정하지 않은 보수, 장려 제도, 규율의 필요성 등은 여전히 그대로 남아 있다. 하지만 정통파 공산주의자의 눈으로 보면 이런 산업 문화에 대한 모든 예속의 의미는 완전히 달라지게 된다. 왜냐하면 프롤레타리아트가 지배하고, 또 사회주의 건설이 시작되었기 때문이다.

이상이나 일화적 사건을 곧 다가올 신성한 목적과 혼동하면서 성직자들과 신도들은, 정치가들이 개인들의 이기주의와 정념을 집단에 유익하

---

144 Cf. *Humanisme et Terreur*, p.145 et suiv.

게 만들기 위해 정립했던 지혜의 규칙들을 무관심이나 경멸로써 거부한다. 그들은 권력의 제한, 세력의 균형, 정의의 보장 등과 같은 항상 미완이고, 또 여러 시대를 거쳐 천천히 이루어진 정치 문명의 결과물을 몽유병 환자와 같은 태연한 태도로 부숴 버린다. 그들은 혁명에 봉사한다고 주장하면서 절대적 국가에 동의한다. 그들은 복수정당제, 노동자 조직의 자치에 관심을 두지 않는다. 그들은 변호사가 고객을 위협하고, 피고가 상상의 범죄를 자백하는 것에 분노하지 않는다. 결국 '방종한 정의'가 부당한 법률을 적용하는 데 반해, 혁명적 정의는 오히려 '공존 문제에 대한 과격한 해결'로 향하는 것이 아닌가?

역사의 마지막 단어를 알지 못한 채 역사 속에서 활동하는 정치가는 지나치게 비용이 많이 들 수 있는 바람직한 계획 앞에서도 때로 주저한다. 하지만 성직자들과 신도들은 이런 조심성을 모른다. 숭고한 목적이 끔찍한 수단들을 허용한다. 현재에 대해 도덕적인 혁명가는 행동에 있어서는 견유주의적이다. 그는 경찰의 잔인한 행위, 공업 생산의 비인간적인 리듬, 부르주아 재판소의 엄격함, 모든 의혹을 불식시킬 정도로 유죄가 증명되지 않은 죄수들의 처형에 분노한다. 총체적으로 '인간화'되지 않는 한, 그 어떤 것도 그의 정의에 대한 굶주림을 진정시켜 주지 못할 것이다. 하지만 혁명가가 한번 그 자신과 마찬가지로 기존의 무질서에 대해 가차 없는 당에 가입하기로 결심하고 나면, 그는 지금껏 비난해 온 모든 것을 혁명의 이름으로 용서하게 된다. 혁명의 신화가 타협을 인정하지 않는 도덕성과 공포정치 사이에 다리를 놓는 것이다. 이와 같은 엄격함과 관대함이라는 이중의 유희보다 더 평범한 것은 없다. 우리 시대에서 역사에 대한 우상숭배는 이런 이중적인 유희의 지적 원인은 아니라고 해도 그것이 자행되는 형태이긴 하다. 역사의 의미를 찾아낸다는 구실을 내세워 사람들은 사색과 행위의 종속을 무시한다.

하나의 행동에 부여되는 의미의 복수성은 우리의 무력함을 드러내는 것이 아니라, 오히려 복잡한 현실에 대한 우리의 지식의 한계를 드러낸다. 우리가 진리에 도달할 기회를 가지는 것은 본질상 애매한 세계를 탐사함으로써이다. 우리가 전지전능하지 않기 때문에 세계에 대한 인식이 미완성인 것은 아니다. 그 이유는 오히려 대상 속에 풍부한 의미들이 기입되어 있기 때문이다.

사회질서를 판단하기 위해 우리가 참고해야 할 복수의 가치들은 과격한 선택을 부르지 않는다. 사람들은 풍습을 순수한 다양성에 내맡긴다. 하지만 그들은 이상주의자들을 위해 보편적인 타당성을 요구한다. 경제, 정치 체계들은 이 풍습과 보편적 타당성 사이에 위치한다. 이 체계들은 풍습처럼 무한정으로 변하는 것도 아니고, 반대로 인간적인 법의 원칙들처럼 수정이 불가능한 것도 아니다. 이 체계들은 무정부주의적 회의주의 —모든 사회가 다 증오의 대상이 될 수 있고, 또 각자가 결국 자신의 기분에 따라 결정할 수 있다— 에 휩쓸리는 것을 금지한다. 이 체계들은 또한 인간 사회의 유일한 비밀을 가졌다는 주장 역시 비난한다.

우리는 '경제문제'와 '정치문제'의 해결책을 생각해 볼 수 있다. 왜냐하면 이 두 가지 문제의 항구적인 소여들을 소상히 밝힐 수 있기 때문이다. 하지만 이런 항구성으로 인해 필연성의 질서에서 자유의 질서로 단번에 비약할 수 있으리라는 상상은 허용되지 않는다.

계시종교에 의하면 역사의 목적은 영혼의 개종이나 신의 명령에서 도출될 수 있다. 상대적 또는 절대적 풍요, 인간 집단들 간의 평화적인 관계, 통치자들에 대한 피통치자들의 자발적인 복종 등은 역사의 목적에 대한 정의에서 벗어나지 않는다. 우리는 현재 있는 것과 앞으로 그렇게 되어야 할 것 사이의 거리를 측정할 때, 우리의 시야에 주어진 현실과 이런 최종 지점을 대조시키게 된다. 이런 대조에 힘입어 우리는 합리적으로 선택할 가능성을 가진다. 하지만 거기에는 역사적 선택의 대상과 과격한 해결이라는 생각을 결코 동일시해서는 안 된다는 조건이 수반된다.

이와 같은 생각은 인간을 동물로 보고, 또 인간을 그렇게 취급하도록 가르치는 견유주의적이거나 자연주의적인 관념론에 대해 판단을 내린다. 또한 그런 생각은 인간들의 인간성을 부정하는 제도들을 비판하는 것을 허용한다. 물론 그런 생각이 한 시대에 사회적 질서가 구체적으로 어떤 모습이어야 하는지, 또 한 시기에 우리의 참여가 어떤 형태여야 하는지를 단언할 수 있게 해 주지는 않는다.

정치적 선택의 본질적인 역사성은 자연법의 거부 위에도, 사실들과 가치들의 대립 위에도, 위대한 문명 간의 이질성 위에도, 토론을 거부하는 사람과의 대화 불가능성 위에도 기초하지 않는다.

역사의 흐름보다 상위에 있는 법의 원칙들이 있다고 인정해 보자. 권력을 원하면서도 모순에 사로잡히는 것을 조롱하는 대화 상대자와의 대화를 제쳐 놓아 보자. 교류가 불가능한 문화들의 특수한 영혼을 무시해 보자. 그럼에도 정치적 선택은 여전히 특수한 상황들과 분리될 수 없을 것이다. 물론 이런 특수한 상황들이 합리적일 수도 있다. 하지만 그것들은 결코 증명될 수 없고, 또 과학적 진리나 도덕적 명령과 같은 성질을 가질 수도 없을 것이다.

증명을 할 수 없다는 사실은 사회적 존재의 일정치 않은 법칙과 가치들의 복수성에서 기인한다. 생산을 늘리기 위해서는 노력을 부추길 필요가 있다. 투쟁적인 개인들을 협력으로 유도하기 위해서는 권력을 확립시켜야 할 필요가 있다. 이와 같은 불가피한 필요성들은 현재 우리가 살고 있는 역사와 우리가 상상하는 역사의 목적 사이의 간격을 보여 준다. 노동이나 복종은 그 자체로 인간의 예정된 운명에 반대되는 것은 아니다. 하지만 그것들이 강제로부터 태어난다면 그렇게 된다. 그런데 어떤 사회에서도,

어떤 시기에도 폭력은 계속 존재해 왔다. 이런 의미에서 정치는 항상 최소한의 악의 정치였고, 인간이 현재와 같은 인간으로 남아 있는 한, 정치는 계속 그런 모습을 보일 것이다.

낙관론으로 여겨지는 것은 대부분의 경우 지적 과오의 효과이다. 시장경제보다 계획경제를 선호하는 것은 합리적일 수 있다. 하지만 계획경제로부터 풍요를 기대하는 것은 관료들의 능률과 가용 자원의 한계를 잘못 판단한 것이다. 의회 제도에서 볼 수 있는 느린 숙고보다 일당제의 권위를 선호하는 것은 불합리하지 않다. 하지만 자유를 얻기 위해 프롤레타리아트의 독재에 기대를 거는 자는 인간들의 반응을 잘못 보고, 또 소수자의 손에 권력이 집중되는 것으로 생겨나는 불가피한 결과를 잘못 보고 있다. 작가들을 영혼의 기사들로 만들고, 또 예술가들을 선전을 위해 동원할 수는 있다. 하지만 변증법적 유물론의 포로가 된 철학자들이나, 또는 사회주의 리얼리즘의 노예가 된 소설가들에게서 재능이 부족한 점에 대해 놀라는 자는 창작의 본질을 오해하고 있다. 위대한 작품들이 가지는 특별한 의미가 국가 지도자들의 명령에 의해 실현된 적은 결코 없다. 역사를 우상으로 숭배하는 자들은 혼란을 조장한다. 그 까닭은 그들이 좋거나 나쁜 감정에 따라 활동하는 것이 아니라, 그들이 틀린 생각을 가졌기 때문이다.

발전 과정에 있는 인간은 구조를 가지고 있다. 그의 모든 행동은 역사적 실체들 속에 포함되고, 개인들은 정체와 결부되며, 개념들은 교리로 체계화된다. 사람들은 그들의 사건 해석에 따라 자의적으로 끄집어낸 의미를 타인들의 행동이나 사색에 부여할 수 없을 것이다. 최후의 말은 결코 내뱉어진 적이 없으며, 그런 만큼 마치 자신들의 주장이 궁극적인 진리인 것처럼 적들을 판단해서는 안 된다.

과거에 대한 참다운 인식은 우리에게 관용의 의무를 상기시켜 준다. 그 반면에 잘못된 역사철학은 광신주의를 퍼뜨린다.

마지막 분석으로 대체 그렇게 빈번하게 제기된 "역사는 의미를 가지는 가?"라는 질문의 의미는 무엇인가? 첫 번째로 이 질문은 즉각적인 답을 얻을 수 있다. 역사는 인간들의 행위들과 작품들처럼 인지 가능하다는 답이 그것이다. 물론 그 행위들과 작품들에서 공통되는 사고방식과 대응 방식을 발견할 수 있는 한에서이긴 하다.

두 번째로 역사는 또한 분명하게 유의미적이라는 답이다. 우리는 사건을 전체 속에 자리매김하면서 이해한다. 우리는 작품을 그 창조자의 영감이나 가깝거나 먼 감상자에게 이 작품의 창조가 가지는 의미를 끌어내면서 이해한다. 의미는 호기심의 방향이나 현실의 차원과 같이 다양하다. 물론 진짜 문제는 결국 개별적인 것에 관련된다. 하지만 역사의 각각의 계기는 다양한 의미를 가진다. 그렇다면 역사 전체는 하나의 의미만을 가질 뿐인가?

극복해야 할 삼중의 복수성이 있다. 문명, 제도 및 활동(예술, 과학, 종교)의 복수성이 그것이다.

문명의 복수성은 모든 인간들이 단 하나의 거대한 조직하에 소속될 때 비로소 극복될 수 있을 것이다. 제도의 복수성은 인류의 '기획'에 따라 집단적 질서가 정립될 때 극복될 수 있을 것이다. 마지막으로 활동의 복수성은 보편적으로 가치를 인정받는 철학이 인간의 운명을 결정할 때 극복될 수 있을 것이다.

인간들의 항구적인 요구들에 부합하는 세계국가는 결국 건설될 것인가? 이 질문은 장차 일어날 사건들에 관련되며, 그런 만큼 우리는 독단적으로 긍·부정의 답을 할 수가 없다. '정치' 발전이 '하나의' 의미를 갖기 위해서는 인류가 하나의 사명을 가지는 것, 서로 낯선 사회들이 서로 교대되는 것보다 하나의 탐구의 연쇄적 단계로 나타나는 것으로 충분할 것이다.

그렇다면 이런 세계국가는 역사의 수수께끼를 풀 수 있는가? 지구의 합리적인 개발 이외의 다른 목표를 믿지 않는 자들의 눈에는 가능한 것으로 보일 것이다. 하지만 사회생활과 정신의 구원을 혼합하는 것을 거부하는 자들의 눈에는 불가능하게 보일 것이다. 그 답이 어떻든지 간에 그 내용은 과거에 대한 지식이 아니라 철학에 의해 채워질 것이다.

역사는 결국 철학이 그것에 부여하는 의미를 갖게 된다. 만일 기념물의 건설자인 인간이 예견 불가능하고 숭고한 형식들과 이미지들의 창조에 매진한다면, 그때 역사는 상상의 박물관이라는 의미를 갖게 될 것이다. 또는 만일 무한한 자연의 개발만이 인간을 동물보다 높은 위치에 올려 준다면, 그때 역사는 진보의 의미를 갖게 된다. 철학이 역사적 모험에 부여한 의미는 중요한 발전의 구조를 결정하기는 하지만, 그것의 미래를 결정하지는 못한다.

인간이 추구하는 것을 알고 있는 자는 철학자이지 역사가가 아니다. 우리에게 인간이 과거에 발견한 것과 미래에 어쩌면 발견하게 될 것을 가르쳐 주는 자는 철학자가 아니라 역사가이다.

제6장
필연성의 환영

"역사는 인간 공존의 논리가 있는 경우에만 의미를 가질 뿐이다. 그런데 이 논리는 어떤 모험을 불가능하게 만드는 것은 아니지만, 마치 자연도태의 과정에서처럼 최소한 인간들의 항구적인 요구에서 벗어나는 요구는 제거한다."[145]

우리는 지금까지 인류의 궁극적인 의미의 문제와 혼동되는 결정론 또는 예견의 문제를 제쳐 놓았다. 우리가 '인간들의 항구적인 요구'와 일치하는 존재를 규정했다고 가정해 보자. 그렇다고 해서 그것이 반드시 실현되리라고 선언할 권리가 있는가?

미래는 예견할 수 있고 또 미리 예정되어 있지만, 미래가 '인간들의 항구적인 요구'에 반대된다는 사실을 인정하는 것은 그다지 불합리하지 않다. 또한 여러 사건들이 저절로 '이탈하는 모험'을 제거하리라는 것은 긍정도 부정도 할 수 없다. 하지만 인간들 사이의 관계가 어떤 것이 되어야 하는가는 우리가 알고 있다고 생각한다.

---

145 M. Merleau-Ponty, *op. cit.*, p.166.

프랑스어 단어 '상스sens'가 가진 이중의 의미가 이런 혼란에 기여한다. 왜냐하면 우리는 사회가 진화하는 '방향'이나, 또는 우리의 이상을 달성할지도 모르는 '특권적인 상태'를 찾고자 하기 때문이다. 역사에 대한 통속적인 신학은 그런 진화와 우리의 이상의 일치를 가정하고 있다. 통속적 신학이 성공한 것은 이런 가정 —그것이 불합리하건 간에— 때문이다.

우리는 관찰을 통해 인간의 정열을 이용하여 그 목적을 달성한다고 보는 헤겔적인 '이성의 간계'와 동일한 것을 다시 발견할 수 있는가? 경제적 이해관계 또는 경제적 힘의 결정론은 반드시 합리적 결론으로 향하는가?

우연적 결정론

앞 장에서 인용했던 예들을 다시 한번 들어 보자. 카이사르는 루비콘강을 건넜고, 오스트리아의 각료들은 유고슬라비아에 대해 최후통첩을 보냈으며, 히틀러는 '바르바로사' 작전Unternehmen Barbarossa[146] 개시 명령을 내렸다. 이 각각의 행동은 그 행동자의 계획과 그가 처했던 상황과 관련될 때 인지 가능하다. 이야기 속에 포함되어 있는 것과 같은 통용되는 설명은 이런 결정들을 암시하거나 부과한 동기들, 요인들, 환경들을 내세운다. 역사가는 사건을 책임 있는 사람의 의도나, 또는 상황을 통해 밝히면서 때때로 원인에 대해 말하는 쪽으로 기운다. 하지만 그가 이해할 수 있는 언어로 말하는 것이 더 나을 것이다.

그 어떤 것도 또 다른 질문을 제기하는 것을 방해하지 않는다. 카이사

---

[146] 바르바로사 작전: 2차 세계대전의 동부 전선에서 나치 독일이 소비에트 연방을 침공한 작전의 이름이다.

르, 오스트리아의 각료들, 히틀러는 각각 실제로 내렸던 결정과 다른 결정을 내릴 수 없었을까? 이 질문은 결정론의 원리를 문제 삼는 그런 질문이 아니다. 다음과 같은 주장은 전적으로 역사적인 문제의 외부에 놓여 있다. 즉, 순간 A에서의 세계의 상태는 순간 B에서의 그 상태와 다른 것이 될 수가 없다는 주장이 그것이다. 카이사르, 오스트리아의 각료들, 히틀러의 결정은 그 당시의 환경에서 나온 것인가? 만일 다른 사람들이 그들의 자리에서 다르게 행동했더라면, 사건들의 향방이 달라지는 결과가 나오지 않았을까? 오스트리아의 각료들이나 히틀러가 내린 결정의 결과들이 결국에는 '모든 것이 같은 사태에 도달했으리라'라고 할 만큼 시간적으로 제한되어 있었다는 것을 증명할 수 있을까? 만일 1914년의 세계대전이 5년이나 6년 후에 발발했다면 같은 결과를 냈을까? 그랬더라면 레닌과 트로츠키의 지도하에 러시아에서 혁명이 성공을 거두었을까?

우리는 이런 지적들을 부정적 형식(우리는 … 한 것을 증명할 수 없다)으로 표현했다. 우리는 같은 생각을 긍정적인 말로 표현할 수도 있을 것이다. 하나의 사건이 한 인간의 행동의 결과인 한, 그 사건은 그 인간과 동시에 상황을 표현한다. 행동자의 심리에는 그가 받은 교육, 환경의 영향이 반영되어 있다. 하지만 일정 순간에 내려진 결정은 교육과 환경의 필연적인 결과가 아니다. 자신의 행동이 사회 전체에 영향을 미치는 지위에 그 인간이 오른 것은 엄밀히 말해 상황에 의해 결정된 것이 아니기 때문에, 그의 어떤 일련의 행동은 개인적 행동에 그 기원을 두고 있다.

정치의 역사와 전쟁과 국가의 역사는 인지 불가능하지도 않고 우연적이지도 않다. 전쟁을 이해하는 것이 군사 제도나 생산방식을 이해하는 것보다 더 힘이 드는 것은 아니다. 역사가들은 여러 민족들의 흥망성쇠를 결코 유일한 우연으로만 돌리지 않았다. 그렇다고 군사적 패배가 항상 제국의 쇠퇴를 증명해 주는 것은 아니다. 외국의 침략으로 인해 번영하고 있는 문명이 파괴된 적도 있다. 원인과 결과 사이에는 비례관계가 없다. 이런 사건들은 다만 우연적인 결정론을 나타낼 뿐이고, 이것은 우리가 가진 지식의 불완전성보다는 인간 세계의 구조와 관계가 있다.

어떤 행동을 어떤 상황과 관련시킬 때마다 우리는 불확실성의 한계를 고려해야 한다. 만일 우리가 오랜 기간과 세계적 문명을 고찰한다면, 그 불확실성의 한계는 인류가 가진 선택하고 의욕하고 창조하는 능력과 혼동된다고 할 수 있다. 환경은 인간 사회에 도전을 하고, 사회는 이 도전에 응할 수 있는 힘이 있느냐 없느냐를 스스로 증명한다. 개인이나 사회의 생명력에 대한 형이상학은 단순히 우리가 단언하는 것을 개념이나 이미지로 번역하는 것에 한정된다. 한 사회의 운명은 특정한 인간 집단이 가지는 고유한 가치에 의해 설명된다. 만일 우리가 이 운명의 결정을 실증하고자 한다면, 같은 도전에 맞서 다시 한번 이 도전에 대한 성공적인 대응에 필요한 소질이 재차 나타날 개연성이 어느 정도인지를 자문하면 된다. 환경과 의지의 조우에서 태어나는 문명은 행운의 추첨과 비교 가능하다. 환경이 인간에게 행운을 주었던 경우도 드물었고, 또 인간이 주어진 행운을 포착할 수 있었던 기회도 드물었다.

만일 사람들이 위계질서의 좀 더 낮은 차원에 있다면, 역사적 설명의 개연적 양상은 더 명백해진다. 재정적 위기와 삼부회 앞에서 루이 16세가 취한 태도나 1940년에 전쟁을 계속하던 영국과 미심쩍고 두려운 상대인 러시아에 맞서 히틀러가 취한 태도는 환경에 의해 미리 결정된 것이 아니다. 프랑스 대혁명 당시에 다른 국왕이었더라면 그 위기에 대처했을지도 모르고, 군대를 동원해 파리의 폭도들에게 대처했을 수도 있다. 또 히틀러가 아닌 다른 지도자였더라면 서구인들로 하여금 평화를 갈구하게 하도록 노력을 배가하면서 동구와 몇 년 동안 비교전 상태를 유지했을지도 모른다. 루이 16세의 행동도 히틀러의 행동도 인지 불가능한 것은 아니다. 하나는 낡은 왕가의 후예의 고유한 사고방식에서 유래했고, 다른 하나는 최고 권력을 장악한 벼락출세한 선동가의 사고방식에서 유래했다. 하지만 루이 16세가 상황에 비춰 보아 내린 결정에 우연성의 요소가 포함될 수 있기 위해서는 그가 유전의 우연한 작용으로 다른 성격을 타고나는 것으로 충분했을 것이다. (누구도 이것을 부정할 수 없다.) 또한 2차 세계대전의 전개가 독자적이고 놀라운 양상을 띠기 위해서는 최종적으로 히틀러가 승인한 전략이 다른 독재자가 했거나, 또는 다른 정보나 다른 영향을 받은 히틀러 자신이 했던 계산에서 기인하는 것으로 충분했을 것이다.

역사적인 결정을 내려야 하는 입장에 처한 사람은 실제로 그가 속한 사회나 시대를 표현한다. 하지만 그의 정치적 또는 군사적 운명은 전체적인 특징에서 보면 사회의 구조에 의해 완전히 결정된 것은 아니다. 프랑스 군주제의 몰락과 프랑스 대혁명의 성공은 미천한 출신인 젊고 유능한 장교에게 무한한 미래에 대한 전망을 열어 주었다. 보나파르트의 이력은 그가 직접 체험한 시대의 전형이다. 하지만 최고의 지위에 오른 그 개인이 정확히 나폴레옹 보나파르트일 것이라고 미리 예언할 수 있는 자는 아무도 없었을 것이다. 역사적 사실은 적극적이거나 어찌할 수 없는 무수한 원인에 의존한다. 이것은 룰렛 게임에서 쇠구슬이 다른 번호가 아닌 바로 그 번호에 멈추게 하는 이유들이 무수한 것과 비교될 수 있다. 나폴레옹이 황제의 자리에 올랐다는 것은 여러 가지 생각 가능한 것 중에서도 혁명 상황에서 가장 운이 좋은 제비뽑기였다. 프랑스의 지배자였던 나폴레옹은 권좌에 오른 모든 모험가들에게 공통된 성향이 아니라 그 자신만의 독특한 인격을 표현하는 정책을 수행했다. 그리고 그로 인해 적어도 프랑스와 유럽의 여러 나라들이 그 제도 속에 그의 천재적인 흔적을 담고 있는 동안, 그의 야심을 길러 준 다양한 환경이 그 이후에 이어지는 많은 결과를 낳은 것으로 보인다.

행동하는 인간들은, 마치 그들이 신의 섭리, 심술궂은 천재 또는 우연이라는 익명의 신비로운 힘의 장난감처럼 느껴지는 것처럼, 우연이라고 이름 붙여진 자신들의 별을 즐겨 들먹인다. 그들은 합리적인 행동은 다만 우연을 계산하는 문제에 불과하다고 느낀다.

전쟁의 지도자, 정치가, 투기꾼, 기업인이 목적과 수단을 확실히 결합하게 하는 우연성에 대한 지식을 가지고 있는 경우는 드물다. 그들은 운에 내기를 걸고 또 그럴 수밖에 없다. 작전 계획을 세우는 순간에 적의 반격을 완전히 예측할 수는 없다. 의회에서의 책략의 성공을 결정하는 요소는 너무 많아 일일이 열거할 수 없을 정도이다. 증권거래소에서 판매자는 그곳의 분위기를 바꿔 버릴 수 있는 정부의 개입이나 정치적 사건을 무시한다. 투자 계획을 세우는 기업인은 확장의 국면을 고려한다. 인간의 행동이 가지는 구조적 특징들 —의지의 충돌, 환경의 해석 불가능한 복잡성, 우연이라는 현상, 일탈의 원인들— 은 더 이상 사회학자들에 의해 무시되지 않는다. 역사를 이해하려는 사람이 어떻게 이런 특징들을 무시할 수 있겠는가? 역사의 이해가 선택의 순간과 관련될 때, 가능한 여러 선택을 상기시키기 위해 행위자들의 숙고가 반복되고, 그들이 체험한 대로 사건들이 재구성된다. 하지만 이런 재구성은 필연성의 전개로서가 아니라 현실의 폭발로서 이루어진다.

그렇다고 해서 개연성이 엄밀하게 객관적인 것은 아니다. 결정은 그것이 내려진 상황과 다시 연결되고, 위대한 인물들은 그들의 환경을 '표현하며', 일련의 사건들은 결코 철저하게 서로 구분되지 않는다. 인간의 정신은 우연을 해석할 수 없거나, 또는 가능한 여러 원인들을 완전히 파악할 수 없다. 하지만 개연성에 대한 회고적 계산은 행동자들의 미래에 대한 계산에 대응한다. 역사적 세계 그 자체는 일련의 행동들의 구분, 대량 자료들의 차별화(인구의 규모, 생산수단, 계급 대립), 개인의 행동, 필연성의 전개와 운명이 갈라지는 사건들 사이의 차이, 한 시대의 시작과 종말을 표시하는 중대한 날짜, 문명의 운명을 결정하는 우연한 사건들 등의 윤곽을 소묘한다. 역사의 구조는 우리가 동일한 사고방식을 거기에 적용해도 좋을 만큼 충분히 우연적인 구조를 닮았다.

이와 같은 형식적 고찰의 목적은 위대한 인물들의 역할이라든가 우연한 사건들의 책임을 과장하려는 데 있지 않다. 하지만 그들의 역할 또는 역사적 사건의 책임을 독단적으로 부인하는 것은 생각할 수 없는 일이다. 각각의 경우에서 우리는 정치적 운명에 의해 선택된 사람이 어느 정도까지 그가 산 시대의 역사에 발자취를 남겼는가, 패배가 한 국가의 붕괴를 확정했는가 아니면 야기했는가, 한 사건이 세력들의 관계나 사상의 조류를 반영했는가 아니면 왜곡했는가를 자문해야 한다. 그 대답은 결코 흑이냐 백이냐 또는 필연성인가 우연성인가가 아닐 것이다. 영웅의 업적은 역사에 의해 준비된다. 비록 다른 영웅이 그 업적에 다른 특징을 부여한다고 해도 그렇다.

역사가들은 예견할 수 없는 상황의 중요성 또는 우연한 사건의 중요성을 과소평가하거나 과대평가하는 경향이 있다. 그들의 이런 경향이 철학으로 여겨질 수는 없다. 그것은 편견이나, 또는 호기심의 방향을 드러낸다. 경험에 속하고 또 보편적으로 타당한 해결을 포함하고 있지 않은 문제를 철학적으로 해결할 수는 없다. 개인들이나 우연한 사건들에 부여된 창조나 효과의 여지는 왜 모든 시대나 모든 부분에서 동일하게 많거나 적을까?

사건들은 그것들을 소수집단, 게다가 한 개인의 의도나 감정과 연관 짓는다고 해서 자동적으로 인지 가능하게 되는 것은 아니다. 승리를 우수한 화력의 탓이라고 여기건 또는 지휘관의 천재적인 능력 탓으로 여기건 간에, 이런 설명은 우리 정신을 만족시켜 주지 못한다. 아마 일부 군사평론가들이 주장하는 바와 같이 무기와 군대 조직이 90%의 중요성을 차지하고, 부대원들의 사기와 참모들의 재능이 나머지 10%를 차지할 것이다. 여기에서 문제가 되는 것은 사실이지 이론이 아니다.

사소한 사실들의 개입 —개인의 주도권이나 일련의 우연한 만남들— 은 전체에 대한 인지 가능성을 방해할 수 있다고 염려할 수 있다. 하지만 이런 염려는 잘못된 것이다. 사실들이 세부적인 면에서 다른 것이 되었을지도 모른다는 사실은 전체를 이해하는 데 방해가 되지 않는다. '만일 그루시Emmanuel de Grouchy[147] 장군이 있었더라면', 우리는 나폴레옹의 승리를 이해할 수 있었을 것이다. 만일 1914년의 세계대전이 발발하지 않았거나, 또는 볼셰비키당이 제거되었더라면, 우리는 농민 지주계급에 기반을 두고서 점차적으로 자유주의화한 제정하에서 외국 자본의 원조로 이루어진 러시아의 산업화를 이해할 수 있었을 것이다. 우리가 회고적으로 이런 가설에다 어떤 개연성을 부여하건 간에, —엄밀히 말해 실제로 발생하지 않은 사건들의 흐름을 가능하게 만들기 위해 우리가 사유를 통해 변경시켜야 하는 자료들이 아무리 중요하다고 해도— 현실의 역사는 여전히 인지 가능하다. 레닌의 승리는 어쩌면 제정 붕괴 이후의 내란과 임시정부에 의해 계속된 전쟁의 불가피한 결과였을 것이다. 하지만 특수한 사정 속에서 불가피했던 볼셰비키의 승리는, 러시아 민중이 기대하던 행복이나 최소한의 비용으로 근대 경제를 부흥시킨다는 소망을 실현시켜 주지 못했다.

모험 —1789년에서 1815년에 이르는 나폴레옹의 경력, 1933년에서 1945년 사이의 히틀러의 경력— 을 추적하는 역사가는 전체를 인지 가능

---

147 에마뉘엘 드 그루시(1766-1847): 프랑스 혁명전쟁과 나폴레옹전쟁 당시에 활약한 장군이다.

하게 한다. 역사가는 매 순간 전체적인 결정론이 지배했다고 주장하지 않는다. 그는 결국 발생한 사건의 심층적인 원인들을 탐구하고자 한다. 나폴레옹의 제국주의적 시도는 실패했다. 왜냐하면 프랑스라는 나라의 토대가 너무 협소했기 때문이었고, 또 통신과 행정 수단이 그런 시도에 적합하지 않았기 때문이었다. 게다가 프랑스의 군대들이 퍼뜨린 사상과 그들이 강요한 명령과의 대조로 인해 정복된 민족들의 애국심이 깨어났기 때문이었다. 히틀러의 시도도 실패로 끝났다. 왜냐하면 그의 시도로 인해 소련과 앵글로색슨 국가들이 연합했기 때문이었다. 이런 타당한 설명들은 최종 실패를 개연적인 것으로 만든 원인들을 보여 준다. 하지만 이런 원인들이 모험의 상세한 부분과 기간을 미리 결정한 것도 아니고, 우연한 사건들을 배제한 것도 아니다. 영국, 오스트리아, 러시아 삼국 동맹이 붕괴되었더라면 1813년에 나폴레옹은 살아남을 수 있었을 것이다. 소련과 앵글로색슨 국가들 간에 결렬이 생겼더라면, 독일을 히틀러로부터 구할 수도 있었을 것이다. 마치 프리드리히 2세Friedrich II [148]가 그 당시의 오스트리아-러시아 동맹의 붕괴에 의해 구원된 것처럼 말이다. (여러 이유로 이런 일들은 1813년과 1944년에 있을 수가 없었다.) 비밀 무기와 원자탄의 완성에 의해 운명이 바뀌었을 수도 있다. (여기에서도 여러 이유로 이런 일들은 있을 수가 없었다.)

우리가 어떤 수준에서 여러 사건들과 개인들의 혼란에서 끌어내는 규모가 큰 사실들의 연결은 사람들이나 우연한 만남들의 역할을 배제하지 않는다. 과거에 대한 인지 가능한 재구성은 현실과 결부되어야 한다. 또한 이런 재구성은 원칙상 가능성들을 소홀히 하고, 또 필연성에 대해서는

---

148 프리드리히 2세(1712-1786): 프로이센왕국의 제3대 국왕으로 프리드리히 대왕(Friedrich der Große, 1740-1786)이라고 불리기도 한다.

묻지 않는다. 만일 인과성의 문제가 제기된다면, 그 대답은 항상 동일하다. 주어진 어떤 상황에서 사실상 발생한 일은 어쨌든 발생할 가능성이 더 많았던 것이다. (만일 룰렛 게임에서 어떤 번호가 다른 번호들보다도 더 많이 나온다면, 앞으로 더 자주 나올 수 있다.)

역사의 흐름에 대한 결정론적인 해석과 우연적인 견해는 모순적이기보다는 보완적이다. 우리는 어느 한편을 고려할 때만 다른 편의 부분적인 진리를 보여 줄 수 있을 뿐이다. 역사가들은 왜 우리가 겪고 있는 비극적 사건의 진실성을 회고적으로 부정하게 되는가? 역사에서 인간은 그 자신이 유전의 노예냐 또는 교육의 노예냐를 자문하지 않는다. 그보다는 오히려 그는 이 지상에 자기가 살아온 흔적을 남길 수 있느냐 없느냐를 자문한다. 왜 사건이 지난 후에 살아 있는 사람들이 알지도 못하는 운명을 상상해야 하는가?

이론적 예견

역사적 사건들은 정확히 인과적인 설명이 가능한 범위에서 예견 가능하다. 과거와 미래는 균질적이다. 과학적 주장은 이런저런 사건에 적용되는 데에 따라서 그 성격이 바뀌지 않는다. 그런데 많은 역사가들은 왜 과거는 숙명적이었다고 하고, 또 미래는 미확정이라는 생각으로 기우는가?

대부분의 경우에 한 개인이 여러 가능한 결정 중에 어떤 결정을 내리는가를 예견할 수는 없을 것이다. 하지만 실제로 내려진 결정은 그것을 상황과 그 행위자의 기획, 정치나 전략의 긴급한 요구들과 결부 짓는 경우에 인지 가능하게 된다. 회고적 해석은 "사태가 이처럼 진행되었다…"라고 하는 단언 형식이나, 아니면 "이런 동기가 그 행동의 근원에 있었다"라는 가설의 형식을 취한다. 이런 해석이 다른 상황에 적용될 만큼 충분히 추상적이지 않은 한, 그것은 우리에게 내일 무엇이 일어날지를 알려 주지 않는다. 만일 한 행동이 개인이나 집단의 지속적인 경향에서 유래하거나, 또는 환경에 의해 강요된 것이라면, 예견은 즉각적으로 가능해진다. 왜냐하면 거기에는 인과관계가 암묵적으로 포함되기 때문이다.

이런 인과관계가 나타날 때에 과거와 미래의 균질성이 재차 도입된다. 비록 그 균질성이 언어에 의해 가려지는 경우도 있지만 말이다. 결과를 알게 되면, 원인과 결과가 선택과 자의적 결정의 산물이라는 것을 잊어버리고 우리는 주저하지 않고 하나의 사건을 하나의 원인의 결과로 여기게 된다. 우리는 그 사건에 관여했을 수도 있는 여러 우회적인 요소를 무시하고, '모든 사정이 같다면'이라는 조건에서만 타당한 것을 필연적인 결과라고 생각하게 된다. 1942년이나 1943년부터 우리는 히틀러의 패배를 예견했다. 마치 뒤를 돌아보면서 그의 패배에서 결정론을 보는 것과 마찬가지로 말이다. 그 당시의 정세에 대한 기본적 자료들을 보면 전쟁의 결과를 예견할 수 있었다. 왜냐하면 개연성에 따르면 그 패배는 필연적이었기 때문이다. 2차 세계대전이 다르게 진행되기 위해서는 우연한 사건 ―새로운 무기, 연합군의 붕괴― 이 필요했을 것이다. 미래를 바라보면 그런 변화를 감히 배제할 수 없다.

하지만 하나의 개별적인 전쟁의 발발 순간과 진행 방식은 결코 예측할 수 없을 것이다. 아마도 1905년이나 1910년에 소수의 통찰력 있는 사람들은 유럽에 전쟁으로 번질 위기가 무르익어 가고 있다는 것을 알았을 것이다. 하지만 이 전쟁이 어떤 날에 일어나는지, 또 어떤 상황에 따라 발생할지에 대해서는 예견할 수 없었을 것이다. 1914년의 상황에 대한 기본적 자료에는 전쟁의 발발이 함축되어 있지 않았다. 그런 만큼 1914년 8월에 1차 세계대전이라는 사건을 결정했던 사람들에 대해 연구를 하는 것은 그다지 흥미 있는 일이 아니다. 실제로 그 당시에 그 사건은 유럽의 정세에 의해 완전히 결정된 상태였다. 그 사건은 1914년 전에도 발생할 수 있었고, 또 1914년 8월에 전쟁의 발발을 피할 수 있었다면 1914년 이후에도 발발할 수 있었다.

애매한 말로 이와 같은 예견을 할 수 있거나, 또는 정확한 말로 그런 예견을 할 수 없다는 사실을 넘어, 과연 주권국가들 간의 무력 충돌을 일으키는 원인을 여러 변수들과 함께 확고하게 입증할 수 있는가? 지금 당장으로서는 이론 정립의 가능성을 독단적으로 긍정할 수도 부정할 수도 없을 것이다. 전쟁은 너무 많은 사회적 현상들과 결부되어 있어 이 모든 것들을 열거할 수 없다. 광범위한 사실인 전쟁에는 국제 관계적 성질들이 반영된다. 전쟁의 위험을 없애기 위해서는 국제 관계의 본질을 변화시키는 것이 필요할 것이다.

인구와 관련이 있는 사실들 —출생률, 사망률, 연령 분포— 은 가장 예견하기 쉽다. 이 사실들을 결정하는 변수들이 많지 않고, 그 가치가 빠르게 변하지 않으며, 외부적 영향에도 별로 지배되지 않는다. 이미 출생한 자들을 기준으로 10년 또는 20년 내의 연령 계층을 계산하는 것은 틀릴 위험성이 적은 일이다. '모든 사정이 같다면'이라는 표현은 군사적 실패, 전염병 또는 기아, 따라서 '평균 수명'의 갑작스러운 변화를 피하는 것과 같다. 하지만 25년 또는 50년 후의 인구 통계에 대한 예견은 더 불확실하다. 왜냐하면 진화가 반드시 같은 방향으로 계속되지 않기 때문이다. 프랑스의 경우에서 살펴본 바와 같이 출생률의 저하는 갑작스러운 증가로 이어질 수도 있다.

가장 빈번하게 예측이 이루어지는 것은 경제 분야에서이다. 하지만 어떤 방법도 아주 만족스럽거나, 또는 완벽한 결과에 도달하지 못한 채로이다. 한 국가 내에서 이루어지는 단기간의 예견도 그 체제 내부의 주요 변수들과 교환에 대한 지식을 필요로 한다. 이 경우에 중대한 과오는 별로 없다. 왜냐하면 경제 동향은 예외적 상황을 제외하면 갑작스럽게 바뀌지 않기 때문이다. 물론 생산품들이 거치는 헤아릴 수 없이 많은 회로들을 자세히 알고, 또 세계적 동향에 영향을 줄 수 있는 변수들이 결정되는 경우에 비로소 예견은 완벽한 정확성에 도달할 수 있을 뿐이다. 어쨌든 예견은 불확실한 것으로 남을 것이다. 예견은 가정을 통해 외부에 기원을 두고 있는 혼란을 등한시한다. 인간의 행동, 특히 기업가의 행동은 신용이나 신용 불량과 같은 집단적이고 기대치 않았던 동향에 따르기도 한다.

논리적으로 본다면 경기 변동에 대한 예측도 같은 범주에 들어간다. 1953년에 전문가들은 미국의 미래의 경기 후퇴와 심지어 그것을 야기시킨 환경에 대해서도 의견이 일치하지 않았다. 경기 변동에 대한 이론의 성격과 의의에 대한 논의가 이루어졌다. 완전고용 상태에 있는 경제의 위기에 대한 취약성을 인정한다고 해도, 그런 경향을 전복시키는 변수가 항상 동일하다는 것도 증명되지 않았고, 또 수학적 모델을 사용할 수 있다는 것도 증명되지 않았다. (경제적 팽창과 후퇴의 메커니즘이) 눈덩어리의 그것과 같다는 생각은 널리 알려져 있다. 이런 메커니즘은 또한 불경기가 처음에는 제한적이다가 점차 확장된다는 소비자들, 기업가들, 장관들의 심리에도 달려 있다. 모든 위기는 그 나름의 역사를 갖고 있다. 하나의 경제 체계의 모든 변수들이 서로 의존하고 있기 때문에 우리는 하나의 이론을 정립할 수 있다. 하지만 그 이론은 실제로 일어나는 사건들의 규칙성보다는 오히려 경우마다 실현되는 것을 결정하는 사건들 사이의 가능한 연쇄를 밝혀 준다.

확인되었건 안 되었건 간에 이와 같은 단기 또는 중기의 예견은 원칙에 대한 의문을 전혀 제기하지 않는다. 정치가들의 회의주의는 전문가들의 지나친 자신감만큼이나 개탄할 만하다. 우리는 경험을 통해서 예측의 정확성과 확실성의 한계들을 알게 될 것이다. 물론 이 한계들은 제도에 따라 변하게 마련이다.

여기에서 이런 기본적 지적들을 바탕으로 우리는 다음과 같은 중요한 문제들을 제기할 수 있다. 경제제도의 발전, 한 제도에서 다른 제도로의 이행은 예견 가능한가? 자본주의가 자멸하고, 언제인지 어떻게인지는 알 수 없지만 사회주의가 자본주의를 필연적으로 계승한다는 것을 증명할 수 있는가?

최근 6개월 동안의 미국 상황의 예견 불가능성에는 장기적인 차원에서 이 나라의 역사적 발전의 예견 불가능성이 함축되어 있지 않다. 발생하는 수준에 따라 사건들은 포착할 수 있는 여러 원인에 의해 결정되거나, 또는 무수한 영향에 좌우되는 것으로 보인다. 지금으로부터 20년 후의 미국의 국민소득에 대한 추산은 지금으로부터 20개월 후의 생산지수의 지표보다 불확실성이 더 작다. (20년 후의 예측은 어떤 혼란도 발생하지 않는다는 것을 전제로 한다. 이것은 전쟁이나 혁명 시에는 중요한 유보 조건이다.) 물론 하나의 경제 체제의 내적 변화나 체제의 붕괴는 예측 가능한 사실들의 범주에 속하느냐, 다시 말해 식별할 수 있는 결과를 내는 많지 않은 원인들에 의해 결정되느냐의 문제는 그대로 남아 있다.

이윤 추구와 수백만 명의 소비자들의 요구에 입각해 내려진 결정에 의해 좌우되는 정치 체제가 불안정하다는 것을 인정하자. 그렇다고 해도 이 체제는 존재하고 또 지속되는 것이 사실이다. 이 체제의 자멸을 증명하기 위해서는 마비시키는 환경을 먼저 규정하고, 그다음에 이런 환경이 이 체제의 기능으로부터 불가항력적으로 기인한다는 것을 보여 주어야 한다. 이른바 이윤율 저하의 법칙은 이런 종류의 시도를 보여 준다. 하지만 이 법칙은 현재 그저 호기심에 지나지 않는다. 이 법칙은 실제로 이윤이 잉여가치에서만 생긴다는 사실, 다시 말해 노동비용에 해당하는 가치의 일부를 전제로 한다. 노동-가치의 법칙, 즉 임금과 잉여가치에 대한 마르크스적 개념을 인정하고, 또 이윤율이 가변자본의 감소와 비례해서 떨어진다는 이론을 신봉해야 한다. 평균 이윤율의 확립은 노동자를 기계로 대치하면 이윤의 가능성이 줄어든다는 사실을 인식하는 데 방해가 될 것이다. 하나의 이론을 경험과 조화시키는 데 이렇게 많은 가설이 필요하다는 사실로 인해 이론 그 자체를 포기하기도 한다.

이윤율 저하의 법칙은 자본주의가 필연적으로 자멸한다는 주장을 정당화하지 못할 것이다. 사실, 많은 영향력들로 인해 이윤율의 저하가 늦춰지는 경향이 있다. (예컨대 노동자와 그의 가족의 생활 유지에 필요한 상품 가치의 감소.) 마르크스의 『자본론』의 차원에서 보면 잉여가치의 양은 노동자들의 수에 비례해서 늘어난다. 우리는 이윤율이 어떤 속도로 감소하는지, 체제의 존속에 필요한 최소 비율이 어느 정도인지도 알지 못한다.

자본주의의 필연적 몰락을 증명하는 이론이 없다는 사실은, 앞으로 이 제도가 미래에 살아남을 기회에 대해 아무것도 증명해 주지 않는다. 하나의 이론은 대개 하나의 단순화된 모델로 축소된다. 영원한 조화의 모델은 어렵지 않게 만들 수 있다. (자유주의자들은 계속해서 그런 모델들을 만들어 낸다.) 하지만 비관론자들은 그들의 어두운 전망을 확인해 주는 모델을 만드는 데 어려움을 느낀다. 만일 자본주의가 본질적으로 모순된 모델로 규정되었다면, 자본주의는 결코 존재하지 않았을 것이다. 이것이 그들의 주장이다. 하지만 비관론자들은 이론가들이 아니고 역사가들이다. 그들은 피할 수 없는 몰락을 눈앞에 보고 있다.

이렇듯 자본주의의 성숙에 대해 논하는 경제학자들은 미국 경제 발전의 결과 완전고용이 불가능하지는 않지만 적어도 덜 어렵게 된 상태에 이르렀다고 추정한다. 자본주의 제도의 핵심이자 원리인 이윤 추구의 동기가 이윤의 원천을 고갈시키는 경향이 있다고 마르크스는 생각했었다. 국경의 소멸, 출생률의 저하, 기계의 발달에 따르는 수익의 발생이 가능한 투자 대상의 감소 등과 같은 현상들을 관찰하면서 몇몇 경제학자들은 과거에 다음과 같은 우려를 표명하는 경향이 있었다. 자본의 한계효용과 이자율의 관계는 영원히 실업의 여지가 생기게 할 것이라는 우려가 그것이다.

20년 전에 성숙의 이론 ―자본주의 자멸의 현대판― 이 유행했었다. 하지만 오늘날에는 이미 그렇지 않다. 미국 경제의 팽창은 낙관주의로 경도되었다. 자유 시장을 기초로 하는 경제가 어느 시점에 가서는 수익이 많은 투자 대상의 감소로 인해 제동이 걸릴 수 있다고 생각할 수 있다. 기술적 진보가 창출해 낸 투자의 기회는 공업화의 초기에 전형적으로 나타난 기회들(도로, 철도, 자동차 공장의 건설 등)보다 수도 적어지고, 또 그 이용이 더 어려워질 수도 있을 것이다. 이런 가정을 하더라도 예언자를 자처하지 않는 경제학자들은 자본주의의 계시적 붕괴도, 전체적 계획의 불가피성이라는 결론도 내리지 않고, 다만 이익률의 저하나 국가 투자라는 형태로 정부의 개입 필요성을 주장할 뿐이다.[149]

실물경제에서의 경험은 과연 시장의 메커니즘이 자본주의 제도가 나이를 먹어 감에 따라 계획에 의해 제한된다는 것을 암시하는가? 인구 일인당의 소득, 노동자 일인당의 자본 또는 1, 2, 3차 부문 간의 노동력 분배의 시각에서 보면, 미국 경제보다도 약 반세기 젊은 소련 경제는 중앙정부의 계획을 따르고 있다. 미국 경제는 그렇지 않다. 20세기 중엽에 여러 경제 제도가 전 세계에 분포되어 있다는 것은 하나의 역사적 사실이다. 하지만

---

149 나는 개인적으로 그와 반대되는 가정을 더 개연적으로 여긴다. 제3 부문에서의 진보의 부재로 인해 발전 단계에 따라 생산수단 이동의 어려움, 특수한 노동력의 어려움 등이 더 큰 것으로 보인다. 한 순간에 제도의 기능이 불가능하거나, 또는 전혀 다른 것이 될 만한 결정적 이유가 있는 것은 아니다. 경제 발전의 어떤 순간부터 제2 부문에 대한 투자 기회가 사라지는 것은 아니다.

그것은 경제적 성숙과는 아무런 관계가 없다.[150]

　본질적으로 자본주의로 남아 있는 경제가 내부적으로 성숙함에 따라 사회주의 경향이 강해지는가? 이런 주장에 유리한 논거들이 없지 않다. 예컨대 국가는 번영과 완전고용의 책임이 있다, 강제 저축(예산 잉여와 장기 융자)은 개인적이고 자발적인 저축을 대체하고, 정부에 의한 가격 고정, 통제, 보장 등은 더욱더 늘어난다, 등등. 20세기의 모든 자본주의 국가에서 국가의 간섭이 커졌다는 것은 논의의 여지가 없는 사실이다. 하지만 국가의 역할은 국가의 경제 연령에 비례하지 않는다. 국유화는 경제적, 기술적 발전에 적합한 결과가 아니다. 국유화의 결정은 정치와 민주적 제도들의 중개를 거친다. 경제의 사회주의화의 역사는 나라마다 다르고, 또 몇몇 일반적인 사실들 ―그중 보통선거는 대기업의 생산성 향상과 고정 자본의 축적과 마찬가지로 중요하다― 의 영향을 받기도 한다.

　경제적, 기술적 발달과 소유 방식 사이에서도 역시 어떤 연관성도 발견할 수 없다. 제너럴모터스의 지위를 국유화와 같다고 생각하지 않는 한, 어떤 것도 기술적 최적 조건에 의해 생긴 거대한 기업이 국유화되어야 한다는 주장을 뒷받침해 주지 않는다. (게다가 이것은 예언자 마르크스가 아니라 사회학자 마르크스의 기본적 사상과 가장 잘 부합하는 해석일 것이다. 『자본론』의 저자는 최초의 주식회사의 출현에서 새로운 자본주의의 모습의 설명을 위한 영감을 받았다.) 19세기 전반부의 방직업과 금세기 후반부의 야금 공업에 의해 상징되는 공업 귀족들의 자본주의는 아주 없어진 것이 아니고, 다만 사회적으로 집단적으로 보이는 다른 형태들에 의해 제거된 것이다. 프랑스의 전기나 가스 회사의 국유화를 결정한 것은 기술이 아니고 정치였다.

150　심지어 마르크스의 생각과는 반대되는 것은 정부 중심적 계획화는 1차 분야의 산업화에 필수 요건이기는 하지만, 그렇다고 그것이 전체 분야에서 통용되는 것은 아니다.

달리 말하자면 자본주의의 자멸에 대한 예측을 엄밀한 의미로 해석하기도 한다. 이 경우에 예측은 사건들에 의해 확인되지 않는다. 또한 이 예측을 넓은 의미로 해석하기도 한다. 이 경우에 예측은 단지 점진적 '국유화'(국가 개입의 증대, 국유화되지 않은 기업들의 개인 소유의 비중을 줄이는 것)를 의미할 뿐이다. 또 이 경우에 예측은 맞긴 하지만, 현대의 갈등을 해결하지는 못한다.

위의 두 번째 해석을 유보 없이 받아들이는 것, 하나의 유일하고 동일한 방향으로의 무한한 진화를 인정하는 것은 잘못일 수 있다. 집중은 기술적인 필요나, 또는 경쟁의 양상에 의해 무자비하게 강조되는 단순한 현상이 아니다. 어떤 부문의 생산 단위의 확대는 생산성의 고려에서 기인한다. 그리고 다른 부문에서는 이런 움직임이 오히려 반대 방향으로 이루어질 것이다. 전기 에너지가 분산의 가능성을 가져온다는 것은 이미 진부한 명제다. 대기업으로의 금융 집중은 보다 많은 이윤을 얻으려는 욕망보다는 오히려 권력의지에서 파생되는 것으로 보인다. 금융 집중은 자유경쟁에서 생기기도 하고, 또 계획 입안자들의 결정에서 기인하기도 한다. 금융 집중으로 인해 한 체제가 다른 체제보다 더 죽음을 선고받는 것은 아니다.

'자본주의의 모순'이라는 명제에 대한 중요한 논의를 우리가 소홀히 했다고 말할 것이다. 가장 자주 언급되는 모순은 생산력과 생산관계 사이의 모순이다. 그렇다면 생산력의 의미는 무엇인가? 한 집단이 이용하는 자원의 총량, 즉 과학적 지식, 산업 설비, 조직력과 인력을 말하는 것인가? 이 경우에 생산력의 발전이라는 말은 다음과 같은 다양한 현상을 지칭할 수 있다. 일차 원료의 양과 노동자들의 수의 증가, 지식의 진보 또는 과학의 산업에의 응용의 결과로 나타나는 생산성의 향상, 광산의 발견 또는 노동자 일인당 생산의 증가에서 생기는 인구 일인당 수입의 증가 등이 그것이다. 생산관계는 소유의 법적 지위, 생산 주체들의 관계, 소득 분배, 거기서 생기는 계급적 대립 등을 동시에 포함하고 있는 것으로 보인다. 그렇다면 이 두 개의 애매한 개념 사이 모순의 의미는 과연 무엇일까?

첫 번째 해석은 일정한 단계의 기술적 발전에서부터 소유권에 대한 입법은 경제적 발전을 정체시킨다고 가정할 것이다. 하지만 이 해석은 사실들에 의해 논박된다. 자본주의적 입법은 방대한 산업적, 재정적 집중을 허용할 만큼 충분한 융통성이 있다. 입법을 통해 때로는 효율적인 기업들 대신에 전통적 기업들이 유리하게 되는 경우도 있었다. 하지만 이런 입법은 엄격한 것이 못되었다. 어디에서도 입법이 자본주의의 사망을 초래하지는 않았다. 그렇다면 우리는 생산관계를 법적 현상이라기보다는 오히려 프롤레타리아들과 그들의 노동 도구의 분리에서 생기는 소득의 분배라고 해석해야만 하는가? 통속적인 말을 인용한다면, 생산조직은 집단적이고, 소득의 분배는 개인적이다. 하지만 여기에서도 모순은 말 속에만 존재할 뿐이다.

일상적인 말로 번역을 한다면, 이 모순은 소비 부족이라는 이론의 한 양상과 동일하다. 이 이론은 부르주아 경제학자들도 알고 있는 이론이다. 자본가들은 이윤을 추구하면서 노동자들의 임금을 낮춘다. 그리고 시장이 부족하기 때문에 소비자 물자와 대중의 생활수준을 희생하고 생산수단을 축적한다.[151] 역사적으로 보면 어떤 나라들에서는 소득의 불공평한 분배가 부의 과도한 축적과 자본의 도피를 촉진하고, 또 간접적으로는 생산력 팽창을 제지했다. 현재는 이른바 자본주의 정권은 징세에 의해 소득의 자연적 분배를 수정하는 방법을 알고 있다. 장기간에 걸쳐서 보면 결국 실질 임금은 노동의 생산성과 관계없이 책정되지 않는다. 산업 체계와

---

151 이와 같은 기술은 서구 자본주의보다 소련 사회주의에 더 잘 적용된다.

소득 분배 사이의 긴장이 악화되어야 하는 그 어떤 이유도 발견하지 못한다.

그렇다고 자본주의가 모든 사람들을 위한 최고 수준의 번영을 향해 평화적으로 발전한다는 낙관론을 암시하고자 하는 것은 아니다. 사유재산과 자유 시장에 근거한 제도는 본질적으로 불안정하다. 이 제도는 불경기의 위험과 위기에 대한 대응이 가끔 되돌릴 수 없는 구조적 변화를 초래하기도 한다. 기술의 진보는 기업들의 규모와 조직을 변화시키고, 또 그 결과로 몇몇 기능을 불가항력적으로 변화시킨다. 성숙한 자본주의는 족쇄 이외에는 아무것도 잃어버릴 것이 없는 비참한 빈민의 무리를 낳는 것이 아니고, 경쟁 비용에 맞서 종종 반항하는 프티부르주아들, 노동자들 또는 피고용인들로 이루어진 대중을 낳는다. 우리는 미래의 발전이 자본주의적 요소가 덜한 경제로 나아가고 있다는 사실을 배제하지 않는다. 우리는 다만 이런 발전이 몇몇 기본적인 변수들 간의 충돌에 의해 생긴 융통성 없는 결정론에 좌지우지되지 않는다는 사실을 단언할 뿐이다. 주요 방향만을 고려하더라도 이와 같은 발전은 단순한 필연성이 아니고 복잡한 역사를 이룬다. 사회주의를 자처하는 한 정당의 필연적인 승리를 예고하기 위해 자본주의의 모순을 내세우기는커녕, 우리는 (막연한 의미에서) 사회주의의 도래를 예언할 수조차 없는 실정이다.

요컨대 우리가 예견할 수 있는 미래의 경제제도의 특징들은 이른바 자본주의적 제도와 양립 불가능하지 않고, 또 이른바 사회주의 제도와도 양립 불가능하지 않다.

역사적 예견

자본주의적 국가들 간의 '모순' 또는 자본주의적 국가들과 식민지 국가들 간의 모순이 있다는 것은 의심의 여지가 없다. 일견 엄밀한 듯한 모순이란 말 대신에 갈등이라는 중립적인 말로 바꾼다면 말이다. 그로부터 자본주의적 국가들 간의 전쟁은 불가피하다는 결론을 내릴 수 있을까?

어떤 의미에서 다음과 같은 주장은 거의 확실하다. 전쟁의 참화를 피해 간 세기는 없었다는 주장이 그것이다. 만일 '자본주의적'이란 형용사를 빼고, 또 '국가들 간의 전쟁이 불가피하다'라는 주장에 한정시킨다면, 대체로 이런 주장은 옳다. 가까운 미래가 과거보다 더 평화적일 것이라는 보증은 없다. 국가들의 자본주의적 특징을 강조하고, 마치 이것만이 유혈 충돌을 불가피하게 하는 것처럼 주장한다면, 이런 과오는 이미 시작된 것이다.

시장, 초과이윤, 더 나은 투자에 대한 추구가 대기업들이나 국가들을 서로 대립하게 만들 수 없다는 것은 아니다. 무역의 자유는 경쟁을 함축하고 있고, 경쟁은 일종의 갈등이다. 하지만 이런 갈등은 보통 무력보다는 타협에 의해 해결된다. 이런 갈등은 국가가 개인 회사들의 이익을 떠맡거나 식민지 또는 세력권 내의 독점을 확보하고자 하는 순간부터 평화에 대한 끔찍한 위협이 된다. 정당한 경쟁에서 다른 나라들을 배제하기 위해 무력을 사용하는 나라는 사실상 침략의 죄를 범하는 것이다. 식민 정부들은 아프리카에서 다양한 행정적 책략을 통해 부당한 이익을 얻고 있다. 하지만 이런 침략 형태의 극단적인 방법은 점차 사라지고 있는 추세이다. 자본주의 경제들의 흥망성쇠는 이런 주변적인 마찰에 달려 있지 않았다. 자본주의 경제들의 연대는(이 경제들은 서로서로 가장 훌륭한 고객이 된다) 현명하게도 항상 경쟁에서 승리를 거두고 있다. 게다가 집단적 소유와 계획화에 기초를 두는 정권을 포함해 모든 정권은 주권적 정치 단위들 간의 갈등의 기회를 촉발한다. 예컨대 소련이 자행했던 통화 교환율의 조작은 유고슬라비아인들의 눈에는 '사회주의적 착취'로 보였다. 이 세계가 자본주의적이건 아니면 사회주의적이건 간에 가장 강한 자들이 가격에 영향을 주어 자기들에게 유리하게 만들거나, 또는 남들이 할 수 없는 일들을 독점하기 위한 다양한 수단을 갖게 될 것이다. 어떤 경제제도도 평화를 보장하지 못한다. 하지만 어떤 경제제도도 단독으로 전쟁을 불가피한 것으로 만들지 못한다.

자본주의 국가들과 아시아, 아프리카 대륙의 여러 국가들 간의 모순은 역사의 질서에 속한다. 아시아에서 유럽의 제국들은 무너졌고, 아프리카에서는 흔들렸다. 그리고 유럽이 지배했던 시대가 저물고 있다. 그렇다고 그로부터 자본주의의 사멸이 필연적으로 기인하는가?

스탈린주의 경향의 마르크스주의자들이 지지하는 역사의 해석에서 자본주의는 더 이상 생산수단의 사적 소유나 시장의 메커니즘에 의해 특징지어지는 체제로 정의되지 않는다. 그보다는 오히려 그들은 자본주의를 이 체제의 몇몇 특징을 보여 주는 경제를 유지하는 여러 국가들의 구체적 집합체, 가령 서구, 미국, 캐나다 그리고 백인이 사는 영국 자치령을 포함하는 집합체로 해석한다. 이런 관점에서 보면 남미와 최근에 아시아에서 독립한 국가들은 봉건주의의 잔재에 복종하거나, 제국주의의 희생물이거나(형식적으로는 주권국가임에도 불구하고) 또는 이미 자본주의적이다. 1차 세계대전 이후에 러시아는 사회주의 국가가 되었고, 2차 세계대전 이후에 동구와 중국이 사회주의 국가 대열에 합류했다. 이 진영에서 오늘날 10억 명의 인구를 헤아린다. 아시아, 특히 근동에서 제국주의에 대한 저항 세력은 점차 강해지고 있고, 또 그 지역의 부르주아지가 이 항쟁에 참가하고 있다. 식민지 착취의 '초과이윤'을 빼앗긴 자본주의는, 만일 공존이 오래 계속된다면 서서히 사멸할 것이고, 만일 3차 세계대전이 발발하면 갑

자기 사멸할 것이다.

현재의 정세의 주요 흐름에 대해 스탈린주의자들과 그 반대자들 간에 어떤 논쟁도 없다. 하지만 그들은 서로 같은 단어를 사용하지 않으며, 또 같은 시각으로 미래를 보지 않는다.

만일 우리가 언어의 함정에 빠지기를 거부한다면, 우리는 상대적 또는 절대적인 힘이 감소하고 있는 역사적 실체의 쇠퇴와 이 실체 내부에서 다소 불완전하게 달성된 경제 체제의 쇠퇴를 구별하는 데서부터 시작할 것이다. 노동자계급의 생활수준이 '쇠퇴하는' 영국에서처럼 높이 올라간 적은 없었다. 양차 세계대전에도 불구하고 서구는 일찍이 경험하지 못한 정도의 경제적 목표 달성에 접근했다.[152]

유럽의 지배가 종말에 도달했다는 사실에서부터 경제제도로서 자본주의의 위기라는 결론을 내리는 것은, 자본주의와 제국주의를 혼동하는 것이다. 또한 그것은 사적 소유와 시장의 메커니즘에 기초를 둔 이 제도는 착취할 영토가 없다면 그 기능을 '발휘할 수 없다는' 것을 강조하는 것이기도 하다. 식민지를 상실한다면 유럽의 부르주아지가 생활 수단을 상실할지도 모른다. 하지만 어느 누구도 이 사실을 증명할 수 없다. 인도네시아는 네덜란드의 국민소득(15% 이상) 중에서 예외적으로 높은 비율을 차지했다. 인도네시아는 독립했지만, 네덜란드는 여전히 번영을 누리고 있다. 영국의 노동자계급은 영국의 식민지였던 인도제국이 이미 존재하지 않음에도 불구하고 현재 전쟁 이전보다 더 높은 생활수준을 누리고 있다.

이런 지적들을 통해 이견이 분분한 문제들을 한마디로 처리할 수 있다고 주장하는 것은 아니다. 19세기에 자행된 아시아에서의 착취는 분명 유

---

152 유럽의 자본주의가 완전히 변화했다고 반박할 수도 있을 것이다. 이것은 의심의 여지가 없다. 하지만 이와 같은 변신 능력이 바로 자본주의의 생명력의 상징이다.

럽의 공업화에 도움을 주었다. (다만 그 도움의 정도만이 논의의 여지가 있다.) 사적 통화에 기초를 둔 국제금융 제도의 운영에는 난점들이 있는데, 이런 난점들은 세계경제에서 제외된 공간이 넓어짐에 따라 더 커지고 있다. 동서 교류의 부활이 단절의 결과를 제거하지는 못할 것이다. 한 나라가 철의 장막 저편에 있는 판로에 의존하면 의존할수록, 그 나라는 모스크바나 다른 '인민민주주의국'의 수도에서 내리는 정치적 결정에 더욱더 좌우될 것이다. 자본주의 사회가 붕괴하느냐, 아니면 사회주의로 개종하느냐의 문제를 확신을 가지고 예고할 수 있기 위해서는, 현재의 상황이 다음과 같은 두 가지 출구만을 제공해 주고 있을 뿐이라는 점이 증명되어야 할 것이다. 사회주의 진영의 승리냐 아니면 자본주의 진영이 사회주의로 개종하느냐가 그것이다.

식량이나 일차 원료의 부족은 자본주의 사회에 치명적일 것이다. 어쩌면 금세기 또는 다음 세기에 유럽은 독립을 하고 더 이상 식민지가 아닌 나라들에서 일차 원료를 구입하는 데 훨씬 더 비싼 대가를 치러야 할 것이다. (통화 교환율의 악화가 아시아와 아프리카의 해방으로부터 그다지 큰 영향을 받고 있지는 않지만 말이다.) 유럽도, 더구나 미국도 소련 정부가 일차 원료 공급을 거부했다고 해서 붕괴에 직면하는 것은 아니다. 공산주의가 더 확대되든가, 세계경제 지역이 한층 더 축소되든가, 또는 세계대전의 위기가 커지든가 하는 경우, 서구 여러 나라들의 정부들이 사기업의 자유를, 특히 국제경제 관계에 대해서 한층 더 제한을 가하지 않을 수 없게 될 것이라고 생각할 수는 있다. 하지만 이런 변화가 불가항력적인 것은 아니다. 1954년에, 아마 일시적 현상이겠지만, 통상 관계에 대한 유럽 여러 나라들 내에서, 그리고 이들 국가들 간의 관계에서의 변화는 국가 관리 방법을 완화시키는 방향으로 이루어지고 있다.

스탈린주의자들의 눈에는 그들이 자본주의적이라고 부르는 역사적 총체의 특색은 생산수단의 사적 소유와 시장의 메커니즘에 있다. 서구인들은 그들의 문명의 독창성이 다양한 방식의 소유권의 형태, 경우에 따라 유용하기도 하고 위험하기도 한 단순한 기술인 시장의 메커니즘에 있다기보다는 다수정당제, 대의제, 집단들 사이의 대화, 그리고 관념의 자유로운 표현에 있다고 본다. 환경은 이와 같은 기술의 몫에 대한 제한과 행정의 역할 확대를 강요한다. 완전경쟁의 모델을 서구의 최고 가치로 여기는 경제학자들이나, 또는 세금 관리인이나 물품 분배자의 배후에서 게슈타포의 그림자를 식별하는 경제학자들만이 이런 사실에서 배신을 볼 것이다.

역사적 상황으로 인해 자본주의라고 지칭되는 사회들이 위기에 빠지고 있다. 이런 사실을 확인하기 위해서는 지도를 잠깐 보는 것으로 충분하다. 소련군은 바이마르Weimar[153]에 주둔해 있고, '프롤레타리아트'의 위대한 십자군에는 중국이 참가하고 있다. 앞으로 아시아에서는 공산주의가 더 확장될 개연성이 있다. 서구, 부유한 국민들, 또 어제의 폭군에 대한 반항은 공산주의로 기울어지고 있다. 이것은 잘 알려져 있지 않은 정권에 대한 공감 때문이 아니라 적들의 공동체 때문이다. 광신자들이 신봉하고 또 대규모의 군대가 지지하는 신념의 전파가 어디에서 멈출지는 누구도 말할 수 없을 것이다. 이렇게 제시된 예측에는 약간의 진실성이 있기는 하지만 과학적인 가치가 있는 것은 아니다. 과거에 제3공화국과 그 적국들이 각각 가진 운명에 대해 했던 판단과 비교할 수 있는 판단이 문제가 된다. 1954년의 예측은 1942년이나 심지어는 1940년의 예측보다 더 불확실하다는 차이가 있다. 두 진영 사이의 경쟁은 전통적인 의미에서의 3차 세계대전의 발발 없이도 수년간, 수십 년간 계속될 수도 있다. 두 진영 간의 전면

---

153 바이마르: 독일 튀링겐주에 있는 도시로, 1998년 유네스코 세계문화유산으로 등재되었고, 1999년에 유럽의 문화 수도로 명명되었다.

전은 자본주의 국가들 간의 전면전보다 더 불가피하다고 선언할 수는 없을 것이다. 그것은 우리의 지식의 한계일 수도 있다. 하지만 그것은 역사적 현실의 구조 속에 포함되어 있다.

3차 세계대전이 향후 10년 또는 20년 안에 발발하리라는 주장의 논리적인 의미는 무엇인가? 그 의미는 소련과 미국의 상반된 이해, 양국의 지배계급의 특징, 양국의 경제 체제의 대립 등과 같은 묵직한 사실들이 반드시 전쟁을 야기할 것이라는 점이다. 누가 권력을 장악하든, 아니면 좋거나 나쁘거나 예측할 수 없는 사건들 또는 우발적 상황이 발생하든 그렇다. 하지만 어떤 것도 현재 상황의 구조가 이렇다고 증명해 주지는 못한다. 아마도 이런 확률은 거의 반반으로 같을 수 있다. 3차 세계대전이나 냉전의 연장을 생각해 보는 경우, 어느 편이 승자가 되리라는 예측 역시 우리의 능력을 벗어난다. 미국 산업의 잠재적 우월성에서 서구의 승리가 필연적이라고 추론하는 것은 유치하다. 또한 소련 경제의 신속한 팽창에서 공산주의의 승리가 필연적이라고 주장하는 것도 그에 못지않게 유치하다. 전 지구적인 지배를 위한 갈등이 폭력에 의해 해결되고, 또 여러 가지 예측 불가능한 상황(어느 편이 주도권을 쥐느냐?, 어느 편이 가장 우수한 유도탄이나, 또는 가장 성능이 좋은 비행기를 가지느냐?)이 개입해서 점쟁이가 아니고서는 누구도 미래의 수수께끼를 풀 수 없을 것이다. 또는 그 갈등이 결정적이지는 않지만, 장기적으로 해결되고, 국지전이나 양쪽 진영의 변화에 의해 새로운 균형이 조금씩 나타날 수도 있다. 다만 이 경우에도 결과는 우리의 예측을 벗어난다. 각 진영은 상대 진영의 약점 이상으로 자기의 약점을 더 잘 알고 있다. 서구 측의 약점 중 하나는 사회주의의 필연적인 도래라는 생각을 어느 정도 믿고 있다는 것이며, 그렇게 해서 운명과 결부되어 있다는 확신을 적에게 주고 있다는 것이다.

과거에 대한 역사적 운명은 우리 행동들로 이루어진 영원한 결정화에 지나지 않는다. 미래에 있어서 이 운명은 결코 고정되어 있지 않다. 우리의 자유가 절대적이어서가 아니다. 과거의 유산, 인간의 정열, 집단적 종속에 의해 자유의 한계가 정해진다. 하지만 우리의 자유의 제한이 우리로 하여금 혐오할 만한 제도에 미리 복종하도록 강요하는 것은 아니다. 총체적인 숙명론은 존재하지 않는다. 시간 속에 있는 인간에게 이 미래의 초월은 그의 운명을 결정하는 하나의 자극이자, 어쨌든 희망은 죽지 않는다는 보증이다.

변증법에 대하여

변증법이란 단어는 애매하고 신비한 음향을 가졌다. 역사적 발전 전체에 적용된 변증법은 두 가지 의미를 가진다. 첫째, 역사적 변증법은 이전에 존재했던 체계에서 다른 체계로 옮아 갈 때의 원인과 결과의 상호 작용에 의한 연속을 의미한다. 둘째, 역사적 변증법은 각각 그 자체로서 의미를 가지는 전체성의 연속, 인지 가능한 필연성에 부합하는 하나의 전체성에서 다른 전체성에로의 이행을 지칭한다.

교대를 의미하는 첫 번째 개념은 마르크스의 명제를 참고하면 명백해진다. 생산력의 발전은 경제력의 집중을 동반한다. 또 생산력의 발전은 점점 더 가난해지는 프롤레타리아트, 당을 조직하면서 불가항력적으로 혁명에 헌신하는 프롤레타리아트의 확대를 낳는다. 이런 모습을 통해서 보면 역사의 운동은 원인들의 상호 작용에서 기인하며, 이 원인들의 상호 관계는 사적 소유 제도에서 사회주의적 제도로 필연적으로 나아간다.

인과적 변증법은 앞에서 살펴본 문제를 전혀 제기하지 않는다. 사적 소유와 시장의 메커니즘에 기초를 둔 경제가 그 기능을 마비시키는 결과를 낳는 경향이 있다는 것을 생각해 볼 수는 있다. 하지만 이런 이론의 현대적 양상은 그 어느 것도 비판을 건뎌 내지 못한다. 자본주의는 지속되면서 스스로 변화한다. 자본주의는 자멸하지 않는다. 기술이나 산업보다도 정치적 민주주의와 이데올로기가 점차 경쟁의 역할을 제한하고 또 국가 행정의 역할을 확대한다. 자본주의의 발전이 같은 방향으로 한없이 계속되거나, 또는 하나의 당 또는 하나의 국가가 이런 역사적 경향의 유일한 혜택자라는 것을 증명해 주는 것은 아무것도 없다.

그와는 반대로 변증법의 두 번째 의미는 아주 다른 문제들을 제기한다. 이 문제들은 다음과 같은 하나의 질문으로 요약될 수 있다. 역사에서 두 순간 사이의 연결의 본질은 무엇인가? 두 개의 시대, 두 개의 생활 방식, 두 개의 문명은 유의미한 관계에 의해 서로 연결되어 있는가, 아니면 기껏해야 우연한 결정론의 애매한 관계에 의해 연결되어 있는가? 이런 질문들이 철학이나 비판보다는 경험에 속한다고 대답하고 싶어진다. 역사적 연속성의 성격을 미리 결정할 수는 없을 것이다. 과거를 관찰해야 한다. 그러면 그 질문에 대한 대답은 저절로 나올 것이다. 사실, 경험적 탐구는 하나의 이론을 가정한다. 연속성의 성질은 현실의 내재적 성격에서 기인한다는 이론이 그것이다.

인간의 모든 행동은 여러 가능성들 중에서의 선택이다. 기대되는 답이지만 상황에 얽매여 있지 않은 답이다. 행위들의 연속은 필연적이지 않아도 인지 가능하다. 따라서 한 사건을 있는 그대로 재구성하려고 노력한다면, 그때 역사는 본질적으로 시간을 따라 점진하는 다양성으로 이해된다. 역사는 그 자체로 진보도 아니요, 퇴보도 아니요, 동일한 유형의 무한 반복도 아니다. 최소한 경험만이 어느 정도 또는 어떤 분야에서 사건들이 연쇄적으로 또는 주기적으로 조직되는지를 보여 줄 수 있을 뿐이다.

이런 차원에서는 역사적 설명과 동일한 개연적 성격을 가진 예견은 가능하고 또 정당하다. 만일 한 정권의 부패를 여러 차례 관찰했고 또 그 원인을 분석했다면, 또 만일 같은 유형의 다른 정권에서 그와 동일한 사회악의 징조를 발견한다면, 그 정확한 날짜는 모르지만 동일한 과정은 유사한 결과로 발전한다고 예견할 공산이 크다. 또는 그 원인이 계속 작용한다고 생각되는 부분적 연속을 이론적으로 연장하게 될 것이다. 연속적이건 주기적이건 간에 이런 예견은 불확실한 계수의 영향을 받는다. 경향은 바뀔 수 있다. 우리가 20세기에 목도하고 있는 국가에 의한 경제계획 운동은 21세기에는 계속되지 않을 수도 있다. 생산성의 향상은 군사적 이변이나 관료주의의 무한 팽창과 더불어 멈출 수도 있다. 영국의 민주주의는 그 쇠퇴를 미리 결정할 수 없을 정도로 독창적인 여러 특징들을 충분히 보여 주고 있다.

'작품들œuvres'의 연속은 '행위들'의 연속과 달라서 이론을 통해 도출해 낼 수 있는 의미를 포함하고 있다. 실제로 여러 작품들 사이의 관계는 활동의 즉각적인 목표에 의존하는데, 이런 활동의 표현이 곧 작품이다.

과학의 승리는 현재의 전체를 형성한다. 그런데 이런 전체 안에는 과학의 과거의 승리들이 수정된, 좀 더 정밀해진 형태로 자리를 차지하고 있다. 과학적 진리는 과거에 처음으로 포착되었던 때와 거의 같은 정도로 오늘날에도 그 모습을 유지한다. 그렇다면 이와 같은 과학의 역사를 어떤 말로 적절하게 지칭할 수 있는가? 축적, 진보, 정밀화? 모든 경우에 그 대답은 정확히 그 안에서 과학이 발달한 환경에 의존하는 것이 아니라 과학 세계의 특수한 의미에 의존한다는 것이다.

오직 과거에 대한 연구를 통해서만 우리는 수학이나 물리학이 사실상 어떻게 이루어졌는지, 언제, 누구에 의해 그 이론이 처음 주장되고, 증명이 완성되고, 법칙이 수학적으로 표현되었는지를 결정할 수 있을 뿐이다. 행동들의 연속으로서의 과학사는 다른 행동들의 역사와 비교해 아무런 특권도 누리지 못한다. 하지만 과거에 발견된 진리와 오늘의 체계 사이의 관계는 역사적 연구가 아니라 철학적 분석에 속한다.

학자와 제도와의 관계, 관념과 경제구조와의 관계는 사회문제 속에서 결정된 정신과 행동의 상호적 해명에 기여할 수 있다. 실제로 과학의 영역에서 연구의 방향, 결과에 대한 철학적 해석과 오류도 여러 영향이나 환경을 통해서 인지 가능하다. 하지만 이런 종류의 설명은 작품의 의미를 완전히 캐낼 수 없다. 여러 정황들을 보면, 우리는 탐구했다, 또는 우리는 옳은 해결책을 발견하지 못했다 등이 설명된다. 우수한 무기가 한 군대의 승리를 결정하는 것과 같은 방식으로 상황은 진리의 발견을 결정하지 않는다. 1941년의 군사 정세가 '케르베로스 작전Unternehmen Cerberus'[154]을 개시하려는 히틀러의 결정과 밀접한 관계가 있는 것처럼 그 정황들이 과학적 진리의 발견과 관계가 있는 것은 아니다. 문제의 옳은 해결 또는 법칙의 확립은 하나의 원인의 결과도 아니고, 또 하나의 상황에 대한 반응도 아니다. 그것은 역사적 인물의 경우와 마찬가지로 역사가가 자기 안에 지니고 있는 사건들에 대한 판단능력, 즉 그 사건들이 고무하거나 마비시키거나, 인도하거나 왜곡하지만 제약하지는 않는다는 판단능력에서 기인한다.[155]

각각의 특정 분야에서 행동과 작품의 구별은 또 하나의 의의를 가진다. 예술에서 '진리'와 동일한 것은 '질質'이다. 한 편의 예술 작품의 독자성은 그것을 낳은 환경을 통해 파악된다. 하지만 걸작을 그런 식으로 설명할 수는 없다. 걸작의 실재성은 현실의 실재성과 대립될 수 있다. 걸작은 모든

---

154 케르베로스 작전: 1942년 2월 12일에 프랑스 주둔 독일 해군 소속 수상함대가 북해로 철수한 작전을 말한다.

155 판단은 정치적 또는 전략적 행위들에도 역시 개입한다. 하지만 이런 행위들은 여러 가능성들 중에서의 선택으로 체험된다. 그와 반대로 학자는 그 자신의 정신이나 인간 정신의 임의적인 창작이 아닌 인지 가능한 필연성을 드러내기를 열망한다.

시대에 의미를 가진다. 왜냐하면 걸작은 어떤 식으로든 독특하고 또 결정적으로 획득된 의미를 갖기 때문이다. 걸작은 또한 다른 이유로 모든 시대에 의미를 가진다. 왜냐하면 걸작은 무궁무진한 의미를 갖기 때문이고, 또 각각의 세대에게 인간성의 또 다른 면을 보여 주기 때문이다.

걸작은 과학적 명제와 같은 방식으로 전체에 통합되지 않는다. 그리고 아마도 가장 진정한 의미에서 걸작은 예술가, 유파 또는 사회의 표현이다. 하지만 그 특이성에도 불구하고 예술 작품들은 서로 관계를 가진다. 한 건축가는 모든 건축가에게 제기된 문제에 대해 이미 주어진 답들을 재발견한다. 가령, 파르테논 신전의 비율, 형태, 구성은, 비록 각 세대가 그 정신적 의미를 달리 해석한다고 하더라도, 계속해서 교훈을 준다. 목적과 수단의 일치는 회화 또는 건축의 각 시대 사이에 깊은 관계를 만들어 낸다. 그런데 이 관계는 특정한 우주의 통일과 각각의 창조의 비교할 수 없는 의미와 다양한 창조 간의 애매한 관계를 보여 준다.

역사 전문가의 눈으로 보면 작품은 그 특정한 의미에서 하나의 공동체의 표현으로 나타나며, 이 공동체의 법칙은 모방이나 투쟁보다도 오히려 대화이다. 한 명의 창조자는 그보다 앞선 자들의 작업을 연장시킬 것이다. 비록 그가 그들과 반대되는 입장에서 작업을 하는 경우라도 그렇다. 학자들, 예술가들 혹은 철학자들의 세계는 그들의 희망, 갈등, 이상, 실체를 반영하는 사회로부터 별로 유리되지 않는다. 그렇다고 그들의 세계가 현실 사회와 혼동되는 것은 아니다. 설사 사상가들이나 창작자들이 스스로 그들의 공동체에만 배타적으로 봉사한다고 생각하는 경우라도 그렇다. 예술가의 종교적 또는 정치적 신념이 가끔 창조적 노력을 고무시키지 않는 것은 아니다. 하지만 이런 노력은 일정한 수준에 이르게 될 때에 창작자의 독특한 세계 속에 기입된다. 그런데 그 특수성을 각성하지 못하는 자들도 그 세계에 가담한다. 가령, 성당의 조각가들은 예술가들의 공동체에 소속되기 위해 예술의 개념을 생각할 필요가 전혀 없었다.

따라서 과학이건 예술이건 간에 작품들의 역사는 사건들의 역사와 비교해 보면 근본적으로 다르다. 작품들의 역사의 의미 자체는 특수한 세계의 성격에서 유래한다.

과학사에서 두 시기 사이의 관계는 다음과 같은 두 가지 차원에서 파악될 수 있다. 우선 사건들의 차원에서이다. 이 경우에 발견은 우연적이거나 필연적으로 보이며, 고독한 천재에게 그 공로가 돌아가거나, 또는 집단적 작업에 의해 준비된다고 할 수 있다. 그다음으로 유의미한 내용의 차원에서이다. 이 경우에 발견은 회고적으로 보면 합리성의 외관을 가진다. 뉴턴이 만유인력의 법칙을 반드시 그 시기에, 그런 형태로 발견하거나 주장할 수밖에 없었다고는 누구도 증명할 수 없다. 역사가는 그 후에 알려진 사실들에서 그것들을 지배하는 법칙에 이르는 합리적 발전을 재추적하는 쪽으로 기울어진다.

과학의 발달은 우연적 결정론의 범주에 속하지 않는다. 과학의 발달은 그 자체로 인지 가능하다. 그 발달을 일반적 이론으로부터 연역하지 않아도, 또 그것을 의미를 가진 하나의 전체 속에 통합시키지 않아도 그렇다. 예술 양식들이나, 또는 철학 유파들의 연속은 수학적 증명의 필연성이 아니라 결정의 우연적 성격을 초월하는 이해에서 발견된다. 미래에 대한 예언은 인지 가능한 세계의 합리성을 포함할 수 있는가? 만일 그렇다면 그것은 어떤 인지 가능한 세계인가?

과학의 발달도 예술의 발달도 예견 불가능하다. 세계사를 하나의 특별한 세계의 역사와 비교 가능하다고 가정하더라도, 그 예견이 옳다는 아무런 보장이 없다. 하지만 그뿐만이 아니다. 앞 장에서 살펴본 것처럼 역사적 총체성은 애매하다. 하나의 독특한 요인을 참고하는 것은 생각할 수 없는 일방적인 결정을 전제한다. 실존적 총체성은 개략적이고 자의적이다.

결정론의 우연적 성격도, 의미의 복수성도 제기하지 않는 총체성에 대한 유일하게 정당한 해석은, 인간의 운명을 구성하는 것으로 여겨지는 하나의 문제와 연결된 해석이다. 만일 이 문제가 여러 해결책을 포함하고 있고, 각각의 해결책이 다음 해결책의 필요조건이 된다면, 즉 만일 발전의 종결점에서 철저한 해결에 궁극적으로 도달한다면, 역사는 연속 속에서 총체성을 발견하게 될 것이다. 그 특권적 상태가 전체에 의미를 부여하게 될 것이다.

실제로 이것이 헤겔 체계의 주요 사상이다. 범주의 변증법과 사회의 변증법 사이에서 용인된 평행론은 정권의 계승에 필연성을 부과한다. 이 필연성은 한 범주를 다른 범주와 연결시키는 필연성과 유사하다. 철학사는 그 자체로서는 역사철학이다. 인간들이 그들 자신과 이 세계에 대해 만든 관념은 정신 발전의 여러 계기들을 보여 준다. 결국에 가서는 인간의 정신은 자연과 그 체제를 인식하게 될 것이다.

역사철학은 그 자체가 모델로 여기는 특수한 세계에 따라 달라진다. 예술 작품과 비교되는 다양한 문명은 무한한 대화 이외의 다른 교류를 갖지 않은 채 각각 독자적인 형태 속에 갇혀 있게 될 것이다. 과학의 발달의 여러 단계와 비교되는 다양한 문명은 준엄한 논리의 연쇄를 형성한다. 변증법에 의하면 다양한 문명은 철학들의 연속과 비교 가능하다.

이미 살펴본 바와 같이 우리는 실제로 최종 상태를 형식적으로만 결정할 수 있을 뿐이고, 또 그 경우에도 인간성에 대한 합리적 소명을 전제해야 할 필요가 있다. 최종 상태는 회고적으로 보더라도 사회의 연속에서 필연적인 질서를 우리에게 나타내 보이지 않는다. 기록들이나 사실들의 축적에서 우리가 추출할 수 있는 근사치적 질서는 우연한 결정론, 상황과 인간 사이의 예측 불가능한 사건, 자연 환경, 공동체의 무게, 소수의 주도권 등에 의해 충분히 설명될 수 있다.

인류의 오랜 탐구를 상대적인 물질적 번영의 상태를 향한 노력으로 보는 것은 애석하게도 공동체들의 모험의 의미를 줄이는 것이다. 여러 세기 동안에 생산수단은 별로 변하지 않았다. 국가들의 흥망성쇠, 행복한 왕자들이 세운 궁전, 사랑하는 여자에 대한 정복자의 덧없는 사랑을 증명해 주는 무덤을 우리는 무의미하다고 해야 할 것인가? 만일 전쟁과 평화, 대립하는 국가들이나 승리한 제국들의 단조로운 교대에서 눈을 돌린다면, 우리는 두 번 볼 수 없는 것, 즉 입법자와 잃어버린 꿈의 창조자 등을 그대로 망각해야 하는가? 신성한 역사를 사회주의 단계보다 앞선 단계로 축소시킨다면, 수많은 인간들이 이 지상에 태어난 보람으로 여기는 작업들과 모험들로부터 아무것도 건지지 못하게 될 것이다.

사회적 정권의 계승에만 주의를 집중해 보자. 그러면 우리는 그 필요성을 판단하지 못하지만 이해할 수는 있다. 한 문명에서 다른 문명으로 이행하는 데에는 대체로 거칠지만 유사점이 발견된다. 동질적이라고 생각되는 여러 단계의 지속도 이 문명에서 저 문명으로 이행함에 따라 변화한다.[156] (만일 우리가 넓은 지역의 다양한 민족들에게 부과된 모든 정치적 통합을 제국들이라고 부른다면) 수많은 제국들의 출현이 몇 세기 앞선 경우도 있고 또 늦어진 경우도 있다. 동일한 실체에 속하는 국가들이 모두 동일한 단계를 통과하는 것은 아니다. 어떤 국가들은 어떤 단계를 뛰어넘는다. 러시아는 부르주아적 민주주의를, 서구는 스탈린주의의 단계를 뛰어넘은 것이다.

이른바 사회사의 변증법은 현실의 관념으로의 변신에서 기인한다. 각각의 정체는 굳어지고 또 독특한 원리가 거기에 부과된다. 자본주의의 원리는 봉건주의나 사회주의의 원리와 대립된다. 결국 이렇게 말할 수 있

---

156 마르크스, 슈펭글러 또는 토인비를 참고할 것.

다. 즉 각각의 정체는 서로 모순되며, 또 하나의 정체에서 다른 정체에로의 이행은 정$_\text{正}$에서 반$_\text{反}$으로의 이행과 비교할 수 있다고 말이다. 하지만 이것은 이중의 과오를 범하는 것이다. 각각 정체는 서로 다르지만 모순되지는 않는다. 또 이른바 중간 형태들은 순수한 형태들보다 더 빈번하게 출현하고 또 더 오래 지속된다. '무'가 '존재'에, 또는 스피노자주의가 데카르트주의에 연결되듯이, 자본주의의 원리가 봉건주의의 원리와 연결된다고 가정한다면, 우연적 결정론이 이런 합리적 필연성을 충족시킨다고 보증해 주는 것은 아무것도 없다. '생성'이 '존재'와 '무'를 조화시키듯이, 사회주의가 자본주의와 봉건주의를 조화시킨다고 가정한다면, 합$_\text{슴}$의 도래는 핵폭발이나 경제적 정세 변동과 같은 방식으로 예언할 수는 없다.

사건의 질서에 따르면 우리의 도덕적 요구에 일치하는 자동 선택은 없다. 우연적 결정론에 대한 해석이나, 현재 모순 상태에 있는 여러 가지 명령보다 더 우수한 합리적 해석을 탐구하는 것은 정당하다. 하지만 이런 탐구에는 미래를 이성의 명령에 복종케 하는 신념의 행동이 포함되어 있지 않다. 우리의 손에서 언제든지 펜이 떨어질 수 있는 것처럼, 인류는 천재지변에 의해 내일이라도 절멸할 수 있다. 기독교 신도는 신의 자비에 의지해 구원을 바란다. 신이 없다면 인류는 누구에게서 집단적 구원의 보증을 기대할 수 있는가?

혁명가들은 그들의 자유의 한계와 운명의 힘을 과장하는 경향이 있다. 그들은 그들과 더불어 전사 시대가 끝난다고 상상한다. 그들은 투쟁을 통해서 변신한 프롤레타리아트가 인류 사회에 새로운 모습을 주리라고 생각한다. 지혜의 평범한 교훈을 초월한 신앙에 의해 뒷받침되어 그들은 무제한의 폭력으로부터 영원한 평화를 기대한다. 그들은 그들의 승리의 필연성을 선언한다. 왜냐하면 그렇게 많은 희망을 가진 대의명분이 실패할 까닭이 없기 때문이다. 시간이 경과함에 따라 그들이 권력의 짐을 짊어지게 되고, 또 인간들의 집단적 사회의 잊히지 않는 본질이 내란을 통해 다시 나타남에 따라, 그들의 신념은 실망으로 인해 침식당한다. 그들은 계급 없는 사회를 덜 신뢰하게 되고, 또 그들은 인류와 인류의 무익한 저항을 조소하는 필연성을 더 믿는다고 선언할 것이다. 운명에 대한 신념은 처음에는 낙관주의에 대한 지지였다. 하지만 그것은 그 이후에 체념의 알리바이가 되고 만다.

희망 때문이든 절망 때문이든 광신적인 혁명가들은 필요 불가결한 미래에 대해 궤변을 계속 늘어놓는다. 그런데 그들은 이 미래를 기술할 수 없다. 그들은 다만 이 미래를 예고한다고 주장한다.

혼돈의 사태를 찬란하거나 끔찍한 끝을 향해 나아가도록 이끄는 인간적 또는 비인간적 법칙은 결코 없다.

역사의 지배에 대하여

"역사가 다시 움직이고 있다." 해석하기 어려운 토인비의 이 말은 우리 각자가 삶의 한순간에 느끼는 강하고 이상한 감정과 통하는 말이다. 1930년 내가 독일을 방문하고 국가사회주의의 최초의 성공을 보았을 때에 내 자신이 그런 경험을 한 바 있다. 세계의 세력 균형과 국가의 구조와 같은 모든 것이 문제가 되었다. 미래에 대한 예측 불가능성이 '현상 유지'의 불가능성과 마찬가지로 분명한 것으로 보였다.

역사의식은 현대의 파국과 더불어 생긴 것이 아니다. 자신의 운명을 확신한 19세기 말에 부르주아지가 지배했던 유럽은 오늘날 전쟁으로 인해 찢긴 유럽과 마찬가지로 엄격한 비판 방법을 실험했다. 물론 이 비판 방법을 통해 우리는 사막에서 발굴한 모든 사멸한 도시들을 다 알 수 없었고, 또 과거의 신들과 매몰된 문명의 역사를 깊이 탐구하지 못했다. 하지만 이 방법을 통해 사회가 어떻게 생겨났다가 사멸했는지를 우리가 알고 있는 아테네, 로마, 비잔틴 등을 차례로 무너뜨린 파멸의 운명을 알 수 있게 되었다.

이런 역사에 대한 지식은 종종 현실과 동떨어진 것이었다. 50년 전의 서구의 역사가들은 민족국가나 의회 제도가 역사적 발전 법칙에 역행하는 인간의 긍지에 의해 세워진 모든 구조를 좀먹는 부패에서 벗어날 수 있으리라고 단언하지 않았을 것이다. 하지만 그들은 처음으로 과학의 토대 위에서 전개된 모험의 특이성을 믿었고, 또 쇠퇴의 가능성이 줄어드는 것을 믿었다. 현재의 어떤 국가에 영원성이 약속되어 있다고 믿지 않는 것은 쉬운 일이지만, 그 멸망을 겪는 것은 결코 쉬운 일이 아니다.

20세기의 역사철학의 행운은 직접 우리가 목격한 사건들에서 기인한다. 30년전쟁guerre de Trente Ans[157]이나 펠로폰네소스전쟁, 또는 1914년과 1939년의 대전을 직, 간접적으로 체험할 경우에 그 원인과 결과를 묻지 않을 수 없다. 사람들은 암암리에 그 전쟁들에 대해 의미를 부여하고자 한다. 하지만 실제로 일어난 일들을 이해하도록 해 주는 주요 사실들을 파악한다는 긍정적인 의미에서는 아니다. 오히려 우리는 인간에게 축적된 공포를 변명하는 것을 가능케 해 주는 의미를 기대한다. 전쟁은 자본주의의 산물이며, 따라서 이 전쟁이 자본주의와 더불어 사라진다고 믿는 관찰자는 이 전쟁에 그다지 강하게 반대하지 않는다. 국가들과 계급들 간의 투쟁에 수반되는 대살육이 계급 없는 사회로 가는 길을 열어 준다면, 그것은 결코 헛된 일이 아닐 것이다. 역사에 대한 맹목적인 숭배는 정당화할 수 없는 것을 정당화하려는 미래에 대한 막연한 기대에서 기인한다. 성아우구스티누스는 로마의 멸망을 계기로 사멸하는 인간들의 도시에서는 신의 도시에 속한 것을 기대할 수 없다는 확신을 가졌다. 유럽의 멸망은 현대인들로 하여금 레닌-스탈린주의의 행동 방식에 의해 이 시대에 채택된 마르크스의 예언을 다시 고려하도록 촉구한다. 현대인들은 처음에 슈펭글러의 길을 따르다가 여러 차례 우회를 하고 난 뒤에 토인비의 방식으로 성아

---

157 30년전쟁: 유럽에서 가톨릭을 지지하는 국가들과 개신교를 지지하는 국가들 사이에서 1618년에서 1648년까지 벌어진 종교전쟁을 말한다.

우구스티누스의 희망과 조우하게 된다. 즉, 개별적이지만 형제 같은 이 문명들의 최후의 의미는 이 문명들의 너머에 있다는 희망이 그것이다. 각각의 문명은 보편적 교회를 유산으로 물려준다. 그런데 이런 교회의 메시지는 수 세기를 거쳐 반향되며, 또 다른 교회들과의 대화는 신의 찬양에 헌신하는 인류의 궁극적 목적지를 드러내 보여 준다.

역사는 여러 상황에서 행동하는 사람들의 손에 의해 형성된다. 그런데 그들은 그 자신들이 선택하지 않은 환경 속에서, 그들의 야심이나 이상이나 불완전한 지식에 따라, 환경에, 제약 조건에 굴복하거나 또는 그것들을 극복하면서, 과거의 잊어버릴 수 없는 중압에 굴복하거나, 또는 정신적 비약에 의해 고무되어 행동하는 사람들이다. 얼핏 보면 역사는 사건들의 혼돈임과 동시에 전제적인 전체로 보인다. 역사의 각각의 단편은 의미를 가지고 있는 반면, 전체는 의미가 없다. 과학과 역사철학은 각각 방법은 다르지만, 행위자들과 관계된 기본적 사실에 대한 의도적인 성격과 전체에 대한 명백한 부조리 사이의 모순, 미시적 수준의 지적 무질서와 운명의 맹목적인 질서 사이의 모순을 극복하고자 한다.

마르크스주의 유형의 역사철학은 사건의 혼돈을 몇 개의 단순한 해석의 원리와 결부시킴으로써 질서를 부여한다. 또한 이런 유형의 역사철학은 인간 운명의 실현을 불가피한 운동의 종말에 위치시킨다. 계급들은 이익에 복종하며, 개인들은 정열에 복종한다. 하지만 생산력과 생산관계는 이런 혼란으로부터 무자비하지만 유익한 정권의 출현으로 이어지는 과정이 나타나게끔 한다. 왜냐하면 계급 없는 사회가 반드시 도래할 것이기 때문이다.

그 순간에 이른바 역사에 대한 우상숭배, 즉 역사의식의 희화화가 출현한다. 역사의식은 우리에게 일관성이 없는 무수한 사실들과 그것들이 가지는 의미의 다양성을 존중하도록 가르친다. 또한 역사의식은 우리에게 그 사실들이 어떤 날의 행위자에게 결부되는지, 결정된 전통에 결부되는지 또는 그 사실들 이후의 결과에 결부되는지에 따라 생기는 의미의 다양성도 존중하도록 가르친다. 역사에 대한 우상숭배는 날것 그대로의 사실들을 이른바 일정한 해석 체계에 들어맞는 의미로 점차 대체할 권리를 가진 것처럼 여긴다. 그렇게 되면 편집증적인 재판의 세계로 들어가는 것은 아니지만, 승리자들을 패배자들의 심판자로 만들고, 또 국가를 진리의 증인으로 내세울 위험성이 다분하다. 서구도 역시 이런 열광으로부터 영향을 받았다. 공산주의가 보여 주는 급진적인 도착성倒錯性을 확신한 미국의 입법자들은 1950년대의 판단으로 1930년대의 공산주의자들을 비난하고 있다. 소련이나 중국의 감옥에 갇혀 있는 피고들은 그들의 자서전을 쓰도록 강요받고 있다. 미국의 입국 비자를 받고자 하는 자들도 간략하게 자신들의 과거 경력을 써내야 한다. 물론 미국의 경우에는 사실들을 있는 그대로 쓰는 것인 데 반해, 철의 장막 저쪽에 있는 '자본주의자들'의 자서전은 그들을 체포한 자들이 강요하는 가치에 따라 사실들을 수정해야만 한다.

역사의식은 우리의 지식의 한계가 드러나도록 한다. 우리가 과거로 눈을 돌리건 아니면 미래를 예측하려고 하건 간에, 우리는 우리의 지식의 결함과 더 나아가서는 역사적 발전의 본질과 양립할 수 없는 확실성에 도달할 수 없다. 여러 원인들과 결과들의 교착을 통해 해명된 세계적인 운동들이 실제로 일어난 것은 사실이다. 그렇다고 그런 원인들이 그런 운동들을 미리 결정했다고 말할 수는 없다. 사건이 발생한 후에 결정론의 우연적 본질을 잊어버리는 것은 가능하다. 하지만 사건이 발생하기 전에 그것을 잊어버릴 수는 없다.

역사의식은 타인과 싸우고 있을 때라도 우리는 그를 존중해야 된다는 사실을 가르쳐 준다. 또한 원인들의 성질은 인간의 영혼의 성질에 의해 측정될 수 없다는 사실, 우리는 투쟁의 결과를 모르고 있다는 사실, 모든 정권은 하나의 가치 체계를 세운다는 사실, 모든 가치들의 조화는 관념에 불과하며 가까운 실천 목표가 아니라는 사실 등도 역시 가르쳐 준다. 하지만 그 반대로 역사에 대한 우상숭배는 자기만이 혼자 가치 있는 유일한 미래를 위해 행동하며, '타자'는 다만 제거해야 할 적이고, 선을 원하거나 또는 선을 인식할 능력이 없기 때문에 제거해야 할 적이라고 보며, 또 그렇게만 보려고 한다.

역사의 궁극적 의미는 결코 과거에 대한 성찰로부터만 도출되지 않는다. 우주의 아름다움도, 문명의 비극도 하늘을 향해 소리쳐 묻는 우리의 질문에 답을 주지 않는다. 인류의 고통스러운 정복의 과정을 더듬어 보지 않은 사람은 인간을 이해할 수 없다. 내일은 우리가 이제까지 알지 못했던 교훈을 가져다줄 것이다. 랭스Reims[158]에 있는 동상이 가진 진정한 독자성을 이해하기 위해서는 엘레판타의 동굴grottes d'Éléphanta[159]에 있는 입상들을 보아야 할 것이다. 도취 속에 있는 유럽 사람들이 자기기만적 황홀에서 빠져나오기 위해서는 도쿄나 뭄바이에 이식된 유럽의 모습을 바라보아야 할 것이다. 타인과의 대화 없이 우리는 역사적 존재 속에서 우리 자신에 대한 진정한 인식을 할 수 없을 것이다. 하지만 궁극적인 진실 문제와 부딪칠 때 대화는 독백과 같은 불확실성을 남겨 준다. 모든 과거를 부활시킨다 해도, 그것은 우리의 운명에 대해 우리 자신의 양심의 조사 이상의 어떤 것을 드러내 보여 주지 않는다. 원시림에 매몰된 폐허의 도시, 죽음에 직면해서도 인간성을 확신하면서 죽음을 헛되이 하지 않는 전사들의 영웅주의, 복음과 신의 심판을 알리는 예언자들의 목소리, 군중의 열

158 랭스: 프랑스 동부의 마른주에 위치한 도시이다.
159 엘레판타의 동굴: 뭄바이 인근 아라비아해에 있는 엘레판타섬의 석굴 사원으로, 1987년에 유네스코 세계문화유산에 등록되었다.

광, 성자들의 순결, 신도들의 정열, 우리에게 이런 역사적 지식을 보여 주는 것들 중에서 그 어떤 것도 신의 나라와 지상의 도시 사이의 선택을 결정해 주지 않는다. 슈펭글러와 토인비는 각각 다음 사실을 내다보고 있었다. 슈펭글러에 의하면 인간은 포식성 동물이고, 토인비에 의하면 인간은 신을 경배하고 또 신과 결합되게끔 만들어졌다는 사실이 그것이다.

만일 우리가 지상의 도시를 위해 선택한다면, 우리의 소원과 일치하는 목적과 필연적인 목적과의 혼동은 일종의 신의 섭리를 가정하기 때문에 당장에 소멸되고 만다. 각자에게서 기인하는 존중이 그대로 전체의 번영과 양립 불가능하지 않게 되는 조건들을 추상적으로 생각할 수는 있다. 하지만 미래가 이런 기대를 충족시켜 주느냐의 여부는 알 수가 없다.

각각의 세대는 선례 없는 자기 세대의 목표가 인류의 궁극적 목적을 대표하는 것이라고 믿기 쉽다. 이런 허영은, 모든 기도企圖가 동일하게 헛되다는 확신에서 생기는 나날의 임무들에 대한 무관심보다는 더 가치가 있다. 하지만 오늘날과 같은 시대에 그런 허영은 광신에 빠질 가능성이 있기 때문에 비난을 받는다.

거대한 미소 두 제국 간의 투쟁의 결과는 그 상세한 면을 알 수 없는 우연적인 결정론에 의해 좌우되고 있다. 사유재산제도는 산업 기술에 의해 종식되고, 시장 기구는 언젠가는 투자된 자본에 의해, 또는 대중의 반란에 의해 마비된다고 가정해 보자. 이 경우에 예견 가능한 사회주의는 현재 내지 미래의 소비에트 공산주의의 현실과는 동일시될 수 없을 것이다. 생산력의 발전에 의해 부정되는 사유재산제도는 이미 하리코프에서와 마찬가지로 디트로이트에서도 실제로 운영되지 않고 있다. 역사적 투쟁의 쟁점을 구성하는 문제는 대부분의 경우 예측을 벗어난다. 운명으로 변화된 결정들을 회고적으로 이해하려는 사람들은 우연적 결정론에 사로잡힌다. 왜냐하면 현실 자체는 다른 필연성을 따르지 않기 때문이다. 미래로 향한 행동 역시 개연성의 질서에 속한다.

정권들이 계승되면서 따르는 법칙은 심지어 마르크스주의의 스탈린적 수정에서조차도 그럴듯한 모습을 더 이상 드러내지 않는다. 마르크스주의의 스탈린적 수정은 결국 사회가 모두 같은 단계를 통과하지 않는다는 것, 사회주의의 건설은 항상 경제 발전의 일정한 단계에 도달하는 것이 아니라 권력을 장악하면 그 즉시 시작된다는 것을 인정한다. 물론 권력의 장악은 무수한 우연성에 따르기 마련이다. 보편적 역사를 자청하는 스탈린주의는 결국 볼셰비키당의 역사로 환원된다.

계급 없는 사회라는 개념이 점차 의미를 잃음에 따라, 또 변증법은 계속 극복되면서도 연속적으로 이어지는 모순의 합리성과 인과적 계기의 필연성을 상실함에 따라, 공산주의 사상 체계에는 우주적인 힘으로서의 역사적 우발 사건을 초극할 수 있는 인간의 행동이라는 관념과는 다른 관념이 도입되었다. 핵 에너지를 동력화했고 또 내일은 태양 에너지를 동력화하게 될 인간의 지성은 왜 사건들의 흐름을 몇 번이고 바꿨던 우연과 사회의 모습을 해쳤던 우행을 제거하지 못하는가? 정신의 두 개의 유파, 즉 기독교 신도들과 지식인들은 마르크스주의의 메시지에 민감하다. 전자는 그것에서 예언자의 반향을 듣고, 후자는 프로메테우스적인 긍지를 가진 주장을 확인한다. 요컨대 미래가 인류의 운명을 실현할 것이다. 왜냐하면 인간 자신이 그의 운명을 만들어 나갈 것이기 때문이다.

행동이라는 개념은 벌써 청년 마르크스의 철학 속에 나타나 있다. 인간은 행동을 통해 자연을 개조하면서 자기 자신을 창조한다. 프롤레타리아트는 행동을 통해 자본주의와 싸우면서 그 사명을 감당할 자격을 갖게 된다. 프롤레타리아트의 행동은 정권의 변증법에 포함된다. 자본주의의 산물인 노동자계급은 착취라는 사회적 조건에 반항하며 일어선다. 하지만 승리는 미래의 사회 형태가 낡은 사회 내부에서 성숙했을 때에만 쟁취될 수 있을 뿐이다. 해석자들에 따라 구조의 변화를 지배하는 결정론이 강조될 수도 있고, 또는 노동자계급의 반란이 강조될 수도 있다.

레닌이 1917년 전에 잠정적으로 실현했던 당에 의한 계급의 대체는 그 균형을 깸으로써 행동에 유리하도록 하기 위함이었다. 계급의 발전과 당의 힘 사이의 균형이 없게 되면, 그때부터 혁명의 기회는 전자보다는 후자에 더 의존하게 된다.

사람들은 계속해서 당에 유리하도록 역사의 법칙에 호소한다. 마치 당이 역사에 대한 학문에 통찰력과 성공을 빚지고 있는 것처럼 말이다. 하지만 볼셰비키 지도자들은 국가의 모든 정치가들과 마찬가지로 가장 중요한 예측에서 여러 번 과오를 범했다. 그 지도자들은 1917년 이후에 수년간 독일에서의 혁명을 믿었지만, 장제스가 1926년에 복귀할 것이라고는 믿지 않았다. 그들은 1941년에는 독일의 공격도 예측하지 못했고, 1945년에 중국 공산주의자들의 승리도 예측하지 못했다. 물론 그들의 적들은 그들보다 더 맹목적이었다. 과거 반세기에 걸친 대차대조표를 보면 인상적이다. 하지만 그들의 장점과 상황의 몫이 어느 정도였던지 간에, 공산주의자들은 미래를 예견하고 행동하기 위해 부르주아들이 몰랐던 그 어떤 지식도 이용하지 않았다. 필연적인 진화의 법칙은 그들의 행동의 방향을 정하는 데 도움이 된다기보다도 행동을 정당화하는 데 도움이 된다.

1918년 이후에 서구의 여러 나라들 내의 계급투쟁, 강대국들과 식민지에서 유럽에 맞서 봉기한 아시아와 아프리카의 국가들 간의 갈등을 이해하기 위해 『자본론』이나 『제국주의, 자본주의의 최종 단계L'Impérialisme, stade final du capitalisme』를 읽을 필요는 없었다. 공산주의 이론은 이런 투쟁들이 반드시 사회주의에 이른다고 가르친다. 하지만 언제, 어떻게의 문제는 밝히고 있지 않다. 그 이론은 그저 인간 행동이 어떤 결과 —어떤 객관적 법칙에 의해서도 부과되거나 배제되지 않는다— 를 강요하고자 하는 역사적 상황만을 기술하고자 할 따름이다. 이렇듯 이론은 행운의 도움을 받은 의지의 기적적이거나 악마적인 결과를 운명이라는 용어로 해석한다.

공산당은 변증법적으로 자본주의 이후에 아직 도래할 징조가 없는 혁명과 수정주의적 노동조합 운동이 달성하고자 했던 혁명을 떠맡았다. 그와 마찬가지로 국가는 농업의 집단화를 결정했다. 그런데 이 분야를 방치했더라면 백만 명 정도의 부농들이 출현할 수 있었을 것이다. 교육과 선전에 관련된 각료들이자 마르크스주의자들은 그들만의 사적 유물론에 따라 당연히 자발적으로 일어나야 할 일들을 포고령을 통해 달성하고자 했다. 그들은 또한 그들의 교리에 따르면 싹트기 시작하는 사회주의 사회에서 자발적으로 개화 중에 있는 문학과 철학이 나아가야 할 방향을 결정하기도 했다. 이렇게 해서 외관적으로 과학적 명제 —예술과 사상은 역사적 환경의 산물이다— 에서 독재주의의 원리로 이행하게 된다. 국가가 사회에 부여하는 정의에서 사회는 경제학자들, 소설가들, 심지어는 음악가들에게까지 하나의 신조를 부과하게 된다. 예술은 부르주아 문명에 의해 부패되었기 때문에, 사회주의 리얼리즘에 의해 구제된다는 것이다.

그뿐만이 아니다. 인간은 삶의 조건의 변화에 따라 스스로 변화한다고들 한다. 하지만 인간의 영원한 이기주의에 적합한 전형적인 자본주의적 방법 —예컨대 삯일 임금, 경영을 위한 이익 보상금— 의 사용을 통해 새로운 인간이 자연적인 소산이란 점이 제시되는 것은 아니다. 그러니까 지배자들은 다시 한번 변증법의 전개를 가속화시킬 역사적 성격을 가진 인간들, 즉 영혼의 기술자들을 격려해야 한다. 교육, 선전, 이데올로기의 훈련, 종교투쟁 등과 같은 모든 가능한 수단들을 통해 개인들을 조탁하기 위해 노력한다. 그것도 지배자들 자신들이 인간과 이 지구상의 상황에 대해 만들어 낸 관념에 따라서 말이다. 파블로프와 그의 조건반사 이론은 마르크스와 사적 유물론을 계승하고 있다. 사람들은 있어야 할 사회와 지금 있는 사회 사이의 간극이 좁혀짐에 따라, 종교심이 자연적으로 없어지리라고 생각하고 있다. 실제로 유물론적 사회학이 해방된 프롤레타리아들이나 만족한 부르주아들 사이의 신앙의 각성 또는 그 부활을 고려하지 않듯이, '조건반사학'은 생존의 수수께끼를 완전히 풀지 못한다. 과학의 실패는 독재주의적 행동의 길을 다시 한번 마련해 주게 된다. 각료들, 인민위원들, 이론가들, 예심판사들은 파블로프의 방법으로 무장한 채, 만일 그어용철학이 진리라면, 사람들로 하여금 자발적으로 있어야 할 모습이 될수 있게끔 만들고자 시도하는 것이다.

그릇된 과학에서 독재적 행동으로의 이행을 잘 보여 주는 것은 소비에트의 재판이다. 이미 살펴본 것처럼, 절대주의적이기도 하고 동시에 상대주의적이기도 한 개념에 따라 피고들과 재판관들의 세계를 역사적 배경속에 재구성할 수 있다. 즉, 최종 목표의 무조건적인 가치, 해석 개념의 진리성, 행위 주체들의 의지와 상황에서 유리된 행동의 이해 등, 이 모든 것을 오직 승리자의 눈으로 보는 것이다. 하지만 이런 해석은 궁극적으로 무의미하며, 희생자들은 그것을 믿지 않으면서도 따른다. 피고들은 그들에게 강요된 역할을 자발적으로 수행하지 않는다. 그들은 위협, 공갈에 굴복한 것이다. 그들의 항복은 그들에게서 침식을 빼앗은 결과에 불과할 뿐이다. 개에게 침을 흘리게 하는 것과 마찬가지로 그들에게 자백을 강요한다. 피고들의 자백 내용은 철학자들에게는 헤겔을 상기시키고, 심리학자들에게는 파블로프의 실험을 상기시킨다. 심문관들-실험자들의 정신 속에 이교도들이나 이단자들에게 사실을 자백하도록 하는 의지와 피고들은 다소간 영리하게 생긴 원숭이인만큼 결국 항복하고야 만다는 확신 등이어느 정도로 뒤섞여 있는지 알 수 없다.

우리는 지금 역사적 섭리, 인간의 모험의 전개를 결정하는 불변의 법칙에서 멀리 떨어져 있다. 하지만 미래의 비밀을 쥐고 있다고 주장하는 오만한 망상으로부터 진리에 비추어 미래를 주조하려는 야망으로 이행하는 과정의 여러 단계는 논리적이다. 계급은 공동 구원의 도구이다. 이 계급의 진정한 대표자를 자처하는 일군의 사람들은 그들의 목적을 추진하기 위해 나머지 인간들을 수단으로 취급하고, 또 유리하건 불리하건 간에 모든 상황은 오직 기회일 뿐이라고 생각한다. 반대당에서 권력을 장악한 자들이 된 그들은 사회주의 건설의 봉사를 위해 비타협적인 열성을 동일하게 쏟아붓는다. 부농 타파나 소수민족의 추방은 역사에서 이성을 실현하려는 정책에 중요하지 않지만 고통스러운 일화들이 되었다.

역사의 지배를 상기하는 자들 중에서, 일부는 우연한 사건들, 위대한 인간들, 우연한 만남들의 개입을 제거하고, 일부는 전체적인 계획에 따라 사회를 재건하고 부당한 전통의 유산을 포기하거나, 또 다른 일부는 인류를 분할해 전쟁이라는 비극적 아이러니에게 맡기는 투쟁에 종지부를 찍는 것을 꿈꾸는 것처럼 보인다. 하지만 이성은 항상 그 반대의 것을 가르쳐준다. 정치는 항상 예측할 수 없는 상황과 불완전한 지식 속에서 인간들에 의해 행해지는 되돌릴 수 없는 선택의 기술이라고 말이다. 정신적 세계의 복수성과 행동의 자율성은 결국 세계 제패로 나아가려는 모든 충동을 전제적 정치로 유도할 수밖에 없을 것이다.

기술의 발달에 힘입어 가능해진 물리적 현상의 처리를 통해 우주에 대한 개념은 점차 일소되었다. 하지만 그와 반대로 역사를 조작하려는 희망은, 개인들의 욕망이나 반항에 접근할 수 없는 법칙에 의해 결정된, 사회 질서 또는 발전의 질서 개념에서 나온 것같이 보인다. 혁명가들은 전체를 구성하는 몇몇 요소들만이 아니라 머지않아 전체 그 자체를 지배하게 되리라는 것을 꿈꾸고 있다.

이와 같은 프로메테우스적 야망은 전체주의의 지적 기원의 하나이다. 다음과 같은 때에 세계에 평화가 돌아올 것이다. 즉, 정치에 대한 경험을 쌓고, 광신주의가 물러가고, 극복할 수 없는 모든 장벽을 인식한 후에, 혁명가들 중 누구도 어떤 계획에 의해 사회를 재구성하거나 또 인류 전체에 대해 하나의 목적을 정하거나, 지상의 도시를 거부할 권리를 거절할 수 없다는 것을 인정하는 때가 그것이다.

정치는 폭력을 피하는 비결을 아직 발견하지 못하고 있다. 하지만 폭력 자체가 역사적이고 동시에 절대적인 진리에 봉사한다고 믿어질 때, 폭력은 가장 비인간적인 것이 된다.

제3부

지식인들의 소외

제7장
지식인들과 그들의 조국

모든 사회에는 공적이거나 사적인 행정 사무원들로 구성된 '서기직', 문화의 유산을 계승하거나 또 발전시킨 '예술가들'과 '문인들', 그리고 '전문가들', 즉 법률 지식과 논쟁 기술을 지배자들에게 제공한 법률학자들이나, 자연의 비밀을 풀고 또 병의 치료법이나 전쟁에 승리하는 방법을 인간에게 가르쳐 준 과학자들이 존재했다. 엄밀히 따져 이 세 종류의 직업군 중 어떤 것도 현대 문명에만 속하는 것은 아니다. 하지만 현대 문명은 지식인들의 수와 조건에 영향을 주는 특이한 성격을 갖고 있다.

인간의 능력을 여러 직업으로 분할하는 것은 경제 발전의 정도에 따라 바뀐다. 공업 분야에 고용되는 인구의 비율이 커지면 농업 분야의 고용 인구가 감소한다. 그 반면에 사무소의 서기에서 실험실의 연구원에 이르기까지 위신의 정도가 천차만별인 다양한 직업들을 포함하는 소위 제3 부문의 규모는 훨씬 커진다. 근대 산업 사회는 과거의 어느 사회보다도 비육체적 노동자의 수가 절대적으로나 상대적으로 많아졌다. 조직, 기술, 행정은 더욱 복잡해져 마치 육체노동자의 동작은 아주 단순한 동작으로 환원된 것처럼 보인다.

현대 경제는 또한 읽고 쓸 줄 아는 프롤레타리아들을 필요로 한다. 그런데 이 프롤레타리아들이 덜 가난하게 되는 것에 비례해 공동체들은 청년들의 교육에 더 많은 돈을 쏟아붓는다. 중등 교육 기간이 더 길어지고, 또 그것은 각 세대에게 광범히 적용된다.

비육체적 노동자들의 세 부류, 즉 '사무직', '전문직', '문인'은 같은 리듬으로는 아니지만 거의 동시에 발전한다. 관료 기구는 자격이 떨어지는 '서기직'에게는 출구를 제공한다. 노동 관리와 산업 조직은 전문지식을 가진 '전문가들'을 더 요구한다. 또 학교와 대학, 그리고 각종 오락과 통신의 각종 매체(영화, 라디오)는 '문필가', '예술가' 또는 변론과 저술의 전문가, 선전 담당자들을 고용한다. 이런 기업에 통합되면 문필가는 종종 이류의 전문가로 추락하는 수도 있다. 작가는 그저 '베껴 쓰는 작가rewriter'가 되어 버린다. 직업군의 증가는 누구나 알고 있는 중요한 사실이 되었다. 하지만 누구나 그 중요성을 제대로 측정하고 있는 것은 아니다.

전문가들이나 문인들이 항상 그들의 독립을 동경해 그들만의 공화국을 세우는 것은 아니다. 수 세기 동안 사상가들과 예술가들은 성직자들, 즉 교회와 국왕의 신조를 유지하거나 해석하는 것을 업으로 삼았던 성직자들과 정신적으로 불가분의 관계에 있었다. 사회적으로 그들은 자신들에게 생계 수단을 제공해 주는 자들, 즉 교회, 부자들, 권력자들과 국가에 의존했다. 예술가의 상황뿐만 아니라 예술의 의미도 집권자나 교양 있는 계급의 성격에 따라 변했다. 사람들은 신도들에 '의해' 생산되고, 또 그들을 '위해' 생산된 예술과 세속적 지배자들과 상인들의 보호를 받는 예술을 대비시키곤 했다.

오늘날 학자들은 교회의 압력을 막을 만한 권위와 위신을 가지고 있다. (그 예외는 드물고 또 전체적으로 의미가 없다.) 자유로운 탐구의 권리는 교리에 영향을 주는 경우일지라도(가령, 인간의 탄생이나 기독교의 탄생) 거의 부정되지 않는다. 대중의 범위가 확장되고 또 후원자들이 사라짐에 따라, 작가들과 예술가들은 생활 안정의 위협을 느끼는 반면에 자유를 얻는다. (그리고 많은 이들이 그들의 창작 행위와 관계가 없는 직업에서 생활 방도를 얻고 있다.) 물론 사적 분야의 고용주들이나 국가도 비용을 지불하면서 그에 상응하는 작품의 창작을 요구한다. 하지만 영화사들이나 대학들은 스튜디오나 강의실 밖에서는 고유한 신조를 강요하려 들지 않는다.

마지막으로 모든 정치 체제는 언어와 사상을 다루는 능력을 가진 사람들에게 기회를 제공한다. 왕관을 쓰는 자는 이제 더 이상 용기와 행운에 의존하는 전쟁의 지휘자가 아니다. 왕관을 쓰는 자는 이제 연설가, 곧 군중이나 선거민이나 의회를 설득하는 방법을 알고, 또 사상 체계를 정립할 수 있는 사람이다. 지금까지 정권을 정당화시키는 것을 거부했던 성직자들이나 문필가들이 부족한 적은 없었다. 하지만 오늘날의 정치는 언변의 전문가들을 요구하고 있다. 이론가와 선동가가 합해진 것이다. 정당의 서기장이 혁명을 지도함과 동시에 이론을 정립하는 것이다.

'인텔리겐치아'에 대하여

오늘날 우리가 막연히 '지성의 직업'이라고 지칭하는 사회적 범주는 그 수가 더 많아졌고, 더 자유로워졌으며, 그 세력이 더 강해져 권력의 중심에 더 가까이 다가간 것처럼 보인다. 이 용어에 대한 다양한 정의들은 여러 점에서 암시적이다. 이 정의들은 이 범주의 다양한 특징들을 밝히는 데 도움이 된다.

가장 넓은 의미에서 이 용어는 비육체적 노동자를 가리킨다. 프랑스에서는 사무직원을 지식인이라고 부르지 않는다. 그가 대학을 졸업하고 학위를 받은 경우에도 그렇다. 대학 졸업생이 많은 사람들이 일하는 기업에 들어가 하나의 작업 활동을 할 때, 그는 타자기와 같은 도구로 일하는 노동자에 불과하다. 지식인이라는 칭호를 얻기 위해 요구되는 자격은 비육체적 노동자들의 수가 증가됨에 따라 높아진다. 다시 말해 그 자격은 경제 발전과 병행한다. 저개발국에서 대학 졸업생이면 누구나 지식인으로 여겨진다. 부정확한 개념 사용은 아니다. 프랑스에 유학 오는 아랍 청년은 사실상 자기 조국에 대해 전형적인 학자의 태도를 취한다. 학위를 받은 '루마니아인'은 서구의 작가와 별로 다를 바가 없다.

조금 더 좁은 두 번째 정의에는 '전문가들'과 '문인들'이 포함된다. 서기직과 전문가의 경계선은 불분명하다. 한 범주에서 다른 범주에로 계속되는 이동이 있다. 의사와 같은 일부의 전문가들은 소위 자유 직업인으로서 독립을 유지한다. '자영업자들'과 '급료생활자들' 사이의 차이는 때로는 사고방식에 영향을 주지만, 그것은 부차적이다. 국가의 보건기관에서 일하는 의사는(만일 그가 지식인이었다면) 다만 급료를 받고 있다는 이유만으로 지식인이 아닌 것은 아니다. 결정적인 대조는 비육체적 노동의 성질에 관계되는 것이 아닐까? 기술자나 의사는 비유기적 자연 또는 생명의 현상을 파악하고, 작가나 예술가는 언어 또는 사상에 따라 물질을 조형한다. 이런 경우에 언어나 인간을 상대하는 법률가라든가 행정관도 작가나 예술가와 같은 범주에 속할 수도 있을 것이다. 하지만 그들은 전문가, 기술자, 의사 등에 더 가깝다.

지식인 개념이 가지는 이런 애매성은 항상 동시에 주어지지 않는 여러 다양한 특징들의 결합에서 기인한다. 이 개념을 밝히기 위한 최선의 방법은 순수한 사례에서 출발해서 의심스러운 사례로 나아가는 것이다.

시인, 소설가, 화가, 조각가, 철학자가 중핵을 형성한다. 그들은 지성의 활용을 위해, 그리고 지성의 활용에 의해 살아간다. 만일 이런 활동의 가치를 기준으로 삼는다면, 우리는 발자크Honoré de Balzac에서 외젠 쉬Eugène

Sue[160]로, 프루스트로부터 일간지의 청춘 연애 소설가나 탐정 소설가 또는 일간지에 차에 깔려 죽은 개의 기사를 쓴 편집자에게로 점점 내려가게 된다. 새로운 사상이나 형식을 발전시키지 않고 창작을 계속하는 예술가, 강의를 담당하는 교수, 실험실의 연구원들이 지식과 교양의 공동체에서 활동한다. 그 아래로 신문기자와 라디오의 기자가 있어서 창작에서 획득한 결과들을 널리 알리면서 대중과 엘리트 사이의 소통을 유지한다. 이런 관점에서 보면 지식인 범주의 핵심은 창작자들이며, 한계가 분명하지 않은 그들의 지대에서 유사 창작자들(통속화하는 자들)이 진정한 창작 작업을 하지 않고 배반하기 시작한다. 그들 유사 창작자들은 성공과 돈에만 급급하고, 대중의 들뜬 취향의 노예가 되어 자신들의 직업의 가치에 대해서는 무관심하게 된다.

이와 같은 분석의 불편한 점은 다음 두 가지 사항에 대한 검토를 소홀히 한다는 것이다. 한편으로 사회 정세와 수입의 원천, 또 다른 한편으로 직업 활동에 대해 이론적이거나 실질적인 목적에 대한 검토가 그것이다. 사후적으로 파스칼이나 데카르트를 지식인이라고 부르는 것은 용인된다. 하지만 파스칼은 의회법에 의한 대부르주아 가문의 일원이었고, 데카르트는 기사騎士였다. 17세기에는 두 사람을 지식인의 범주에 넣으려고 생각하지 않았을 것이다. 그들이 아마추어였기 때문이다. 물론 아마추어도 그 정신의 질적 내용이라든가 그 활동의 내용으로 미루어 보면, 자유 직업인과 마찬가지로 지식인에 속한다. 하지만 그 활동을 통해 그들을 사회적으로 정의할 수 없다.[161] 현대 사회에서는 자유 직업인들의 수가 증가하고 있

---

160 외젠 쉬(1804-1857): 프랑스의 작가이다.
161 18세기 프랑스에서 지식인의 범주는 쉽게 인지 가능하다. 디드로, 백과전서파, 철학자들이 지식인들이다.

는 반면, 아마추어의 수는 줄고 있다.

다른 한편, 법학 교수는 변호사보다, 경제학 교수는 경제문제를 논평하는 저널리스트보다 더 지식인의 칭호에 적합한 것으로 보인다. 그렇다면 그 이유는 보통 신문기자들이 자본가의 기업을 위해 일하는 월급쟁이이고, 대학교수는 공무원이기 때문인가? 그런 것 같지는 않다. 왜냐하면 앞의 예에서 변호사는 자유 직업인이고, 대학교수는 공무원이기 때문이다. 교수가 더 지식인에 가까운 것으로 보이는 것은, 그가 지식 그 자체의 유지, 전달, 확대 이외의 다른 목적을 갖지 않기 때문이다.[162]

이와 같은 분석은 우리에게 독단적으로 하나의 정의를 선택하는 것을 허용하지 않으며, 오히려 다양한 정의들이 가능하다는 것을 보여 준다. 가령, 전문가들의 수를 산업 사회의 중요한 특징들 중 하나로 간주하면서 대학이나 전문대학에서 기술관리직에 필요한 자격을 취득한 사람들을 '인텔리겐치아'라고 부를 수 있다. 작가, 학자, 과학자, 창조적 예술가 등을 지식인 범주의 제1열에, 교수와 비평가를 제2열에, 선전가와 신문기자를 제3열에 넣을 수도 있다. 또한 의사, 변호사, 기술자 등이 효율성의 욕망에 사로잡혀 교양에 대한 관심을 일부 상실한 경우에 그들을 지식인 범주에서 제외할 수도 있다. 소련에서는 첫 번째 정의로 기울어진다. 기술과 관련이 있는 '인텔리겐치아'는 이 범주의 대표자로 생각되고, 심지어 작가들조차 영혼의 기술자로 여겨진다. 서구에서는 대부분 두 번째 정의로 기운다. 하지만 이 정의를 좀 더 좁혀 사실상 지식인을 '쓰고 가르치고 설교하며, 무대에서 공연을 하거나 예술과 문학을 창작하는 것을 기본 직업으로

---

162 모순되지는 않지만 이 두 기준 사이에는 명확한 차이가 있다. '인텔리겐치아'는 점차 행정적, 산업적 분야에 봉사하고 있다. 아마추어의 범주에 속하는 자들 중 살아남은 자들은 순수 과학기술자들이나 문인들이다.

삼는 사람들'에만 국한시킨다.[163]

'인텔리겐치아'라는 용어는 19세기 러시아에서 처음으로 사용된 것으로 보인다. 러시아에서 대학을 졸업하고, 주로 서구에 근원을 둔 교양을 가진 사람들이 전통적인 계급 구조에서 벗어나 하나의 조그만 집단을 구성했다. 그들은 귀족 가문과 프티부르주아, 심지어 부유한 농민의 자제들 중에서 뽑힌 청년들이었다. 구舊사회에서 이탈한 그들은 획득한 지식과 기성 질서에 대한 그 자신들의 태도에 의해 단결했다고 생각했다. 새로운 과학 정신과 자유사상으로 결합된 이런 모든 경향이 그들을 혁명으로 쏠리게 했다. 실제로 그들은 고립되었고, 국가 유산에 적대적이었으며, 폭력을 사용할 수밖에 없다고 느꼈다.

근대적 교양이 역사적 지반 위에서 자연적으로 점차 발전한 사회에서는 과거와의 단절이 갑작스럽게 일어나지 않았다. 대학 졸업자들은 다른 사회적 범주에 속한 자들과 뚜렷이 구별되지 않았다. 그들은 낡은 사회생활 구조를 무조건 반대하지 않았다. 하지만 그들은 혁명을 선동한다는 비난을 받았고, 아직도 받고 있다. 좌파 지식인은 "현재를 초월하고자 결심한 혁명가들이 없다면 구습의 폐악은 계속 잔존할 것이다"라고 말하면서 혁명 선동자라는 비난을 찬사로 받아들이고 있다.

어떤 의미에서 이 비난에는 근거가 없다. 지식인들이 모든 사회에 대해 적대적이라고 보는 것은 사실이 아니다. 고대 중국의 문인들은 종교적이라기보다는 도덕적 교리를 옹호하고 설명했다. 그럼에도 그들은 사회의 일선에서 위계질서를 신성화했다. 왕, 왕자, 왕관을 쓴 영웅, 부유한 상인은 언제나 그들의 영광을 노래하는 시인(반드시 나쁜 시인들이 아니었다)을 발

---

163 Crane Brinton, *Visite aux Européens*, Paris, 1955, p.14.

견했다. 아테네에서도 파리에서도, 기원전 5세기에도 또 기원후 19세기에도 작가나 철학자는 자발적으로 인민당, 자유당, 진보당 쪽으로 기울어지지 않았다. 아테네의 성벽 안에서도 스파르타를 찬미하는 자들을 적지 않게 만날 수 있었을 것이다. 마치 오늘날 파리의 센강 좌안에 있는 카페나 살롱에 가면 독일의 제3공화국이나 소련을 찬미하는 자들을 만날 수 있는 것처럼 말이다.[164]

전통주의, 자유주의, 민주주의, 민족주의, 파시즘, 공산주의 등과 같은 모든 교리와 당파는 그들의 신도들과 사상가들을 과거에도 가졌고, 앞으로도 계속 가지게 될 것이다. 각각의 진영에는 지식인들이 존재한다. 그들은 수많은 견해와 이해관계를 이론화하는 자들이다. 그들은 정의상 그저 사는 것만으로 만족하지 않고 자신들의 존재에 대해 사색하고자 한다.

그럼에도 일부 사회학자들(예컨대 J. 슘페터Joseph Schumpeter[165])은 더 미묘한 형태로이기는 하지만 지식인들을 직업적 혁명가들로 간주했는데, 이런 진부한 사고 방법에도 일리가 없는 것은 아니다.

'인텔리겐치아'는 권리상으로도 사실상으로도 완전히 폐쇄된 집단이 아니다. 지식이나 지성의 미덕에 의해 정의되는 모든 특권계급은 좋든 싫든 신분의 상승을 허용한다. 플라톤은 귀족에 속했다. 하지만 그는 노예도 수학의 진리를 배울 수 있다고 주장했다. 아리스토텔레스는 노예제도의 사회적 필요성을 부정하지 않았다. 하지만 그는 이 제도의 기초를 훼손시키고 말았다. 그는 인간 각자가 자기의 천성에 맞는 지위를 가지고 있다는 사실을 부정했다. 그는 죽으면서 그의 노예들을 해방시켰다. 하지만

---

164 아테네나 파리에서의 스파르타나 히틀러에 대한 찬사가 지식인에게 있어서는 반대를 드러내는 하나의 방식이었다는 것은 분명하다.

165 조지프 슘페터(1883-1950): 미국에 귀화한 오스트리아의 경제학자로, 경기변동론과 혁신이론으로 유명하다.

그 노예들은 노예가 되게끔 세상에 태어나지 않았다. 이런 의미에서 전문적 지식인은 권리상의 민주주의를 부인하기 어렵다는 것을 알고 있다. 하지만 그렇게 함으로써 그는 사실상의 귀족주의를 더 강하게 강조할 수도 있다. 단지 소수집단만이 지식인이 활동하는 세계에 도달할 수 있다.

'인텔리겐치아'의 모집 방법은 사회에 따라 다르다. 중국에서는 시험제도를 통해 농부들 자제들의 등용이 허용된 것 같다. 하지만 그런 경우가 자주 있었는지는 논의의 대상이 될 수 있다. 인도에서는 사상가에게 부여되는 영예가 카스트제도라든가 각자 태어난 조건 속에서 살아야 한다는 생각과 모순되지 않았다. 현대 사회에서 대학은 사회적 상승을 촉진시킨다. 남미와 근동의 몇몇 국가들에서 육군사관학교와 군대는 출세의 길을 열어 준다. 서구의 여러 나라들에서 대학 졸업자들의 사회적 출신은 각각 다르다. 가령, 1939년 전쟁 발발까지 옥스퍼드대학과 케임브리지대학의 학생들은 일부 사회 계층의 자제들로 한정되어 있었다. 또 프랑스의 그랑제콜 학생들 중에서 노동자계급이나 농민 가정 출신은 극히 드물었고, 프티부르주아적 배경을 가진 자들이 드물게 있었다. 다시 말해 두 세대의 차이를 두고 일반 대중의 가정에서도 입학생들이 출현했다. 이렇듯 '인텔리겐치아'는 항상 지배계급보다는 사회적으로 더 광범위하며 더 개방되어 있다. 또 산업 사회는 간부들과 기술자들을 더 많이 필요로 하기 때문에, 이런 민주화의 경향은 더욱 뚜렷해질 것이다. 소련에서 '인텔리겐치아'의 확대는 권력자들의 이익에 기여했으며, 권력자들은 경제적 발전의 필연적 결과를 사회주의 덕으로 돌릴 수 있었다. 만일 프티부르주아 출신의 자제들이 대학을 마친 다음 옛 지배계급에 의해 고안된 가치와 정부 체제에 가입하는 대신에 과격한 사회적 변혁에 대한 향수를 간직한다면, 이와 같은 현상은 민주주의 체제를 동요시킬 위험이 있다. 이런 위험은 지식인들의 성향이, 이렇게 말하자면, 비판적 성향으로 기우는 만큼 더더욱 크다. 지식인들은 그들의 조국과 제도들을 판단하면서 기꺼이 현재의 현실을 다른 현실과 비교하기보다는 오히려 관념들과 대조시킨다. 예컨대 오늘의 프랑스를 어제의 프랑스와 비교하는 대신에 오히려 프랑스는 당연히 이래야 한다는 자신들의 관념과 비교한다. 인간의 제도 중 그 어떤 것도 훼손을 당하지 않고 그런 시련을 견디어 내지는 못한다.

작가이든 예술가이든 간에 지식인은 관념의 인간이다. 학자이든 기술자이든 간에 지식인은 과학의 인간이다. 지식인은 인간과 이성이라는 신앙을 신봉한다. 대학에 의해 보급되는 교양은 낙관적이며 합리주의적이다. 지식인들의 비판적 검토의 대상이 되는 사회생활의 여러 형태는 아무 이유도 없는 것으로 보이며, 고려된 계획이나 통찰력 있는 의지의 표현이라기보다 여러 세기 동안에 이루어진 결과로 보인다. 역사에 대한 성찰을 필요로 하지 않는 활동을 하는 지식인은 '기성의 무질서'에 대한 최후 판단을 자의적으로 내리기 쉽다.

지식인은 현실에 대한 비판을 자제하지 않는다면 곧 난관에 부딪친다. 논리적으로 세 단계의 비판 과정을 볼 수 있다. 첫째는 '기술적 비판'이다. 이 비판을 통해 지식인은 통치자나 행정가의 입장에서 유감으로 생각되는 여러 종류의 악惡을 완화하는 조치를 제시하고, 정치적 행동에 따르는 불가피한 제약, 공동체의 영원한 구조, 때로는 현존 정체의 법률까지도 인정한다. 그는 이상주의적 조직이나 빛나는 미래를 참조하는 것이 아니라 좀 더 많은 상식이나 호의를 가지고 접근할 수 있는 결과를 참고한다. 둘째는 '도덕적 비판'이다. 이 비판은 현실의 상태에 대해 당연히 그래야 하는 막연하고도 불가피한 대립적 의견을 내세운다. 그는 이 비판을 통해 식민지주의의 잔인성, 자본주의적 소외를 거부하고, 주인과 노예의 대립, 찬란한 사치와 비참함 사이의 불명예스러운 대립 상태를 거부한다. 설사 지식인이 이런 거부의 결과와 그것을 행동으로 옮기는 방법을 모른다고 해도, 그는 그 거부를 비난이나 호소로서 선언하지 않을 수 없음을 느낀다. 세 번째는 '이데올로기적' 또는 '역사적 비판'이다. 이 비판은 현재의 사회를 도래할 사회의 이름으로 공격하며, 인간의 양심을 분노로 이끄는 불의를 현재의 질서의 본질로 돌리고(자본주의와 사유재산은 그 안에 착취, 제국주의, 전쟁의 숙명을 안고 있다), 또 인간이 그의 소명을 완수할 수 있을 근본적으로 전혀 다른 질서에 대한 청사진을 제시한다.

이와 같은 비판들은 각기 그 기능과 장점을 가지고 있지만, 또한 일종의 퇴화의 위협에 직면해 있기도 하다. 기술자들은 보수주의자들의 염탐의 대상이다. 그들의 눈에 인간들이란 변하지 않고, 또 사회를 배반하는 자들도 공동생활을 필요로 한다. 도덕주의자들은 체념과 말뿐인 비타협적 태도 사이에서 동요하고 있다. 모든 것에 대해 '아니오'라고 말하는 것은 결국 만사를 승인하는 것이다. 현재의 사회나 또 상상할 수 있는 모든 사회와 분리될 수 없는 불의들과 개인들에게 책임이 돌아갈 수 있는 비리들 —이것은 윤리적 판단에 속한다— 사이의 어디에 한계선을 그어야 하는가? 이데올로기적 비판에 대해서 보자면, 그것은 완전히 양쪽에서 그 역할을 수행한다. 이런 비판은 세계의 절반에 대해 반대하기 때문에 도덕주의적이다. 하지만 다른 한편으로 그런 비판은 완전히 현실주의적인 관용의 태도로 혁명 운동을 지지한다. 미국의 법정에서 유죄성의 증명은 결코 만족스럽지 않다. 그와 마찬가지로 국가가 반혁명분자들을 진압할 때에 그 진압은 결코 지나친 적이 없다. 그것은 인간의 정념의 논리에 부합하는 과정이다. 얼마나 많은 지식인들이 도덕적인 분노로 혁명적 정당으로 향했고 결국 테러와 국가의 이성에 기초한 독재정치를 묵인하게 되었던가!

각국은 어쨌든 이런 비판들 중 어떤 것에 쏠리는 경향이 있다. 영국인들과 미국인들은 기술적이며 도덕적인 비판의 혼합형에 쏠리는 경향이 있다. 그 반면에 프랑스인들은 도덕적 비판과 이데올로기적 비판 사이를 왔다 갔다 한다. (반항인들과 혁명가들 간의 논쟁은 이런 망설임의 전형적인 표현이다.) 적어도 지식인들에게는 도덕적 비판이 대부분의 경우 모든 비판의 가장 심오하고 근원적인 것으로 보인다. 이것은 그들에게 항상 '아니오'라고 말하는 정신과 '정의의 기사들'의 영예와 동시에 거친 행동의 제약들을 무시하는 '말'을 사용하는 직업인이라는 달갑지 않은 평판을 안겨 주기도 한다.

적어도 자유 서구 사회에서는 오래전부터 비판은 더 이상 용기의 증거가 못 된다. 대중은 일정한 환경이 주어지면 정부의 행동이 과거의 그것과 그다지 달라질 수 없다는 것을 고백하게 하는 동기보다는 오히려 그들의 비난이나 요구를 정당화시키는 논거를 신문에서 발견하기를 원한다. 사람은 비판하면서 전체로 보아 심지어는 다행이라고 여겨지는 방법에 의해 생기는 불쾌한 결과에 대한 책임을 회피한다. 사람은 또한 불순한 역사적 대의명분들을 회피하기도 한다. 반대자는 그의 논쟁의 과격함의 정도가 어떻든 간에 그의 이른바 이단자로서의 고통을 전혀 겪지 않는다. 로젠버그 부부les Rosenberg[166]를 위한 탄원서나, 또는 서독의 재무장을 반대하는 탄원서에 서명하는 것, 부르주아계급을 폭도들의 집단으로 취급하는 것, 또는 프랑스가 방어를 준비하고 있는 반대 진영에 우호적인 입장을 취하는 것 등, 이 모든 것들은 국가 공무원들의 경력에도 폐해를 주지 않는다. 특권 세력들은 자기들을 저주한 작가들을 얼마나 많이 아껴 주었던가! 미국의 배빗Babbitt[167]들은 싱클레어 루이스의 성공에 큰 기여를 했다. 과거에

---

166 로젠버그 부부: 에델 로젠버그(Ethel Rosenberg, 1915-1953)와 줄리어스 로젠버그(Julius Rosenberg, 1918-1953)로 미국의 공산주의자였으며, 소련에 스파이 행위를 했다는 죄목으로 기소되어 사형당했다.

167 배빗: 미국 작가 싱클레어 루이스(Sinclair Lewis, 1885-1951)가 1922년에 출간한 소설의 제목이자 이 소설의 주인공 이름이다. 일반 명사화되어 '중산계급의 허세와 타협주의'의 의미로 사용된다.

작가들로부터 속물이란 비난을 받았으며, 또 오늘의 작가들로부터는 자본가라고 비난을 받는 부르주아지와 그 자손들은 반항자들과 혁명가들의 구원자였다. 성공은 과거나 미래를 변형시키는 사람들에게로 향한다. 우리 시대에 현재가 여러 점에서 다른 시대들보다도 더 좋지도 더 나쁘지도 않다는 온건한 의견을 무난하게 옹호하는 것이 가능한지 어떤지 의심스럽다.

인텔리겐치아와 정치

정치에 대한 지식인들의 태도를 관찰하는 경우, 그 첫인상은 그들의 태도가 비지식인들의 그것과 흡사하다는 것이다. 교수들이나 작가들의 의견들 속에는 상점 주인들이나 기업가들의 의견들과 마찬가지로 생소한 지식, 전통적인 편견, 이성적이라기보다는 심미적인 기호 등이 뒤섞여 있다. 어떤 유명한 소설가는 자기 출신 계급인 보수주의적 부르주아지에 대해 증오심을 드러내며, 또 어떤 작가는 변증법적 유물론과는 완전히 모순되는 철학을 가지고 있음에도, 거의 모든 좌파 분자들이 어떤 단계에서 경험한 바와 같이 15년이나 늦게 소비에트 체제에 이끌리기도 했다.

의사들, 교원들, 작가들의 조합은 각각 그 직업적인 이해관계가 문제 될 때에 노동자들 조합과 다르지 않은 방식으로 자신들의 요구를 내세운다. 군 간부들은 위계질서를 옹호하고, 기업의 경영자들은 가끔 자본주들이나 금융업자들과 빈번하게 충돌한다. 또 지식인들-공무원들은 다른 사회 계층의 재력이 지나치게 많다고 본다. 그들은 국가의 피고용인들이자 고정 수입 소득자들의 자격으로 이윤의 동기를 비난하는 경향이 있다.

지식인들의 태도는 또한 그들 각자의 사회적 출신에 의해서도 설명된다. 이것을 잘 알아보기 위해 프랑스에서는 여러 대학들에서 교수들과 학생들을 포함해 지적 분위기를 서로 비교해 보면 된다. 고등사범학교의 분위기는 좌파 또는 극좌파 쪽이고, 파리정치학교는 극소수를 제외하면 보수파나 온건파 쪽이다. (1954년의 온건파들은 사회주의자들, 인민공화파 또는 '망데스 프랑스를 따르는 혁명가들'이었다.) 이들 그랑제콜에서 이루어지는 학생들의 모집은 분명히 출신 계층과 모종의 관계가 있다. 지방에 있는 대학들에서는 각 단과대학마다 고유한 분위기를 가지고 있다. 예컨대 의과대학이나 법과대학은 보통 문과대학이나 자연과학대학보다 '더 우파적'이다. 이두 경우에 교수들의 사회적 배경과 생활수준은 그들의 정치적 견해와도 모종의 관계를 갖고 있다.

직업적 성향과 동시에 사회적 성향이 개입한다. 월름가rue d'Ulm[168]에 위치한 고등사범학교 학생들은 1954년의 정치문제를 마르크스주의 또는 실존주의의 관점에서 보고 있다. 현재의 자본주의에 대해 적대시하고 프롤레타리아들을 '해방'시키려는 생각을 가지고 있는 그들은 실제로는 자본주의와 프롤레타리아에 대해 잘 모른다. 파리정치학교 학생들은 '소외'에 대해서는 별로 아는 것이 없지만, 정권의 기능에 대해서는 잘 알고 있다. (학생들에 대한 이런 지적은 교수들에게도 어느 정도 해당된다.)

지식인은 불가피하게 자기의 직업에서 얻은 사고의 습관을 정치 분야에 옮길 수밖에 없다. 프랑스에서 에콜폴리테크니크 졸업생들은 계획주의와 마찬가지로 자유주의도 주장한다. 이것은 마치 이상적인 모델에 사로잡힌 그들이 현실에서 이성의 도식에 일치하는 불가능한 일을 요구하는 것과 같다. 의학 분야에서는 인간성에 대해 낙관적인 견해로 기울지 않

---

168 월름가: 고등사범학교가 있는 파리 5구의 거리 이름이다.

는다. 의사들은 인도주의적인 경우도 있지만 자유 직업인들로서 그들의 지위를 보호하는 데 관심을 가지며,[169] 개혁론자들의 야심을 약간의 회의를 가지고 바라본다.

나라마다 동일 직업 또는 한 나라 안의 상이한 분야의 전문가들을 비교하는 데까지 확대시킬 수 있는 이런 분석은 점차 지식인들의 사회학으로 나아갈 수 있다. 하지만 그런 연구가 이루어지지 않고 있음에도 불구하고 이런 분석을 통해 지식인들의 태도에 결정적인 영향을 미치는 환경을 살펴보고 또 몇몇 국민적 특성을 끌어내는 것은 여전히 가능하다.

'인텔리겐치아'의 상황은 교회와 지배계급과 맺는 이중의 관계에 의해 규정된다. 앵글로색슨계 나라들의 이데올로기적 분위기와 라틴계 나라들의 그것 사이의 현격한 차이의 원인에 대해서 말하자면, 전자는 종교개혁에 성공했고 종교 분파가 다양한 반면, 후자는 종교개혁에 실패했고 가톨릭이 세력을 쥐게 되었다는 것이다.

중세 유럽에는 '지식인들'보다는 '성직자들'이 있었다. 문인들은 대부분 대학을 포함한 성직자 단체에 속했다. 세속적인 대학교수들조차도 인정받고 있는 확고하게 정립된 영적 권력의 봉사자들과 경쟁하지 못했다. 현대적인 '인텔리겐치아'의 여러 범주들은 점차적으로 구성되었다. 법학자들과 관료들은 군주에 의존했으며, 학자들은 독단으로 굳어진 지식에 맞서 자유로운 탐구의 권리를 옹호했다. 부르주아 출신의 시인들이나 작가들은 권력가들의 보호를 받았으며, 독자들의 도움으로 글을 써서 생계를 유지할 수 있었다. 몇 세기를 지나는 동안에 다양한 종류의 지식인들(서기들, 전문가들, 문인들, 교수들)이 점점 세속화되었고, 현재는 세속화가 완전히

---

169 미국에서 의사협회는 사회보험제도에 대해 완강하게 반대하고 있다.

이루어졌다. 오늘날에는 한 사람이 과학자 또는 철학자임과 동시에 성직자를 겸한다는 것은 호기심 어린 일로 여겨진다. 성직자들과 지식인들 간의 충돌, 또는 신앙의 정신적 권위와 이성의 정신적 권위 간의 충돌은 실제로 종교개혁이 성공한 국가들에서는 화해로 막을 내렸다. 인도주의, 사회개혁, 정치적 자유는 기독교의 메시지와 모순되는 것으로 보이지 않았다. 영국 노동당의 연차 대회는 기도로 시작된다. 프랑스, 이탈리아, 스페인에서는 기독교민주주의 운동을 한 국가들인데도 불구하고 계몽사상이나 사회주의사상을 내세우고 있는 정당들은 일반적으로 교회를 적대시하고 있기도 하다.

지식인들과 지배계급과의 관계는 상반된다. 지식인들이 통치하고 관리하고 부를 창조하는 자들의 관심사에서 멀리 떨어진 것처럼 보이면 보일수록, 돈이나 효율성을 중요시하는 자들은 '언어의 조작자들'에 대해 점점 더 큰 적의와 경멸을 보여 준다. 특권을 가진 자들이 현대 사상에 반발하는 것같이 보이면 보일수록, 또 집단의 역량과 경제적 발전을 보장할 수 있는 능력이 부족하면 부족할수록, 지식인들은 더욱더 이반하는 성향이 있다. 사회가 지식인들에게 부여하는 위엄은 그들이 실무가들에 대해 내리는 판단에도 역시 영향을 준다.

16세기와 17세기에 종교개혁과 혁명이 거둔 이중의 성공 덕택으로 영국의 '인텔리겐치아'는 교회와도 지배계급과도 부단한 충돌을 일으키지 않았다. 물론 교회나 지배계급은 비국교주의자들에 대한 몫을 정기적으로 주었다. 그렇게 하지 않았다면 정교파들은 가치와 제도에 대한 모든 비판을 억눌렀을 것이다. 하지만 영국에서의 논쟁은 대륙, 특히 프랑스의 지식인 계급의 논쟁과 비교해 보면, 더 실제적 경험에 가까웠던 반면에, 형이상학적 경향은 더 적었다. 영국의 정치가들과 사업가들은 작가들과 학자들에 대해 열등감이나 강한 적의를 느끼지 않을 정도로 충분한 자신감을 가지고 있었다. 그리고 작가들과 학자들은 그들 나름대로 부유층과 권력층으로부터 고립된 적이 없었다. 그들은 일급의 대우는 아니지만, 엘리트 대우를 받게 되었다. 그 결과 그들은 세상의 총체적 전복을 거의 생각해 본 적이 없다. 그들은 종종 통치를 하는 지배계급에 속하기도 했다. 통치자들의 개혁은 정치, 경제제도 자체가 논쟁의 쟁점이 되지 않게끔 하기 위해 작가들과 학자들의 요구를 충분히 반영하면서 실시되었다.

19세기 말까지 프랑스에서는 국가의 형태가 만장일치로 받아들여진 적이 없었다. 전통과 혁명에 대한 대화가 끝없이 계속되었다. 지식인들은 계속적으로 반대하는 습관을 가지게 되었다. 군주제가 의회 제도와 타협을 했을 때, 보나파르트가 민주주의적 원칙을 채택했을 때, 공화국이 사회주의자들에 대해 지나치게 호의적이거나 지나치게 적대적인 것처럼 보였을 때가 그 좋은 예이다. 이렇게 해서 프랑스에서 식어 버린 논쟁이 다시 활성화되기 위해서는 1934년의 위기나 1940년의 위기로 충분했다. 심지어 영국도 1930년대에 동요를 경험했다. 진행되는 사건들에 민감하고, 또 다른 사람들과 마찬가지로 현실의 미망에서 빠져나올 수 없었던 영국과 미국의 지식인들은 경제적 위기에 직면해 분열의 유혹과 소비에트적 낙원의 신기루를 겪었다. 하지만 공산주의와 파시즘은 여전히 주변적인 문제였다. 그런데 프랑스에서는 그것들이 중심 문제가 되었다. 다시 한번 프랑스 국민들은 조국과 세세한 문제들을 망각한 채 광적인 이데올로기 논쟁에 휩쓸리게 되었다.

나라마다 그 나라의 고유한 정치사상을 표현하는 전통적인 용어들이 있다. 서구의 모든 국가들에서 동일한 교리들과 동일한 이데올로기의 합성물들을 볼 수 있다. 예컨대 보수주의, 자유주의, 사회적 구교주의, 사회주의 등이 그것이다. 하지만 정당들 사이의 사상적 분포는 다르며,[170] 또 정치적 쟁점들이나 철학적 토대들도 다르다. 자유 교역, 생산과 교환에서 국가의 비개입을 천명하는 경제적 자유주의는 영국보다는 프랑스에서 사회적 보수주의와 더 밀접한 관계에 있다. 또한 이 경제적 자유주의는 농업이나 공업 분야에서 적응하지 못한 기업들을 청산하는 것보다는 사회입법을 마비시키는 경향을 가진다. 그런데 영불해협 저쪽에서 사람들은 민주주의와 자유주의의 분리, 의회 제도와 공화제도의 분리를 겪지 않았다. 결과 면에서는 거의 유사한 어떤 개념들이 정립되어, 어떤 곳에서는 공리주의 철학에서 파생된 용어가 생겼고, 또 어떤 곳에서는 인권에 대한 자코뱅파적 해석을 수반하는 추상적 합리주의의 용어가 파생되었고, 또 어떤 곳에서는 헤겔이나 마르크스적 용어가 파생되었다.

또 다른 측면에서 보면 지식인들은 국가 공동체와 밀접한 관계를 맺고 있다. 그들은 아주 예리한 방식으로 조국의 운명을 체험한다. 빌헬름 제정하에서 독일 '인텔리겐치아'의 대다수는 제정에 충성했다. 특권계급에서도 경제적 부유층보다 더 상위에 위치한 대학 관계자들은 결코 혁명가들이 될 수 없었다. 소수의 예외를 제외하고 그들은 군주제건 공화제건 간에 정부의 형태 문제에 대해 무관심했다. 하지만 프랑스의 대학 관계자들은 이 문제에 대해 열렬한 관심을 가졌다. 산업화의 빠른 속도에 의해 대학 관계자들은 프랑스보다 독일에서 한층 사회문제에 예민하게 되었다. 그런 그들은 제국과 자본주의의 테두리 안에서 개혁주의적 해결을 모색했다. 대학에는 마르크스주의자들이 그다지 많지 않았고, 또 그들은 주로 말단에 위치한 지식인들 사이에서 모집되었다. 프랑스와는 달리 독일에

---

170 게다가 관념들은 한 당에서 다른 당으로 종종 이동한다. 우파 정당들은 1815년, 1840년, 1870년에 평화적이었고 극단주의에는 적대적이었다. 혁명주의적 애국주의는 국수주의적이었고 호전적이었다. 19세기 말에 와서야 비로소 좌파는 평화주의적이 되었고, 우파는 민족주의적이 되었을 뿐이다. 외교정책에서 우파와 좌파의 입장은 자주 역전된다. 히틀러주의에 직면한 우파는 뮌헨협정과 타협주의로 나아갔고, 스탈린주의에 직면해서는 좌파로 나아갔다.

서는 작가들과 예술가들이 대학교수들보다 낮은 지위를 차지하고 있었으며, 그 결과 그들이 정권에 덜 통합되었을 수도 있다. 특히 독불 양국 사이에 전형적인 대조를 보인 것은, 독일의 교직자들 대부분이 민족주의적 성향을 가진 데 비해, 프랑스 교직자들의 대다수가 좌파로 기울어졌다는 사실이다.

후일, 바이마르공화국 치하에 있던 독일 '인텔리겐치아'의 대다수가 정권에서 멀어진 것은, 인민 또는 프티부르주아지의 지휘를 받는 무미건조한 정권에 대한 준※미학적 적대감, 특히 국가의 패배로 인해 생긴 굴욕감에서 기인한 것이다. 노동자와 농민은 조국의 독립과 번영에 대한 타격을 원망하고, 지식인은 국민적 위신의 동요에 대해 한층 더 민감하다. 지식인은 자신이 부나 권력에 대해 무관심하다고 믿고 있는지 모르지만(하지만 만일 소련이 지금보다 10배 이하의 부대를 소유하고 있다면, 과연 프랑스에 얼마나 되는 스탈린주의자들이 남게 될까?), 국가적 위신에 대해서는 결코 무관심하지 않다. 그의 작업의 영광은 부분적으로 그런 위신에 달려 있기 때문이다. 자기 조국이 대규모의 군대를 가지고 있는 한, 그는 이런 관계를 무시하는 체한다. 하지만 역사의 정신과 거기에 따르는 권력의 중심이 다른 나라로 넘어가는 날, 그는 아주 힘들게 체념할 것이다. 지식인들은 미국이 패권을 잡는 데 대해서 일반인들보다 한층 더 괴로워한다. 국가의 운명이 지식인들의 태도에 끼치는 영향은 종종 경제 상황의 중개를 통해서도 나타난다. 실업, 더딘 승진, 구세대나 외국인 고용주들에 대한 저항 등, '인텔리겐치아' 전체는 이런 상황에 대해 전반적으로 다른 사회 범주에 속하는 자들보다 더 정열적으로 대응한다. 왜냐하면 그들은 더 큰 야심과 광범위한 행동 수단을 갖고 있기 때문이다. 그들은 다른 사람들을 희생시키는 불의, 가난, 억압에 대해 진정으로 분노한다. 만일 그들 자신이 직접 타격을 받을 때라면 그들이 어떻게 목소리를 높이지 않을 수 있겠는가?

대학 졸업자들이 20세기의 혁명적 상황과 조우하기 위해서는 그들의 욕망이 충족되지 않는 상황들을 나열하는 것으로 충분하다. 예컨대 패전 후 10년간 독일에서 계속된 불경기로 인해 수십만 명의 지원자들이 준(準) 인텔리적 직업들을 얻기 위해 대거 모여들었다. 그들에게는 혁명이 유일한 출구처럼 보였다. 프랑스인들이 주요 자리를 독점해 버린 튀니지와 모로코에서 프랑스 내의 대학을 졸업한 자들은 아픔을 감내해야 했고, 그런 만큼 그들은 필연적으로 반항을 할 수밖에 없었다.

지주들, 부유한 상인들, 부족의 우두머리들과 같은 구지배계급이 권력과 부를 거의 독점하고 있는 곳에서는 서구의 합리주의적 교양이 주는 전망과 현실이 주는 전망 사이의, 젊은 대학 졸업자들의 소원과 그들의 기회 사이의 불균형에 의해 점차 격렬한 감정이 일어난다. 그런데 이 격렬한 감정이 발생한 상황은 반식민지 지배 또는 반동에 대한 반대 방향이나, 또는 민족주의적 혁명이거나 마르크스주의적 혁명의 방향으로 나아가게 된다.

실망한 전문가들과 불평을 하는 문인들이 단결해 서구의 산업 사회를 위협한다. 전문가들은 효율성을 추구하면서, 문인들은 이념을 추구하면서 다음과 같은 무능력한 정권에 저항한다. 그들에게 집단적 힘에 대한 긍지도 불어넣지 못하고, 또 위대한 작업에 참여하는 내적인 만족감도 불러일으키지 못하는 그런 정권에 반대하면서 말이다. 물론 사태가 이공계 기술자들과 사상의 지도자들의 기대에 부응하지 못할 수도 있다. 하지만 사상의 지도자들은 권력을 예찬함으로써 상대적 안전을 살 수 있고, 또 이공계 기술자들은 발전소를 건설함으로써 자신들을 위로할 수 있다.

지식인들의 낙원

프랑스는 지식인들의 낙원으로 여겨진다. 프랑스의 지식인들은 혁명적이라고 여겨진다. 그런데 이 두 사실의 결합은 역설적으로 보인다.

영국의 하원의원들이 이름을 알지 못하는 영국의 전위작가 한 명이 파리를 방문하고 생제르맹데프레에 머물게 되면, 그는 황홀한 기분에 사로잡힌다. 이 작가는 곧 정치에 열렬한 관심을 갖지만, 본국에서는 이런 문제에 대해 냉정한 태도를 취하며 실망했었다. 또한 그가 파리에서 목도하는 토론은 아주 교묘하게 진행되어 지식인들의 마음을 사로잡지 않을 수 없다. 장폴 사르트르가 쓴 최근의 글은 하나의 정치적 사건이다. 적어도 좁은 범위이기는 하지만 그 중요성을 확신하는 일군의 사람들은 그 글을 그처럼 받아들인다. 성공한 프랑스 소설가들의 정치적 야심은 프랑스 정치가들의 문학적 야심과 충돌한다. 정치가들은 소설을 쓰는 꿈을 꾸고, 소설가들은 장관이 되는 것을 꿈꾼다.

이런 인상은 피상적이며, 프랑스 지식인들의 낙원은 여행자들에게 국한되었다고 말할 수도 있을 것이다. 펜으로 생계를 꾸려 나가는 작가들의 수는 그리 많지 않다. 교육공무원들과 고등학교나 대학교수들은 그리 많지 않은 월급으로 살아가야 하고, 과학자들은 시설이 좋지 못한 연구소에서 일을 한다. 드높은 영광을 누리고 인세가 많은데도 의미를 알 수 없는 혁명에 봉사하기 위해 자기의 펜을 이용하는 지식인의 경우에 대해 성찰해 볼 수 있다. 하지만 실업가들과 상인들, 외과의사들과 변호사들의 (신고도 하지 않은) 소득과 비교해 볼 때 자신들의 변변치 못한 생활 조건에 격분한 지식인들을 우리는 잊고 있다.

프랑스의 지식인들은 경제적 관심사에 대해 다른 프랑스인들 못지않게 민감하다. 국가가 출판을 해 준다면 자신들의 저서가 더 많이 팔릴 것이라고 생각하는 문인들도 있고, 소련 정권이라면 프랑스가 자신들에게 인색하던 연구 시설을 아낌없이 제공해 주리라고 생각하는 과학자들도 있다. 또 지식인들로 규정하기에는 망설여지는 문장을 쓰는 전문가들이 상당한 수입을 올리는[171] 대서양 저쪽, 곧 미국을 동경의 눈으로 바라보는 지식인들도 있다. 문필가의 재능을 값진 상품으로 개조해 버리는 대기업의 관대함, 예술과 과학의 유일한 보호자 역할을 하는 국가의 관대함이, 그런 관대함을 베풀기에는 자본가들이나 국고가 너무 빈약한 국가의 지식인들의 부러움의 대상이 되기도 한다.

하지만 이런 종류의 설명이 이 문제의 핵심을 건드리는지에 대해서는 의구심이 없지 않다. 숙련 노동자의 임금과 대학교수의 월급 사이에는 프랑스와 미국에서 적어도 같을 정도로 큰 차이가 있으며, 아마도 프랑스가 미국보다 더 클지도 모른다. 고귀한 창작 작업(과학 서적이나 철학 서적)의 수입이 그보다 못한 활동(기자의 활동)의 수입보다 적은 것은 특별히 프랑스적 현상은 아니다. 과학자들, 철학자들, 인쇄 부수가 적은 소설가들 등과 같은 고귀한 창작 활동에 종사하는 사람들은 프랑스에서는 높은 위신과 거의 전적인 자유를 향유한다. 그렇다면 그처럼 많은 지식인들은 집단 전체로 보아 높은 생활수준을 그들에게 제공해 주고, 그들의 활동을 방해하지 않으며, 또 "정신의 산물은 최고의 가치를 가진다"라고 선언해 주는 그런 사회에 대해 왜 불만을 갖고, 또 불만을 가진 것처럼 말하는가?

합리주의와 혁명적 좌파의 이데올로기적 전통이 프랑스 지식인들의 이반의 이유를 좀 더 잘 설명해 준다. 이런 이반 자체는 상황에서 기인한다. 정치에 관심을 가진 지식인들은 그들에게 권리상 당연히 돌아와야 할 몫

---

171 『타임』지 편집자의 월급은 3만 달러 정도이다.

을 차지하지 못하고 있다고 느끼기 때문에 항상 불만을 품는다. 반항적이건 현명하건 간에 그들은 광야에서 설교를 하는 것 같은 느낌을 가진다. 공통된 교리가 없는 국회의원들의 흐리멍텅한 지휘와 여러 압력 단체들의 모순적 요구에 굴복하고 있는 제5공화국은 혁명의 예언자들과 마찬가지로 충성파도 실망시키고 있다. 이런 상황은 부정적인 효과를 양산하고, 빠르게 변화하는 세계에 직면해서는 너무나 보수적이다.

정권만이 유일하게 지성과 행동 사이의 명백한 분리에 대한 책임이 있는 것은 아니다. 프랑스의 지식인들은 어느 나라에서보다 사회질서에 더 잘 통합되어 있는 것처럼 보인다. 파리의 지적 분위기를 생각해 보면 된다. 파리에서는 소설가가 정치가와 동등하거나 아니면 그보다 더 높은 지위를 차지하고 있다. 작가 스스로 모른다고 공언하는 문제를 언급하는 경우에도 그는 별다른 능력 없이 많은 청중을 확보할 수 있다. 이런 현상은 미국이나 독일이나 영국에서는 볼 수 없다. 부인들이나 예술 애호가들이 지배했던 살롱의 전통은 기술技術의 세기에도 살아남아 있다. 일반 교양을 갖춘 사람들은 여전히 정치문제를 즐겁게 토론할 수 있다. 하지만 이런 일반 교양은 우매한 행동을 보호해 주지 않으며, 또 명확한 개혁을 제시해 주지도 못한다. 어떤 의미에서 프랑스의 '인텔리겐치아'는 다른 나라에 비해 정치적 행동에 더 적합하지 않다.

미국과 영국, 심지어 독일에서도 경제학자들과 은행과 기업의 간부들과 경영자들 사이에, 그들과 고위 공무원들 사이에, 또 주요 신문사와 대학이나 정부 사이에 의견과 인사 교류가 그치지 않는다. 대개 프랑스의 실업가는 경제학자들을 잘 모르고, 최근까지도 그는 이런 전문가 집단을 확실히 무시하는 경향이 있었다. 프랑스의 공무원들은 학자들의 충고에 민감하지 않으며, 언론인들은 학자들과 공무원들과 거의 접촉하지 않는다. 대학과 신문의 편집실과 행정가들과 의회 사이에서 이루어지는 지식과 경험의 교류만큼 국가 번영에 중요한 것은 없다. 정치인들, 노동조합 지도 자들, 기업가들, 대학교수들, 언론인들을 동원해 권력을 독점하는 단일 정당을 만들 필요도 없고, 또 무지와 편견으로 인해 서로 갈라질 필요도 없다. 이런 점에서 보면 프랑스만큼 지배층이 허술하게 조직된 나라도 없어 보인다.

프랑스의 작가는 통치자들이 정치학이나 경제학의 내용을 모른다고 비난하지 않는다. 프랑스의 작가는 그보다는 오히려 미국의 문명이 문인이나 사상가를 무시하고, 또 지식인들을 단지 전문가의 자격으로 고용한다고 비난한다. 그와는 반대로 경제학자나 인구학자는 프랑스의 국회의원들과 장관들이 공평한 자문을 하기보다는 오히려 이익단체들의 호소에 더 민감하다는 사실을 개탄한다. 결국 작가들과 학자들 쌍방은 서로 단결하고, 행동을 할 준비를 하고, 책임을 지지 않고, 비판에 취해 모두 혁명에 현혹된다. 그런데 작가들에게는 이 혁명이 역사의 전환으로 이어지고, 또 학자들에게는 생산성의 확장을 위한 노력으로 이어지게 된다. 망데스 프랑스의 정부는 전문가들, 프랑수아 모리아크 같은 문인들, 국가회계위원의 공무원들 등을 모두 집결시키고 있다. 어쩌면 권력에의 참여가 이들 모두의 권력에 대한 향수를 누그러뜨릴 수도 있을 것이다.

권력, 부, 위신의 상실은 유럽의 모든 국가들에 공통된다. 프랑스와 영국은 양차 대전의 결과 두 차례에 걸쳐 패배한 독일과 마찬가지로 빈궁해졌다. 미국의 인구 일인당 부의 우월성과 미국의 동원 가능한 잠재력의 우월성은 통일된 이 나라의 자연적 우월성에 더해졌다. 하지만 20세기의 양차 대전이 없었다면 프랑스와 영국은 여전히 세계에서 강대국으로 군림했을 것이며, 또 대외투자에 의해 큰 어려움 없이 수입 수지를 맞추어 나갔을 것이다. 오늘날 영국과 프랑스는 소련이라는 대륙 국가에 의해 국경까지 위협받고 있으며, 외부의 원조 없이 단독으로 자국을 방어할 수 없다는 것을 느끼고 있다. 그리고 미국의 생산성과 유럽의 생산성 사이의 간극은 좁혀지기보다는 오히려 더 넓어져 가는 것으로 보인다. 만일 패권을 차지하는 것이 운이라면, 유럽인들은 자신들의 우행으로 이득을 본 자들을 어떻게 용서할 수 있을 것인가? 설사 미국인들이 비난을 받을 하등의 이유가 없다고 해도, 유럽인들은 그들의 몰락의 반대급부자인 미국의 융성을 비난하지 않고는 견디기 어려울 것이다. 하지만 다행스럽게도 미국인들이 비난을 받을 여지가 전혀 없는 것은 아니다.

'지도적' 국가가 비난을 받는 것은 정상이다. 영국도 세계를 지배했을 때는 결코 좋은 평판을 누린 적이 없다. 영국의 외교는 2차 세계대전 후에 어느 정도 위신을 회복했다. 그런데 그것은 영국이 이미 중요한 결정은 취하지 못하고, 비판자의 역할을 담당하기 때문이었다. 실제로 영국은 공산진영과의 협상에서 일종의 거부권을 행사하면서 미국의 힘에 의해 모스크바나 베이징에서 생기는 관심사를 유리하게 이용하곤 했다. 미국의 실질적인 행동과 그것에 대한 유럽인들의 견해 사이의 거리에 대해서는 또 하나의 설명이 필요하다. 대체적으로 말해서 미국 외교는 유럽인들의 욕망과 거부에 부합했다. 거액의 원조와 차관에 의해 미국은 유럽 대륙의 경제 회복에 공헌했다. 미국은 동구의 여러 나라들을 해방하기 위한 일방적 시도는 하지 않았다. 미국은 북한군의 침략에 대해 신속한 반격을 가했지만, 전면전에 휩쓸릴 위험이나 희생을 무릅쓰는 것은 거부했다. 미국은 또한 인도차이나반도를 구하고자 하지 않았다. 미국에 대한 오직 두 개의 명확한 비난은 38선을 돌파한 것 ―이것은 아직도 정당화할 수 없는 조치였다― 과 별로 대수롭지 않은 일인 중국 정부를 승인하지 않은 것이었다.

미국의 전략은 지식인들을 포함해 대다수의 유럽인들이 바라는 것과 근본적으로 큰 차이가 없다. 그렇다면 유럽인들의 불평이나, 또는 불평의 심오한 동기들은 무엇인가? 그 중요도에 따라 나는 다음과 같은 세 개의 동기를 본다. 첫째, 미국은 공산주의에 대한 저항에 사로잡혀 때로는 '봉건적이거나, 또는 반동적인' 정부를 지지한다는 것이다. (게다가 투쟁적인 반공산주의자들을 '괴뢰' 또는 '반동'이라고 취급하려는 선전이 일사불란하게 진행되고 있다.) 둘째, 다량의 원자폭탄 소유국인 미국이 인류를 공포로 몰아넣을 수 있는 가능한 전쟁에 대해 상징적인 책임을 지고 있다는 것이다. 흐루쇼프가 몇 개월 전에 프라하에서 소련이 수소폭탄을 최초로 완성했다고 장담했을 때, 이 발언은 공산권 신문에는 보도되지 않았다. 소련은 핵무기의 발전을 위해 미국에 못지않게(오히려 더 많이) 연구하고 있으나, 소련은 여기에 대해서는 그다지 많은 말을 하지 않고 있다. 셋째, 이 세 번째 이유가 결정적인 것으로 보이는데, 미국의 지도자들은 세계를 두 진영으로 나누고, 그것을 인정하면서 항구화시키려고 한다는 비난을 받고 있다. 그런데 이런 해석은 필연적으로 서구의 여러 나라들을 제2열로 격하시키게 된다.

파리와 런던에서 사람들은 얼마 전에 중부 유럽이나 동부 유럽의 지식인들에 의해 천명된 민족주의가 유럽 대륙을 발칸반도화한다는 이유로 비난한 적이 있다. 그런데 그 이후로 프랑스 좌파 진영에서 존재 권리를 얻게 된 그 민족주의는 위의 민족주의와 아주 다른가? 대국이라고 자칭하던 나라들이 그 국력과 위신의 몰락에 대해 반응하는 방식은 이른바 약소국들의 갑작스러운 부흥에 반응하는 방식과 마찬가지로 이성적이라고는 할 수 없다. 그 어떤 슬로건도 공산주의자들이 내건 '민족 독립'이라는 슬로건보다 더 큰 성공을 거두지 못했다. 하지만 폴란드나 체코슬로바키아의 운명을 관찰하기 위해서는 특별한 통찰력이 필요하지 않으며, 또 프랑스의 군사 자원을 유럽 방위의 요청과 균형을 맞추기 위해서도 특별한 지성이 필요치 않다. 서방측의 외교나 군사적 세력의 집단적 조직화를 거부하는 프랑스 지식인들은 1919년과 1939년 사이에 자기 나라의 외교정책의 자유를 열렬히 요구했던 폴란드의 지식인들 못지않게 시대에 뒤떨어져 있다. 게다가 폴란드의 지식인들은 1933년까지 유럽의 두 강대국인 독일과 소련의 약점을 그 구실로 삼았다.

그렇다고 우리가 유럽방위공동체의 '옹호와 예시'를 제시하려는 것은 아니다. 이 공동체는 그 제도보다 그 의도가 더 훌륭했다. 6개국 연합국에 대해 강한 반대가 있었다. 사람들은 엄격한 동맹조약이라든가 라인강과 엘베강에 미군 부대를 주둔시키지 않고서 미국이 방어하는 유럽을 옹호하는 합리적인 생각까지 한다. 하지만 지식인들은 그런 복잡한 토론에 의해 마음이 움직이지 않는다. 만일 미국이 유럽의 세력 균형 유지에 필수 불가결하다면, 북대서양조약기구가 가장 간단한 형태일 것이다. 하지만 유럽의 지식인들은 외관상으로 '행동의 자유를 회복한 유럽'이라는 생각에 민감하다.

지식인들은 그들의 동포들이 모르는 감정을 경험하는 것이 아니다. 보통 인간도 너무 강한 동맹국에 대해 원한의 감정을 가질 수 있고, 국가의 약한 힘으로 인한 아픔과 과거의 영광에 대한 향수를 가질 수 있으며, 변화된 세계에 대한 갈망을 품을 수도 있다. 하지만 지식인들은 이런 감정을 억제하면서 항구적인 단결을 보여 주어야 한다. 특히 프랑스의 지식인들은 이와 같은 지도적 임무를 수행하는 대신에[172] 그들의 사명을 배신하고, 대중의 범속한 감정을 위선적으로 정당화하는 발언을 함으로써 그런 감정을 선동하는 것을 선호한다. 사실 그들은 그들 나름의 방식으로 미국을 상대로 논쟁을 하고 있다.

대부분의 유럽 국가들에서 지식인들은 보통 사람들보다 더 반미국적이다. 한국전쟁이나 로젠버그 부부 사건 당시에 사르트르가 쓴 몇몇 텍스

---

172 나는 여기에서 공산주의자들도 동조자들도 아닌 사람들에 대해 말하고 있다. 공산주의자들은 소련에 봉사하는 그들의 임무를 정직하게 수행한다.

트들은[173] 유대인들을 미워하는 반유대주의자들을 상기시켜 준다. 미국은 가장 미움을 받아야 할 모든 것의 화신이 되었고, 재난의 시대에 각자의 가슴속에 축적된 온갖 혐오와 증오를 미국이라는 상징적 실체에 집중시켰다.

로젠버그 부부 사건에 대한 프랑스 지식인들의 거의 만장일치의 태도는 매우 특징적으로 보였지만, 오늘날에는 더 이상하게 보인다. 피점령 시대의 국가재판소와 해방군의 재판소를 경험한 프랑스인들이 아주 예민한

---

173 "어떤 점에서 당신들은 승리를 거둘 것이다. 우리는 그 누구에게도 해를 가하고자 하지 않기 때문이다. 우리는 당신들이 우리에게 안겨 주는 경멸과 공포를 증오로 바꾸고자 하지 않는다. 하지만 당신들은 로젠버그 부부의 처형을 '유감스러운 사건'이라든가 심지어 '재판의 실수'라고 우리에게 납득시킬 수는 없을 것이다. 이 사건은 한 민족 전체를 피로 물들였으며, 당신들이 서구 세계의 리더십을 맡을 능력이 부족하다는 것과 북대서양조약기구의 실패를 비난하는 일종의 법적 린치이다.

… 하지만 만일 당신들이 당신들의 범죄적 광기에 굴복한다면, 이와 동일한 우행이 내일 우리를 당황게 하여 절멸의 전쟁 속으로 내던질 수도 있다. 유럽에서는 누구도 이 점을 의심하지 않는다. 당신들이 로젠버그 부부를 구출하는가 처형시키는가에 따라, 당신들은 세계의 평화냐 전쟁이냐 하는 기로에 서게 될 것이다. …

… 그리고 그 지도자들이 전쟁을 그만둔다는 구실로 자신들을 용서하기 위해 의례적으로 살인을 하지 않을 수 없는 나라는 대체 어떤 나라인가?

… 그리고 몇몇 과격론자들이나 무책임한 분자들이 문제라고 외치거나 주장하지 말라. 당신들의 정부는 그들을 위해 양보한 이상, 그들이 바로 당신들 나라의 주인들인 것이다. 당신들은 뉘른베르크 재판과 당신들이 제시한 집단적 책임 이론을 기억하는가? 그렇다! 지금 그 이론을 적용해야 할 대상은 바로 당신들이다. 당신들은 로젠버그 부부의 죽음에 대해 집단적 책임이 있다. 어떤 자들은 이 살인을 선동했기 때문이고, 또 어떤 자들은 그 살인을 승인했기 때문이다. 당신들은 미국이 새로운 파시즘의 요람이 되는 것을 용인했다. 이 단 한 번의 살인은 히틀러식 대량학살과 비교될 수 없다고 당신들이 대답해도 소용없다. 파시즘은 그 희생자의 수로 결정되는 것이 아니라 그 살인 방법에 의해 결정되는 것이다. 로젠버그 부부를 살해하면서 당신들은 한 명의 인간을 희생시킴으로써 과학의 발전을 정지시키려고 했다. 우리는 다시 마술, 마녀사냥, 종교재판과 인신 공양의 시대로 되돌아갔다. 당신들의 나라는 공포라는 병에 걸려 있다. 당신들은 소련인들, 중국인들, 유럽인들을 포함해 모든 민족을 두려워하고 있다. 당신들은 당신들 자신의 폭탄의 그림자를 두려워하고 있다.

… 그런데 당신들은 유럽의 구석구석에서 다음과 같은 소리가 들려온다고 해서 놀랄 이유가 없다. '보라. 미국은 공수병에 걸렸다. 미국과의 관계를 끊자. 그렇지 않으면 우리도 물리어 공수병에 걸릴 테니까.'"("Les Animaux malades de la rage". Libération. le 22 juin 1953.)

이 텍스트는 반유대주의 텍스트들이나 심지어는 의례적인 살인에 대한 비난과 하등의 차이가 없다.

정의감을 가지고 있다고 주장할 수는 없다. 『레탕모데른』지나 『에스프리』 지에 속한 강심장을 가진 지식인들은 전후의 과잉 숙청에 동요하지 않았 다. 그들은 임시정부가 대독협력자들의 처벌에 활기가 부족하다고 불평 했던 자들에 속했다. 또한 그들은 소련에서 이루어진 종류의 재판에 대해 동정적 이해를 보여 준 사람들이었다. 그런데 그들은 왜 그들의 선조들이 드레퓌스 사건 때 진정으로 보여 주었던 분노를 로젠버그 부부 사건에서 도 보여 주었을까? 국가의 이성을 비난하고 '군사재판'을 싫어한 사람들은 로젠버그 부부의 구명 운동에 참가하기를 주저했을 것이다.[174] 소련이 동 맹국이고 적국이 아니었던 시기에 범한 범죄적 행위에 대해 판사가 사형 결정을 내린 것이 유감스럽게 느껴진 것이다. 장기간의 투옥에 이은 그 부 부의 처형이 더 잔인하게 느껴졌고, 또 그로 인해 그들에 대한 동정과 연 민의 감정이 일어난 것이다. 하지만 법적으로 항고할 여지가 없는 판사의 판결로 인해 유감이나 부인(비록 배심원의 판결에 동의한다고 해도)이 있었지 만, 도덕가의 맹렬한 비난을 촉발한 것은 아니었다. 그런데 적어도 로젠버 그 부부의 죄과는 개연성이 아주 높았다. 공산주의자들의 선전은 판결 후 수개월이 지난 뒤에서야 비로소 이 사건을 취급했을 뿐이다. 당의 지도자 들은 처음에는 원자폭탄 스파이 활동으로 기소된 투사들이 완전히 충성 스러운 스탈린주의자의 눈에도 합법적으로 비치는 행동을 끝까지 부인할 것이라고 확신했던 것이다. 공산주의자들의 선전은 이 판결을 법적 과오 로 바꾸는 데 성공했다. 그들에 의하면 이 판결은 재판 당시의 정치적 분 위기에 영향을 받아 범행 당시의 여론을 고려하지 않았기 때문에 아주 가 혹했다는 것이었다. 프랑스에서의 이 선전의 성공은 정의를 위한 관심이

---

174 여전히 정의감을 가지고 있었던 영국에서는 로젠버그 부부에 대한 공산주의자들의 선전이 실패로 돌아갔다.

나 심리적 선전 기술의 효율성보다는 오히려 미국을 비난하려는 성향에 의해 설명될 수 있다.

미국이 내세우는 가치들이 여러 점에서 이 나라를 비난하는 자들이 계속해서 주장하는 가치들과 거의 구별되지 않는다는 점을 생각해 보면, 이와 같은 역설은 더 어처구니없는 것이 된다. 노동자계급의 낮은 생활수준, 사회적·경제적 불평등, 경제적 착취와 정치적 강압 등, 이런 것들이 바로 좌파 지식인들이 늘 비난하는 사회악의 모습이다. 또 그들은 여기에 반대해 높은 생활수준, 계급 차이의 축소, 개인과 노동조합의 자유의 확장 등을 내세운다. 그런데 대서양의 건너편의 공식적 이데올로기는 그런 이상에 깊이 뿌리박고 있으며, 또 '미국적 생활 방식'의 옹호자들은 자신들의 조국이 적어도 다른 나라와 같은 정도로, 아마 그 이상으로 그 목표에 접근했다고 당당하게 주장할 수 있다.

유럽의 지식인들은 과연 미국의 전체적인 성공이나, 또는 부분적인 실패를 원망하는가? 분명히 그들은 미국의 이상과 현실의 모순을 비난한다. 그 모순 중에서 특히 소수 인종인 흑인의 운명이 가장 뚜렷하고도 상징적인 예이다. 하지만 깊이 뿌리박힌 미국인들의 인종적 편견에도 불구하고 인종차별은 점점 완화되고 있고 또 흑인들의 생활 조건은 꾸준히 개선되고 있다. 미국인들의 정신 속에서 전개되는 인간 평등의 원리와 흑인 차별 사이의 갈등은 동정심을 유발한다. 사실, 유럽의 좌파들이 미국에 대해 불만을 가지는 것은, 특히 이 나라가 혁명적 강령에 부합하는 방법에 의하지 않고서 성공했기 때문이다. 번영, 힘, 경제적 조건의 획일화 경향 등과 같은 성과는 개인적 재능에 의해, 특히 국가의 개입보다는 오히려 경쟁에 의해 이루어졌다. 달리 말해 유복하게 자란 지식인들이 알아야 하는 것이 아니라 무시해야 하는 자본주의에 의해 이루어진 것이다.

실험적인 성공을 거둔 미국 사회가 역사적 이념을 구현한 것은 아니다.

미국이 계속해서 장려하는 단순하면서도 소박한 이념은 유럽에서는 이미 지난 유행이다. 미국은 18세기의 유럽에서 보았듯이 여전히 낙관적이다. 미국인들은 인간 운명의 개선 가능성을 믿고, 부패하는 힘을 경계하고, 권위에 대해 암암리에 적의를 가지며, 일반 서민보다 구원의 비법을 더 잘 알고 있다고 생각하는 소수들의 자부심에 대해 적의를 가진다. 거기에는 혁명을 위한 여지도, 프롤레타리아트를 위한 여지도 없다. 거기에는 오로지 경제 확장과 노동조합과 헌법을 위한 여지만이 있을 뿐이다.

소련은 지식인들을 숙청하고 굴복시킨다. 하지만 소련은 최소한 그들을 신중히 다룬다. 소비에트 정권에 대해 웅장하고도 애매한 교리 —관료들은 이 교리를 국가적 종교로 발전시켰다— 를 부여한 것은 지식인들이었다. 오늘에도 여전히 계급투쟁이나 생산관계를 논하면서 그들은 신학적 토론의 즐거움, 과학적 논쟁의 엄격한 즐거움, 보편적 역사에 대한 사색의 황홀감을 동시에 맛보고 있다. 하지만 미국의 현실을 분석해도 이와 같은 성질의 즐거움은 줄 수 없을 것이다. 미국은 지식인들에게 끔찍한 공포의 유혹을 행사할 정도로 충분히 그들을 박해하지 않는다. 이 나라는 영화배우들이나 야구선수들과 경쟁할 수 있는 위신과 영광을 소수의 지식인들에게 일시적으로 주기는 한다. 하지만 대다수의 지식인들은 그늘 속에 남아 있다. 지식인들은 무관심보다도 박해를 더 잘 견뎌 낸다.

이런 무관심에 더 확실한 근거가 있는 또 하나의 불평이 더해진다. 경제적 성공의 대가가 가끔 너무나 비싼 것처럼 보인다는 사실이 그것이다. 산업 문명에 따르는 복종, 인간관계의 난폭성, 돈의 힘, 미국 사회의 청교도적 요소 등, 이 모든 것들이 유럽적 전통을 가진 지식인들과 충돌한다. 그들은 경제 발전과 대중의 도래로 인해 발생하는, 어쩌면 불가피하거나 일시적인 희생을 현실이나, 또는 오히려 말(그들은 이 희생이라는 단어를 좋아하지 않는다) 탓으로 돌린다. 대중 잡지인 『다이제스트』지나 할리우드에서 제작되는 영화들을 일반 서민을 위한 '유럽적인 지적 양식'이 아니라 소수의 특권계급만이 즐길 수 있는 최고의 문학 작품들과 비교한다. 하지만 생산수단에 대한 민간 소유의 폐지로 인해 영화나 라디오의 통속성이 바뀌지는 않을 것이다.

그 점에서도 또한 지식인들은 대중보다 더 반미적이다. 아마 영국 대중들은 미국 영화 없이 쉽게 지낼 수 없을 것이다. 하지만 지식인들은 왜 예술과 인생의 세련미에 대해서보다는 노동자계급의 생활수준에 대해 관심을 더 적게 갖고 있다는 것을 스스로 인정하지 않을까? 그들은 대중들과 대량으로 생산되는 상품의 침입에 맞서 진짜로 귀족적인 가치를 옹호하고자 하면서도 왜 민주주의적인 속어에 그처럼 집착하는 것일까?

지식인들의 지옥

프랑스의 지식인들과 미국의 지식인들 사이의 대화는 쌍방의 상황이 여러 면에서 다르니만큼 더 어렵다.

대학 졸업생들이나 언어에 종사하는 전문인들의 수는 프랑스보다 미국이 절대적으로나 상대적으로나 훨씬 더 많다. 왜냐하면 그 수는 경제 발전에 따라 증가되기 때문이다. 하지만 미국의 '인텔리겐치아'의 전형적인 유형은 문인이 아니고 전문가, 즉 경제학자나 사회학자이다.[175] 미국인들은 교양인보다 기술자를 더 신뢰한다. 노동의 분화는 문학 분야에까지도 점차 세력을 뻗치고 있다. 그렇다면 각종의 비육체적 노동 직업에 따르는

---

175 문인들 중에서 대학교수들은 관념에 대한 토론에서 소설가들보다 훨씬 더 중요한 역할을 수행한다. 프랑스의 상황과는 반대되는 상황이다.

위신의 등급은 영국과 미국에서 큰 차이가 있는가? 정확한 조사가 없어서 이 질문에 확신을 갖고 답하기는 어렵다. 위계질서는 확인하기 어렵다. 아마 그것은 같은 나라 안에서도 여러 집단에 따라 변화할 것이다. 각각의 직업군은 그 나름의 고유한 특징을 가지고 있다. 하지만 다음과 같은 단순하면서도 비중 있는 사실은 여전히 통용된다. 즉, 프랑스에서 무대의 전면에 있는 소설가나 철학자는 미국의 '인텔리겐치아'에게 그들 각자의 개성이나 언어를 부과할 수 없다는 사실이 그것이다.

만일 파리의 센강 좌안이 작가들의 낙원이라고 한다면, 미국은 작가들의 지옥이라고 할 만하다. 하지만 과거 15년간 미국의 '인텔리겐치아'의 역사에 대해 제사를 붙인다면, 그것은 '미국으로의 회귀'라는 말일 것이다. 프랑스의 지식인들은 그들의 조국에 반대하지만, 프랑스는 그들을 높이 평가한다. 미국은 지식인들에 대해 관용을 베풀지 않지만, 그들은 그들의 조국을 높이 평가한다.

이 두 경우에서 동기는 같아 보인다. 프랑스인들은 그들의 조국의 체면 상실에 반응하고, 미국인들은 그들의 조국의 위대함에 반응한다. 복수를 동경하건, 영광의 깃발 아래 모이건 간에 두 나라의 국민들은 모두 기본적으로 국가주의적이다. 기이하게도 1953년이라는 같은 해에 미국에서는 '에그헤드Egghead'[176] 논쟁이 일어남과 동시에 『파티잔 리뷰Partisan Review』지에 "미국과 지식인들"이라는 설문조사의 결과가 실렸다. 이 설문조사를 통해 직업적 사상가들의 '위대한 미국인'을 찬미하는 애국주의에로의 전향이 폭로되었고, 또 에그헤드에 대한 논쟁을 통해서는 대부분의 여론이 사상가에 대해 품고 있는 잠재적 적의가 폭로되었다.

---

176 에그헤드(프랑스어로 tête d'œuf): 미국 지식인에 대한 속칭이다.

'에그헤드'란 말의 어원은 분명치 않다. 여러 사람들이 이 단어를 고안해 냈을 것이다. 하지만 이 단어는 대단한 성공을 거두었다. 며칠 사이에 이 단어는 미국 전역에 퍼졌다. 일간지, 주간지, 잡지들이 앞다투어 '에그헤드들'에 대한 찬반 기사를 게재했다. 물론 이 논쟁은 선거 운동과 불가분의 관계가 있었다. 아들라이 스티븐슨Adlai Stevenson[177]의 측근들은 이 범주를 대표하는 전형적 인물들로 구성되어 있었다고 여겨졌으며, 또 공화당원들은 민주당 후보가 에그헤드 종족의 일원이라고 주장하여 상대방에게 타격을 줄 작정이었다. 이 논쟁을 전개한 신문기자들이나 작가들은 사회학적 의미에서 그들이 비난하는 인물들 못지않은 지식인들이었기 때문에, 작가나 학자를 시시한 '에그헤드'로 만든 특징들이 어떤 것인지를 정확하게 입증해야 할 문제로 남아 있다.

아마도 반反지식인들 중에서 최고의 지식인들 중 한 명인 루이스 브롬필드Louis Bromfield[178]의 정의를 빌리는 것이 좋을 듯하다. "허위의 지성적 의도를 가진 사람. 흔히 대학교수나 교수의 제자. 근본적으로 피상적이며, 무슨 문제에 대해서나 그 반응이 과장되게 감정적이고 여성적임. 교만하고 역겨우며, 더 건전하고 유능한 인물의 경험에 대한 경멸과 자부심으로 가득 차 있음. 근본적으로 사고방식이 정돈되어 있지 않으며, 감상과 격렬한 복음주의의 혼합물 속에 빠져 있음. 그리스-프랑스-미국적 민주주의와 자유주의의 이념과 대립되는 중부 유럽의 사회주의를 이론적으로 지지하는 자. 니체의 낡은 철학적 도덕에 사로잡혀 있으며, 그로 인해 가끔 감옥 생활을 하거나 치욕을 당하는 자. 자의식이 강한 현학자로 머리가 완전히 텅 빌 정도로 한 문제를 모든 면에서 검토하고자 함. 빈혈성의 심장

---

177 아들라이 스티븐슨(1900-1965): 미국의 정치인이다.
178 루이스 브롬필드(1896-1956): 미국의 작가로 1927년에 퓰리처상을 받았다.

출혈증."[179]

　이와 같은 정의에는 지식인들에게 가해진 고전적인 비난들이 집약되어 있다. 그들은 보통 사람들보다 유능하다고 주장하지만, 사실은 그렇지도 않다. 그들은 박력과 결단력이 부족하다. 문제의 모든 면을 보고자 하기 때문에 본질을 파악할 수 없게 되고 결단을 내릴 수 없게 된다. (동성애에 대한 암시는 논쟁의 극단적인 형태를 띠게 된다.) 마지막으로 이론적 성격을 가진 중부 유럽의 사회주의는 완화된 마르크스주의에 빠져 공산주의로 나아가는 길을 개척하는 '에그헤드'의 이데올로기 등에 대한 비난이 그것이다.

　이런 종류의 논쟁은 미국에만 국한되지 않는다. '환상가', '몽상가', '언어 조작자', '현실과 실천을 모르는 자' 등, 이와 같은 칭호들은 부르주아의 가장이 문학이나 예술로 입신출세하려는 아들에게 던지는 전형적인 모욕적 칭호들이었다. 또 이런 칭호들은 교수나 도덕론자가 정치나 실업가의 무례한 행동을 비판하고자 할 때, 정치나 실업가의 머리에 당장 떠오르는 말이다.

　하지만 미국인들의 이 논쟁은 몇 가지 특이한 성격을 가지고 있다. 현재 프랑스의 행동가들은 지적 가치를 지나치게 높이 평가하기 때문에 감히 그런 판단을 공개적으로 드러내고자 하지 않는다. 문인들에 대한 불편함을 계속 생각하지만, 감히 말을 하지 못한다. 대서양 저쪽에서도 무기력이나 동성애에 대한 암시를 모르는 바는 아니다. 하지만 그런 것이 별다른 인상을 주지 못한다. 그런 것은 저속하고 시골뜨기티가 나는 것으로 여겨진다. 더욱더 미국적인 분위기의 특징은 바로 그런 모습의 지식인들에게 가해진 비난과 이른바 좌파 지식인들, 그리고 루이스 브롬필드가 '자유주

179　*The Freeman*, 1er décembre 1952.

의자들'이라고 부른 자들을 겨냥하는 비난이 합쳐져 있다는 점에 있다.

좌파 지식인들이나 자유주의자들은 유일하고 진정한 미국의 전통에 대한 반역자들로 여겨진다. 여기에서 미국의 전통이란 '볼테르, 프랑스의 백과전서파, 제퍼슨, 프랭클린, 먼로, 링컨, 그로버, 클리블랜드, 우드로 윌슨 등'의 자유주의를 가리킨다. 가짜 자유주의자들은 모두 카를 마르크스라는 정신병자에게서 파생된다. 그들은 이상이 아니라 물질적 안정에 관심을 가지고 있다. 그들은 '로마, 콘스탄티노플, 대영제국의 붕괴를 재촉한 것과 똑같은 방법'인 보조금과 수당이라는 형식으로 투표권을 매수한다. 그들은 계획가들이다. 그들은 '자신들의' 지혜는 믿지만, 일반 사람들의 지혜는 믿지 않는다. 그들은 공산주의자들은 아니다. 하지만 그들은 머리가 혼탁한 사상가들이며, 얄타회담이나 포츠담회담에서 스탈린주의자들에게 기만당한 자들이다.

매카시즘은 비非미국인이고, 카를 마르크스의 수치스러운 제자이며, 중부 유럽의 사회주의를 제퍼슨과 링컨의 나라에 도입시킨 죄인인 좌파 지식인을 비난하고 있다. 게다가 매카시즘은 계획주의와 동성애를 한데 묶어 비난하고, 또 '복지국가Welfare State'의 교리는 국제 공산주의의 비열함과 상통한다고 암시하고 있다. 왜냐하면 좌파 지식인들이 공산주의의 그릇된 이론에 찬성하거나, 그 활동을 촉진시키거나, 또는 의식적이거나 무의식적으로 동일한 목적을 위해 활동한다는 것이 매카시즘의 판단이기 때문이다.

이와 같은 반자유주의적 타협주의는 (이 단어의 미국적 의미에서) 좌파 타협주의에 대한 뒤떨어진 반응이다. 1930년대의 자유주의자들의 대다수는 트러스트의 반대자들, 사회입법의 옹호자들과 볼셰비키 사이에는 사실상 지속성 또는 연대가 있었다고 생각했다. 그들은 2차 세계대전 중에 소련과의 동맹의 필연성을 넘어서 좌파 또는 진보주의와의 통일을 옹호하고 설명했다. 그들은 가능한 한 앨저 히스Alger Hiss[180]의 범죄를 믿지 않으려고 했다. 20년 전에 공산주의 매력에 민감했던 사람들은 노동자들이나 억압받는 소수집단보다는 부르주아와 지식인들 출신이 훨씬 많았다.[181]

또 있다. 미국을 여행하는 유럽의 지식인은 아주 강력한 매카시즘의 공포정치를 발견하기는커녕 거의 모든 곳에서 반反매카시즘과 조우했다. '모두'가 그 유명한 상원의원에 반대했다. (현저한 유일한 예외는 제임스 버넘 James Burnham[182]이었는데, 그는 무조건 매카시를 비난하기를 거부했고, 또 그로 인해 『파티잔 리뷰』지의 편집진에서 배제되었다.) 하지만 불행하게도 이 '모두가' 과거의 공산주의 침투에 대한 막연한 죄책감과 또 적색, 분홍색, 옅은 분홍색, 즉 공산주의자들과 사회주의자들과 '뉴딜정책 지지자들'을 동일한 적대감 속에 포함시킬 것 같은 일반 여론에 대한 공포감을 갖고[183] 자기 자신을 소수파라고 느끼고 있다.

미국 대학에서 반매카시주의자가 아닌 자는 그의 동료들로부터 가혹한 심판을 받았다. (그렇다고 그들의 경력을 우려할 정도는 아니었다.) 그렇지만 같은 대학의 교수들은 중국 공산주의와 같은 몇몇 주제에 대해 자신들의 주장을 공개적으로 펴는 것을 꺼렸다. 반매카시 추종주의는 기이하게도 반공산주의 추종주의와 결합되었다. 반매카시적 타협주의는 반공산주의적 타협주의와 기묘하게 결합되어 있다. 메카시 상원의원의 방법을 비난하

---

180 앨저 히스(1904–1996): 미국 공무원이자 UN 창설 당시의 사무총장으로, 소련을 위해 스파이 활동을 했다는 죄목으로 기소되었다.
181 공산주의의 선전이 미국의 흑인들 사이에서 성공을 거두지 못했다는 것은 흥미로운 현상 중 하나이다. 흑인은 100% 미국인이고자 한다. 그는 현실적인 미국에서 이상적인 미국에로의 이행을 호소한다. 하지만 그는 혁명을 선택하지 않는다.
182 제임스 버넘(1905-1987): 미국의 정치학자이다.
183 이런 실수는 '보통 사람(comon man)'의 실수보다는 지식인들의 실수였기 때문에, 보통 사람은 거기에서 지성보다는 '상식(bon sens)'의 우월성이 드러나는 것을 본다.

면서도 사람들은 공산주의와 마찬가지로 그를 증오한다는 말을 덧붙였다. 지식인들의 사회는 매카시즘에 맞서면서 거의 결속되어 있었지만, 비난을 받지나 않을까 하는 위협을 암암리에 느꼈다. 전문가들, 외국인들, 사상을 경계했던 일부 미국인들은 허스트William Hearst[184] 또는 맥코믹Robert McCormick[185] 계열의 신문에서 자신들의 모습을 알아보고, 어제의 지도자들에게 배반당했다고 판단했다. 그리고 그들은 또한 동구를 소련군에게 포기했다는 것, 장제스의 패배, 의학의 사회화에 대해 같은 책임이 있다고 여겨지는 대학교수들, 작가들, 예술가들에 대해 자신들의 분노의 화살을 돌리려고 했다.

반지성주의의 물결에 의해 방해를 받았지만, 지식인들이 미국과 화해를 하지 않은 것은 아니었다. 유럽 대륙은 그 위신을 상실했다. 미국 생활에서 드러나는 몇몇 폭력적이고 저속한 모습도 히틀러의 독일과 소련의 강제수용소에 비하면 아무것도 아니었다. 미국의 경제 번영은 유럽의 좌파가 내세우는 목적 달성을 가능케 해 주었다. 전 세계의 전문가들은 부의 비밀을 찾기 위해 디트로이트로 갔다. 도대체 어떤 유럽적 가치의 이름으로 미국의 현실에 반기를 들 수 있는가? 기계가 파괴하고 공장의 연기로 더럽혀진 매력과 문화의 이름으로인가? 산업혁명 이전의 질서에 대한 향수에서 몇몇 학자들이나 작가들은 미국의 생활 방식보다 프랑스의 생활 방식을 선호한다. 하지만 대다수 사람들에게서 이런 예외적인 성공의 대가는 과연 무엇인가? 유럽인들도 자신들이 생산성의 향상을 위해 이런 것들을 희생하고, 또 대중의 생활수준 향상을 위해 아메리카니즘을 어느 정

---

184 윌리엄 허스트(1863-1951): 미국의 언론사 사주로 황색언론의 대표적 인물이다.
185 로버트 맥코믹(1880-1955): 미국의 언론사 사주로 미국의 2차 세계대전 참전을 반대하는 입장을 취했다.

도 흡수하려는 준비를 마친 것이 아닌가? 미국의 입장에서 본다면, 사회
주의적 건설 —국가의 유일한 주인인 공산당의 추동하에서 이루어지는
신속한 공업화— 은 기술문명의 악을 줄이기보다는 오히려 더 증가시키
는 것 같아 보인다.

　미국의 지식인들 중에도 여전히 반타협주의에 충실하고, 또 『다이제스
트』, 트러스트, 매카시즘과 자본주의를 모두 공격하는 자들이 없지 않다.
하지만 반타협주의는 어제의 전투적 자유주의의 주제를 되풀이하고 있는
만큼, 그 자체가 일종의 타협주의라고 하지 않을 수 없다. 오늘의 미국 지
식인들은 적을 찾고 있다. 그중의 어떤 이들은 매카시즘과 싸우고, 또 어
떤 이들은 공산주의와 매카시즘과 동시에 싸우고 있다. 물론 필사적으로
반반공산주의anti-anti-communisme를 비난하는 자들도 있다. 그들은 모두 대결
해야 할 이교도를 찾고 있는 십자군의 전사들이다.

　전 유럽 국가들 중에서 영국은 아마도 지식인들을 가장 합리적인 방식
으로 대하는 국가이다. D. W. 브로건Denis William Brogan[186]이 알랭에 대해 언
젠가 말한 것처럼, "영국인들은 자국의 지식인들을 그처럼 진지하게 대하
지 않는다." 이렇게 해서 영국인들은 미국의 실용주의가 가끔 지향하기
쉬운 전투적 반지성주의도 피하고, 또 프랑스에서 소설과 작가들의 정치
적 의견에 대해 차이 없이 드러내는 무비판적인 찬사도 피하고 있다. 그러
면서 영국인들은 작가들에게 그들 자신의 중요성을 과도하게 부여하고,

---

186 데니스 윌리엄 브로건(1900-1974): 스코틀랜드의 작가이자 역사가이다.

또 날카로운 비판과 신랄한 기사에 열중하도록 하는 경향을 취하고 있다. 나는 지식인들이 20세기의 성직자들이 되길 바란다. 국가의 일은 점점 더 전문가들의 소관이 되고, 또 그들의 실수는 무지에 대한 예찬에 의해 정당화되지 않는다.

2차 세계대전까지 영국의 공립학교와 대학들의 신입생 모집은 그 당시의 지배계급이 다른 계급 출신 신입생들을 쉽게 받아들였다는 점에 의해 특징지어진다. 이반자들이 사회적 타협주의를 비난했지만 심각한 동요는 없었다. 특권자들 사이의 이해 충돌로 인해 헌법이나 정치 체제가 문제시되지는 않았다. 지식인들은 개혁을 불러일으키는 이론을 정립했지만, 대중에게 혁명적 폭력에 대한 향수를 불러일으키지는 않았다. 과거 몇십 년간의 개혁으로 인해 대학생들의 수가 확연히 늘어났고, 또 그들의 출신 사회의 범위 역시 확대되었다. 자동적으로 과거보다 미래의 편에 서서 세계의 모든 혁명가들과 일종의 결속을 맺었던 좌파 지식인들은 일부의 주간지 정도의 여론을 지배했다. 하지만 그들이 각자의 조국과의 인연을 완전히 끊은 것은 아니었다. 그들은 보수주의자들 이상으로 웨스트민스터 Westerminster[187]와 관계를 맺고 있었다. 그들은 좌파 계열의 인민전선의 장점을 외부 세계에 일임했다. 영국 공산당의 허약함이 오히려 인민전선을 보호해 준 셈이었다. 그들은 각국 내의 공산주의의 힘이 그 나라의 현 정권의 공적에 반비례한다는 사실을 기꺼이 지적하곤 했다.

이렇게 해서 영국의 좌파 지식인들은 조국의 의회 제도의 우수성을 찬양하고, 프랑스, 이탈리아 또는 중국 공산주의의 합법성을 인정하면서도, 자신들이 훌륭한 국제주의자임과 동시에 훌륭한 애국자라고 선언할 수

---

187 웨스트민스터: 영국 의회를 가리킨다.

있게 된다. 프랑스인은 모든 비프랑스인들을 프랑스에 귀의시킴으로써 이런 국제적 화해를 꿈꾸고 있다. 영국인은 행복한 섬나라 밖의 사람들이 크리켓 경기나 영국 의회의 논쟁을 즐길 수 없다고 기꺼이 믿고 싶어 한다. 그는 이런 교만과 겸손의 기묘한 혼합에 보상이 따를 것이라고 생각한다. 즉, 영국식 교육을 받고 영국으로부터 해방된 인도인들, 아프리카인들과 그 밖의 민중들도 크리켓 경기와 영국의 의회의 논쟁을 계속 즐기게 될 것이라는 보상을 말이다.

제8장
지식인들과 이데올로기

정치적 이데올로기에는 조금은 다행스럽게 사실에 대한 명제와 가치판단이 항상 같이 섞여 있다. 그것은 세계에 대한 전망과 미래를 지향하는 의지를 표현한다. 그것은 직접적으로 진리와 거짓의 양자택일의 형태를 띠지 않으며, 또한 취향이나 색채 등의 질서에도 속하지 않는다. 구극究極의 철학과 선호의 위계질서는 증명이나 논박보다도 대화를 부른다. 현재의 사실에 대한 분석이나 미래에 발생할 사실에 대한 기대는 역사의 전개와 역사의 전개에 대해 우리가 얻는 지식과 더불어 변화한다. 경험은 이론의 구조를 점차적으로 수정한다.

2차 세계대전 직후에 나타난 서구의 분위기는 보수적이었다. 만일 소련이 위협적으로 보이지 않았다면, 만일 중국이 유럽인들을 몰아내고 난 뒤에 황색 제국주의라는 유령을 일깨우지 않았더라면, 만일 원자폭탄이 불안을 조장하지 않았다면, 유럽인들과 미국인들은 되찾은 평화를 충분히 즐겼을 것이다. 또한 미국인들은 엄청난 번영을 자랑했을 것이며, 유럽인들은 그처럼 많은 광적인 행동 끝에 얻은 지혜에 만족했을 것이다. 하지만 두 진영 사이에는 대립이 계속되고 있다. 혁명은 서구에서 소수집단의 외부에서 여태까지 잠자고 있던 대중을 일깨웠다. 마르크스가 공자를 대신하게 되었고, 간디의 추종자들은 거대한 공장의 건설을 꿈꾸고 있다.

1954년 가을에 이르러 1939년 이후라기보다도 1931년 이후에 처음으로 포성이 잠잠해졌다. 하지만 기관총의 총성이 멈춘 것은 아니다. 야누스 신전의 문을 닫기에는 아직 이르다.

주요 사실들

서구에서 자본주의와 사회주의의 싸움은 그 감정적 잠재성을 상실해가고 있는 중이다. 소련을 사회주의와 혼동한다면, 그때부터 사회주의가 자본주의의 유산을 계승하지는 않지만, 생산력의 발전을 보장해야 한다는 것은 명백하다. 그 어떤 것도 사회주의가 도처에서 사유재산제도를 계승하리라는 것을 암시해 주지 않는다. 성장의 여러 단계와 정권의 계기 사이에 평행성이 있다는 생각은 여러 사건들에 의해 배제되었다.

이른바 사회주의를 채택한 나라들은 그 형태는 다르지만 모든 현대적 제도에 고유한 조건들을 재발견한다. 자본주의와 마찬가지로 사회주의에서도 '간부들이 모든 것을 결정한다.' 소련의 지도자들도 자본주의에서 이윤에 해당하는 것을 취한다. 장려금, 임금, 생산 보너스 등은 과거의 서구 자본주의의 방식과 흡사하다. 오늘날까지 계획 수립자들은 빈곤과 가능하면 빨리 국력을 증강하려는 의지 때문에 다양한 투자를 통한 생산성도, 소비자들의 기호에 대해서도 관심을 갖지 못했다. 하지만 그들은 멀지 않아 불황, 디플레이션, 경제적 셈법의 긴급한 요구를 경험하게 될 것이다. 이것이 20세기의 첫 번째 주요 문제이다.

20세기의 두 번째의 주요 문제는 대의제도에 대한 도전이다. 1914년까지 좌파가 무엇보다도 옹호하고, 또 비서구인들이 모방하고자 했던 것은 언론의 자유, 보통선거, 의회 구성의 자유였다. 의회는 유럽의 걸작처럼 보였다. 러시아의 '입헌민주당원들'이나 터키의 젊은이들은 자신들의 조국에서 이것을 실현하는 것을 꿈꿨다.

그런데 양차 대전 사이에 의회주의 제도는 대다수의 유럽 국가에서 실패를 맛보았다. 소련 사회는 다음과 같은 사실을 증명해 보였다. 즉, 아시아의 후진 국가들이 과거의 정복자들에게서 가져오고자 했던 권력의 비밀 속에는 복수정당제와 토론에 의한 정치가 포함되어 있지 않다는 사실이 그것이다. 남미, 근동, 동구에서 민주주의의 기능을 마비시킨 위기는 영국과 미국의 관례의 수출 가능성에 대한 의문을 불러일으켰다. 웨스트민스터나 캐피톨Capitol[188] 같은 가장 완성된 모델을 보여 주는 대의제도하에서는 직업 단체, 노동조합, 종교상의 종파와 개인들 각자가 자신의 이익을 옹호하고, 행동을 전후해 자유롭게 논쟁할 수 있는 권리가 주어진다. 그런 제도는 자격 있는 인간들에게는 절도 있게 논쟁을 하고, 지배계급은 그 통일성을 자각하고, 또 필요한 경우에는 희생할 수 있는 인격을 요구한다. 대의제도는 지나친 논쟁(발칸반도의 어떤 나라의 의회에서는 권총을 발사하는 일까지 있었다는 것을 알고 있다), 특권계급의 맹목적 보수주의, 중간계급의 약점 등으로 인해 위협을 받고 있는 실정이다.

정치적 자유냐 아니면 경제적 진보냐, 의회냐 아니면 발전소냐, 자유주의적 좌파냐 아니면 사회주의적 좌파냐 하는 양자택일의 문제는 서구에서는 진정한 문제가 아니다. 하지만 어떤 상황에서는 그런 선택이 불가피할 수도 있다. 비자본주의 국가가 일류의 대국으로 발전하는 데 성공한 예는 '자유 없는 서구화' 또는 '서양에 반대하는 서구화'가 가능하다는 것을

---

188 캐피톨: 미국의 국회의사당을 가리킨다.

보여 주었다.

19세기의 서구 지식인들이 자본주의에 가한 비난과 오늘날의 아시아, 아프리카 지식인들의 정열 사이에 미리 이루어진 조화는 우리 세기의 세 번째 주요 사실을 구성한다. 오류와 부분적 진리를 포함하고 있는 마르크스주의 이론은 아시아의 대학 졸업생이 스스로 갖기 쉬운 세계관과 결합한다. 말레이시아, 홍콩, 인도에 자리 잡은 대규모 상사나 공장은 디트로이트, 코번트리, 비양쿠르의 현대적인 산업보다도 마르크스에 의해 관찰된 자본주의와 더 닮았다. 서구의 본질은 이윤 추구이고, 종교적 사명과 기독교 신앙은 냉소적인 관심을 감추기 위한 연막 또는 알리바이이며, 결국 서구는 그 자체의 고유한 유물론의 희생이 되어 제국주의적 전쟁에 의해 반드시 분열하고 말 것이다 등등, 이런 해석들은 편파적이고, 불완전하며, 틀린 것이다. 그럼에도 이 해석들은 지배자들인 외국인들에 대한 반역이 정당한 것이라고 사람들을 납득시킨다.

아시아의 지식인들은 이런 이데올로기를 신봉함으로써 그들이 달성하고자 결심한 것의 의미를 바꾸게 된다. 메이지 시대의 일본 개혁론자들은 헌법을 기초했다. 왜냐하면 철도, 전신, 초등교육, 과학과 마찬가지로 헌법이 사회적·지식적 체계에 속했기 때문이었고, 그들의 눈에는 유럽의 우월성이 이런 제도에 있다고 생각했기 때문이었다. 어제까지 프랑스나 영국에 복종하다가 오늘 그들에게 반기를 드는 국민은 러시아형의 현대 산업 사회를 모방하면서, 서구인들에게는 아무 신세를 지지 않을 뿐만 아니라 역사의 도상에서 그들을 앞서고 있다는 착각 속에서 노력하고 있다.

소련 진영과 서구 사이의 큰 대립이 런던, 뭄바이, 워싱턴, 도쿄에서 각각 다르게 해석되는 것은 불가피하다. 이것이 현재의 세계 정세를 결정하는 네 번째 주요 요소이다. 정당들, 의회들, 지식인들, 때로는 과학자들 사이의 자유로운 토론을 없애 버린 소련 체제는 유럽인들이나 미국인들에게 낯설고 두렵게 보인다. 아시아인들의 눈에 보이는 소련 체제는 수백만 명에 달하는 인간들과 거대한 공장들의 도시에로의 집중, 풍요로움과 안락함에 대한 숭배, 빛나는 미래에 대한 희망찬 약속 등의 특징을 가지고 있어서 서구 체제와 동일한 장점들과 단점들을 가진 것으로 여겨진다. (소련 체제에 그 이외의 다른 장, 단점들이 덤으로 더해지는 것은 그다지 중요하지 않다.)

미국인들은 소련이 자유로운 국민을 위협하고, 미국은 자유로운 국민을 보호한다고 생각하고 싶어 한다. 아시아인들은 미국과 소련의 싸움은 그들과는 직접적인 관련이 없으며, 기회나 도덕의 측면에서 중립을 지켜야 한다고 믿기를 원한다. 유럽인들은 대체로 아시아인들의 해석을 선호한다. 라인강 200km 지점에 주둔하고 있는 소련의 군대는 유럽인들에게 현실을 상기시켜 준다. 일본인들, 중국인들, 인도인들은 아시아에서는 추방되었지만, 아직 아프리카에서는 추방되지 않은 서구 제국주의를 소련 공산당 또는 중국 공산당의 제국주의와 마찬가지로 증오하지 않을 수 없다. 유럽인들은 다음과 같은 사실을 모를 수가 없다. 즉, 소련은 아직 가난하고, 미국은 이미 부유하며, 또 소련의 지배는 상당히 원시적인 공업화의 기술의 강요로 나타나는 반면, 미국의 지배는 주로 달러의 분배로 나타날 것이라는 사실이 그것이다.

이데올로기에 대한 토론은 상황의 어떤 부분을 강조하느냐 또는 무시하느냐에 따라서 나라마다 다르다. 어떤 때에는 그 토론이 한 국가가 해결해야 할 문제를 진정으로 반영하는 경우도 있고, 또 어떤 때에는 소위 보편적 형식에 맞추기 위해 왜곡하거나 변형하는 수도 있다.

국가적 토론

영국에서 토론은 본질적으로 이데올로기적이지 않고 기술적이다. 왜냐하면 영국인들은 가치들의 모순이 아니라 양립 가능성을 의식하고 있기때문이다. 전문적인 경제학자가 아닌 한, 무상 의료 제도, 세액의 문제 또는 강철의 국유화 문제에 대해 논쟁할 수는 있으나 냉정하게 토론할 수는 없다. 유럽의 다른 곳과 마찬가지로 영국에서도 다양한 의견들이 존재하고 또 지식인들의 모임 장소도 존재한다. 그럼에도 중요한 차이는 바로 쟁점에 관련된다. 영국 이외의 다른 곳에서 사람들은 각자가 해야 할 선택에 대해 논의한다. 하지만 영국인들은 타인들의 선택에 대해서 논의한다. 『더 뉴 스테이츠맨 앤 네이션*The New Statesman and Nation*』[189]지 편집자들은 프랑스의 사회주의자들과 공산주의자들 사이의 협력이라는 생각에 열광적인 관심을 가진다.

만일 세계의 다른 나라의 국민들이 영국인들처럼 분별이 있다면, 신나는 토론도 권태로워질 것이다. 다행히도 미국의 상원의원들, 프랑스의 지식인들, 소련의 인민위원들은 논쟁을 위해 많은 주제를 제공한다.

미국식 토론은 영국식 토론과 기본적으로는 비슷하지만 그 양식이 아주 다르다. 미국인들은 프랑스적 의미에서 이데올로기적 갈등을 모른다. 미국의 지식인들은 대립하는 이론들이나 대립하는 계급들과 결부되어 있지 않으며, 또 과거의 프랑스와 현대의 프랑스 같은 대립, 기독교 사상과 자유로운 사상, 자본주의와 사회주의 같은 대립을 모른다. 비록 영국의 지

---

189 『더 뉴 스테이츠맨』은 1913년에 창간된 영국의 좌파 주간지로, 1931년에 『더 네이션 앤 아테나움 (*The Nation and Athenaeum*)』지와 합쳐져 1964년까지 『더 뉴 스테이츠맨 앤 네이션』지로 간행되었다.

식인들은 현 정권에 대한 대안을 제시하지 못하지만, 그들은 이데올로기의 싸움이 어떻게 발생하는지를 어렵지 않게 상상한다. 양차 세계대전에도 불구하고 지배계급에 대한 적대감, 위계질서에 대한 사회적 선망과 경멸은 회피되거나 질식되어 왔다. 하지만 어떤 것도 대륙의 여러 나라들이 경험한 혁명을 영국이 항상 피할 수 있으리라는 것을 보증해 주지 못한다.

대서양의 저쪽에 있는 미국에서는 유럽적인 사상에 의미를 부여하는 전통도 계급도 발견하지 못한다. 귀족 제도와 귀족적 생활양식은 독립전쟁에 의해 가차 없이 파괴되었다. 낙관적인 계몽주의 철학, 만인을 위한 기회의 균등, 자연의 정복 등이 다음과 같은 생각과 분리되지 않고 남아 있다. 즉, 미국인들은 자신들의 역사와 운명을 스스로 개척했다는 생각이 그것이다. 미국의 종교의 교화적 성향, 종파와 교파의 다양성은 근대 유럽에서 아주 중요한 역할을 한 성직자들과 지식인들 사이의 충돌을 막아 주었다. 세습적인 적이라든가 또는 외국의 지배에 대한 반항으로 미국인들의 민족주의가 불타올랐던 적은 한 번도 없었다.

미국의 평등 이론은 투쟁적이지 않았다. 왜냐하면 그 이론이 귀족 제도나 교회와 충돌하지 않았기 때문이다. 영국식 보수주의는 대중의 압력, 자유 탐구의 정신 또는 기술에 맞서 보존해야 할 인간관계나 제도를 발견하지 못했다. 전통, 보수주의, 자유주의는 서로 융합되어 있었다. 왜냐하면 자유의 전통을 지킬 의무가 있었기 때문이다. 미국의 진정한 문제는 전통을 배반하거나 자유를 희생하지 않으면서 현실의 질서를 관념과 조화시키는 것이었다. 미국인들은 영국 보수주의에 따라 행동을 하면서도 종종 프랑스 철학자들의 용어를 사용했다.

미국에서는 새로운 이민자들을 공동체에 통합시킬 책임이 사회에 있으며 국가에 있지 않다. 사람들이 미국 체제에 반대하면 그들이 갈망하는 시민권을 스스로 내던지는 것이 된다. 사회주의자들은 항상 의심을 받았다. 왜냐하면 그들의 이론은 외부에서, 특히 유럽에서 차용한 것처럼 보였기 때문이다. 그런데 미국은 유럽의 전제정치, 정치에서의 실수와 악을 비난했다. 국가주의는 공동체 전체에 의한 국가의 권력의지의 채택보다는 오히려 '미국적 생활양식'의 독자적 가치에 대한 자랑스러운 신념으로 나타났다.

영국의 비국교파의 이론과 프랑스 계몽주의의 이론을 가지고 자신들의 역사를 개척해 나갔기 때문에, 미국인들은 대규모의 사회주의 운동을 경험하지 않았다. 경제 팽창의 속도, 가장 활발하게 활동하는 자들에게 개방된 기회, 이민과 흑인 인구에 의한 하층계급의 부단한 갱신, 다양한 국적을 가진 대중의 분산, 이 모든 것들이 독일의 사회민주당이나 영국의 '노동운동'에 비교될 만한 정당의 형성을 막았다. 이해관계들의 충돌과 사상의 충돌 사이의 관계는 분명 유럽적 형태와 달랐다.

미국에서 정당들은 사회적 고려와 지역적 고려에 의해 형성되기 때문에, 좌파나 우파라는 이름을 붙일 수 없다. 노예해방을 가져온 정당은 좌파였는가? 또 연방 권력에 대해 각 주의 권력을 옹호한 자들은 우파였는가? 링컨의 당이 동부의 은행이나 산업에 종사하는 자들과 동맹했다고 해서 좌파에서 우파로 이동한 것은 아니었다.

좌파와 우파의 대립은 얼마 전에 발생했던 대공황과 '뉴딜정책'에 의해 다소 의미를 갖게 되었다. 남부를 제외한 여러 도시들에서 민주당은 민족적 소수파와 다수의 공업 노동자들과 흑인들의 정당이 되었다. 상류 사회, 은행가계급과 상업계급은 여전히 공화당에 가깝다. 1930년대의 민주당의 강령과 실천 속에는 트러스트와 월가에 대한 적대감, 사회적 입법과 경제적 통제의 도입, 노동조합에 대한 지지가 결부되어 있었다. 루스벨트 대통령 재임 시에 발생한 대부분의 변화들은 되돌릴 수 없는 것이다. 왜냐하면 그 변화들 중 가장 중요한 것은 1941년에서 1954년까지의 예외적인 경제 번영이었으며, 이 번영에서 정부는 부분적으로만 역할을 했기 때문이었다.

이와 같은 '자유주의'는 다른 어느 시대보다도 유럽의 좌파의 자유주의와 비슷했다. 왜냐하면 거기에 완화되고 미국화된 사회주의의 요소들이 포함되었기 때문이었다. (교의적인 사회주의보다도 영국 노동당식의 사회주의였다.) 그뿐만 아니라 이런 자유주의는 공격에 대단히 취약했다. '뉴딜정책'에 의한 개혁은 국가주의의 방향으로 나아갔으며, 그 결과 미국의 전통과는 어긋나게 되었다.

오늘날 미국의 경제적 갈등은 이데올로기 차원의 문제라기보다는 기술 차원의 문제이다. 원칙적으로 연방 기구의 확대와 공공 지출의 팽창에 적대적이었던 공화당원들은 실질적으로 국방예산을 삭감하기도 했다. 그들은 사회적 입법에 손을 대지 않았다. 그들은 그 일부를 수정했을 뿐이고, 또 내키지 않아 하면서도 소규모의 공공사업 계획을 세우기도 했다. 하지만 그들은 과도한 책임을 떠맡는 정권을 결코 좋아하지 않는다. 이런 태도는 영국 보수당이 무상 의료 제도나 과도한 상속세에 불만을 품었던 것과 마찬가지이다. 공화당도 보수당도 진화의 흐름을 거스를 수는 없다. 영국에서 실업가들과 지식인들은 기존의 사실들을 문제 삼지 않는다. 미국에서는 종종 의료의 사회화가 마치 공산주의와 별로 다를 것이 없는 사회주의에로의 첫 번째 단계인 것처럼 여겨진다. 또 미국의 본질이 금리의 조작이나 공무원들 수의 증가에 의해 위협받는 것처럼 여겨지기도 한다.

하지만 유럽에서 온 이데올로기의 갈등도, 부정된 적이 없는 체제의 형식에 대한 논쟁도 본질적으로 미국적이지 않다. 그 반대로 유럽 경제와의 관련하에서 미국 경제의 독자적인 특색을 끌어내기 위한 노력, 또 소련의 도전에 맞서 미국 문명의 독자적인 특색을 끌어내려는 노력이 점차 전통적인 논쟁을 지배하기 시작했다.

미국의 자본주의는 영국, 프랑스, 독일의 자본주의와 어떤 점에서 다른가? 경쟁은 실제로 어떤 방식으로 이루어지는가? 경제의 집중은 기술의 진보에 대해 어느 정도로 유리하거나 불리한가? 자유주의자들은 대규모의 회사에 찬성하는 입장을 취한다.(데이비드 릴리엔솔David Eli Lilienthal.[190]) J. K. 갤브레이스와 같은 경제학자는 정치학상의 세력균형론의 일종의 변형이라고 할 수 있는 경제 경쟁의 이론을 정립했다. '사회주의적 침입'에 대한 모든 독설에도 불구하고, 또 자유롭고 평등하고 책임 있는 개인들의 사회를 꿈꾸는 공화당원이나 국가 간섭에 의해 왜곡되지 않는 가격 기구를 주장하는 이론가들과 관계없이, 많은 미국의 '인텔리겐치아'의 일부가 과거에 보지 못했던 역사적 경험의 독창성을 파악하려고 노력하고 있다.

소련과의 세계적 대결에는 이와 같은 자각이 필요하다. 적은 이데올로기에 호소한다. 미국의 기초가 되는 사상은 무엇인가? 선전은 이 질문에 답을 주지 못했다. 미국의 성공은 체계적인 형식주의에 있는 것이 아니다. '미국의 소리' 방송은 공산주의에서 프롤레타리아트, 항구 혁명, 계급 없는 사회 등과 같은 신성화된 몇몇 단어들을 없애 버리고자 하지만 청취자들을 설득하지 못하고 있다. 공산주의적 혁명은 이식될 수 있다. 왜냐하면 이 혁명이 폭력을 사용하고자 하는 단일 정당의 일이기 때문이다. 하지만 미국의 혁명은 그렇지 않다. 이 혁명은 수많은 사적 집단들, 기업들의 활동, 자유 시민들의 창의성을 전제하기 때문이다.

외교정책에 대한 논쟁은 이런 자각의 또 다른 면이다. 비교적 낮은 수준에서는 유럽과 동일한 문제에 대해 논의와 고성이 오가곤 한다. 국가 예

---

190 데이비드 엘리 릴리엔솔(1899-1981): 미국의 행정가로 특히 테네시 밸리 당국과 미국 원자력위원회 활동으로 유명하다.

산 중에서 군사비와 경제 원조에 얼마를 쓰는가? 마오쩌둥 정부를 인정해야 되는가? 이런 문제들은 스탈린주의의 해석이나 반공산주의의 강화와 관계가 없음에도 불구하고 거기에는 '감정적인 아말감'의 법칙이 작용한다. 같은 인물들이 고도의 공업화를 통해 전체주의를 설명하고, 후진국 개발 원조 계획을 전 세계로 확장시켜야 한다고 주장하고, 마오쩌둥을 승인하라고 주장하며, 또 매카시와 매카시즘을 비난하는 쪽으로 기울어진다. 납세자의 돈을 절약하려 하고, 고립주의와 중국에 대한 증오 사이를 왕래하면서, 국가의 안전보장 조치에 대해 결코 만족하지 않는 다른 일파의 눈에는 그들이 의심스러운 인물들로 비친다.

아마도 이런 열정적인 토론은 미국의 정치 교육의 단계를 보여 준다. 그런 논쟁으로 가장 널리 알려져 있는 것은 맥아더 장군의 해임에 대한 것이다. 유럽이 몇 세기 동안에 경험한 것과 동일한 운명을 미국은 처음으로 겪고 있다. 미국인들은 그 위협을 일상적으로 겪는 적과 공존하고 있다. 십자군을 보낼 용의가 있는 도덕주의자들, 승리와 바꿀 만한 것은 없다고 주장하는 군국주의자들에게 반대하면서 공화당의 대통령과 국무장관은 대한민국에서 타협을 받아들였다. 이 타협의 도덕적 의의와 외교적 귀결은 둘 다 중요하다.

승리의 포기는 두 차례의 세계대전에서 사용된 전략과의 완전한 절연을 의미했다. 그것은 일종의 현실주의에로의 전환을 의미했다. 침략자를 처벌하는 대신에 그와 협상했다. 지난 세기에 세계 정치의 혼란 중에 고립주의 노선을 선택했던 미국은 세계 여러 나라들 사이에서 차지하는 지위에 신경을 쓰지 않고서 광대한 땅의 개발에 집중할 수 있었다. 이 대공화국은 자국의 힘과 그 한계를 동시에 자각하게 되었다. 세계적 역할을 수행해야만 하는 운명을 지닌 미국은 그 독자성을 발견하고 있다. 다원적이고 경험적인 정치철학은 이런 자각의 결과일 수도 있다.

프랑스 지식인들 간의 대논쟁의 쟁점도 역시 공산주의이다. 하지만 이 논쟁은 미국과는 다른 방식으로 전개되었다. 프랑스에는 강력한 공산당이 존재하지만, 스탈린주의를 지지하는 지식인들은 비공산주의를 지지하는 동료들과 논쟁다운 논쟁을 하지 않았다. 공산주의적 성향이나 확신을 가지고 있는 물리학자들, 화학자들 또는 의사들은 그들 자신의 고유한 실험실도, 그들 자신의 고유한 방법도 가지고 있지 못하다. 그들은 공산당 기관지에서 읽은 것 말고는 변증법적 유물론에 대해 아무것도 모른다.[191] 몇몇의 예외를 제외하고 인문학자들도 변증법적 유물론에 별로 관심을 갖지 않는다. 당에 가입하지는 않은 채로 독일의 재무장이나 세균전에 반대하는 청원에 서명하는 소르본대학의 교수들에 대해 보자. 그들은 덕, 무, 실존주의에 대해 책을 쓴다. 하지만 스탈린이 존재하지 않았다고 해도 그런 주제들이 많이 달라지지는 않았을 것이다. 무슨 말을 하든 간에 프랑스에서 공산주의는 정신적인 문제가 아니라 정치적인 문제를 제기하고 있다.

프랑스는 경제성장의 정체 현상을 겪고 있다. 좌파와 우파의 경제학자들이 자주 비판하는 것과 같이 경제적 위기는 인플레이션과 불황의 교대, 시대착오적인 기업의 잔존, 생산 기구의 분산, 농업의 주요 부분에서의 생산성 저하로 나타난다. 1930년에서 1938년에 이르는 기간과 2차 세계대전의 과오에 의해 증폭된 이 위기는, 출생률의 저하와 지난 세기말에 도입된 농업의 보호주의에서 유래한다. 지난 10년 동안 이 위기는 극복되고 있는 중이다.

---

191 이것은 다음과 같은 사실을 의미하지 않는다. a) 공산주의를 지지하는 지식인들이 "침투하고자" 하지 않는다는 사실이다. b) 자신들의 신앙의 대상에 관계되는 전문 분야에서 그들은 객관적으로 스스로를 드러낸다는 사실이다. 소련에 대한 공산주의자들의 지리책들의 방향은 조심스럽게 결정되는데, 그 방향은 변증법적 유물론이 아니라 그들의 선호도에 따라 결정된다.

프랑스의 경제제도와 경제구조는 우연의 산물이었다. 부르주아를 지배계급이라고 본다면, 모든 것을 뛰어난 부르주아들의 책임으로 돌릴 수도 있다. 하지만 경제적 팽창에 점차 제동을 걸게 된 조치에 대해서는 정치가들과 일반 투표자들에게도 트러스트의 지도자들 못지않게 책임이 있다. 프랑스인들은 전체적으로 보아 생활수준의 향상보다도 여가를, 엄격한 경쟁보다도 국가의 보조금과 수당을 더 선호했다고 할 수 있다.

1914년 전에 자본가는 특히 토지나 부동산을 소유한 자였다. 그 이후로 자본가는 다른 어떤 사회계층보다도 더 심한 타격을 입었다. 프랑스의 자본소득, 곧 동산의 가치, 토지와 부동산에서의 소득이 전체 국민소득에서 차지하는 비율은 서구의 다른 어떤 나라에서보다도 더 낮다. (5% 이하.) 사탕무 재배업자들이나 다른 부류의 사람들, 곧 '돈의 힘을 가진 자들'은 자신들의 이익을 지키기 위해 정부에 대놓고 압력을 가한다. 주당 40시간의 노동을 규정한 법은 맬서스적인 조치였다. 프랑스에서 그 어떤 정부도 인민전선보다 더 맬서스적이지 않았다.

프랑스 내의 공산주의자들에 대한 태도와 관련된 논쟁은 소련 진영에 대해 취해야 할 외교정책에 대한 논쟁과 완전히 분리되어 있지는 않지만 구분된다. 팽창에 열중한 전문가들은 우파나 중도파의 다수가 경제적 발전을 촉진시킬 수 있는 능력을 가지고 있는가에 대해 질문을 한다. 다른 이유에서지만 문인들은 이들 전문가들의 논거를 취한다. 그들의 눈에는 금권 지배에 대한 반대와 평화 정책에 찬성을 보증해 줄 수 있는 세력은 오직 현재 다수파인 좌파뿐이다. 유럽의 모든 나라에는 배반자들, 중립주의자들, 북대서양조약기구에 반대하는 자들이 있다. 프랑스인들은 이런 생각에 대해 한층 다양하고 미묘한 변화를 보였다. 왜냐하면 사상에 대한 논쟁에서 프랑스인들은 영국인들이나 미국인들보다 더 큰 취향을 가지고 있기 때문이다. (특히 그 사상이 실제적 의미를 갖지 않는 경우에도 그렇다.)

하지만 이런 종류의 논의는 겉으로 보이는 것보다 유익할 것이다. 공산주의자들은 두 진영이 장기전을 벌이고 있고, 그 끝에 사회주의 진영만이 살아남는다고 단호하게 단정을 내렸다. 비공산주의자들은 이런 세계관을 인정할 수 없다. 비록 가치의 전도가 있다고 해도 말이다. 그들은 독단주의를 거부하면서 서양이 사유재산, 이윤 동기나 대의제에 의해 충분히 정의될 수 있다는 것을 인정하지 않는다. 그들은 또한 스탈린주의로 고착된 소련 세계는 이 세계가 믿고 있는 신념에 대해 진보적 평화를 용인하는 해석을 할 수 없다는 것도 인정하지 않는다. 공산주의자는 소련의 전략이 그 교리가 대중에게 제공되는 것과 일치하기를 바란다. 반공산주의자는 그 교리가 비의적인 이론과 일치하기를 바란다(억제할 수 없는 전쟁…). 이 점에 대해 역사가 논리적인 경우는 드물다. 현실은 통속적 의미와 비의적 의미 사이의 중간쯤에 존재하고 또 존재할 것이다. 세계 정복을 위한 전략은 지도자들의 배후의 생각으로 남아 있을 수 있다. 하지만 그들에게 현실에서 그렇게 행동을 하도록 명령을 내리지는 않는다.

지식인들은 이런 두 종류의 경제적, 외교적 토론을 모두 이데올로기적 용어로 하기 일쑤다. 경제적 진보를 촉진하는 최상의 방법, '프라하의 쿠데타'를 되풀이하지 않고 확대를 촉진시키기 가장 쉬운 의회 세력의 규합, 이런 것들은 프랑스인들의 관심사이지 인류 전체의 관심사가 아니다. 프랑스는 대외적으로 소련 위성국도 아니고, 북대서양조약기구의 일원으로서도 아닌 외교정책을 모색한다. 만일 그로 인해 프랑스의 외교가 마비된다면, 그 결과가 결코 가볍지만은 않을 것이다. 하지만 그런 결과가 전 세계적인 의미를 가지는 것은 아니다. 모든 인간들의 문제를 논하는 데 익숙하고, 또 전 세계적인 역할을 갈망하는 프랑스의 지식인들은 그들의 논의의 지역주의적 성격을 19세기의 역사철학의 단편들로 은폐시키려고 전력을 다하고 있다. 프랑스 공산주의자들은 당을 위해 마르크스의 예언을 받아들임으로써, 또 프랑스 혁명가들은 동일한 예언을 공식화된 가설적인 의미로 받아들임으로써, 그들 모두는 제2급의 나라의 국민들이라는 좁은 한계에서 벗어나는 데 성공했다. "지리적으로나 정신적으로나 서구권에 속하는 나라에서 노동자들의 대다수가 공산당에 투표하는 경우에 무엇을 해야 하는가?"라는 합리적인 문제를 제기하는 대신에, 그들은 마르크스의 공상의 산물인 프롤레타리아트의 혁명적 사명에 대해 논의한다. 그들은 또한 프롤레타리아트와 공산당은 같다는 신화를 내세운다.

어떤 의미에서 프랑스인들의 논의는 모범적인 의의를 가진다. 프랑스는 근대 세계의 특징인 정치적 제도(개인의 자유, 토의하는 의회 등)나 경제적 제도를 고안해 내지 않았다. 하지만 프랑스는 인간의 평등, 시민의 자유, 과학과 연구의 자유, 혁명과 진보, 자결권과 역사적 낙관주의 등과 같은 유럽 좌파의 전형적 이데올로기를 가다듬고 보급했다. 미국과 소련이라는 두 '거대 국가'는 이런 이데올로기들의 계승자로 자처한다. 유럽의 지식인들은 어느 진영에서도 자신들의 모습을 찾아볼 수 없다. 그들은 마르크스주의적 예언의 주요 명제들을 취하면서 소련 진영으로 기울어져야 하는가, 아니면 어쨌든 정신의 자유를 존중하는 미국 쪽으로 기울어져야 하는가? 소련과 미국의 두 형태 아래에서 기술 문명이 낳은 현실의 결과를 거부해야 하는가? 이런 문제들을 공식화한 것은 단지 프랑스의 지식인들뿐만이 아니다. 조국의 쇠퇴에 굴욕을 느끼고, 귀족주의적 가치에 대해 향수를 느끼는 모든 나라들에서 그들에게 호응하는 다른 지식인들이 존재한다.

영국의 지식인들의 방법은 가끔 이데올로기적이기도 한 갈등에서 기술적인 용어의 수를 줄이는 것이다. 미국 지식인들의 방법은 목적보다도 수단에 대한 것이 훨씬 많은 논쟁을 도덕적인 논쟁으로 바꾸어 놓는 것이다. 프랑스 지식인들의 방법은 전 인류를 위해 사색한다는 오만한 의지에서 국가의 고유한 문제들을 무시하고 또 악화시키는 경우가 많다는 것이다.

일본의 지식인들과 프랑스 모델

지식인들은 사태의 방향을 바꿀 힘이 없는 것을 괴롭게 생각한다. 하지만 그들은 그들의 영향력을 과소평가하고 있다. 장기적으로 보면 정치인들은 교수들이나 작가들의 제자들이다. 자유주의 이론가들은 사회주의의 발전을 그릇된 사상의 보급에 의해 설명하는 과오를 범하고 있다. 하지만 대학에서 가르치는 이론들이 몇 년 안에 행정가들이나 장관들에 의해 확실하게 받아들여진다는 것은 부인할 수 없다. 1955년에 정부의 재정 담당자들은 케인스파였다. 하지만 1935년에 그들은 케인스파이기를 거절했다. 프랑스와 같은 나라에서는 문인들의 이데올로기는 통치자들의 사고 방식에도 영향을 준다.

서구 이외의 나라들에서는 가장 넓은 의미에서 지식인들의 역할이 더욱더 크다. 러시아와 중국에서는 영국이나 독일과 달라서 처음에는 수도 적고, 주로 대학 졸업생들로 구성된 정당이 전 국민의 운명을 좌지우지하게 되었고, 일단 국가의 지도자들이 되자 공식적인 진리를 강요했다. 아시아와 아프리카에서 대학 졸업생들은 오늘날 혁명 운동이나 신생 독립국들의 정부를 지도하고 있다.

아시아에서 지식인들의 역할과 그들의 마르크스주의에로 기우는 경향은 종종 지적되었다. 여기에서는 몇 마디로 본질적인 것만을 상기하자. 서구의 대학에 파고든 진보 사상은 젊은 지식인들을 전통 사회에서 '소외시키고', 또 유럽의 지배에 대해 반항을 일으키도록 유도하는 경향이 있다. 이와 같은 지배는 민주주의의 원칙들을 우롱했다. 또한 자유로운 탐구 정신이 배척하는 신앙에 의해 정당화된 위계질서와 불평등의 사회는 낙관적인 합리주의적 철학의 세례를 받은 정신에는 언어도단과도 같이 보였다. 러시아 혁명의 예와 서구 작가들이 사회주의사상을 널리 보급시켰다. 따라서 공산주의자들이 채택한 마르크스-레닌주의는 서구인들에 의한 세계의 착취를 강조한다. 레닌의 분석이 마르크스와 동시에 홉슨John Hobson[192]과 같은 제국주의를 비판하는 부르주아 사회학자들에게 힘입은 바가 크다는 사실은 별로 중요하지 않다.

이와 같은 일반론을 넘어서 각각의 경우에 논쟁의 내용과 양식을 결정하는 상황은 어떤 것인가? 먼저 일본의 예를 들자. 일본에서는 지식인들(특히 작가들과 예술가들이라는 좁은 의미에서)은 프랑스 모델과 비슷한 것으로 보인다. 그들은 대부분 좌파로 기울어지고 있다. 하지만 공산주의에 다소 가깝기는 하지만, 실제로 그 문지방을 넘지는 않고 있다. 프랑스의 경우와 마찬가지로 일본 정부는 미국과 밀접한 동맹 관계에 있다. 그런데 일본 지식인들의 대다수는 이 동맹을 체념하면서도 승인하지 않는다.

이런 비교는 곧바로 많은 것을 시사해 준다. 일본에서도 프랑스의 경우처럼 지식인들은 그들의 조국이 미국에 의해 지탱, 보호되고 있다는 사실로 인해 굴욕감을 느낀다. 어제까지 일본은 보호국 미국의 적이었고, 프랑스는 보호국 미국의 동맹자였다. 하지만 이런 과거의 차이로 인해 두 나라의 현재 조건의 유사함이 없어지지는 않는다. 두 나라 중 어느 나라도 가까운 장래에 지상의 영화를 기대할 수 없다. 강력한 정부의 통솔하에 통일된 중국은 공업국을 향한 발전 도상에 올랐지만, 일본은 미국의 해양 방위 체계 또는 중국과 소련의 대륙 방위 체계 내에서 종속적 위치를 차지할 수

---

192 존 홉슨(1858-1940): 영국의 경제학자로, 특히 영국 제국주의에 대한 비판으로 유명하다.

밖에 없는 운명에 놓여 있다. 설사 중국과 소련의 방위 체계가 무너진다고
해도, 일본이 다시 정복을 감행할 기회는 갖지 못할 것이다. 기껏해야 여
러 강대국들의 균형 외교 무대에서 활동할 가능성이 있을 뿐이다. 그와 마
찬가지로 프랑스도 서구 진영에 통합되건 안 되건 간에 국제무대에서 상
당한 지위를 유지할 수는 있지만, 지리적 넓이와 자연적 자원 때문에 최고
의 지위에서는 제외될 것이다.

　일본은 미국과의 동맹 관계로 인해 단절된 나라들과는 연결되어 있다
고 느끼는 반면, 두 진영의 대립으로 동맹 관계를 맺게 된 나라들과는 떨
어져 있다고 느끼고 있다. 이런 현상은 프랑스와 아주 다른 듯하지만, 심
층적으로는 놀라울 정도로 비슷한 데가 많다. 프랑스는 크기가 반으로 줄
어든 독일과 손을 잡는 것을 주저한다. 프랑스는 또한 러시아, 심지어 공
산주의화된 러시아를 적으로 느끼기를 주저한다. 대한민국, 미국의 대의
명분에 완전히 동의하는 필리핀, 독립을 한 중립적 국가이면서 '좌경화하
고 있는' 인도네시아나 미얀마 등과 같은 아시아의 그 어떤 반공국가도 일
본을 환영하지 않는다. 비록 일본은 여태까지 중국의 적이었지만, 북동아
시아의 두 개의 큰 문명 사이에 있는 죽의 장막에 가려진 중국의 부조리를
느끼고 있다. 소련에 대한 저항이 현재 국민감정의 지지를 받고 또 이 감
정에 의해 정당화되고 있는 일본의 유일한 정책이다.

　경제적으로 일본의 상황은 프랑스의 상황과 몇몇 공통된 특징이 없지
않다. 물론 차이는 뚜렷하다. 일본의 인구는 복지로 보나 힘으로 보나 최
적 상태를 넘어섰다. 프랑스의 경우에 6천만의 인구가 그 땅에서 식량을
조달할 수 있고 또 공업용 일차 원료 이외의 것을 수입할 필요도 없다. 하
지만 8천만의 인구를 가진 일본은 농업 생산을 증가시키기 위해 비싼 투자
를 하느냐, 아니면 소비되는 쌀의 1/5을 수입하느냐의 기로에서 선택을 해
야 한다. 프랑스는 전체적으로 보아 최근의 출생률 증가에도 불구하고, 국

력과 복지 면에서 아직 최고 상태에 이르지 못했다. 일본에서는 인구 일인당 수입과 생활수준이 프랑스보다 훨씬 낮다. (도쿄대학의 대학교수는 1953년에 한 달에 15,000-35,000엔을 받는데, 이 액수는 파리에 있는 프랑스 대학교수보다 적은 것이다.)

하지만 유럽과 아시아의 수준 차이를 고려한다면, 일본의 조건은 프랑스의 조건과 비교될 수 있다. 두 나라에서 지식인들은 원하는 만큼의 월급을 받지 못하고 있다. 두 나라에서는 현대식 공장과 구식 작업장이 서로 인접해 있다. 야당은 트러스트의 지도자들을 비난하지만(프랑스보다 일본이 더 실제적이다), 작은 기업들이 던지는 파문이 소수자의 손에 경제적 권력이 집중되는 것보다 더 생산력에 해롭다는 것을 잊고 있다.

일본은 프랑스보다도 자유경쟁과 성공의 기준에 의한 우수자의 모집이라는 진정한 프로테스탄트식 자본주의를 모른다. 일본의 공업화에 있어서 국가는 일정 부분 결정적 역할을 했고, 또한 국가는 대기업을 소수의 대가족에게 양도하고 일임했다. 경영은 공직으로 여겨졌으며, '봉건적 거상들'에 의해 독점되었다. 현대의 자본주의적 거상들에 대한 마르크스주의자들의 비난은 일본에서 쉽게 반향을 일으켰다. 일본의 사회는 결코 정체적이지 않고 또 일본의 경제는 역동적이지만, 여러 상황으로 인해 현재 프랑스에서 보는 것과 마찬가지로 지식인들이 국가로부터 기대하는 바와 국가가 사실상 그들에게 제공하는 것 사이의 불균형이 생기게 되었다.

일본의 문화는 본질적으로 문학과 예술의 문화이다. 지식인들은 민주주의적 용어를 사용하고, 자유주의적이고 동시에 사회주의적인 관념과 밀접하게 연결되어 있다고 진지하게 믿고 있다. 하지만 그들은 마음속으로 그 무엇보다도 미와 생활 속의 예법을 중요시한다. 그들은 입으로는 미국의 자본주의에 유감을 표하지만, 감정적으로는 미국적 생활양식의 굉장한 안락성과 대중문화의 저속성을 혐오한다. 그들의 전통적 가치는 중

세 유럽의 무훈시에 비교할 수 있는 고상한 도덕, 즉 의무 관념, 윗사람에 대한 충성, 도덕적 의무에 대한 정열의 종속 등에서 유래한다. 일본 문학에서 가장 흔한 주제는 의무들 사이의 갈등이나 의무와 사랑 사이의 갈등이다. 일상생활은 자발성을 억제하고, 개인을 사회질서에 종속시키는 엄격한 규율에 의해 양식화되어 있다. 정복자인 미국의 관습은 일반인들에게는 매력이 있지만, 전통적 가치에 예민한 사람들은 미국의 자유롭고 여유 있는 태도와 인간관계의 뚜렷한 평등과 충돌하기 십상이다. 효율성을 중요시하는 미국인들의 생각은 항상 어떤 꽃이나 어떤 요리의 독자적인 미를 인정하고자 하는 전통적인 일본인들의 생각과 정반대이다. 『리더스 다이제스트』, 대중오락, 소리만 크고 저속한 선전 등과 같은 '미국적 생활양식이 고급 문화의 형식들을 침범하고 있다'라는 감정은 프랑스 지식인들의 경우와 마찬가지로 일본 지식인들 사이에 널리 퍼져 있다. (프랑스 지식인들이 일본 지식인들보다 이것을 더 분명하게 드러내지는 않을지도 모르지만 말이다.) 두 경우에 미국적 제도의 차용은 전통적인 모델을 희화화한다. 도쿄의 만화는 디트로이트의 만화보다 더 저속하다. 그와 동시에 반동적이라는 비판의 소리를 듣는 문화 논쟁을 일으키기를 주저한다. 모든 악을 자본주의의 탓으로 돌리는 것을 더 선호한다.

일본과 프랑스의 지식인들에 공통되는 태도의 심층적 동기는 아마도 거기에 있을 것이다. 그들 모두 진보적 사상 체계에 찬동하고, 봉건주의를 비난하며, 경제계획과 높은 생활수준과 합리화를 꿈꾼다. 사실 그들이 아메리카니즘을 증오하는 것은, 매카시나 자본주의자들 때문이 아니다. 그보다는 오히려 그들이 모두 미국의 힘 앞에서 굴욕감을 느끼기 때문이고, 또 이데올로기적으로 그런 진보에 박수갈채를 보내야 할 대중에 의해 그들의 고유한 문화적 가치가 위협을 당한다고 느끼기 때문이다.

또한 이런 점에서 출발해서 일본 '인텔리겐치아'의 상황과 프랑스 '인텔리겐치아'의 상황 사이의 뚜렷한 차이를 포착할 수 있다. 실증과학, 공업 기술, 합리화, 은행, 신용, 근대 경제 등과 같은 모든 요소들은 미국에서도 프랑스에서와 마찬가지로 고유한 특징을 가지는 것은 사실이다. 프랑스와 미국의 산업 사회의 형태의 차이는 아마도 프랑스와 독일 또는 독일과 영국 간의 차이보다 더 클 것이다. 하지만 자동차 공장도, 대의제도도, 노동조합도, 노동조직도 민족적 전통과의 단절을 보여 주지 않는다. 과거에 일본에서 의회, 사진기, 1789년의 원리 등을 예고하는 것이 아무것도 없었다는 것을 인정하기 위해 다음과 같은 형이상학을 인정할 필요는 없다. 즉, 문화마다 독자적인 운명을 약속하는 통일을 형성한다는 형이상학을 말이다.

몽파르나스나 생제르맹데프레에 대한 향수를 느끼는 도쿄의 지식인들이 프랑스의 '인텔리겐치아'와 같은 정치적, 경제적 이데올로기를 발전시킬 수도 있다. 하지만 이런 이데올로기는 도쿄에서 전혀 다른 분위기에서 전파된다. 이런 이데올로기는 과거 한 세기 동안 유구한 역사를 가진 일본이라는 건축물을 침식해 온 서구 문명에 속한다.

대부분의 문화는 라이프니츠의 모나드처럼 서로 주고받지 않고 자기 자신의 독자적인 법칙대로 발전한 것이 아니며, 관념과 관습과 신앙을 부단히 차용하거나 변형시키면서 발전했다. 일본 문화는 인도에서 시작해 이란과 중국을 경유한 종교를 받아들였다. 일본 문화는 중국에서 서법은 물론이거니와 건축, 조각, 회화의 초기 형태를 받아들였다. 이렇게 차용된 모든 형식 위에 일본인들은 그들 자신의 재능을 투사했다. 메이지 시대의 개혁자들은 서구에서 독립의 요건 그 자체로 여겨진 군사력에 필요하다고 생각되는 것을 가져오기 위해 노력했다. 그들은 군사력이 단지 대포나 훈련만을 요구하는 것이 아니라 하나의 사회제도를 요구한다는 사실을 깨달았다. 그 결과 그들은 서구식 입법, 대학, 과학적 연구를 도입했다. 그와 동시에 그들은 천황 숭배와 전래의 민족적 관습의 정신을 부흥하려고 노력했다. 서구 산업주의와 아시아적 신앙의 결합은 당연히 불안정했다. 하지만 이런 결합을 통해 강대국을 건설할 수 있었다. 만일 군사적 정복이라는 모험과 패배를 겪지 않았더라면 일본의 강대국 지위는 아마도 더 오래 지속되었을 것이다.

미국의 점령으로 인해 서구의 일본에 대한 영향력의 강화와 낡은 전통의 약화가 초래되었다. 종교와 거의 구분이 안 되는 도덕은 면면히 이어지는 천황 제도, 조국의 선양, 국가의 유신에서 영주들과 사무라이들이 수행한 귀족의 역할과 결부되어 있었다. 미국의 점령으로 인해 군인들은 체면을 잃었으며, 낡은 지배계급은 정복자들의 법에 굴복했고, 천황은 맥아더 장군에게 인사하러 갔으며, 그 이후부터 입헌군주로서 행동했다. 점령자들이 부과한 개혁과 이방인들의 행동은 일본에서 여러 세기에 걸쳐 확립된 관습과 충돌했다. 하지만 미국인들이 매일 보여 준 동지애는 지도자들과 일본 당국의 존경을 태동시키게 되었다.

일본 지식인들은 전통적인 문화와 차용된 문화 사이에서 일시적으로 분열을 경험한 것 같다. 그들은 어떤 문화도 전적으로 신뢰하고 있지 않다. 메이지 시대의 개혁자들이 헌법의 권위주의적 원칙과 관계없이 도입한 의회 제도는 위신과 존경을 잃었으며, 그 결과 온전히 제 기능을 다하지 못하고 있다. 보수적 정당들의 힘은 지방에 있다. 반쯤 뿌리가 뽑힌 도시의 주민들은 사회주의 정당들에 투표하는 경향이 더 강해지고 있다. 정치 운영의 방식은 연극, 문학, 음악, 스포츠 등의 운영 방식과 같다. 수많은 사람들이 야구 경기장과 콘서트장에 모인다. '노能'는 학자들의 호기심의 대상이 되었다. 지식인들의 대다수는 불교와 신도神道에 큰 관심을 두지 않는다.

불교와 신도는 결국 공산주의에 자리를 양보하게 될까? 가까운 미래에서 그 대답은 부정적으로 보인다. 어쩌면 일본의 '인텔리겐치아'는 스스로 공산주의로 이행하지는 않을 것이다. 중국이 더 나은 상태로 나아가지 않는다면 말이다. 하지만 만일 여러 사건들, 예컨대 내부 붕괴, 경제적 어려움의 증가, 또는 소비에트화된 아시아의 다른 나라들과의 어쩔 수 없는 연대 등이 공산당의 승리에 유리하게 작용한다면, 그때 일본의 '인텔리겐치아'는 결코 정신적 저항을 하지 못할 것이다. 공산주의가 일단 권력을 장악하게 되면, 축출해야 할 구원의 종교도, 파괴해야 할 일시적인 교회 권력도 없어지고 말 것이다. 공산주의는 그저 기성 질서를 파괴한 후의 진공 상태에 유리하게 새로운 신앙의 지지를 받는 새로운 위계질서를 세울 수 있을 뿐이다.

인도와 영국의 영향

일본 지식인들의 사고방식에 대한 프랑스의 영향은 그다지 크지 않다.[193] 프랑스의 영향이 있었던 것도 그저 두 나라 지식인들의 상황, 열등감, 모순 등이 부분적으로 비슷했기 때문이었다. 일본인들은 앙드레 지드와 장폴 사르트르를 열렬히 읽는다. 그들은 사르트르의 주장을 통해 자신들의 진보주의가 정당화된다고 느끼는 반면, 지드의 『소련 여행기』에 의해서는 조금도 동요하지 않는다.

영국인들의 통치를 받다가 2차 세계대전 직후에 독립을 달성한 아시아

---

193 어쩌면 이런 주장은 지나치게 단호할 수도 있다. 지난 세기말부터 프랑스 문학은 일본 문학에 큰 영향을 미쳤다. 일본 작가들은 프랑스 작가들의 정치적 태도를 모방하기 전에 이미 그들의 예술적 양식을 모방했다.

의 여러 나라들에서는 사정이 전혀 다르다. 인도나 미얀마의 지식인들도 대부분 진보주의자들이지만 공산주의자들은 아니다. 언어상으로 그들은 반공산주의보다는 반제국주의로 기울어지고 있지만, 더 심층적으로는 아이젠하워 대통령의 계획보다는 마오쩌둥의 계획에 대해 더 불안을 느끼고 있다.

그 점에 대해 세 가지 요소가 결정적인 것으로 보인다. 나라에 따라 다른 서구의 영향, 종교와 과거에 대한 태도, 자유주의 또는 사회주의에 대한 신념의 상대적인 강도가 그것이다.

도쿄, 홍콩, 사이공 또는 콜카타에서 보는 유럽이나 미국에서 수입된 제도의 '국적'보다 여행자의 마음을 더 사로잡는 것은 없다. 1945년 전에 외국의 지배를 겪지 않았던 일본은 법률가들, 작가들, 정치인들, 철학자들을 여러 나라에 보냈다. 대부분의 일본 대학교수들은 하나의 외국어를 구사한다. 하지만 그들이 항상 같은 외국어를 구사하는 것은 아니다. 도쿄의 서구식 식당은 프랑스 식당, 독일 식당, 영국 식당 또는 미국 식당이다. 또한 일본의 정치제도나 이공계 학교도 프랑스, 독일, 영국 또는 미국 등에서 인정받는 표식을 가지고 있다. 하지만 인도에서는 이런 것이 없다. 인도에서 서구는 오직 영국 문화에 의한 번역을 통해서만 인식될 뿐이다. 또 영국의 영향을 받은 지식인들은 정치에 대해 프랑스나 미국의 영향을 받은 지식인들과 다르게 반응한다.

프랑스의 영향으로 인해 혁명가들의 수가 증가했다. 프랑스 대혁명에 대한 예찬, 고상한 추상으로의 경사, 이데올로기에 대한 취향, 공동체의 운영을 지배하는 어려운 현실에 대한 무관심, 이 모든 것들은 전염되기 쉬운 덕이나 악덕이다. 이런 분위기에 익숙한 지식인들은 프랑스인들임과 동시에 민족주의자들인 경우가 종종 있다. 프랑스 문화는 현실과 이상의 대조, 한없이 큰 야망과 관습에 물든 보수주의 사이의 대조에서 태어난 초조함을 자극한다. 프랑스 문화는 극단적인 자유의 이름 아래 사람들에게 가장 엄격한 규율에 복종할 것을 요구하기도 한다.

미국의 영향은 전혀 다른 경로를 통해 유사한 결과를 거두려고 한다. 예컨대 미국은 "좌파에는 적이 없다", 또는 자본주의는 악 그 자체라고 주장하지 않는다. 하지만 미국은 한계가 없는 낙관주의를 보급하고, 과거를 과소평가하며, 또 집단적 통일을 파괴하는 여러 제도들을 채택하도록 부추긴다.

오늘날 미국은 공산주의에 대한 반대 운동의 옹호자로 여겨진다. 옳게 해석되든 그르게 해석되든 간에, 냉전의 필요성으로 인해 미국은 '국민의, 국민에 의한, 국민을 위한 정부'라고 하는 그 유명한 공식 속에서 표현된 것과는 반대되는 방식으로 방어적 입장에 서지 않으면 안 된다. 불평등하고 계층적이며 전통적인 모든 사회는 국가를 믿지 않고 인간을 믿으며, 권위의 분배, 노동조합의 강화와 지방적 또는 지역적 행정권의 강화를 주장하는 이 공식에 의해서만 비난을 받을 뿐이다. (일본에서 미국 점령 당국은 국가 경찰까지 철폐했다.)

미국의 영향은 자국 내에서 국가의 쇠약, 직업 단체들의 힘, 종교적 통일의 결여를 집단의 힘, 번영, 응집력과 양립 가능하게 만들었던 것을 널리 전파하고 있지 못하고 있다. 실제로 미국에서는 조국에 대한 거의 만장일치의 충성, 개인의 시민적 의의, 인권의 존중, 독단적이 아닌 종교가 실용주의와 결합해 능률에 대한 숭배로 나아가고 있다. 이와 같은 신념이나 태도가 없다면, 인간의 평등과 행복에 대한 권리를 주장하는 계몽주의적 낙관주의는 사회에서와 마찬가지로 개인의 영혼 속에서도 동일한 공허를 낳게 되고, 공산주의를 프랑스적 이데올로기 속으로가 아니라 '미국적 생활양식'에 반대하는 공산주의로 몰아넣게 될 것이다.

프랑스보다 덜 이데올로기적이고, 미국보다 덜 낙관적인 영국의 교육은 두 나라와 같은 정도로 지식인들을 소외시키지 않는다. 영국의 교육은 이론을 정립하기보다는 오히려 습관을 만든다. 영국의 교육은 이데올로 기적인 언어를 주조해 내는 것보다는 오히려 실질적인 행동을 모방하는 욕망을 길러 준다. 영국을 좋아하는 인도인은 뉴델리의 의회가 웨스트민 스터의 의회를 닮기를 바랄 것이다. 인도차이나, 또는 모로코의 지식인이 프랑스의 팔레부르봉 의회와 유사한 의회를 꿈꾸리라고 생각하기는 어렵다. 영국의 학생들은 서양의 현실을 모델로 삼고, 프랑스의 학생들은 서양의 이데올로기를 본받는다. 현실은 항상 이데올로기보다 더 보수적이다.

스리랑카, 미얀마, 인도 등과 같은 신생 독립국의 정권을 장악한 자들은 합법성의 정신을 가진다. 그들은 진보적인 방법을 선호하고, 강압적 조작에 반대하며, 폭력을 혐오한다. 흔히 불교는 지식인들이 공산주의로 가는 것을 막는다고 말한다. 하지만 이런 주장은 신뢰할 수 없다. 20세기의 아시아에서 정치사의 방향을 결정하는 것은 정신적 친근감이나 반감 이외의 다른 여러 상황들이다. 신의 왕관이 없는 곳에서 공산주의가 그만큼 매력적인 것은 사실이다. 지식인이 그의 조상으로부터 전승되는 공동체나 종교에 더 이상 속하지 않을 때, 그는 이데올로그들에게 그의 영혼을 완전히 채워 줄 것을 요구한다. 해럴드 래스키Harold Joseph Laski[194]나 버트런드 러셀 일파의 진보주의와 레닌 일파의 공산주의 사이의 주요 차이는 이데올로기의 내용보다는 오히려 이데올로기의 양식, 이데올로기가 요구하는 충정에 관련된다. 공산주의의 독자성을 구성하는 것은 이론의 독단과 투사들의 무조건적인 복종이다. 이런 공산주의는 지성적 차원에서는 진보적 이데올로기의 개방된 자유로운 해석보다 열등하지만, 신앙을 구하는

194 해럴드 조지프 래스키(1893-1950): 영국의 경제학자, 정치이론가로 영국 노동당 당수를 역임했다.

사람에게는 아마 더 우월할 것이다. 더 이상 아무것과도 연결되어 있지 않다고 느끼는 지식인은 이론에 만족하지 않는다. 그는 확신을 원한다. 그는 체계를 원한다. 혁명은 그에게 아편을 제공한다.

여전히 불교를 믿는 미얀마의 지도자들은 진보주의적인 생각에 찬성하지만, 공산주의에 맞서 용감히 싸웠다. 불교를 믿는 다른 나라들에서 지식인들은 대거 공산주의에 합류했다. 공산주의의 유혹은 오래된 신앙의 내용보다도 그들이 어느 정도로 사회에서 뿌리 뽑혀 있는가에 달려 있다. 서구의 영향이 민족종교를 배척하는 것을 권하는가 아니면 정화하는 것을 권하는가에 따라, 지식인은 새로운 광신주의를 받아들이게 되거나 아니면 전통에서 계승되거나, 또는 서구를 모방한 종교의 테두리 안에서 진보적인 생각을 통합시키는 쪽으로 기울어지거나 한다.

다른 나라들에 비해 공산당에 투표하는 자들이 비교적 많은 오늘날의 인도는 또한 기독교 신도들의 수, 선교사들의 수, 읽고 쓸 줄 아는 자들의 수가 가장 많은 나라이기도 하다. 비관론자는 농민들의 상황이 과거에 침잠된 잠에서 깨어나자마자 반란을 일으키기 쉬운 상태에 있다고 암시한다. 선교사는 농민들을 각성시킴으로써 그의 뜻과는 달리 그들을 새로운 신앙, 곧 공산주의 선전가들의 손에 무방비 상태로 넘기게 된다. 다른 관찰자들은 기독교와 같은 역사적 종교religion historique와 공산주의와 같은 역사의 종교religion de l'Histoire 사이의 친근성을 통해 높은 전염성이 설명된다고 가정한다. 힌두교와 절연하고서 그리스도의 신성과 심판의 날을 믿고 있는 자는, 본질적으로 귀족적인 교회에 속하거나 보편적 교리를 인정하는 자보다 더 기독교적 이단의 예언주의에 빠지기 쉽다.

어쩌면 본질적인 요소는 개인과 환경의 단절일 것이다. 그리고 외부로부터 유입된 종교의 포교가 그 주된 요인일 것이다. 힌두교와 손을 끊고, 불완전하게 서구의 세계에 통합된 미션 스쿨에 다니는 학생들, 심지어는 종종 세례를 받은 학생들은 더 이상 확고한 관점과 확신을 갖지 못한다. 그들은 경제나 정치문제에 대해서는 진보적이지만, 자신들의 사상에 대한 확고한 지반을 갖지 못한다. 공산주의는 그들의 산만하고 개연적인 의견들을 모아서 정신을 만족하게 하고 또 미심쩍은 데가 없는 하나의 체계로 꾸며 준다. 그리고 공산주의는 그들에게 규율을 강요한다. 이런 규율은 정신의 자유의 가치를 확신하는 지식인들을 멀리하지만, 사회에서 뿌리 뽑힌 자들에게는 그들이 암묵적으로 열망하는 공산주의의 조직을 부여한다.

자유주의의 장점이나 약점은 또한 공산주의로 전향하는 자의 수나 특징을 설명해 준다. 서구 문화의 본질, 그 성공의 기초, 그 광휘의 터전은 바로 자유이다. 또한 서구 문화의 본질은 이미 때가 늦었고 또 논쟁의 여지가 많은 정치제도인 보통선거, 여러 민주적 방법 중의 하나인 의회 제도 등이 아니고, 점진적으로 획득한 연구와 비판의 자유이다. 그런데 속계와 영계의 권력의 이원성, 국가권력의 제한과 대학의 자치가 바로 이와 같은 자유를 위한 역사적 조건들이었다.

공산주의는 부르주아적 자유주의의 발전이기는커녕 오히려 퇴보이다. 공산주의가 사기詐欺라고 확신시키는 것, 또는 진보주의적 지식인들에게 그것이 사기라고 납득시키기는 어려운 일이다. 왜냐하면 민주적 이상의 모든 제도적 표현은 그 이상을 배신하기 때문이다. 국민의 정부, 국민에 의한 정부는 없다. 자유선거와 복수정당제가 몇몇의 눈에 아무리 명백해 보이더라도, 유일 정당보다 국민주권을 더 완전히 표현한다는 것을 증명하기 위해서는 무수한 이의제기에 부딪혀야 할 것이다.

서구를 규정하는 가치들, 즉 개인에 대한 존중과 연구의 자유를 고려하자마자 곧 의심은 사라진다. 서구에서 대학을 졸업한 아시아인들은 모두 이 자유에 대한 취향을 배웠다. 사실 유럽인들은 유럽이 아닌 곳에서 그들의 고유한 원칙을 너무 자주 위반했다. 그 결과 민주주의를 위한 그들의 주장이나 소련 제도에 대한 그들의 비난도 의심을 받게 되었다. 하지만 어떤 경우에도 방금 지적한 가치들이 가지는 중요성은 공산주의자들도 감히 무시하지 못할 정도이다. 사실 공산주의자들도 의사疑似 합리주의의 이름으로 새로운 교리를 퍼뜨린다. 이성에 부합하는 태도에서 내적 균형을 발견한 지식인은 이런 교의를 거부할 것이다.

어쩌면 정치와 경제에서 자유주의적 방법의 실패가 경험을 통해 확인된다면, 지식인은 그 교리에 대한 혐오에도 불구하고 그것을 받아들일지도 모른다. 유럽의 어떤 나라도 대의제 민주주의 정부 밑에서 현재 인도와 중국이 경험하고 있는 경제적 발전의 단계를 통과한 것은 아니다. 인구가 급속히 성장하고, 공장들이 도심 지역까지 들어서고, 철도와 교량이 건설된 장구한 기간 동안, 어떤 곳에서도 개인의 자유, 보통선거, 의회 제도가 서로 결합되지 않았다. 그동안 인류는 여러 형태의 정치를 경험했다. 보통선거가 한 사람의 절대 권력과 결부된 카이사르식의 독재정치, 불평등 선거와 귀족적인 의회 제도 위에 행해진 의회정치, 입헌군주제 정치 등이 그것이다. 인도는 여러 문명과의 접촉을 통해 새로운 정치적 시도를 했다. 인도는 보통선거와 법률에 의한 지배와 5개년 계획을 결부시키려고 하는 민주주의적, 의회주의적 공화국이다.

하지만 곧장 곤란한 점들이 눈에 들어온다. 우리 시대에 민주주의 체제는 노동조합이건 또는 정당이건 다양한 이익을 위한 표현의 자유를 암묵적으로 인정하고, 또 통치자들이 자의적인 결정을 내리는 것을 금하고 있다. 유럽에서 대의제도의 기능은 군주제를 제한하거나, 또는 대치하려는 것이었다. 대의제도는 강력한 권력의 뒤를 이은 것이다. 아시아에서도 대의제도는 식민자 또는 제국의 절대 권력을 계승했지만, 이 절대 권력의 붕괴는 정치적인 진공을 만들었다. 인도나 인도네시아는 이 진공을 메워야 하는 상황이었다. 그런데 자유민주주의의 규범을 엄격히 고수하는 국가가 건설된 예는 아주 드물다.

아시아에서 대학 졸업자들로 구성된 정부에 부여된 경제적 임무 역시 막중하다. 독립국들의 지도자들은 거의 만장일치로 성장 지상주의를 천명한다. 거기에는 식량 생산의 증가에 앞서 공업화가 포함된다. 그들은 유럽 좌파에서 사회주의적 방법에 대한 편애를 이용했다. 이런 방법이 상황에 잘 들어맞는 경우도 있다. 기업가들이 거의 없고, 부유층이 낭비적 사치에 빠진 나라에서 사기업들에 기대를 거는 것은 잘못된 방법일 것이다. 하지만 적절한 통계와 그것을 처리할 공무원들이 없는 상황에서 엄격하게 계획경제에 의존하는 것 역시 잘못된 방법일 것이다. 만일 아시아의 여러 나라들의 정부가 원조받은 달러를 흡수할 수 있는 공장을 지을 능력이 없다면, 그런 원조에 의한 복지를 나열하는 것도 역시 잘못된 방법일 것이다.

프랑스와 마찬가지로 아시아에서도 지식인들은 이데올로기와 보편적 주장을 대립시키는 경향이 있다. 가령, 사유재산과 공유재산, 시장의 메커니즘과 계획경제를 말이다. 어떤 방법이 상황에 어느 정도 맞는지를 확인하기 위해 여러 나라들의 상황을 구체적으로 분석하지도 않고서 말이다. 영국에서 현재 실시되고 있는 의회 제도를 모방한다고 해서 인도나 인도네시아에서 능률적인 민주주의가 보장되는 것은 아니다. 그와 마찬가지로 미국 자본가의 방법 또는 영국 사회주의의 실천을 그대로 이식한다고 해서 이른바 저개발국들에서 경제적 발전에 대한 요구가 충족되는 것이 아니다. 그것은 영국 의회 제도의 모방이 인도나 인도네시아에서 능률적인 민주주의를 보장하지 않는 것과 마찬가지다. 외부에서 어떤 것을 들여온다고 해도 결국 신생 독립국들의 국민들 스스로가 그들의 미래를 만들어 나아가야 한다.

물론 이런 점에 대해 일반론은 경제 발전의 단계론을 그 출발점으로 삼을 것이다. 마르크스는 그런 단계의 계기를 정치 체제의 변화와 결부시키려고 노력했다. 유감스럽게도 그는 그의 시대에 체험한 사실들로부터 영감을 받은 도식을 제시하는 데 그쳤다. 물론 그 도식은 그 이후의 역사에 의해 부정되었다. 공산주의자들이 사용하는 의미로 보면, 사회주의적 방법은 고도의 공업화의 불가결한 조건도 아니고 또 성숙의 필연적 결과도 아니다.

　어떤 단계에도 특정한 방법을 강요하지 않는 이론은 각 시대에 해결되어야 할 문제가 무엇인지를 시사해 줄 수 있다. 물론 그런 이론에는 논쟁의 여지가 많을 것이다. 20세기에 독립국이 되었지만, 아직 빈곤에서 벗어나지 못한 나라들의 상황과 지식인들의 갈망이 합치하는 것이 아주 어려운 만큼 더욱 그렇다.

　지식인들은 여전히 진보적일 것이며, 또 민주적 방법이나 아니면 폭력적 방법 이외의 다른 선택을 계속 인정하지 않을 것이다. 하지만 인구 일인당 연 수입이 다른 여러 나라들보다 몇 배나 더 높은 영국에서 시행되는 민주적 사회주의와 아시아 지역에 속한 인도에서 그와 동일한 철학이 적용되는 문제를 결코 혼동하지 않을 것이다. 인도에서 무상 의료 제도는 생각조차 할 수 없을 것이다. 실업보험 계획은 경제적 약자들을 위해 경제적 강자들을 희생시키고, 현재를 위해 미래를 희생시키는 결과가 될 것이다. 빈곤한 사회에서는 생산에 대한 요구를 평등한 분배에 대한 요구에 종속시킬 수 없다. 모든 불평등이 생산에 유리한 것은 아니다. 그와 반대로 부유층의 사치는 도덕적, 경제적인 불명예이다. 수백만 명의 실업자들 중에서 아무렇게나 선발된 공장에서 일하는 소수 노동자들의 안전을 보장하는 법은 시기상조이자 비현실적이다.

　가치의 문제이건 수단의 문제이건 아니면 먼 미래의 문제이건 간에, 과학은 관념의 유희를 방해하지 않고 그것을 다만 현실 문제로 만든다. 과학은 과거에 대한 향수와 현재에 대한 무의미한 반항에 사로잡힌 지식인들을 구출하고자 한다. 즉, 그들에게 세계의 변혁을 꿈꾸기 전에 세계에 대해 생각하기를 권한다.

　아시아에서 중국만큼 그 역사와 문화에 대해 자긍심을 가진 나라는 없을 것이다. 19세기 이래로 중국만큼 심한 굴욕을 당한 나라도 없었다. 중국이 정복되었기 때문이 아니다. 중국을 완전히 정복한 나라는 없었다. 고작해야 만주족들이 한 것처럼 왕위를 손에 넣었을 뿐이다. 아편전쟁, 이화원頤和園[195]의 약탈, 외국 조계, 불평등조약, 강압 정책, 선교사들을 위한 자유, 이 모든 것들은 포탄의 위협 아래 강요되었으며, 중국인들의 마음에 좀처럼 지워지지 않는 원한을 남겼다. 공산주의자들은 권력을 장악하자마자 곧바로 중국의 기독교 단체들을 해산했다. 아마도 강력한 정부라면 방법은 다르겠지만 당연히 그와 같은 행동을 했을 것이다.

　중국의 낡은 질서를 지탱하는 전통적 교리는 무엇보다도 도덕적, 사회적인 것이었다. 유교는 문인들이 행정적, 정치적 직무에 참여하는 것을 정당화시켰다. 제국의 붕괴는 이데올로기의 몰락을 야기했다. 인도에서는 정부의 문관 제도의 비호를 받으면서 불교와 힌두교의 복원이 외국인들의 눈앞에서 이루어졌다. 중국에서 유교의 복원이 일어났을 수도 있었을 것이다. 하지만 그렇다고 해도 중국은 강대국의 자리로 되돌아가는 길을

195　이화원(프랑스어로 Palais d'Ete): 베이징 서북부에 위치하고 1750년에 축조된 궁전이자 정원이다.

준비하지는 못할 것이다.

1949년 이전에 자발적으로 공산주의에 합류한 지식인들은 소수에 불과했다. 1920년부터 일부 문인들의 가입을 부추긴 러시아 혁명의 평판도 유럽에서 건너온 다른 혁명 사상들의 그것과 본질적으로 구별되지 않았다. 여러 해 지속된 전란 후에 이루어진 국민당의 점진적인 부패, 인플레이션, 엄격한 경찰 제도 등으로 인해 소외되었던 '인텔리겐치아'는 자연스럽게 마오쩌둥의 지지자들이 되었다.

세속적이고 유물론적인 공산주의는 과연 중국 지식인들의 교리가 될 수 있을까? 가족의 지위를 끌어내리고 당과 국가의 지위를 끌어올리는 것은 전통과의 단절을 의미한다. 이런 일은 어제까지만 해도 불가능한 것으로 여겨졌다. 하지만 공산당은 지식을 가진 자들을 최고의 지위에 앉히는 하나의 위계질서를 다시 만들게 되었다. 그들은 오늘날 자신들을 마르크스-레닌주의자들이라고 칭한다. 또한 그들은 학자들임과 동시에 투사들이기도 하다. 전쟁의 지도자들과 문인들 사이의 이런 결합은 과거 몇 세기 동안 보지 못했던 것이다. 이것이 부활하기 위해서는 아마도 서구의 영향이 필요했을 것이다. 증오의 대상이었던 외국의 지배에 반항하면서 중국 지식인들은 개혁 운동의 정열을 재발견했고, 또 전쟁에서 승자가 되면서도 서구에 대해 이해하기 어려운 승리를 인정했다. 그도 그럴 것이 그들이 이방인들을 내쫓는 데 구실로 내세운 교리가 바로 서구의 본질에 속하기 때문이다. 다시 말해 그들의 교리는 '행동'과 '역사'를 맨 앞에 놓았던 것이다.

서구인들은 아시아 민중들에게 그들의 과거를 다시 생각해 보도록 가르쳤다. 이미 19세기에 러시아 철학의 기본 주제는 러시아의 운명과 서구의 운명 간의 대조였다. 레닌주의자의 해석에 의하면 마르크스주의는 모든 대륙의 지식인들에게 모욕당하지 않으면서 그들 자신의 역사와 그들을 지배한 외국인들의 역사를 다시 해석하는 수단을 제공해 주었다.

종교적 진리를 과학적 진리로 대치하는 것은 정신적 위기를 동반한다. 사람은 논의의 대상이 되지는 않지만 한정되어 있고, 항상 위로가 되는 것은 아닌 일시적 진리로 만족하기는 어렵다. 아마도 역사학이 주는 교훈이 가장 준엄할 것이다. 왜냐하면 역사적 교훈은 애매하고, 일시적이고, 부단히 변화하며, 또 부단히 새롭기 때문이다. 마르크스주의는 하나의 절대를 재발견한다. 이제 중국에서 공식적인 교리가 된 이론은 우주의 질서나 중화민국의 뚜렷한 개성과 관계가 없다. 그것은 필연적이고 편리한 변화의 질서를 반영하기 때문에 진리이다. 마르크스-레닌주의는 역사의식에 필연적으로 따르는 상대주의를 극복하고, 19세기 이래로 유럽의 기술적 우수성 때문에 받은 상처를 아물게 해 준다.

우리는 이렇게 자문한다. 과연 아시아에서 불교의 힘으로 모면할 수 있었던, 서구의 불행이었던 종교적 불관용의 징조가 장차 드러날지, 아니면 불교가 아시아에서 이단자들이 멸시는 받았지만, 개종을 강요당하지 않고 또 개종이라는 미명하에 정복되지도 않고 생존할 수 있는 기회를 간직할 수 있는 새로운 신앙으로 해석될지에 대해서 말이다.

제9장
종교를 찾는 지식인들

사회주의와 종교는 수없이 많이 비교되었고, 또 고대 세계의 기독교의 전파는 현대의 마르크스주의의 전파와도 종종 비교되어 왔다. 세속적 종교라는 표현은 이제 진부한 말이 되었다.[196]

이런 비교로 생기는 논의도 역시 고전적이다. 과연 신이 없는 교리를 종교라고 부를 수 있는가? 공산주의에 충실한 자들은 이런 동화 관계를 스스로 부인하고, 또 그들의 신앙은 전통적 신앙과 양립한다고 주장한다. 진보적 기독교 신도들은 공산주의와 기독교를 동시에 체험하면서 이 두 교리가 양립한다는 것을 몸소 증명해 주지 않는가?

어떤 의미에서 이런 논의는 언어적 논의이다. 모든 것은 단어에 부여되는 정의에 달려 있다. 공산주의의 교리는 진정한 공산주의자들에게 우주에 대한 전체적인 해석을 제공한다. 그 교리는 어느 시대에나 있는 십자군 전사들의 감정과 비슷한 감정을 고취시키고, 또 가치의 위계질서를 확립하고 훌륭한 행동의 기준을 정한다. 또 그 교리는 개인적이거나 집단적인

---

196 나는 이 표현을 『라 프랑스 리브르(*La France libre*)』(juin-juillet 1944)에 실린 두 편의 기사에서 처음으로 사용했다.

정신 속에서 사회학자들이 보통 종교에 귀속시키는 몇 가지 기능을 수행하기도 한다. 초월적인 것 또는 신성한 것의 부재에 대해 공산주의자들은 그것을 인정한다. 하지만 다음 사실을 상기시킬 필요가 있다. 즉, 수 세기에 걸쳐 많은 사회에서 신성한 존재라는 개념이 알려지지 않았다는 사실이 그것이다. 물론 현대의 관찰자들이 종교적이라고 여기는 사고방식과 느끼는 방식, 명령이나 헌신 등이 그런 사회들에도 널리 퍼져 있었던 것은 사실이다.

하지만 이와 같은 논의는 진짜 문제를 다루지 못하고 있다. 우리는 종교를 예배와 의식과 이른바 원시 종족의 정열, 유교의 가르침과 실천, 그리스도나 석가모니의 숭고한 영감을 포함한다고 정의할 수 있다. 하지만 서구에서, 즉 기독교가 침투된 환경에서 세속 종교의 의의는 무엇인가?

경제적 의견 또는 세속 종교

공산주의는 교회의 영적 생명력과 권위가 쇠퇴하던 시기에 경제적, 정치적 이론에서부터 출발해서 발전했다. 다른 시대라면 엄격한 종교적 신앙의 형태로 표현되었을 정열이 정치적 행동을 대상으로 삼은 것이다. 사회주의는 기업의 경영이나 경제의 기능에 적용되는 기술이라기보다도 오히려 인류의 오랜 불행과의 단절처럼 보였다.

좌파와 우파의 이데올로기들, 공산주의와 마찬가지로 파시즘도 근대의 내재론 철학에서 영감을 받는다. 이런 이데올로기들은 신의 존재를 부정하지 않는 경우에도 무신론적이다. 초월적인 존재에 의지하지 않은 채 인간 세계를 생각한다는 측면에서 그렇다. 라베르토니에르Lucien Laberthonnière[197]의 논쟁에 의하면, 데카르트는 훌륭한 기독교 신도임에도 불구하고 무신론의 창시자라 여겨질 수 있다. 실제로 데카르트는 내세에 대한 성찰보다 오히려 자연의 정복에 더 큰 관심을 보였다. 제2, 제3인터내셔널의 마르크스주의자들은 종교를 개인적인 일이라고 기꺼이 반복해서 말했다. 하지만 그들은 국가의 조직을 유일하게 진지한 관심사로 생각했다. 관심의 중심이 이동함에 따라 정열도 논리적으로 이동했다. 사람들은 어느 교회가 『성서』를 해석하고, 또 성찬식을 행할 자격이 있는가를 결정하기 위해 서로 죽이지 않았다. 그보다는 오히려 어느 정당 또는 어떤 방법이 이 눈물의 계곡에서 만인을 위한 물질적인 위안을 가장 널리 퍼뜨릴 수 있는가를 결정하기 위해 서로 죽였다.

민주주의나 민족주의가 계급 없는 사회에 못지않은 열정을 불러일으킨 것은 사실이다. 지고의 가치들이 정치적 현실과 결부되었던 시기에 사람들은 확고한 이상적 질서에 대한 헌신과 마찬가지로 민주적 독립에 광적으로 헌신했다. 이런 막연한 의미에서 근대 유럽을 동요시킨 모든 정치적 운동은 종교적 성격을 가졌다. 하지만 거기에서 종교적 사유의 구조나 본질을 다시 발견할 수는 없다. 이런 점에 있어서 공산주의는 독특하다.

앞에서 살펴본 것처럼 마르크스주의의 예언은 유대-기독교 예언의 전형적인 형식에 들어맞는다. 모든 예언은 현재의 상황을 비판하고, 이어서 있어야만 하고 또 있게 될 상황을 보여 준다. 예언은 무가치한 현재와 빛나는 미래를 가르는 지대에 길을 개척하는 개인이나 집단을 선택한다. 정치적 혁명 없이 사회 진보를 약속하는 계급 없는 사회는 천년지복설을 믿는 자들이 꿈꿨던 천년왕국과 비교된다. 프롤레타리아의 불행은 이런 사명을 증명해 주고, 또 공산당은 교회가 된다. 물론 이 교회는 복음을 듣고

---

197 뤼시앵 라베르토니에르(1860-1932): 프랑스의 철학자, 기독교 사상가이다.

자 하지 않는 부르주아-이교도들, 그리고 스스로 수년 동안 예지자 노릇을 했음에도 불구하고 혁명을 인정하려 하지 않는 사회주의자-유대인들과 대립한다.

논란과 예언을 이성적인 말로 옮길 수 있다. 산업을 위한 과학의 도움에 힘입어 증가한 생산력은 일군의 사람들에게만 여유 있는 생활 조건을 보장해 줄 수 있을 뿐이다. 하지만 내일이 되면 소유 방식과 경영 방식과 결합된 기술의 확대는 모든 사람들에게 풍요로움의 혜택을 줄 것이다. 마르크스주의의 예언에서 '20세기의 위대한 희망'으로, 또 혁명적 신앙에서 경제적 발전의 이론으로 옮겨 가는 것은 쉬운 일이다.

그렇다면 마르크스주의의 예언은 어떻게 해서 현대 사회의 미래에 대한 합리적 의견과 사이비 종교적 독단 사이에서 동요하는가?

첫째로 이론이 완화되고, 또 혁신 작업은 자본주의의 모든 희생자들, 또 자본주의 제도로 인해 개인적으로 고통은 겪지 않지만 그 결점을 인식하고, 또 그 결점을 제거하려고 하는 모든 사람의 협력을 필요로 한다는 것이 인정된다. 그렇다고 해서 프롤레타리아의 사명이 사라지는 것은 아니다. 프롤레타리아의 사명은 더 이상 배타적이지 않게 된다. 그들의 숫자, 그들의 고통 때문에 산업 노동자들에게 기술 사회를 인간화하는 데 필요한 탁월한 역할이 요청된다. 하지만 그들만이 불의를 당하는 것도 아니고 또 미래를 만들어 나가는 것도 아니다.

둘째로 집단적 구세주와 이 구세주를 대표하는 당의 프롤레타리아적 성격이 많은 도움 속에서 '언어적으로' 강화된다. 진짜 산업 노동자들이 당의 지도와 활동에서 어떤 역할을 맡든지 간에, 당이 프롤레타리아트의 전위라고 선언해야 하고, 또 선언하는 것으로 충분하다. 당은 구원의 복음을 위탁받은 교회를 닮아 간다. 당이라는 교회 안으로 들어가는 자는 누구든지 세례를 받는다. 프롤레타리아트의 본질적 의지를 표현하는 것이 바로 이 당이라는 교회이다. 이 당이라는 교회에 복종하는 비프롤레타리아들은 점차 그 본질을 받아들이게 된다. 하지만 이 본질을 따르기를 거절하는 진짜 프롤레타리아들은 더 이상 선택된 계급에 속하지 않게 된다.

첫 번째의 방법, 즉 사회민주주의적 방법은 상식의 방법, 평화적인 개혁의 방법, 민주주의의 방법이다. 반면, 공산주의적 방법은 폭력과 혁명의 방법이다.

첫 번째 방향에서 예언은 나라에 따라 달라지고 합리적인 일련의 의견으로 퇴락하게 된다. 마르크스주의는 역사적 가설, 경제 우선주의 등과 같은 요소들로 해체된다. 두 번째 길에서 당-교회는 교리를 독단으로 바꿔버리고, 교조주의를 정립하게 된다. 또한 정열적 생활에 의해 고취된 당-교회는 많은 무리를 규합하게 된다.

공산주의의 해석 체계에 결점이 없게 하기 위해 프롤레타리아트의 당에 대한 위임은 예외와 유보가 없어야 한다. 하지만 이것이 도리어 명백한 사실을 부정하고, 또 현실의 여러 분쟁이 틀에 박힌 집단 간의 다양한 분쟁을 대체하게 된다. 물론 이 집단들은 미리 기입된 운명 속에서 그 기능에 의해 규정된다. 그로부터 앞에서 우리가 여러 차례 부딪친 바 있는 교조주의, 하부구조와 상부구조에 대한 끝없는 사색, 미묘한 의미와 저속한 의미 사이의 차별, 역사의 흐름과 정확히 대립되는 예언에 대한 동의, 객관성의 거부, 날것 그대로의 사건들(1917년의 볼셰비키당에 의한 정권 장악)에 대한 사건의 역사적 의미(프롤레타리아 혁명)로의 대체 등이 기인한다.

사회민주주의자들은 이런 교조주의를 포기했다. 그들은 사실을 어제의 예언과 일치시키려고 하거나, 인간 사회의 무한한 풍요로움을 몇몇 개념의 틀 속에 가두고자 하지 않는다. 하지만 그와 동시에 그들은 이 체계가 주는 위신, 확실성, 드러난 미래를 잃게 된다. 그와 반대로 공산주의자들은 그들의 활동의 모든 일화를 역사의 전체 흐름과 연계시키려 하고, 또 역사 자체를 자연철학에 결부시키고자 한다. 그들은 모르는 것이 하나도 없고, 또 그들은 결코 과오를 범하지 않는다. 그리고 그들은 변증법의 곡예를 통해 소련 현실의 어떤 양상이라도 모든 방향으로 퍼질 수 있는 교리와 조화시키고자 한다.

예언과 교조주의가 결합되면 종교적 감정과 유사한 감정이 생겨난다. 프롤레타리아트와 역사에 대한 신앙, 오늘은 괴로워하지만, 내일은 승리자가 될 사람들에 대한 자비, 미래에는 계급 없는 사회가 출현한다는 희망 등과 같은 신학적 미덕들이 커다란 대의명분을 위한 투쟁에서 나타나지 않겠는가? 하지만 이런 신앙은 역사보다 교회와 더 결합되어 있다. 물론 교회에서도 메시아와의 유대가 점점 느슨해지고 있기는 하다. 또한 희망은 미래를 지향한다. 그런데 이 미래는 자연발생적인 힘이 아니라 폭력에 의해 이루어질 것이다. 고통받는 사람들에 대한 자비는 변증법에 의해 단죄되는 계급, 국가, 개인에 대한 무관심 속에서 무뎌진다. 오늘날, 그리고 오랫동안 공산주의의 신앙은 모든 수단을 정당화하고 있다. 공산주의자의 희망은 신의 왕국에 이르는 길이 여럿이라는 사실을 받아들이는 것을 금지하고 있다. 또한 공산주의의 자비는 적의 세력에 대해 명예롭게 죽을 권리도 인정하지 않고 있다.

그것은 보편적인 교회라기보다 오히려 하나의 종파의 심리이다. 공산주의의 투사는 스스로 공동의 구원을 떠맡은 소수의 선량에 속한다고 확신한다. 당의 노선 변경을 따르는 데 익숙해져 있고, 또 독소불가침조약이나 의사疑似 음모 사건에 대한 모순된 설명을 계속 앵무새처럼 되풀이하는 데 익숙해진 신도들은 어떤 방식으로든 '신新인간'이 된다. 유물론적 생각에 따르면 일정한 방법으로 훈련을 받은 인간들은 권위에 복종하고, 자신들의 운명에 완전히 만족하게 된다. 영혼의 기술자들은 그 자신들이 다룰 수 있는 심리적 질료의 가소성可塑性을 전혀 의심하지 않는다.

한쪽 극단에서 사회주의는 국가의 경제 관리와 집단소유제를 막연히 선호하는 쪽으로 기운다. 또 다른 쪽 극단에서 사회주의는 전 세계와 과테말라에서 일어난 내전의 부침 등을 동시에 아우르는 거대한 해석 체계로 확대된다. 공산주의의 '신앙'이 그 비타협적 태도에 의해서만 정치, 경제적 '의견'과 구별될 뿐이라고들 한다. 그런데 새로운 신앙은 언제나 비타협적이지 않았던가? 교회는 회의주의에 의해 그 기초가 침식됨에 따라 점차 관용으로 기울어진다. 하지만 단지 비타협적 태도만이 문제가 되는 것은 아니다. 공산주의의 세속적 종교에 비교될 만한 것이 민족주의나 민주주의에는 전혀 없다. 하지만 만일 유일 정당을 세계 프롤레타리아트의 안내자로 변형시키고, 하나의 해석 체계가 일관성 없는 복잡한 사실들에 부과되고, 또 오직 사회주의를 향한 길만이 모든 인민의 의무라고 선언하는 포고를 칭하는 말이 광신주의라고 한다면, 그때 공산주의는 광신적이라고 할 수 있다. 신성한 대의명분에 대한 태도에 따라 인간들을 두 진영으로 나누는 공산주의자, 부르주아-이교도에 대해 프롤레타리아트 국가에 의해 드러난 진리에 맞도록 자서전 쓰기를 강요하는 공산주의자는 분명 광신적이다.

투사와 동조자

공산주의는, 당에 대한 숭배와 혁명적인 국가에 의해 조작된 해석적 교의주의가 투사에게 부과된 훈련과 규율을 통해 말과 행동의 독단주의로 변화된 이데올로기이다. 또한 1890년의 마르크스주의나 1950년의 스탈린주의를 출발점에서 파악하는가 아니면 도달점에서 파악하는가에 따라, 우리는 세속 종교의 개념을 진지하게도 또 가볍게 여기려는 유혹에 사로잡힌다.

사회주의자들과 공산주의자들의 치열하고 비참한 경쟁의 역사처럼 이와 같은 주저함을 잘 보여 주는 것은 없다. 물론 공산주의자들은 주저하지 않는다. 1917년 이후로 그들은 자신들의 형제-적인 사회주의자들을 반역자들이라고 비난했다. 사회주의자들이 러시아 혁명에서 마르크스주의의 예언이 처음으로 달성되었다는 사실을 인정하지 않은 날, 그들이 자본주의 진영으로 넘어갔다는 것이다. 그 반대로 사회주의자들은 볼셰비키의 잔인성, 비민주적인 사회주의의 파렴치함, 이른바 프롤레타리아트의 독재를 드러내 놓고 비난했다. 하지만 그들은 일종의 자기기만을 완전히 극복하지 못했다. 그렇다면 그 길이 끔찍하다고 해도 다른 길이 있는가?

사회주의자들과 공산주의자들은 자본주의에 대해 반대하는 점에서는 서로 일치하는 것이 아닌가? 그들은 다 같이 시장의 무정부 상태에 적대적이고, 계획과 집단소유권에 우호적인 것이 아닌가? 볼셰비키가 멘셰비키와 사회주의자들-혁명가들을 숙청했을 때, 대숙청이 자행되었을 때, 또는 집단농장화를 받아들이려고 하지 않은 농민들이 백만 명 단위로 추방되었을 때, 의회주의적 방법에 익숙하고 인도주의적인 서구 사회주의자들은 이 잔인한 나라의 건설자들을 공포로 대했고, 또 그들을 파시스트들만큼이나 자기들과 먼 사람들이라고 느꼈다. 하지만 사회민주적 마르크스주의자들이 다음과 같은 질문을 던지기 위해서는 스탈린이 죽고, 그의 후계자들의 공산주의 체제의 극단적이고 거의 병적인 양상의 일부를 완화하고, 또 진보주의자들이나 기독교 신도들에게 우호의 손길을 내미는 것으로 충분했다. 즉, 모든 것을 고려해 볼 때, 독재의 방법과 5개년 계획은 과연 소련과 다른 저개발국에서만 유일하게 가능했던 것이 아니었을까? 급속한 산업화는 과도한 공포를 불가피하게 만들었다. 하지만 사회주의의 건설은 점점 그런 필요성을 무용하게 만들 것이다. 그리고 소비에트 정권의 민주화와 더불어 대지진이 발생해 이 체제를 무너뜨리게 될 것이다.

이와 같은 절망과 신뢰의 교체는 어떤 정권하에서든 강제수용소에서 갇힐 운명에 처해 있는 사회주의자들의 고갈되지 않는 순진성에서만 기인하지는 않는다. 그것은 세속 종교의 근본적 애매성에서도 기인한다. 파시즘이건 공산주의이건 간에 세속 종교는 각각 좌파 진영이나 우파 진영에서 통용되는 여론이 독단적으로 굳어진 모습에 지나지 않는다.

1933년에 국가사회주의에 동조했던 자들이 항상 인종차별주의를 지지했던 것은 아니었다. 그들은 지나친 유대인 배척주의를 개탄했다. 그들은 다만 독일 국민의 통일을 다시 이루고, 당파 싸움을 극복하며, 역동적인 대외 정책을 수행하기 위한 강력한 정부의 필요성을 긍정했을 뿐이었다. 이런 미온적 충성은 부동층이나 동반자들의 특징이라고만 할 수 없다. 실제로 당에 속하는 사람들이나 심지어 당의 핵심부 인사들도 그것을 모르지는 않았다. 괴링Hermann Goering[198]의 충성심은 아마 단순한 기회주의에 의해 갈색 셔츠를 입은 선동 정치가 주위에 모인 낡은 전통을 지키는 국가주의자들의 충성보다 더 정통적인 것은 아니었을 것이다.

1954년에 공산당의 당원이 아닌 진보적 기독교 신도들을 어떻게 생각할 수 있겠는가? 노동자-사제들에 의해 출간된 저서들을 참고해 보자. 그들은 ―최소한 그들 중 몇 명은― 당의 가르침에 따라 사건을 해석한 것을 알 수 있다 "프롤레타리아트의 지도자들은 옳았다. 마셜플랜, 유럽방위공동체Communauté européenne de défense,[199] 실업, 저임금, 베트남, 아프리카, 빈곤,

---

198 헤르만 괴링(1893-1946): 독일의 군인, 정치인으로 제3공화국 정부의 일원이다.

199 유럽방위공동체(CED): 1952년 5월 파리에서 프랑스, 서독, 이탈리아, 벨기에, 룩셈부르크, 네덜란드 6국이 서유럽 방위를 목적으로 체결한 CED조약에 따라 설립이 추진되었던 초국가적 성격의 군사 공동체이다.

주택 부족, 탈법, 탄압 등과 같은 최근의 정치, 경제적 사건들의 교훈이 그
것을 증명해 준다."[200] 빈곤과 저임금에 대한 책임을 프랑스의 경제적 재
건에 필요한 기간을 여러 해 단축시킨 마셜플랜으로 돌리는 것은, 스탈린
주의의 교조주의적 철학의 특징, 즉 사실을 교리로 대치하는 전형적 사례
를 보여 준다.

아마 정확한 자각 없이 그랬겠지만 노동자-사제들은 공산주의적 역사
철학의 주요 노선을 동화시켰다. 그들은 노동자계급에게 독자적 사명과
특별한 미덕을 부여하고 있다. "우리의 계급은 멋있고 또 상처에도 불구
하고 진정한 인간적 가치들을 많이 가진 것처럼 보인다. 우리는 한 번도
그것들을 무시하거나 과소평가할 이유에 부딪친 일이 없다. 그리고 우리
의 계급이 인류사에게 열어 주는 희망이 너무 크고 또 너무 진실되는 만큼
다른 계급들도 그것에 대해 무관심할 수 없다."(268쪽.) 사람의 사고방식은
본질적으로 그가 속한 계급에 좌우된다. "완전히 프롤레타리아적인 생활
조건을 따르면서, 또 노동 대중과 항상 친밀하게 유대 관계를 맺으면서,
우리들 중 일부는 새로운 정신 상태, 다른 계급의식을 획득(또는 재발견)하
는 중에 있다. 그들은 노동자들의 반응과 프롤레타리아트 의식의 탄생에
참여한다. 그들은 예컨대 계급의 철폐를 위한 계급투쟁 의식, 상호 의존할
수밖에 없는 감정, 모두 함께할 경우에만 자본가의 착취를 벗어날 수 있을
뿐이라는 신념 등을 통해 세상을 본다. …"(207쪽.)[201] 이런 기독교 신도들이
갖게 된 프롤레타리아트적인 의식은 완전히 공산주의 이데올로기에 의해

200 *Les Prêtre-ouvriers*, Paris, Ed. du Seuil, 1954, p.268.
201 「교회의 청년 시절」의 저자는 교회의 신성성에 대해 그 자신이 느낄 수 있는 죄책감이 따르는 회의
를 부르주아적 원죄에 부여하고 있다. "또는 그가(il) 이런 회의에 양보를 한다면, 그것은 부르주아지
내에서 그 자신의 과거에 의해 왜곡된 그가 그의 삶과 노동자계급의 투쟁으로부터 역사의 의미와
그로부터 도출되는 인내의 교훈을 끌어낼 수 없을 것이기 때문이다."(*Les Evénements et la Foi*, p.79.)

만들어진 것처럼 보인다. "계급의식도 조직도 없이 고립되어 있는 프롤레타리아트는 모든 방면에서 공격을 감행해 오는 백배나 우세한 적 ―수나 자질에서 우월하지 않다고 해도, 적어도 잔인하고 공개적인 투쟁에서 위선적인 자선과 종교라는 마약에 이르는 여러 압제와 강압의 수단이 우세한 적― 을 결코 물리칠 수 없을 것이라는 사실을 우리는 지금 알고 있다."(230쪽.)[202] 여기에 노동자-사제들이 사회주의적 개혁주의를 판단하고 비난하는 말의 예가 있다. "그리고 사회민주주의적 부르주아지가 저항하는 나라를 보면, 이 부르주아지는 탄압, 부정, 비참함, 전쟁 ―『로세르바토레 로마노L'Osservatore Romano』지의 표현을 빌자면, 이것들은 모두 '이제부터 불가피한 쇠퇴'에서 기인한다― 등과 같은 모순 속에서 몸부림치고 있다. …"(272쪽.)

노동자-사제들이 기독교 신도들인 것은 사실이다. "만일 우리가 예수와 성부, 역사의 주인들, 따라서 우리 프롤레타리아트 형제들이 겪은 사회적, 정치적 역사의 주인들에게서 아주 확고한 신앙을 가진다면, 교회에 대한 우리의 신앙 역시 그만큼 열렬하다."(269쪽.) 프롤레타리아트의 비극이 구원의 비극을 대체한다는 것을 그들은 부정한다. 하지만 그들이 사용하는 표현을 보면, 진보적 기독교 신도의 분열된 양심 속에서는 속세의 사건이 신성한 사건의 의미를 점차 띠게 된다는 사실이 암시되어 있다. "우리는 우리의 몸에 프롤레타리아트의 비극을 안고 있다. 또 우리의 기도나 성찬 중 이런 비극과 관계가 없는 것은 단 하나도 없다. … 우리 노동자계급과 함께 세속적 성찬식을 거행하는 강한 동기가 된 우리의 신앙은 그로 인해 결코 약해지지도 않고 더럽혀지지도 않는다."(268쪽.) 결국 노동자계급

---

202 '종교라는 마약(Narcotique religieux)' = 인민의 아편(opium du peuple).

을 받아들이면서 기독교 교회는 그 일시적 해방 덕택으로 이제부터 그리스도의 복음을 전달한 준비가 된 것이라고 사람들은 생각한다. 하지만 지금 당장 "우리는 교회와 더불어 이렇게 생각하고 또 이렇게 느낀다. 물질적 생존의 최소한도의 조건이 없이는 어떤 정신생활도 불가능하다. 배고픈 사람은 신의 은혜를 믿을 수 없고, 억압받는 사람은 신의 전능을 믿을 수 없다."(270쪽.) 이렇듯 계급투쟁에 의해 노예제도가 폐지되기 전에는 노예들에게 새로운 복음을 전할 수 없을 것이다. …

위의 인용문들은 다음과 같은 사실을 증언해 준다. 즉, 관대한 사람들이나 헌신에 굶주린 기독교 신도들에게 공산주의는 오늘과 내일의 경제제도에 대한 의견 이상의 것이고, 또 여러 이데올로기 중 하나 이상의 의미를 가진다는 사실이 그것이다. 그들은 이데올로기에서 종교에 이르는 도상의 최초의 두 단계, 즉 프롤레타리아에게 그 사명이 부여되었다는 것, 공산당이 그 화신이라는 것, 그리고 오늘의 여러 사실과 전 세계사를 교리에 의해 해석한다는 것(자본주의는 그 자체로 악이고, 공산당에 의한 정권 장악은 본질적으로 해방을 가져다준다 등)을 통과했다. 마지막 단계는 기독교 신도가 넘을 수 없는 단계이다. 만일 계급 없는 사회가 역사의 수수께끼를 풀 수 있다면, 또 만일 인류가 지구를 더 잘 개발해 자신들의 운명에 만족하고 희망을 성취한다면, 인간은 과거에 예수가 그 자신을 위해 십자가에 처형된 그런 존재가 아니고, 오히려 마르크스가 기계의 힘과 프롤레타리아의 반항에 의해 전사 시대의 종말이 온다고 예언한 그런 존재가 될 것이다.

기독교 신도는 결코 진정한 공산주의자가 될 수 없다. 그것은 정확히 공산주의자가 신이나 그리스도를 믿을 수 없는 것과 마찬가지다. 왜냐하면 무신론에 기초를 둔 세속 종교는 이 지구상에서 인간의 운명은 이 속계의 도시에서 완전히 실현된다고 설파하기 때문이다. 진보적 기독교 신도는 이와 같은 양립 불가능성을 스스로에게 감춘다.

진보적 기독교 신도는 때때로 공산주의를 경제적 조직의 기술에 국한시킨다. 그는 종교적 신앙과 집단적 삶을 철저히 구별하고, 기독교 교회는 세속 교회와 마찬가지로 이런 구별을 인정하지 않는다. 세속 종교는 공산주의를 한 사회가 자유롭게 이용할 수 있는 하나의 기계에 비교되는 중립적 기술로 여기지 않는다. 또 기독교 교회는 모든 사람과 각자의 생명을 단순히 성찬식을 시행하는 데 국한시키는 것이 아니라 언제나 고무시키고자 한다.

때때로 진보적 기독교 신도는 그 반대의 의미에서 또 하나의 극단적인 과오를 범하기도 한다. 그는 프롤레타리아트의 고통에 아파하고, 또 공산당의 투쟁에 너무 열렬히 가담하기 때문에, 세속적 역사의 성쇠와 신성한 역사의 신비를 기술하기 위해 기독교적인 울림을 가진 동일한 말을 사용한다. 제국帝國들의 계승에 의해 결코 알 수 없는 역사에 대한 기독교적 의미는 마르크스주의적 의미 ─노동의 문명, 대중의 도래, 프롤레타리아트의 해방 등─ 와 혼동하기 쉽다. 진보적 기독교 신도들이 인류를 수천 년 동안 이어져 온 노예 상태에서 마침내 구출해 내고, 또 그들에게 내세에 대해 사색을 하게끔 하는 보편적 번영을 원하는지, 아니면 신의 나라 대신에 계급 없는 사회가 그들의 신앙의 대상이 되었는지를 우리는 알 수 없다.

사회주의자들의 예를 보아도, 진보주의자들의 예를 보아도 공산당 당원들과 그들의 동반자들 사이에 경계선을 그을 수 없다. 진보적 기독교 신도와 같은 방식으로 생각하고 느끼는 공산당 당원들도 있다. 그들은 헌신이나 희생의 정신을 통해 부르주아적 교육의 잔재같이 보이는 내부의 저항을 극복하기 위해 종교에 입문한다. 그들은 변증법적 유물론을 믿지 않는다. 그들은 봉사할 수 있기를 바란다. 그와는 반대로 그들의 많은 동반자들은 종교적 향수를 모른다. 그들은 공산당의 기회를 예측하고, 조금도 거리낌 없이 기계적 반사의 체계를 받아들인다. 그리고 스스로 반﹡자유라는 유리한 입장을 확보한다.

공산당 안에서 역사적 교리나 일상적인 교리에 대해 단일한 해석을 구해도 소용없을 것이다. 이미 살펴본 바와 같이[203] 당원들 전체가 무엇을 믿는지를(당 그 자체가 아니라면) 정확하게 알 수 없을 것이다. 크렘린의 아홉 명의 의사들이 정부의 고관들을 암살하고(이 숫자는 죽은 자들의 목록에서 임의로 뽑은 것이다), 현재 살아 있는 고관들도 암살할 공모를 꾸몄다는 공식 발표가 나왔을 때, 투사들은 위에서부터 아래까지 현재 무슨 말을 해야 할지를 알고 있다. (하지만 앞으로 3개월 후에 무슨 말을 할지는 모른다.) 하지만 이 투사들은 그 일의 동기와 목적을 알지 못한다. 만인의 말을 통해서, 또 무수한 회합에서 가결된 무수한 안건들을 통해 거대한 소련 세계에서 울려 퍼지는 이런 해석을 그 누구도 유보 없이 마음속으로 받아들이지 않는다. 그리고 각자는 그 나름의 비의적인 해석을 스스로 선택하고 있다.

국가의 포고가 교리의 주요 노선에 관련될 때에 또 다른 애매한 문제가 발생한다. 공산당 신봉자들, 가령 당의 중추부, 고관들, 지역 책임자들은 과연 주요 개념들에 어떤 의미를 부여하는가? 당이 거의 존재하지 않는 영국에서도 그들은 당과 프롤레타리아가 동일하다고 믿는가? 일찍이 소련처럼 방대한 경찰력을 장악했던 나라는 없었는데, 그들은 과연 이 나라의 쇠망을 믿는가? 새로운 계급 질서가 점점 굳어져 가고 있는데, 그들은 어떻게 계급 없는 사회를 상상하는가?

우리는 교회에 속한 자들과 신앙을 가진 자들, 우선 당에 가입하는 자들과 우선 예언에 동의하는 자들을 구분했다. 하지만 이런 구별은 투사와

---

203 Cf. 이 책의 앞부분. 제4장, 155-158쪽.

동조자 사이의 구별과 일치하지 않는다. 투사는 이미 결정적인 발걸음을 내딛어 규율을 받아들였다. 반면, 동조자는 아직 문지방에 서 있다. 하지만 동조자가 반드시 우리가 사용한 의미에서 신앙을 가진 자는 아니며, 또 투사가 항상 진정한 성직자인 것은 아니다. 루카치는 마르크스주의적 예언을 믿으면서도 힘겹게 프롤레타리아트가 당 속에서 육화된다는 사실을 인정하지 않았다. 몇몇의 동반자들은 프롤레타리아의 사명이나 계급 없는 사회를 무시하고, 8백만 명이 동일한 법률 밑에 통일되어 있다는 사실에 의해 드러난 역사적 필연성에 복종하기도 한다. 자기희생을 추구하는 이상주의적인 투사들도 있고, 자기의 경력을 높일 수 있는 기회를 찾는 냉소적인 동조자들도 있다.

그렇다면 진정한 공산주의자는 어디에 있는가? 이론적으로 그는 세 단계를 거쳐야 한다. 당에 대한 숭배, 해석적 교조주의, 투사의 양성이 그것이다. 하지만 일단 마지막 단계에 이르게 되면 그는 그 나름의 방식으로 교리와 주요 주제, 그리고 일상적인 적용 등을 '다시 생각할' 권리를 얻는다. 그는 자기 마음속에서 당-교회의 동일성, 세계혁명에 대한 상징적 해석 ―이런 해석은 결국 참여를 거부하는 사람들의 해석과 동일하다― 을 채택하게 된다. 투사들이 모두 '진정한 신도들'인 것은 아니다. 사실, 그들은 장식의 이면과 비의적인 의미도 잘 안다. 이런 지식에도 불구하고 그들은 활동에 대한 충성심을 여전히 간직하면서 미래에 대해 기대를 가진다. 물론 그 미래는 불가피함과 동시에 당에 의해 주조될 것이다.

고관들에게 신앙과 마찬가지로 회의주의를 가르치고, 그 교리를 파악할 수 없으며, 또 지적으로 부조리한 일련의 포고를 통해서만 적으로 존재할 뿐인 그런 세속 종교를 사람들은 진지하게 받아들여야 하는가? 당과 프롤레타리아가 동일하다는 생각과 해석적인 교리를 거부하자마자, 공산주의라는 종교는 해체되어 한 덩어리의 의견이 되고 만다. 사실들과 상식에 반대되는 주장 위에 기초한 종교가 영속할 수 있을까?

불행하게도 이 질문에 대한 답은 여기서는 얻을 수 없는 것으로 보인다.

시민 종교에서 스탈린주의로

지식인들은 이데올로기, 즉 사회 해석의 체계를 고안해 냈다. 이 체계 속에는 가치의 질서, 달성해야 할 개혁, 두려워하거나 희망할 수 있는 혼란이 담겨 있다. '이성'의 이름으로 기독교 교회를 비난했던 사람들은 세속적 교리를 받아들이게 되었다. 왜냐하면 그들이 부분적 지식에 만족하지 못했기 때문에, 또는 '진리'의 전달자들에게만 주어진 권력을 부러워했기 때문이었다.

18세기의 프랑스 철학자들은 이미 이 단어의 현대적인 의미에서 지식인들이었다. 그들은 펜에서 수입을 얻고, 역사나 정치문제에 대한 그들의 의견을 대개는 비판적으로 표현할 권리를 주장했고, 또 그 권리를 자유롭게 이용했다. 그들은 사상에 있어서나 생활수단에 있어서나 교회에 의존하지 않았다. 그들은 오랜 귀족들보다 부유층과 더 연계되어 있었고, 기독교나 군주제 프랑스의 세계관과 완전히 반대되는 세계관을 퍼뜨렸다.

성직자들과 철학자들 사이의 갈등은 형이상학적으로가 아니라 역사적으로 불가피했다. 교회는 지상에서 최대 다수의 생활을 될수록 안락하게 하려는 노력을 비난하지 않았다. 교회는 『성서』의 계시에 저촉되지 않는 문제에 대해 자유로운 탐구의 권리를 부여할 수 있었다. 회칙Encyclique[204]이 인간의 본성에 대한 과학적 낙관주의를 계속해서 비난하고, 교리와 도덕의 문제에 대해 권위의 원칙을 지킨다고 하더라도, 지식과 기술의 발달에 대한 야심과 의지는 가치 있는 것으로 여겨졌다. 일단 구제도의 철학이 기독교 교리에서 축출되자 지식인들은 이론상으로는 교회와 더 이상 싸울 일이 없었다.

하지만 프랑스에서는 교회가 아주 빈번하게 담당했고, 또 언제나 교회에 속한 사회적, 정치적 역할로 인해 이런 갈등이 연장되었다. 계시적 진리를 주장하는 위계질서의 사회, 즉 교회는 정치권력과 여러 당들과의 관계를 끊기가 쉽지 않다. 실제로 이들 세속 세력도 권위는 밑에서부터 온다든가, 또는 인간은 허약하지만 자기 자신을 지배할 수 있다는 생각에 동의하지 않았다.

교회와 반민주주의적 운동의 타협[205]은 성직자들과 지식인들 사이의 부단한 경쟁을 일으키는 유일하거나, 또는 주요 원인이 아니다. 어쩌면 성직자들은 세속적이고자 하는 국가의 존재를 받아들이기 어려웠을 것이다. 어쩌면 지식인들도 권력의 일선에 서고 싶었을 것이다. 교회의 전제에서 해방된 그들은 그들 스스로가 파괴했다고 생각했던 것의 자리를 차지하고자 했던 것이다.

무신론에 기뻐하고, 종교 생활에 대해 적대적인 일부 좌파 지식인들은 신에 죽음을 선고하고, 제단을 무너뜨리면서 그 자신들이 인류를 해방한다고 확신하면서 불신앙을 퍼뜨리고자 했다. 마치 선교사들이 신앙을 퍼뜨린 것처럼 말이다. 또 어떤 자들은 기독교의 돌이킬 수 없는 쇠퇴에 불안을 느꼈고, 또 이성에 합당하면서 정신적 통일을 확립할 수 있는 교리를 생각하기도 했다. 볼셰비즘은 이와 같은 두 개의 의도를 결합시킨다. 무신론의 호전적 열정에 고무된 볼셰비즘은 과학의 가르침에 일치한다고

---

204 회칙: 교황이 주교들이나 전 성직자들에게 보내는 편지를 말한다.
205 이런 지적은 19세기 전체를 통틀어 서구의 모든 나라에도, 심지어는 프랑스에도 해당되지 않는다.

주장하는 하나의 정통주의를 만들었다. 러시아에서 볼셰비즘에 가장 높은 가치를 부여한 것은 바로 지식인들이었다. 공산주의는 성공한 지식인들의 첫 번째 종교였다.

물론 공산주의가 성공을 추구했던 첫 번째 종교는 아니었다. 기독교를 대체할 하나의 종교의 탐구를 강조하는 생각을 누구보다도 명확하게 전개시킨 것은 아마도 오귀스트 콩트였을 것이다.

신학과 형이상학은 실증적 지식과 양립하지 않는다. 과거의 종교들은 그 생명력을 잃어버리고 있다. 왜냐하면 교회가 가르치는 대로 믿는 것을 과학은 더 이상 허용하지 않기 때문이다. 신앙은 점차 소멸하거나, 또는 쇠퇴해서 통속적으로 사용되는 미신이 되고 말 것이다.

신의 죽음은 인간의 영혼에 공백을 남긴다. 심령의 요구는 그대로 남아 있고, 새로운 기독교가 이 요구를 만족시켜야 한다. 과학자들이 받아들일 수 있는 고대의 교리에 대치될 만한 것을 고안해 내고 또 아마도 그것을 설파할 수 있는 자들은 오직 지식인들뿐이다.

마지막으로 교회가 수행했던 사회적 기능은 여전히 남아 있다. 공중도덕은 무엇에 기초할 것인가? 어떻게 하면 사회 구성원들 사이에 신앙의 통일 ―이것이 없으면 문명 자체가 위태로워진다― 이 지켜지거나 회복될 수 있는가?

콩트가 그의 체계에서 이런 역사적 도전에 어떻게 응수했는지를 우리는 알고 있다. 그에 의하면 과학에 의해 정립된 법칙은 우주의 질서와 인간 사회의 영원한 질서와 역사 발전의 질서를 드러낸다. 그의 주장은 과학적이다. 하지만 그것은 인간의 정신에 확고한 진리를 제공해 주고, 또 인간의 가슴에 사랑의 대상을 준다. 미래의 사회는 전체적이지만 전체주의적은 아닐 것이다. 그것은 인간 본성의 모든 재료를 혼합해서 권력과 여론, 힘과 자비를 조화시킬 것이다. 그것은 또한 과거를 현재로 만들고, 혁명 없는 진보의 길을 개척하고, 나아가 인간성을 완성하게 될 것이다.

　브라질의 경우를 제외한다면, 실증주의는 하나의 종파의 범위를 넘어서지 못했다. 그것은 생시몽과 그 후계자들이 내세운 '신기독교'와 마찬가지로 하나의 운동과 하나의 당의 교리가 되지 못했다. 한 수학자의 작품인 실증주의는 많지 않은 사람들의 신앙에 그치고 말았다.

　시민 종교를 추구하는 일은 프랑스 대혁명 전에 일어났다. 장자크 루소가 이 문제에 할애하고 있는 『사회계약론』의 한 장章은 두 개의 사상을 다루고 있다. 이 두 개의 사상은 루소 자신이 선배들의 저서에서 모은 것이었고, 또 18세기의 이론가들의 정신을 사로잡은 것이었다. 세속 권력과 종교 권력의 분리는 허약함의 원리이다. "… 겸허한 기독교 신도들은 언어를 바꾸었다. 머지않아 사람들은 이른바 다른 세계의 왕국이 가시적인 지도자 밑에서 이 세상의 가장 폭력적인 독재주의가 되는 것을 목도했다. 하지만 군주와 시민법이 언제나 존재했기 때문에, 이 이중의 권력으로부터 기독교 국가에서 모든 선한 정책을 불가능하게 만든 끊임없는 법률상의 분쟁이 기인했다. 그리고 사람들은 군주와 사제 중에서 궁극적으로 그 누구에게 복종할 것인지를 결코 알지 못하게 되었다." 루소는 또한 이렇게 덧붙이고 있다. "홉스는 독수리의 두 개의 머리를 합쳐 정치적 통일을 유도할 것을 제안한 유일한 사람이다. 이런 정치적 통일 없이는 국가도 정부도 올바로 구성될 수 없을 것이다." "진정한 기독교 신도들의 사회는 더 이상 인간들의 사회가 아닐 것이다"라는 유명한 말을 우리는 기억하고 있다. 히틀러도 이 말에 동의했을 것이다.

　정치적 관심사 ―어떤 종교가 국가의 힘과 번영을 증진시키는가?― 로 인해 루소는 마키아벨리와 마찬가지로 국가 종교의 우월성을 선언했을 것이다. 루소 자신의 종교 ―일종의 무신론으로 환원된 기독교― 는 이 언덕 위에서 루소를 멈추게 한다. 그는 "신에 대한 숭배와 법률에 대한 사랑을 결부시키고", 또 "조국을 시민의 숭배 대상으로 삼으면서 국가에 봉사하는 것이 수호신에 봉사하는 것이라고 가르치는" 국가 종교의 이점을 부인하지 않는다. 하지만 오류에 근거한 이런 국가 종교는 사람들을 속이고, "사람들을 피에 목마르고 또 편협하게 하고", 또 다른 모든 국민과 전쟁 상태로 몰아넣는다. 루소는 결국 시민 각자로 하여금 자기 의무를 사랑하게 하는 순수한 시민적 신조로 만족한다. 신의 존재, 내세, 죄인의 처벌, 이런 것들이 바로 이 종교의 교리를 구성한다. 그런데 이 종교는 시민들을 그들의 조국에 결부시키며, 이때 그들은 모든 나라를 그들의 적으로 보지 않게 된다. 국가적 또는 이교적 종교 ─계몽주의 시대에 철학자들은 이런 종교의 부흥을 가능하거나 좋다고 생각할 수 없었다─ 와 속세의 영광에 대해 무관심을 불어넣는 보편적 종교 사이에서, 시민 종교는 개인의 군주에 대한 헌신을 약화시키거나, 또는 사회에 분열과 불화의 원리를 퍼뜨리는 일 없이 광신주의를 피하려고 할 것이다.

프랑스의 대혁명에 대한 숭배는 시민 종교의 애매성과 일맥상통한다. 이런 숭배는 애국심, "국토에 대한 사랑보다도 훨씬 더 정의에 근거한 이상적 사회에 대한 사랑"[206]을 그 토대로 삼고 있다. 하지만 그와 동시에 입법자들은 정교분리에 동의하지 않는다. 국가는 낡은 교회와의 관계를 청산했다. 하지만 국가는 "종교적 축제나 의무적인 의식과 더불어 교회의 모습으로 대중에게" 나타나고, 또 종교적 성격을 간직하고자 했다. 새로운 최고 존재인 '이성'이 신앙의 대상이 될 것이다. 모든 미신을 일소한 이성은 이제 그 덕에 의해 한계 없는 미래의 운명을 가지는 조국의 토대 역

---

206 A. Mathiez, *Contribution à l'histoire religieuse de la Révolution*, Paris, Alcan, 1907, p.30, cité par H. Gouhier, in *La Jeunesse d'Auguste Comte et la formation du positivisme*, Paris, 1930, p.8.

할을 하게 될 것이다.

혁명에 대한 숭배는 내일의 기약이 없는 하나의 일화로 남게 될 것이다. 비록 이런 숭배에 콩트가 놓치지 않은 상징적, 역사적 의미가 들어 있어도 마찬가지다. 국가 종교에 대한 향수도, 혁명에 동반된 시민적·보편적 감정을 퍼뜨릴 것이라는 감정도 군주제와 기독교 교회의 부흥과 더불어 사라지지 않았다.

일본의 신도는 하나의 국가 종교에 해당한다. 그것은 유구한 과거 속에 잠겨 있는 여러 요소들 외에도 태양의 자손, 무궁한 일본의 화신으로서의 천황에 대한 숭배를 포함한다. 일본의 귀족은 서양에서 군사력의 비밀을 빌려 오기로 결정함과 동시에 기술적 서양화가 조국의 문화의 확고한 기초를 손상시키지 않도록 조상들의 신앙과 실천을 부활시키기로 결정했다. 루덴도르프Erich Ludendorff[207]는 1차 세계대전 직후에 일본의 신도를 정신적 단결을 찾는 독일 국민의 모델로 제시했다. 그는 마키아벨리에서 루소에 이르는 이론가들의 이원론의 단점에 대한 주장과 신과 국가를 위해 싸우고 죽는다는 신념이 대중에게 전하는 정열에 대한 주장을 재발견했다.

'독일 기독교'는 구원의 종교를 '국가화'하려는 의식적 시도였다. 힌덴부르크의 장례 조사에서 히틀러는 '발할라Walhalla'[208]라는 독일 단어를 사용했다. 또한 히틀러의 젊은 추종자들은 일종의 배화교에 흥미를 가지게 되었다. 하지만 이런 일화들을 이교 의식異敎 儀式의 부활이라고 보는 것과 같이 보이스카우트들의 흥분 탓으로 보고자 한다. 만일 히틀러가 2차 세계대전에서 승리했더라면, 그는 어쩌면 기독교에 대해 전면전을 감행했을 것

---

207 에리히 루덴도르프(1865-1937): 독일의 군인이자 정치인으로, 1차 세계대전 중에 독일군 장군으로 활동했다.
208 발할라: 북구 신화에서 오딘이 다스리는 아스가르드의 거대한 저택으로, 전쟁터에서 죽은 자 중 가장 용맹한 전사자들이 가는 곳이며, 살해당한 자들의 전당을 의미한다.

이다. 또한 그는 '독일 기독교' 또는 '게르만적 신앙'보다 유물론과 합리적, 민주주의적 이론에 대립하는 여러 개념들의 잡동사니를 상기시켰을 것이다. 인종 불평등, 지도자의 원리, 국민의 통일, 제3제국, 이런 주제들은 하나의 체계 속에 조직되었다기보다는 나치스의 선전에 의해 만들어졌으며, 국가의 경영과 엘리트들의 교육을 진흥시켰을 것이다. 그 주제들은 가치의 체계를 확립했을 것이다. 또 그 주제들은 뜨거운 열정을 자극하고, 신도들 사이의 친교를 고취했을 것이며, 종교와 유사한 의식에 의해서 축성되었을 것이다. 하지만 기독교의 각인이 찍힌 문명 속에서 이런 주제들이 진정으로 종교적으로 체험되었을까? 프랑스 대혁명의 투사들, 실증주의자들, 생시몽주의자들이 꿈꾼 대용 종교를 제시한 것같이 보이는 공산주의에 대해서도 이와 같은 문제가 제기된다.

미슐레의 다음과 같은 금언은 공산주의에도 적용된다. "혁명은 어떤 교회도 채택하지 않았다. 어떤 이유로? 혁명 그 자체가 교회였기 때문이었다." 시민 종교와 마찬가지로 공산주의는 당과 사회주의 국가와 인류의 미래에 대한 개인의 의무를 신성한 것으로 만든다. 당이 권력을 장악하자마자 공식 종교가 되지만, 그 비의적 가르침에 있어서는 보편적 종교와 여전히 대립한다. 실증주의와 마찬가지로 공산주의는 과거의 창조를 집대성하고, 인류의 사명을 완수하게 될 사회에 그것을 전달한다고 주장한다. 공산주의는 계몽주의 시대의 개인주의와 결별하지만, 만인에게 행복을 예고한다. 공산주의는 약자들에게 연민을 보이지 않으며, 대중을 믿지 않는다. 하지만 공산주의는 인도적 감정에 의해 사회주의 국가의 건설을 정당화하고, 또 대중을 교육하기 위한 필요성에서 지도자들의 무조건적인 권위를 정당화한다. 또한 공산주의는 과학을 그 자체의 목적에 이용하되 과학의 이름 아래서 이용한다. 공산주의는 서구 합리주의를 전복시키지만 계속해서 합리주의를 요구한다.

성공은 무엇에서 기인하는가? 마르크스주의적 예언은 발전의 도식을 신성한 역사로 바꾼다. 계급 없는 사회가 신성한 역사의 도달점이 될 것이다. 이 예언은 몇몇 제도들(소유 제도와 경제의 양상)에 과도한 중요성을 부여하고, 강력한 국가에 의한 계획을 역사의 결정적 단계로 삼는다. '인텔리겐치아'는 쉽게 이런 과오에 빠진다. 좌파 이론에 대한 헌신 때문에 거기에 빠져들기 쉽다. 국가의 생산력을 증진시킨다는 관심사에 사로잡혀 물질적 풍요로움에 도달하기 위해 소련식 지름길을 차용할 준비가 되어 있다.

교리의 내용은 역사에 대한 해석이다. 스탈린주의는 파국으로 요동친 세기에 퍼졌다. 과학적 천문학에 의해 점성학이 곧바로 없어지지 않은 것과 마찬가지로, 실증적 역사는 역사적 신화를 축출하지 않는다. 기계적 물리학의 출현 이전에 우주의 질서는 관찰자들에게 경이로움을 불러일으켰다. 최근까지 각 사회는 모범적이라고 생각했다. 모든 사회의 구성원들은 유구한 시간을 의식하지 못했기 때문에 신비스러운 발전 도상에서 그들 자신들이 범용한 자리에 있다는 것을 인정하려 들지 않았다. 역사적 신화는 경험의 교훈에 대한 매우 인간적인 반항과 같은 시대착오적 신념을 표명하지 않는다.

우리 시대에서는 기술의 진보가 확실히 주요 사실을 구성한다. 이것이 문명의 오래된 기초를 뒤집어엎으며, 현대인들은 기계에 빚지고 있는 힘과 번영보다 더 높은 목적을 알지 못하는 것 같다. 노동의 이익의 우선권이 생산력의 우선권과 혼동되고, 또 이렇게 혼란스러운 종합 속에서 지식의 정복을 목도할 준비가 되어 있다.

마르크스주의적 이데올로기는 인간들의 이익들의 맹목적인 혼란 아래에서 발전의 질서를 발견한다. 각자는 자기 자신에만 복종할 뿐이고, 모든 사람은 다 같이 고도의 지성이 당연히 지향해야 할 바를 만들어 낸다. 자본가들은 이윤을 추구하면서 자신들의 성공의 원인이 된 제도를 죽음으로 이끌고 있다. 계급투쟁에서 계급 없는 사회가 생긴다. 헤겔의 '이성의 간계'처럼 완전한 시장은 만인을 위한 보다 더 큰 전체의 선을 목표로 삼아 개인들의 이기주의를 이용한다. 하지만 거기에는 결정적인 차이가 있다. 자유주의자는 인간의 불완전성을 영원하다고 여긴다. 또한 그는 선을 결코 의식의 대상이 아니라 무수한 행동의 결과로 삼는 하나의 정체를 마지못해 수용한다.

결국 자유주의자는 정치에서 인간들의 악이 국가의 선에 공헌하는 조건을 고안해 내는 기술이라고 보는 염세주의에 동의한다. 마르크스주의자는 과거에 대해 의도들과 사건들의 이질성을 인정한다. 그는 심오한 힘들의 유희에서 해방되면 환경의 압제에서 벗어날 수 있다고 보증한다. 역사의 법칙들을 알고 있는 덕분에 인간은 스스로 부여한 목표에 도달할 것이다. 미래에 대한 예견은 적들과 지지자들을 조종할 수 있을 것이다.

정확히 이 점에서 이데올로기는 교리의 내용이 된다. 집단적인 구세주는 더 이상 역사를 따르지 않는다. 그는 역사를 창조한다. 그는 사회주의 국가를 만든다. 그는 미래를 주조한다. 이처럼 당이 구세주로 변하기는 하지만, 당은 무위도식하며 무력하고 비타협적인 대립 속에서 싸우는 동안만큼 당파적인 착란 상태에 있게 된다. 당의 주장을 증명하는 것은 권력의 장악이다. 당이 국가와 동일시되면 될수록 더욱더 프롤레타리아를 구현한다고 주장할 수 있다.

레닌주의-스탈린주의가 대용 종교가 되려는 온갖 시도에서 성공을 거둔 이유는 결국 아주 간단하다. 공산주의를 전파시킨 것은 혁명의 승리이지, 10일 동안 세계를 뒤흔들 것을 준비한 세속 종교의 매력이 아니었다. 무장하지 않은 예언자들은 망하고 만다. 세속 종교의 미래는 특히 힘의 경쟁에 달려 있다.

세속적 교권주의

프랑스의 지식인들은 처음으로 대용 종교를 찾고자 했다. 오늘날 철의 장막 저편에 있는 그들의 동료들은 옛날의 법학자들이 왕의 절대주의의 합법성의 토대를 세웠듯이 소련의 절대주의의 합법성의 토대를 세우고 있다. 그들은 당의 강령, 당대회나 서기장의 성명 등을 기독교 신학자들이 성스러운 텍스트들을 해석하는 것처럼 해석한다. 좌파 '인텔리겐치아'는 자유를 주장하는 데서 시작해서 당과 국가의 규율에 복종함으로써 끝난다.

그렇다면 이데올로기가 실제로 종교와 같은 것이 되었는가? 한 번 더 긍정과 부정의 답 사이에서 주저하게 된다. 소비에트 정권하에서는 비잔틴 전통의 경우와 마찬가지로 국가의 수뇌가 교회의 수뇌와 겹친다. 과거의 초월적 신앙과 같은 방법으로 이데올로기는 중요한 모든 것을 결정한다. 그것은 권위를 정당화하며, 개인이 아니라 집단 속의 개인들에게 역사적 저 너머에서, 즉 미래에서 정당한 보상을 약속한다. 하지만 공산주의는 그 자체를 종교로 제시하지 않는다. 왜냐하면 공산주의는 모든 종교를 시대착오라고 생각하기 때문이다. 공산주의는 무신론의 이름으로 교회와 싸우며, 다른 모든 제도의 경우와 마찬가지로 사회주의의 이름으로 교회를 인도한다. 전체주의는 인간 능력의 모든 능력을 포함하는 것처럼 보이게 하기 위해 부분적 이론의 의미를 과도하게 확대한다.

기독교 신도들과 공산주의자들 사이의 이와 같은 양가성으로 인해 인민민주주의 국가들은 기독교 신앙을 공식적인 이데올로기의 일부와 조화시키려고 하는 '독일 기독교'의 시도에 비교될 수 있는 이단적 시도를 초래할 수도 있다. 하지만 이런 시도가 철의 장막 저편에서 지배적인 것 같지는 않다.[209] 공산주의를 내세우는 정권 담당자들은 먼저 민족적 종교와 교황과의 유대 관계를 끊으려고 노력한다. 그들은 종교가 가진 모든 국제적 조직을 용인할 수 없다. 그다음으로 그들은 종교의 지도자들에게 말로 맹세함으로써 국가의 정교에 가입할 것을 명령한다. 이런 명령은 음악가들, 체스 선수들이나 소설가들에게도 마찬가지로 부과된다. 그들은 사제들이나 주교들의 활동이나, 적어도 말에 정치적 성격을 부여하고자 노력한다. 하지만 그들은 역사적 이데올로기에 대한 종교적 해석을 장려하지는 않는다. 일부 신도들이 십자가의 비극과 프롤레타리아의 비극, 계급 없는 사회와 천년왕국 사이의 구별이 어렵다고 생각하는 것은 동구보다도 오히려 서구에서이다.

이렇듯 공산주의는 종교라기보다도 오히려 국가 정교 —기독교가 서구인들에게 계속 그 모델을 제공하고 있다— 로 세워 놓은 이데올로기에서 종교의 대용품을 발견하려는 정치적 노력이다. 정교는 기독교 교회가 포기한 주장들에서 여전히 자양분을 흡수하고 있다. 신학자들은 공정하게 다음과 같은 사실을 고백한다. 즉, 기독교의 계시는 천문학이나 물리학을 포함하지 않고 있다는 사실, 또는 기독교의 계시는 그리스도 시대에 살던 사람들의 정신에 적당한 말들로 표현되어 있는 아주 기본적인 지식을 포함하고 있다는 사실이 그것이다. 물리학자는 원자핵에 대해 성스러운 텍스트들에서 아무것도 배울 것이 없다. 또한 그는 변증법적 유물론을 다루고 있는 글들에서는 더욱더 배울 것이 없다.

기독교의 신앙은 총체적일 수 있다. 그것이 존재 전체에 관련된다는 의

209 하지만 폴란드에서는 마르크스주의적인 동시에 기독교적인 '사제-애국자들'의 활동을 지적하고 있다. 바르샤바에서 시행되고 있는 새로운 기독교 세미나는 마르크스주의적임과 동시에 기독교적인 교육을 하고자 노력하고 있다. Cf. *New York Times*, 19 décembre 1954. 이 점에 대해서는 최근에 출간된 다음 책을 참고할 것. W. Banning, *Der Kommunismus als politische-soziale Weltreligion*, Berlin, 1953.

미에서 그렇다. 그것은 세속적 행동들의 자율을 인정하지 않았을 때, 거부했을 때에는 전체주의적이었다. 공산주의의 신앙은 총체적이 되려고 하자마자 전체주의적이 된다. 왜냐하면 그것은 공식적인 진리를 강요하고, 본질적으로 자치를 요구하는 활동들을 권력에 예속시키지 않고서는 총체성이라는 환상을 만들어 낼 수 없기 때문이다.

시인들이 기독교 신앙의 경우처럼 공산주의 신앙에 의해 감동을 받을 수 있고, 또 물리학자들이나 기술자들이 정열적으로 프롤레타리아에 봉사하고자 바란다고 생각할 수는 있다. 하지만 그런 경우에도 그런 신념과 헌신은 진정한 것이어야 하고, 또 문화를 담당하는 관료들에 의해 외부로부터 부과되어서는 안 된다. 또한 문화 담당 관료들은 예술가가 자유롭게 그만의 형식을 발견하고, 과학자가 그만의 진리를 발견할 수 있도록 맡겨두어야 한다. 사회주의 리얼리즘이나 변증법적 유물론이 만장일치로 인정된 하나의 신조나 하나의 지식 안에서 사람들을 하나의 공동체로 조직할 수는 없다. 각자의 정신적 우주의 독특한 의미를 주어진 사회적 기능에 예속시킬 때에, 애매하거나 허위의 명제를 세울 때에, 그리고 과학적임과 동시에 철학적이라고 칭하는 교리의 기초를 세울 때에 가짜 통일이 이루어진다.

우리 서구인들은 사적 유물론과 유사한 대용 종교를 탐구할 필요는 없다. 마치 철학자가 자연과학의 원리나 개념, 그리고 그 성과의 주요 방향을 제시할 수 있고 또 확립해야 한다는 듯이 말이다. 우리는 철의 장막 저편에서 사회적 봉사나 혁명적 목적에 대한 강박관념적 관심으로 인해 위험해질 수도 있는 학자들이나 문인들의 공화국의 독립을 질투심을 유발할 정도로 지켜 내야만 한다.

비판은 소련의 문화적 통일의 유령을 쫓아 버리기에 충분하고, 또 인위적 종합은 결국 저절로 해체되는 만큼, 우리가 공산주의로부터 긍정적인 대답을 바라는 것은 더욱더 잘못된 것이다. 수학자들, 물리학자들, 생물학자들은 이미 다음과 같은 사실을 알고 있다. 즉, 마르크스-레닌주의는 그들의 저서의 처음과 마지막에서 연구 결과와 공식 이론(연구 도구가 아니라)을 일치시키기 위한 언어를 제공할 수 있다는 사실이 그것이다. 설사 역사가들이 마르크스주의의 범주의 타당성을 대체로 인정하기는 해도, 그들은 스스로 절대적임과 동시에 변화하는 정교의 포로들이 되었다고 느낀다. 그런데 이런 정교는 대소련의 제국주의에 맞서는 이민족들의 저항과 이 나라의 제국주의가 표명한 문명화의 임무를 부추겼다. 기독교의 교리가 인간의 이성으로 파악할 수 없는 대상들에 관계되는 증명할 수 없는 주장 외에도, 불완전한 과학적 지식의 종합 또는 체계화를 포함하고 있었던 것은 사실이다. 하지만 세속적 지식의 무거운 짐을 벗어 버리면서 기독교의 교리는 스스로를 부정하지 않고 정화될 수 있었으며, 또한 그 본질에 일치하면서 좀 더 심화될 수 있었다. 그와는 반대로 공산주의적 정교는 그 구성 부분을 분열시키지 않고서는, 또 오늘과 내일의 사회에 대해 다소 애매한 의견들의 집합체로 해체되지 않고서는, 결코 정화될 수 없거나, 또는 과학적 문제에 대한 합리적 표현에 동의할 수가 없을 것이다.

이데올로기는 부조리에 동의하게 되면 독단이 되어 버린다. 모든 사회에서 소수자가 지도적 기능을 수행한다는 것을 일단 인정한다고 해 보자. 그러면 당의 독재를 프롤레타리아트의 독재와 동일하다고 보는 주장은 곧 무너진다. 다만 단일 정당의 장점과 위험을 평화적 경쟁으로 선출된 의회의 장점과 위험을 경험에 입각해 서로 비교해 보는 일만 남게 된다. 사회주의 사회에 대한 신비화에서 벗어나기 위해서는 사람들이 보편성—반드시 마르크스주의 예언의 보편성뿐만 아니라 레닌주의의 것이라도 좋다— 을 포기하는 것으로 충분할 것이다. 사회주의 사회는 여전히 역사 발전의 목표로 남을 것이다. 하지만 여러 길을 통해 거기에 도달할 수 있다. 사회민주주의 정당들은 배신자가 아니고 형제일 것이다. 이런 정당들은 볼셰비키의 엄격한 통치 기술이 필요치 않은 서구에서는 구원의 기능을 수행할 것이다. 요컨대 5개년 계획을 찬양하지만 강제노동수용소를 증오하는 올바른 정신을 가진 마르크스주의자들이 걱정스러운 선의를 가지고 제시하는 해석을 공산주의자들은 성실하게 받아들일 수도 있다. 하지만 공산주의자들은 소련의 이익이 그것을 명령하는 경우에만 그들의 말을 믿게 될 것이다.

이와 같은 개종은 쉬워 보인다. 하지만 그것으로 교리의 본질을 문제 삼기에는 충분하다. 만일 프롤레타리아와 공산당이 동일하다는 것이 의문의 여지가 없이 보편적이지 않다면, 1917년의 혁명은 성스러운 역사에서 차지하는 지위를 상실할 것이고, 나아가 그것은 운이 좋은 쿠데타에 불과하게 될 것이다. 그 경우에 어떤 나라들이 가속화된 공업화의 가혹한 혜택을 누릴 운명에 있는지를 어떻게 내다볼 수 있는가? 또 제2인터내셔널 지지자들이 추방되지 않는다면, 한 정권에서 다른 정권으로의 이행이 어떻게 폭력적인 이행을 요구한다고 주장할 수 있는가? 전사 시대의 종말을 알리는 혁명이라는 개념이 없다면, 소련의 현실은 사실상 소련의 현재 상태보다 더 좋아지지 않을 것이다. 다시 말해 소련의 현실은 운명에 의해서가 아니고, 인간들 사이의 투쟁의 예견할 수 없는 부침에서 유래하는 단일 정당의 명령하에서 이루어진 근대화의 야만적 방법의 하나의 증거에 지나지 않을 것이다.

만일 소련 공산당이 세계 프롤레타리아트를 구현하고 있다고 주장한다면, 이 당은 교조주의적이고 비의적인 신비 속으로 더욱 깊이 빠지게 될 것이다. 반면, 그런 주장을 포기한다면 이 당은 완전히 자포자기하게 될 것이다. 소련 공산당은 머지않아 영국의 노동당의 지혜를 채택하면서도 그 불운을 공유하게 될 것이다. 소련 공산당은 영국 노동당처럼 부르주아적이 되고, 공산주의에 진절머리가 나서 환상에서 깨어나고 공포에서 해방되어 일종의 20세기의 루이 필리프주의를 향해 단호하게 앞으로 나아갈 것이다.

어쨌든 이런 개종은 불가피하지 않을까? 그것이 우리 눈앞에서 진행되기 시작한 것은 아닐까? 이미 당은 그 활동의 폭을 제한하고 있는 것처럼 보인다. 당은 과학적 논쟁에 대해 어느 정도의 자유를 허용하고, 정권의 어떤 면을 조롱하는 소설이나 희곡 등과 같은 문학 작품들을 묵인하기도 했다. 스탈린 말년에 창조적 지성의 노예화 작업이 있었다. 하지만 이런 노예화의 극단적이고 극악한 형식은 완화되었다. 해석적 교조주의는 여전히 강제적이다. 하지만 일종의 이론적 광기를 영원히 유지할 수는 없을 것이다. 정권은 점점 부르주아적으로 되어 가며, 이론이 아니고 실천 면에서 마르크스-레닌주의의 보편성을 포기하는 경향이 나타나고 있다.

일상생활에로의 복귀, 이데올로기적 정열의 쇠퇴는 조만간 불가피하게 도래하게 될 것이다. 혁명은 항구적일 수 있다. 하지만 혁명 정신은 소실된다. 지도자의 2세대가 아니라면 3세대가 되면 키네아스Cinéas[210]의 교훈을 경청하고, 불가능한 정복을 포기하게 될 것이다. 그렇다면 장기적으로 관료적 독재를 어떻게 정복적인 당파의 개종 권유와 결합시킬 수 있을 것인가? 미래를 향한 혁명의 이상은 환상에서 자양분을 흡수한다. 하지만 현존하는 소련의 질서의 주요 특징들을 쉽게 무시할 수는 없다.

소련의 정권은 공포와 이데올로기에 동시에 의존함으로써 현재를, 현재 그 자체를 위해서가 아니라 계급 없는 사회로 향하는 도상의 한 단계로 고취시킴으로써, 현재의 권력의 정당화와 완전한 미래의 기대 사이의 모

---

210 키네아스(?-기원전 272?): 에페이로스의 왕 피로스 1세의 참모로, 로마와의 전쟁에 몰두하는 피로스 왕과의 대화에서 전쟁의 부조리성을 깨우쳐 준 일화로 유명하다.

순을 극복했다. 하지만 공업화의 결과, 새로운 지배계급의 강화, 초인간적 사업을 일으킨 프로메테우스적 행동의 쇠퇴 등, 이런 모든 것이 신앙을 위태롭게 했다. 그런데 이런 신앙은 광신주의로 활기를 띠지 않게 되면 다양한 의견들로 해체되고 만다. 결국 장기적으로 이렇게 될 가능성이 가장 큰 것으로 보인다. 그렇다고 여기에서 악몽이 곧 사라지고, 마르크스-레닌주의적 훈련의 각인이 지워지며, 부르주아 문명과 공산주의 문명의 통일이 기적적으로 다시 일어나리라고 결론을 내리는 것은 잘못일 것이다.

신앙과 불신앙, 스탈린주의적인 교조주의에 대한 지지와 당의 정신적 세계에 대한 무조건적인 거부, 이 양자 사이에는 여러 중간 단계가 있다. 부분적인 해석에 대한 의심으로 인해 전체의 견고성이 반드시 위험에 처하는 것은 아니다. 교리의 중요한 개념들은 존속되고, 투사들은 계속해서 생산관계, 사회계급, 봉건주의, 자본주의, 제국주의 등과 같은 용어로 추론할 것이다.

어쩌면 공산주의적 사고방식과 행동 방식은 신앙이 사라져도 개념적 도구보다 더 오래 살아남을 것이다. 어제의 동지들에 대한 비타협적 태도, 투쟁의 논리, 또는 투쟁의 논리라고 생각되는 것을 끝까지 따르려는 경향, 세계를 흑과 백으로 보는 경향, 문제의 단편을 인정하지 않으려는 태도, 지상의 부조화, 교의의 다원성을 인정하지 않으려는 태도, 교육을 받으면서 물려받은 이런 특징들은 종종 전투적인 종파를 떠나 환속한 구舊공산주의자의 특징들을 이룬다.

아마도 지식인은 이데올로기를 요구하는 소련과 마찬가지로 그 자신의 작품이기도 한 이 이데올로기에서 해방되기가 보통 사람들보다 더 어려울 것이다. 소련의 국가 권력의 지배는 일생을 거의 도서관에서 보낸 한 지식인이 만들었고, 지난 세기 이래로 무수한 지식인들이 해석한 교리의 이름으로 이루어진다. 공산 정권하에서는 철학자들이라기보다는 오히려 궤변론자들인 지식인들이 모든 것을 결정하는 왕들이다. 일탈을 폭로하는 사법관들, 사회주의 리얼리즘을 강요받은 작가들, 계획을 수행하면서 중앙 권력의 애매한 지령을 해석해야 하는 기술자들과 관리자들 등, 이들 모두는 변증법론자들이 되어야 한다. 수만 명의 삶과 죽음을 결정하는 주인인 당의 서기장 역시 지식인이다. 승리한 삶의 마지막에 가서 그는 신도들에게 자본주의 이론과 사회주의 이론을 가르친다. 마치 한 권의 책이 최고의 업적을 증명해 주는 것처럼 말이다. 옛날의 왕들은 종종 시인이거나 사상가였다. 역사상 처음으로 왕이 변증법론자, 이론과 역사의 해석자의 자격으로 통치하는 상황이다.

의회민주주의에서 지식인들이 권력의 정상에 오르는 길을 방해하는 모든 사람들, 가령 자본가들, 은행가들, 귀족들은 사라져 버렸다. 18세기에 지식인들은 거대한 부가 교회에 집중되는 것을 비난했다. 하지만 그들은 부유한 상인들이나 징세 청부인들의 보호를 예사로 받았다. 그들은 개인적 지위의 불평등을 공격했지만, 떠오르는 부르주아지의 대의명분을 옹호했다. 프랑스 대혁명 이전의 좌파 지식인들은 상업이나 경쟁이나 부유해진 사람에 대해서는 분개하지 않고, 오히려 상속되었거나 몰수된 돈과 출생에 의한 차별에 분개했다. 어느 시대에서나 그들은 권력자들의 적이었다. 그들은 차례로 교회, 귀족, 부르주아지에 대해 적대적이었다. 하지만 그들은 이제 관료적 변증법학자들에게 느닷없이 관대한 태도를 보여주었다. 마치 그들에게서 자신의 모습을 발견한 것처럼 말이다.

공산주의 국가는 공장을 관리할 관리자들, 교리를 전파해 줄 작가들, 교수들, 심리학자들을 필요로 한다. 물질을 다루는 기술자들과 영혼을 다루는 기술자들은 모두 넉넉한 삶, 높은 생활수준, 위엄, 열광적인 위업에의 참여를 즐긴다. 그들은 대중에 대한 선전에 기만당할 만큼 그렇게 순진하지 않다. 하지만 그들은 자신들의 특권에 너무 민감하기 때문에 정권을 정당화하는 것을 거부하지 않으며, 또 정권에 대한 그들 자신의 복종을 거부하지도 않는다. 이렇게 해서 그들은 신앙과 회의, 언어상의 충성과 마음속의 유보를 혼합시킨다. 그들은 불합리한 교리를 받아들일 수도 없고, 포착하기 힘든 정교의 마력을 흔들어 놓을 수도 없다.

그들은 최후의 수단으로 초월적 종교의 예를 따를 수 없는가? 기독교는 왕에게는 물론 노예들에게도 복음을 예고했다. 기독교는 사회적 계층 제도에도 불구하고 인간들의 영혼의 평등을 설파했다. 그럼에도 교회는 현세의 권위를 정당화시켰고, 권력자의 양심을 지켜 주었다. 교회가 이 세상을 지배하고자 했던 시대도 있었다. 진보적 지식인들이 선한 교리를 선포하는 국가에 대해, 또 혁명적 합리주의의 희망과 일치하고, 그러면서도 그들이 복종하는 한, 전문가들과 문인들에게 관대한 사회의 건설에 대해 어떻게 자신들의 능력을 제공하는 것을 거절할 수 있을까?

마르크스는 종교를 민중의 아편이라고 불렀다. 원하건 원치 않건 간에 교회는 확립된 불의를 공고히 한다. 교회는 사람들로 하여금 악을 치유하는 대신에 그것을 지지하고 또 망각하게 한다. 신도는 내세에 대한 관심에 사로잡혀 땅 위의 국가조직에 대해서는 무관심하게 된다.

마르크스주의적 이데올로기는, 국가가 그것을 정교로 정하자마자, 동일한 비판에 직면하게 된다. 이 이데올로기는 또한 대중에게 복종을 가르치고, 통치자들의 권위를 확립해 준다. 그뿐만이 아니다. 기독교는 통치자들에게 완전히 자유로운 행동을 결코 허락한 일이 없다. 동양의 교회들까지도 부당한 군주를 비난할 권리를 가졌다. 러시아의 황제는 교회의 명목상의 주인이었지만 교리를 설파하지는 않았다. 하지만 공산당 서기는 정세의 필요에 따라 언제든지 스탈린주의 교리의 본질을 구성하는 공산당의 역사를 다시 쓸 자유를 가지고 있었다. 계급 없는 사회라는 개념은, 혁명에서 파생된 정권이 안정되어 독창성이 없는 관료 독재가 됨에 따라 그 의의를 점차 상실하게 되었다. 역사적 미래에 의한 정당화는 정치재판에서 언어의 유희로 퇴락하고 말았다. '다른 세상'은 미래라기보다 오히려 그것을 정의하기 위해 사용되는 말에 의해 변형된 현실이 되어 버렸다.

우리 시대에 공산주의라는 종교는 기독교와 전혀 다른 의미를 가졌다고 할 수 있다. 기독교라는 아편은 사람들을 수동적으로 만들고, 공산주의라는 아편은 사람들에게 폭동을 자극한다. 물론 마르크스-레닌주의적 이데올로기는 혁명가들의 모집에는 아니지만 그들의 훈련에 기여했다. 레닌과 그의 동지들은 교리에 복종했다기보다는 오히려 정치적 본능, 행동에 대한 취미, 그리고 권력의지에 복종한 것이다. 하지만 마르크스주의의 예언은 그들의 삶에 방향을 주었고, 무한한 희망을 일깨워 주었다. 계급 없는 사회에 비한다면 수백만의 시체가 무슨 중요성을 가진다는 말인가!

교리에 의해 경화되고 불모화되었음에도 마르크스주의적 이데올로기는 여전히 아시아와 아프리카의 여러 나라들에서 혁명적 기능을 수행하고 있다. 그것은 대중의 동원을 장려하고, 종파의 분산으로 당황해하는 지식인들의 단결을 강화시킨다. 또한 그것은 행동의 도구로서 여전히 효과가 있다. 하지만 다른 나라, 예컨대 프랑스에서는 사정이 전혀 다르다. 프랑스에서는 혁명에 대한 숭배와 역사의 비장한 질문은 일종의 도피주의와 연결된다. 묵시록에 대한 향수는 개혁에 대한 초조함을 불어넣는 것이 아니라, 오히려 입으로는 거절하면서도 ―이것은 소위 비타협주의의 명예에 대한 문제이다― 현실을 받아들이게 한다.

이렇게 말한다고 해서 프랑스에서조차도 수백만 명의 사람들이 우주의 파멸처럼 끔찍하고, 축제처럼 도취되고, 그들의 운명을 바꿔 버리는 사건을 믿는다는 것을 부정하는 것은 아니다. 그렇게 많은 진보주의적 기독교 신도들을 흥분시킨 문제는 다음과 같은 것이다. 어떻게 불행한 사람들로 부터 그들의 삶에 의미를 주는 희망을 끌어낼 수 있는가? 그런데 이 문제 는 신앙이 진리의 희생을 유도할 수도 있다고 생각하지 않았던 시몬 베유 같은 사람의 마음에는 아무런 힘을 주지 못했다. 우리는 신도들을 존경한 다. 하지만 우리는 그들의 과오와 싸워야 한다.

스탈린주의라는 종교는 권력의 탈취와 신속한 공업화를 위해 대중을 동원한다. 그것은 투사들의 규율과 그 건설자들을 신성화한다. 그리고 그 것은 인민들이 인내의 결과를 수확하는 순간을 혁명까지 연장하고, 또 앞 으로 나아감에 따라 좀 더 혁명에서 멀리 떨어진 미래로까지 연장한다.

중국에서 혼란의 세기에 마침표를 찍은 공산당 정권은 앞선 여러 정권 들보다 분명 더 능률적이고, 또 사람들의 운명에 대해 더 많은 관심을 가 졌다. 이런 개혁들이 좀 더 적은 희생 속에서 ―전 국민을 조직하거나 대 량 숙청 없이― 수행되지 못한 것을 후회해도 소용없는 일이다. 그렇다고 해서 이 경우에서조차도 사람들은 세속 종교에 적의를 품지 않을 수 없다.

신을 믿지 않는 자가 다음과 같은 영원한 진리를 선언하는 구원의 종교 에 반드시 적대감을 느끼는 것은 아니다. 즉, 인간은 그의 사회적 운명 속 에서 그의 운명을 전부 소진하는 것은 아니라는 진리가 그것이다. 부와 권 위적 위계질서는 가치의 질서를 반영하지 않는다. 또 세속적 실패는 가끔 보다 더 높은 성공의 길이며, 만인의 만인에 대한 투쟁에도 불구하고 만인 을 결합시키는 신비스러운 우애이기도 하다.

마르크스주의의 예언을 믿지 않는 자는 세속 종교를 비난해야 한다. 비 록 그것이 여기저기에서 바람직한 변화를 일으키는 경우에도 그렇다. 세 속 종교는 미신이다. 그것은 폭력과 무저항, 헌신과 영웅주의, 하지만 결 국 광신주의와 혼합된 회의주의, 신앙이 점점 그 내용을 상실하더라도 불신자들에 대한 싸움을 권하는 미신이다. 그것은 정치의 울타리 안과 밖에서 우정을 방해할 것이다. 간부들의 부르주아화와 대중들의 상대적 만족에 의해 퇴락한 이 세속 종교가 평범한 이데올로기가 되는 날까지, 또 더 이상 희망도 공포도 불러일으키지 않는 날까지 이런 방해는 계속될 것이다.

우리 시대에 종교는 논리적으로 세속적이 되어야 한다고 반대하는 것은 옳지 않다. 그때부터는 현대의 지배적 철학에 의하면 인류의 운명은 이 지상의 합리주의 조직 내에서만 결정될 것이다. 무신론은 아무리 그 자체에 대해 확신을 가진다고 해도 이데올로기적 독단주의를 포함하지도 않고 정당화하지도 않는다. 서구의 독특한 위대함의 원천인 국가와 종교의 분리도 인간의 이중적 본성을 만장일치로 믿으라고 요구하지 않는다. 또한 그것은 시민들의 대다수가 계속해서 신의 계시를 믿어야 한다고도 요구하지 않는다. 국가 자체가 이념의 구현도, 진리에 대한 유일한 증인도 아니라고 주장하지 않는다면, 국가와 종교의 분리는 불신앙의 세기에도 존속할 것이다.

어쩌면 예언은 모든 행동의 영혼일 것이다. 예언은 세계를 문제시하고, 거부나 기대 속에서 인간 정신의 존엄성을 긍정한다. 하지만 성공한 혁명에 대해 자부심을 가지는 통치자들이 그들의 권력을 확립하고, 적을 혼란시키기 위해 예언을 장악할 때에 정확히 세속 종교가 태어난다. 이 세속 종교는 처음부터 정교로 굳어지거나 아니면 무관심 속에서 해체될 운명을 타고났다. 서구인들은 한시적인 지상의 도시를 신성시하기에는 너무나 기독교적이었다. 소련의 법학자들은 어떻게 혁명의 열정을 유지할 수 있을까? 만일 살아 있는 자들이 현실에 만족한다면, 분노와 흥분의 시대는 끝나 버릴 것이다. 만일 그들이 현실에 실망한다면, 어떻게 그것이 천년왕국으로 향하는 길이라고 인정될 수 있을까?

세속 종교는 얼마 동안 거기에 동반되는 모순에 저항할 것이다. 하지만 서구에서 세속 종교는 희망의 종말에 이르는 숙명적인 한 단계 이상을 결코 보여 주지 않는다.

'인텔리겐치아'의 운명

소련 정권하의 지식인들과 프랑스의 지식인들 사이의 대조되는 두 개의 이미지를 화폭에 그려 보는 것도 재미있는 일일 것이다.

한쪽에서는 다수의 기술자들과 문인들이 소외된 것처럼 보인다. 기술자들은 경영자들이나 금융가들의 권위를 정당하고 유익하다고 인정하지 않는다. 문인들은 정치가들의 음모와 경찰의 포악한 행위에 분노한다. 또한 그들은 인도의 굶주린 농민들, 학대받는 남아프리카공화국의 흑인들, 압박받는 모든 인종과 계급, 매카시에 의해 규탄받는 옛 공산당원들, 바티칸의 훈령을 받는 사제-노동자들 등과 같은 불행 앞에서 책임감을 느끼고 있다.

다른 쪽인 인민민주주의를 채택한 여러 나라에서는 문인들과 전문가들이 서구의 동료들의 분노를 일으킨 같은 사람들과 같은 사건들에 대해 반대하는 선언에 서명을 한다. 독일의 재무장, 로젠버그 부부의 처형, 평화에 대한 바티칸과 워싱턴의 음모 등에 반대하는 것이다. 물론 그들은 분노할 권리를 가지고 있다. 하지만 그것은 그들이 객관적으로 알 수도 없고, 방문할 수 있는 자격을 가지지 못한 자본주의 사회를 희생시키는 비용을 치르면서이다. 그들은 자기들을 둘러싼 현실은 긍정하고, 다른 현실, 곧 멀리 떨어진 현실을 부정한다. 하지만 자유로운 유럽에서 공산주의와 가까운 '인텔리겐치아'는 그와 정반대되는 행보를 한다.

또한 세 번째 이미지도 쉽게 그릴 수 있을 것이다. 가치판단은 공산당원들과 같지만 부르주아민주주의가 인민민주주의보다도 자기들 이상에 더 가깝다고 생각하는 서구의 옛 공산당원들 또는 반공산주의자들의 이미지가 그것이다. 어떤 경우에 이런 지식인은 모든 성명서에 서명한다. 로젠버그 부부의 처형에 찬성하고, 소련의 강제노동수용소에 반대하고, 독일의 재무장에 반대하고, 헝가리, 루마니아, 불가리아 사회민주주의의 해방을 지지하고, 모로코 경찰에 반대하며, 1953년 7월 17일의 동베를린 폭동에 대한 가혹한 탄압에 반대한다. 하지만 어떤 때는 오히려 하나의 범주에 속하는 성명서에 서명하기도 한다. 예컨대 소련 강제노동수용소에 대해 줄곧 반대한다. 왜냐하면 그는 투쟁의 논리에 복종하며, 또 스탈린식 억압과 부르주아식 억압 사이의 질적, 양적 차이를 알고 있기 때문이다.

우리는 이상에서 제시된 유형의 지식인들의 범주 —모스크바의 공산주의자들, 유럽의 공산주의자들 또는 진보주의자들, 워싱턴, 런던 또는 파리의 반공주의자들— 중에서 어떤 범주도 자신들의 운명에 정말 만족하고 있다고 생각하지 않는다. 소련의 '인텔리겐치아'가 멀리서 보이는 것처럼 정권에 통합되어 있는지, 또 프랑스의 '인델리겐치아'가 자타가 믿는 것처럼 반항적인지 어떤지는 의문으로 남아 있다.

소련과 미국, 두 나라의 지식인들은 서로 다른 방식으로지만 국가와 일체가 된 체제와 연결되어 있다. 이데올로기에 반항하든가, 국가에 반항하든가 외에는 다른 길이 없다.

이와 같은 준※일치는 같은 방법에서 유래한 것도 아니고, 또 같은 형태로 나타나는 것도 아니다. '미국식 생활 방식'은 유럽의 지식인이 이데올로기를 통해 이해하는 내용을 부정하는 것이다. 이미 아메리카니즘은 개넘들이나 명제들의 체계로 나타나지 않는다. 그것은 집단적 구원자도, 역사의 종말도, 역사적 생성의 결정적 요인도, 종교에 대한 독단적인 부정도 알지 못한다. 그것은 헌법의 존중, 개인의 독창성 존중, 교회들 간의 경쟁에 대해 아주 무관심하고 강하며 막연한 신념에 의해 고무된 인도주의(오직 기독교의 '전체주의'만이 불안해한다), 과학과 능률에 대한 존중 등의 혼합이다. 그것은 상세한 정교도 공식적인 이론도 포함하지 않는다. 학교에서 그것을 가르치고, 사회가 그것을 의무적으로 만든다. 이렇게 말할 수 있다면, 그것은 타협주의라고 해도 좋지만, 좀처럼 전제적이라고 느껴지지 않는 타협주의이다. 왜냐하면 그것은 종교, 경제, 정치의 문제를 자유롭게 토론하는 것을 금하지 않기 때문이다. 물론 미국의 비타협주의자, 즉 공산주의에 동정하는 자는 억압이 없는 경우에도 집단적 불승인의 중압을 느낀다. 개인은 국가적 이념에 통합된 부분으로 여겨지는 사고방식이나 제도를 문제 삼을 수 없을 것이다. 그렇게 되면 그는 애국심의 결여라는 죄를 지은 것으로 의심받게 된다.

외관적으로 보면 소련의 이데올로기는 미국의 이데올로기의 결여와 정반대가 된다. 그것은 유물론적 형이상학 위에 서 있다고 주장한다. 그것은 일상적 조치들과 인류의 궁극적 목적 간의 뚜렷한 연대성을 포함하고 있다. 그것은 실천의 모든 양상을 이론의 형식으로 환원한다. 그 반면에 미국인들은 모든 결정, 심지어 정신적 질서에 속하는 경험도 실용적으로 정당화하려는 경향을 가지고 있다. 교리상의 진리를 선언하고, 또 그것을 사회에 부과하는 것은 국가이다. 모든 순간에 적용되도록 그 교리의 해석을 정식화하는 것도 국가이다. 소련에서는 국가가 법 위에 있고, 경찰이 자유롭게 활동하도록 방임한다. 그 반면에 미국은 계속해서 사법권의 우위를 유지하고, 또 광범위하게 사법권의 우위를 존중한다.

하지만 다음과 같은 질문들을 던지지 않을 수 없다. 즉, 서구에서 온 마르크스주의적 이데올로기가 과연 소련의 특이성을 충실히 표현할까? 만일 해석적 교조주의를 배제한다면, 우리는 5개년 계획, "간부가 모든 것을 결정한다", 아방가르드적 기능, 엘리트의 선출, 국토의 집단적 개발, 적극적인 영웅, 신질서의 이미지 등과 같은 국가 이데올로기의 요소들을 완전히 다시 발견하게 되지 않을까? 이와 같은 이데올로기는 청년 마르크스의 사색이라기보다는 오히려 혁명에서 태어난 러시아에 기원을 두고 있을 것이다. 그와 마찬가지로 순전히 미국적인 이데올로기도 생각할 수 있다. 그것은 미국의 경제와 사회의 특징, 즉 성공에 대한 숭배, 개인의 창의성과 집단에의 적응, 도덕적 영감과 인도주의적 행동, 치열한 경쟁과 규칙에 대한 감각, 미래에 대한 낙천주의와 현실의 고민에 대한 부정, 모든 정세를 기술적으로 해결할 수 있는 문제로 환원시키는 것, 권력과 트러스트에 대한 전통적인 적의, 군사 국가와의 광범위한 협력 등을 표현한다.

미국과 소련에서 전문가들의 통합은 연구 조건의 필연적 결과이다. 물리학자들은 자본주의하의 대회사의 연구소, 소련의 트러스트 또는 원자력위원회에 의해 고용된다. 그들은 공동으로 일을 하면서 군사비밀을 지켜야 한다. 그들은 봉급을 받는다. 그들은 고도의 특권을 누린다. 소련이 미국보다 특권이 더 크다. 그들은 아마추어로서의 독립이나 자유 직업인으로서의 독립은 상실했다. 자본주의적 민주주의에서 의사들, 법조인들과 같은 전문가들은 여전히 그들의 독립을 보존, 향유한다. 하지만 전문가들은 고용된 기업에 종속한다는 것이 장차 미국의 산업 사회에서는 일반적 원칙이 된다.

이와 같은 집단주의는 이용 가치가 있는 지식의 획득을 문화의 유지보다 더 위에 놓는다. 어제까지 문화에 종사했던 사람들도 오늘은 여러 분야의 전문가들이 되고 있다. 소련에서는 미국에서와 마찬가지로 인간 관리가 과학과 기술에 속한다. 문장을 다시 쓰기, 광고, 선거 선전, 심리기술 분야의 전문가들은 필요에 따라 말하고 쓰는 방법, 대중을 만족시키거나 분노하게 만들거나, 수동적으로 만들거나, 또는 폭력적이 될 수 있도록 노동력을 조직하는 법을 가르친다. 그들의 직업의 기초로 소용되는 심리학은 반드시 파블로프의 '조건반사'의 방법대로 유물론적이지 않을 수 있다. 심리학은 인간들을 각자 독자적이고 남과 대치할 수 없는 존재로 다루기보다는 예측할 수 있는 반응을 가지는 대중으로 다루고자 한다.

기술에 의한 문화의 억압은 일부 문인들을 분노케 하고 또 그들에게 고립되었다는 인상을 준다. 엄격한 전문화는 지식인이 월급쟁이의 자격으로 상업적 기업에 통합되는 것이 아니고, 사색가의 자격으로 인간적인 집단에 통합되는 또 다른 질서에 대한 향수를 불러일으킨다.

기존의 체제와 다른 체제를 생각하지 않는 미국에서 이런 한탄과 향수는 능동적인 반대 운동으로 표현되지 않는다. 어쨌든 지식인들이 이처럼 상대적으로 소외되는 원인은 소련에서 훨씬 더 강한 것 같다. 소련에서는 미국 이상으로 기술자가 문인보다 우위를 점하고 있다. 작가들, 예술가들, 선전가들은 영혼의 기술자들이라는 칭호를 거부하지 않는다. 하지만 예술을 위한 예술 또는 순수 연구와 같은 것들은 파문당한다. 하지만 소련의 생물학자가 모건Thomas Morgan[211]이나 리센코Trofim Lysenko[212]의 상대적 가치를 논하는 것을 바라지 않는다든가, 소련의 물리학자들이 다른 나라들의 물리학자들과 자유로이 정보를 주고받는 것을 바라지 않는다든가, 소련의 철학자들이 레닌의 유물론의 타당성에 대해 의문을 품지 않는다든가, 소련 음악가들이 위험 없이 형식주의에 따르는 죄를 범하려 하지 않는다고

---

211 토마스 모건(1866-1945): 미국의 유전학자로, 초파리에서의 유전적 전달 메커니즘을 발견하여 1933년에 노벨 생리의학상을 수상했다.
212 트로핌 리센코(1898-1976): 소련의 생물학자로, 후천적으로 얻은 형질이 유전된다고 주장했다.

생각하기는 힘들다.

물론 그로부터 소련의 '인텔리겐치아'가 정치 체제에 적대적이라는 결론이 도출되는 것은 아니다. 미국의 '인텔리겐치아'가 사기업을 정상적이라고 생각하듯이 소련의 '인텔리겐치아'는 경제의 국가 관리와 공산당의 권위를 당연하다고 판단하는 것 같다. 만일 소련의 화가가 사회주의 리얼리즘에 구속되지 않고, 또 만일 소련의 소설가가 강요된 낙관주의에 더 이상 구속되지 않는다면, 만일 소련의 유전학자가 멘델의 학설을 옹호하는 데 방해받지 않는다면, 그들 각자는 아마 대단히 만족한다고 선언할 것이다. 스탈린 사후 일 년 동안에 '즈다노프주의'의 완화로 인해 나타난 비판적 소설과 연극에는 작가위원회가 결정한 수많은 결정들 이상으로 소련 문인들의 희망이 여실히 반영되어 있다.

미국의 '인텔리겐치아'는 소련의 '인텔리겐치아'의 조건을 부러워하지 않는다. 하지만 미국의 자본주의를 거절하고 또 프롤레타리아트의 모험에 매혹당한 나라의 지식인들은, 이 '괴물' 같은 두 나라로 눈을 돌리면서 과연 어느 나라가 자신들의 미래를 약속해 주며, 어느 나라가 더 혐오의 대상이 되는지를 자문할 수 있다.

연구실의 시설이 좋지 않은 프랑스의 과학자가 소비에트주의만큼 아메리카니즘을 동경하는 것은 당연하다. 하지만 미국의 체제는 프랑스의 체제와 마찬가지로 '자본주의적'이므로 현재와 관계를 끊는 것으로 보이지는 않는다. 또 프랑스인은 집단의 번영에 필요한 임무는 국가의 책임이라고 기계적으로 주장하므로, 그가 꿈꾸는 나라는 정부가 사실상 과학적 연구에 자유롭게 비용을 쓸 수 있는 나라가 되기 쉽다. 역사가, 작가, 예술가 등을 포함하는 문인들은 당연히 문화 담당 관료들의 독재를 싫어할 것이다. 하지만 그들은 또한 신문, 라디오, 출판 전문가들이 해석하는 것과 같은 대중의 취미에 좌우되는 독재도 싫어한다. 지적 상품을 팔아야 할 필요성은 국가의 이데올로기에 복종하는 것과 마찬가지로 견딜 수 없는 일처럼 보인다. 문화인은 스스로 지적 매춘과 고독 중 하나를 택해야 하는 상황에 몰려 있는 것처럼 느낀다.

기술이 철학에 봉사하게 될 정치 체제에서 이와 같은 양자택일은 극복될 수 없을까? 소련에서 작가는 자연과 인간성 자체의 변형이라고 하는 위대하고 고귀한 일에 참여한다. 그곳에서 작가는 5개년 계획의 성공을 위해 헌신하고, 광부와 마찬가지로 작품을 생산하며, 기술자처럼 지도한다. 그는 자기 작품의 판매를 염려할 필요가 없다. 국가가 그것을 떠맡는다. 소련에서는 상업적 문제가 존재하지 않으므로 그는 출판업자에게 의뢰할 필요가 없다. 그는 스스로 노예라고 느끼지 않는다. 왜냐하면 그는 인민, 당, 정부를 결합시키는 이데올로기를 고수하기 때문이다. 그는 펜을 통해 고립과 생활을 영위하는 곤란함, 부업의 고역, 대필업의 권태 등에서 벗어나게 된다. 그 대가로 그에게 요구되는 것은 오직 하나의 희생이다. 즉, 교리와 그것에 대한 그날그날의 해석에 대해 '예'라고 대답하는 것이 그것이다. 그런데 이것은 완전한 부패의 씨앗을 담고 있는 불가피한 양보이다.

성공을 위해 아첨을 하거나, 또는 그늘에서 무위도식한 서구의 작가는 미래를 만들어 가는 대중과의 혼융과 국가에 의해 안전하게 보증되는 출판을 멀리서 상상한다. 그는 숙청이라는 예측할 수 없는 정세에서 생기는 불안정도 힘들이지 않고 받아들일 수도 있다. 왜냐하면 이런 불안정은 그가 열망하는 책임의 이면이기 때문이다. 하지만 그는 열광의 의무를 어떻게 감당할 것인가? 해방된 프롤레타리아트의 영웅들은 그들의 지도자들의 영광을 찬양한다. 그들의 순수한 충성심은 공공 봉사의 의무에 맞서 얼마나 오랫동안 견딜 수 있을까?

30년 전에 쥘리앵 방다Julien Benda[213]는 『지식인들의 배반La Trahison des clercs』

을 통해 행운을 보장했다. 여론은 문학과 철학의 가장 저명한 인사들이 라인강 양쪽에서 서명한 여러 선언을 아직 잊지 않고 있었다. 지식인들은 군인들에게 그들 모두가 싸우고 있다고 반복해서 말했다. 자신들은 문화를 위해서 싸우고, 군인들은 문명을 위해 싸우고 있다고 말이다. 그들은 동원된 증언들의 비판에 굴종하지 않고 적의 만행을 비난했다. 그들은 과거 유럽에서 여러 번 경험한 것과 유사한 주권국가들 간의 대립을 신성한 싸움으로 변형시켰다. 그들은 국가들의 이해관계와 민족들의 증오에 대해 합리적이라고 할 수 있는 그럴듯한 해석을 했다. 그들은 진실과 정의라는 높고 영원한 가치에 봉사해야 한다는 사명을 배반했다.

이 논의의 결론은 혼란스럽다. 쥘리앵 방다는 힘들지 않게 사상의 세속화를 기술했다. 대다수의 지식인들은 초월적인 것을 원하지 않게 되었고, 현세적 도시의 조직을 최후의 목표라고 생각하게 되었다. 그들은 지상의 재산, 국가의 독립, 시민의 정치적 권리, 생활수준 향상의 대가를 국민에게 가르쳤다. 심지어 기독교 신도들도 내재성의 매력에 양보했다. 하지만 만일 일시적인 것의 과대평가와 영원한 것의 과소평가에 배반이 존재한다면, 현대의 지식인들은 모두 반역자들이다. 교회를 떠난 그들은 그들의 진정한 기능을 포기했다. 왜냐하면 그들은 조물주를 소유하고 통제하면서 대중을 지배하려고 갈망하기 때문이다.

자신들의 교육과 직업적 활동을 통해 역사적 분쟁 속에 휩쓸려 있는 지식인들은 어떻게 정치의 모순과 예속으로부터 도피할 수가 있을까? 그들은 언제 그들의 사명에 충실하고, 또 언제 그것을 배신하는가? 드레퓌스 사건은 쥘리앵 방다에게 이상적인 모델로 소용되었다. 잘못으로 죄를 선

---

213 쥘리앵 방다(1867-1956): 프랑스 작가, 철학자, 평론가로 1927년에 출간된 『지식인들의 배반』으로 유명하다.

고발은 무고한 드레퓌스를 변호한 지식인들은, 설사 그들이 참모부의 위신을 손상시키고 육군을 약화시켰다고 하더라도, 자신들의 계급의 법에 복종했던 것이다. 지식인은 국가의 위대함보다 진리에 대한 존중을 더 높이 사야 한다. 하지만 군주가 달리 판결을 내려도 그는 놀라서는 안 된다.

모든 유명한 대의명분들이 드레퓌스 사건의 형태에 맞는 것은 아니다. 두 나라가 결사적인 싸움을 벌일 때, 상승하는 계급이 어제의 특권계급의 자리를 차지하려고 할 때, 어떻게 진리와 정의를 말해야 하는가? 1차 세계대전 발발의 직접적 책임이 연합국보다도 독일과 오스트리아 측이 더 크다고 가정해 보자. 물론 이 점에 대해서는 의심의 여지가 있다. 그렇다면 지식인은 진실을 말해야 하는가? 어느 한 측의 승리의 결과도 전쟁 발발의 원인만큼 중요하다. 왜 독일의 지식인들이 진심으로 자신들 조국의 승리가 결국 인류의 더 높은 이익에 이바지한다고 믿어서는 안 되는가?

추상적인 용어들로 규정된 가치들을 근거로 당, 정권, 국가 사이에서 선택을 할 수 있는 경우는 드물다. 만일 우리가 폭력을 위한 폭력의 도당들, 이성을 부정하는 자들, 포식동물로 돌아가고자 하는 사도들을 배제한다면, 각 분야에서 여러 가치들이 실현될 것이다. 물론 어떤 분야에서도 지식인의 모든 요구가 충족되지는 않을 것이다. 내일의 정의를 약속하는 사람은 이 목적을 실현하기 위해 가장 잔인한 방법을 이용한다. 인간이 피흘리는 것을 반대하는 사람은 쉽게 불평등에 복종한다. 혁명가는 사형 집행인이 되고, 보수주의자는 냉소적 태도로 넘어간다. 당이나 노동조합의 봉사자로서, 미국 비행기 회사나 원자력위원회에서 일하는 과학자나 지도자로서, 국가의 명령하에 있는 지식인들은 과연 행동의 규율에서 벗어날 수 있는가? 지구상에서 일어나는 모든 범죄에 반대하는 성명서에 서명을 하는 것은 현대에서는 확실히 지식인들의 행동의 우스꽝스러운 희화화가 아닌가?

국력이 약하고 내부의 대립 때문에 만장일치가 안 되는 나라에서 지식인들은 그들의 결정의 효력과 공정성을 우려한다. '미국의 점령'이 고위직 관리들에게 심각한 위기처럼 보이는 순간에 소련의 강제수용소를 폭로해야 하는가, 또는 해서는 안 되는가? 바리케이드의 저편에서도 사정은 다르지 않다. 반공주의자들은 그들대로 투쟁의 필요를 위해 모든 것을 희생한다. 지식인들도 보통 사람들과 마찬가지로 정열의 논리에서 해방될 수 없다. 그 반대로 지식인들은 그 논리의 정당화에 더 매달린다. 왜냐하면 그들은 그들 내부에서 무의식적 요소를 억누르려고 하기 때문이다. 정치적 정당화에는 언제나 선악 이분법적 논리가 동반된다. 다시 한번 묻자. 대체 반역자들은 어디에 있는가?

이 질문에 우리는 여기에서 우리를 위해 이렇게 답할 뿐이다. 즉, 합리적인 사회조직을 존중하는 지식인은 여러 사건을 기념하고, 또 모든 부정에 반대하는 모든 성명서의 아랫부분에 서명하는 것으로 만족하지 않는다는 답이 그것이다. 그가 '모든' 당의 양심에 호소하려고 노력하지만, 그는 인간에게 가장 좋은 기회를 주는 것같이 보이는 당에 참여할 것이다. 이런 선택은 역사적 조건과 불가분의 관계에 있는 오류의 위험을 포함하는 역사적 선택이다. 그는 참여를 거절하지 않는다. 또 그가 행동에 관여할 때에 그는 그 가혹함을 받아들인다. 하지만 그는 반대자의 논의, 미래의 불확실성, 자기 동료들의 과오, 투사들의 비밀스러운 동지애 등은 결코 잊지 않으려고 노력한다.

공산당에서 '책임 있는' 자리에 있는 지식인은 대중을 동원하고, 투쟁을 위해 그들을 훈련시키고, 학교에 보내고, 일을 시키며, 진리를 가르친다. 그는 또한 교리를 해설하기 때문에 성직자이다. 그는 사색하고 쓰기를 계속하면서 전사가 된다. 정복의 종교인 공산주의는 적어도 그 성전의 초기 단계에서는 지식인에게 다른 두 유형의 인간을 구현하고자 한다. 물론 이 두 유형은 평화가 되돌아오면 분리된다.

하지만 그 대가를 비싸게 치러야 하는 일시적인 성공일 뿐이다. 투사는 몇몇 사람들에게만 충성을 바쳤다. 어제는 존경을 받던 지도자들에게, 내일은 관료 제도의 주인들에게 충성을 바쳤다. 체제의 가차 없는 복종의 포로가 된 그는 국가의 지도자를 찬양해야 하고, 도래할 신국神國에 의해 정당화되는 노선의 미로를 따라가야만 한다. 설상가상으로 정교의 언설을 반복해야 하고, 결국에 가서는 사형집행인들에게 갈채를 보내며, 또 패배자들에게는 모든 명예를 거둬들여야 한다.

물론 지식인은 트로츠키나 부하린이 지은 죄의 상징적 의미를 잘 알고 있다. 파리의 철학자는 단지 반대를 위한 죄와 게슈타포를 위한 스파이 행위를 구별할 권리를 갖고 있다. 하지만 철의 장막 저편에 있는 지식인은 그 구별을 공언할 수 있는 권리를 가지고 있지 못하다. 그는 경찰관이나 취조관처럼 표현해야 하고, 국가에 충성하기 위해 그 자신의 지식인으로서의 사명을 배반해야 한다. 좌파 '인텔리겐치아'는 공산당의 승리로 인해 '당-교회'의 노예가 되고, 독단으로 굳어 버린 이데올로기의 노예가 되어 반항하거나, 또는 자기를 배반하거나 둘 중 하나를 택할 운명에 처해 있다.

그렇다면 아직 자유로운 유럽에서 좌파 '인텔리겐치아'는 과연 노예화를 바랄 만큼 계속해서 소외되었다고 느끼게 될 것인가? 진정한 신념을 박탈당한 좌파 '인텔리겐치아'는 예언에서 위대한 행동을 위한 영혼을 알아보는 것이 아니라 오히려 세속 종교 속에서 독재의 정당화를 알아보는 것이 아닐까?

결론

이데올로기의 시대는 끝날 것인가?

매카시 상원의원이 워싱턴의 정치 무대에서 계속 지도적 역할을 하고 있을 때, 보부아르의 작품 『레 망다랭*Les Mandarins*』이 공쿠르상을 받았을 때, 살아 있는 관료주의자들이 모스크바와 베이징에 왔다 갔다 하고 있을 때, 이데올로기 시대의 종언을 생각하는 것은 역설적으로 보인다. 물론 우리는 가까운 장래에 평화의 꽃이 피리라고 기대할 만큼 순진하지 않다. 정복자들이 환멸을 느꼈건 아니면 일소되었건 간에 관료주의자들은 여전히 지배하고 있다.

어쩌면 서구인들은 3세기 전에 진정한 종교의 선택을 위해 동일한 신의 이름으로 감행된 무의미한 살인에 지쳤던 것과 마찬가지로 정치적 관용을 꿈꿀 수도 있다. 하지만 그들은 빛나는 미래에 대한 신념을 다른 민족들에게 전파했다. 아시아와 아프리카의 어디에서도 '국가-섭리'는 불합리한 희망의 충동을 억누르기에 충분한 혜택을 널리 퍼뜨리지 못했다. 유럽의 여러 나라는 산업 문명을 일으키는 과정에서 다른 나라들보다 앞섰다. 회의주의의 첫 징조에 충격을 받은 그들은 아직 시기상조이기는 하지만 도래할 시대를 멀리서나마 예측하기 시작한 것 같다.

이제 내재성의 철학과 근대 과학이 시작된 이래로 흘러간 몇 세기를 회고해 보자. 수년 또는 수십 년 동안 대중이나 사상가들의 상상력을 사로잡았던 모든 이데올로기는 돌아보건대 몇 개의 지도적 이념을 가진 단순한 구조를 드러내 보이고 있다.

좌파의 낙관주의는 강한 감정에 의해 생겼고 또 유지되었다. 가령, 이성의 힘에 대한 찬미, 과학을 산업에 적용하면 인간 사회의 질서와 개인들의 삶의 조건이 바뀔 수 있다는 신념 등이 그것이다. 동지애가 넘치는 공동체에 대한 조상 전래의 열망이 국가주의나 사회주의 또는 그 양자를 차례로 또는 동시에 고무하기 위해 실용적 지식에 대한 신앙과 결부되었다.

교회의 정통성에 맞서 주장된 연구의 자유와, 무기들의 도입으로 인한 전쟁에서 확립된 전사들의 평등은 전통적인 계급 조직의 토대를 위태롭게 했다. 미래는 자유롭고 평등한 시민들의 것이 될 것이었다. 귀족적 유럽의 가장 장엄한 조직의 붕괴를 가져온 폭풍이 지나간 후에, 즉 프랑스 군주제의 붕괴 후에, 혁명적 정열은 피투성이의 패배와 빛나는 승리에 고무되어 국가주의와 사회주의라는 두 흐름으로 갈라졌다.

군주의 신하들은 목숨을 걸고 조국을 지키라는 호출을 받았지만, 그들이 자신들의 것이라고 할 수 있는 국가와 자신들과 의사가 통할 수 있는 지도자를 요구할 권리를 가지고 있지 않았다고 느꼈던 것일까? 수 세기 동안의 무의식적인 업적, 또는 고대의 도시의 연합에 대해 민감한 역사가들, 철학자들, 소설가들이 집단적 영혼의 특이성과 여러 민족의 자결권을 강조하면서 여러 국가 이론을 정립했다. 어쩌면 그들은 어떤 때는 원시적 종족주의와 같은 수준에서, 또 어떤 때에는 자유의 꿈에 고무되면서 국가적 정열을 정당화하면서도 그것을 과장했을 수도 있다. 결국 여러 나라에서 받아들인 합리적인 행정도 각국에게는 낯선 것이었기 때문에 초등교육과 징병의 속도에 의해 시대에 뒤떨어진 것이 되고 말았다.

국가주의적 감정은 철의 장막 양쪽에서 여전히 강하다. 인민민주주의의 나라들에서는 러시아의 지배를 싫어한다. 프랑스인들은 미국의 '점령'에 대해 쉽게 화를 낸다. 유럽방위공동체는 국가주의적 감정을 최대한 후퇴시킨 것이라는 비난을 받았다. 왜냐하면 국가 주권의 일부를 초국가적인 기관에 위임해야 하기 때문이다. 공산주의의 투사는 모스크바에서 오는 지령을 따른다. 그는 1939-1940년에는 전쟁 수행을 거부했고, 1941년 6월에는 레지스탕스 운동에 가담했다. 하지만 소련과 프랑스의 이해가 일치했던 시기에 당은 백만 명의 가입자를 확보하기도 했다.

국가주의적 감정은 여러 집단 간의 유대로 남아 있고 또 남아 있어야 한다. 하지만 국가주의적 이데올로기가 서구에서 비난을 받지 않는 것은 아니다. 하나의 이데올로기는 사실들, 해석들, 희망들, 예언들에 대해 분명하게 이루어진 체계적 이론을 전제한다. 본질적으로 국가주의자가 되려고 하는 지식인은 역사를 호전적인 국가들 간의 부단한 투쟁으로 해석하거나, 또는 독립국가들 사이에서 서로 존중하는 평화를 예견해야만 한다. 샤를 모라스가 주장한 혁명적 국가주의와 마키아벨리적 외교의 결합은 유럽 국가들의 약화로 인해 존속할 수 없을 것이다.

통치자들은 강대하고 신중하지 않은 동맹군의 포위에 맞서 모든 수단을 동원해 그들 조국의 이익과 권리를 필사적으로 지키려고 한다. 하지만 사람들이 자신들의 방어 무기를 제조할 능력이 없는 집단의 일시적 영광 때문에 흥분할 수 있을까? 미국의 국방예산은 북대서양조약기구의 전체 군사비의 3/4에 달한다. 한 진영이 다른 진영에 대해 고립, 중립, 대립 등의 태도를 취하는 것은 때로는 가능하고, 또 언제나 정당하다. 하지만 그런 태도들이 이데올로기의 변화에 도움이 되는 것은 아니다. 20세기에서

2급에 속하는 국가는 인간적 질서에 적합한 체계가 못 될 것이다.

미국과 소련은 지배의 자부심과 정복의 의지를 퍼뜨릴 수 있을 것이다. 두 나라의 국가주의는 하나의 국토, 하나의 문화, 하나의 언어에 결합된 유럽 여러 나라의 그것과는 차원이 다르다. 제정 러시아에서건, 소련에서건, 미국에서건 간에 인종, 피부색, 언어가 달라도 사람들에게 시민권이 부여된다. 미국의 인종적 편견은 헌법에 의해 흑인들이 보장받은 평등의 실현에 '브레이크'가 되었다. 흑인들이 공산주의의 호소에 민감하지 않았던 주된 이유 중 하나는 바로 헌법에 의한 이와 같은 평등권의 보장이었다. 19세기 말과 20세기 초의 몇 년을 제외한다면, 미국은 대외적으로 유럽식 제국주의, 영토 확장의 야망, 다른 나라들과의 부단한 투쟁에 있어서 결백했다. 미국의 시민이 된다는 것은 역사에 근거한 하나의 문화에 동승한다기보다는 오히려 하나의 생활양식의 획득을 의미했다.

소련은 가까운 여러 민족의 지배계급들이 러시아제국의 귀족으로 편입되는 것을 허락한 황제 시대의 전통을 연장시켰다. 소련은 공산당의 활동에 힘입어 다국적 엘리트들의 통합을 유지했다. 수많은 민족에게 주어진 소련의 시민권은 하나의 국가에 대한 충성과 하나의 이데올로기의 신봉을 요구했지만, 그들의 원래 국적의 포기를 요구하지는 않았다.

미소 두 강대국은 2차 세계대전 직후에 양국 간에 생긴 적대 관계와 힘의 공백 상태의 결과로 서로 대립하는 초국가적 체제를 구축하게 되었다. 북대서양조약기구는 미국에 의해 주도되고 있다. 미국은 동맹국들에게 무기를 제공하고 있으며, 미국 단독으로도 소련과 힘의 균형을 맞출 수 있을 정도이다. 로코솝스키Konstanty Rokossowski[214] 원수는 바르샤바에서 지휘를

---

214 콘스탄틴 로코솝스키(1896-1968): 2차 세계대전 당시 소련의 군인으로 전후에 폴란드 국방장관을 역임했다.

하고 있다. 소련 지도자들이 폴란드의 충성을 의심하고 있기 때문이고, 또 붉은 군대 소속 몇 개 사단이 독일의 심장부에 주둔하고 있기 때문이다. 제3공화국 이론가들의 주요 주제로 유명했던 '생활권Lebensraum'[215]이 철의 장막의 양쪽에서 실현되었다. 하지만 오직 군사적 질서 속에서 실현되었을 뿐이다.

사람들은 제국帝國이란 말을 쓰기를 주저한다. 대서양의 애국주의와 같은 것은 조금도 없다. 또 소련의 애국주의가 소수 공산국가들을 제외하고 위성국가들에서 아주 널리 퍼져 있다고 생각할 수도 없다. 공통의 신념의 승리에 의해 이론적으로는 통일된 초국가적 체계는 인민민주주의 국가들을 서로 고립시키면서 스스로 부정되고 있다. 루마니아에서 폴란드로 여행하는 것은 폴란드에서 프랑스로 여행하는 것보다 더 쉽지 않다. 소련 당국은 중국과 동독 사이의 상품 교역을 주선하고 있다. 하지만 인적 교류에는 수많은 장애물이 있다. 독립의 실체를 상실한 인민민주주의 국가들에 대해 일종의 독립의 시뮬라크르가 제공되었다. 마치 총체적인 계획에 필요한 국가가 동맹 국가들에 대해서도 폐쇄되어야 한다는 듯이, 인민민주주의 국가들 하나하나는 국경선 안에 갇혀 있는 실정이다.

인종과 언어가 다른 사람들을 지배하는 경우와 마찬가지로, 경제적 조건들의 극단적인 불평등은 새 시대의 정신과 모순되는 것처럼 보였다. 과학의 기적들에 힘입어 인류의 빈곤이라는 말은 언어도단이 되었다. 산업을 통해 천년 이래의 가난의 유물이 곧 사라질 것이라는 사실은 누구도 의심치 않았다. 다만 방법의 선택에서 갈라질 뿐이었다. 사회적 공동체의

---

215 생활권(프랑스어로 espace vital): 프리드리히 라첼(Friedrich Ratzel)이 처음 제시하고 지정학의 권위자인 카를 하우스호퍼(Karl Haushofer)가 주창한 독일 팽창주의 개념으로, 독일의 영토를 동부로 넓혀서 독일 민족이 살아갈 공간을 마련해야만 독일 아리아 민족이 살아남을 수 있다는 의미를 담고 있다.

이상은 자각적 의지의 대상이 된 적이 없이 모든 사람에 의해 실현된 균형의 모델과, 지구 전체적 계획과 착취자들의 제거 덕택으로 모든 사람을 위한 번영이라는 관념 사이를 왔다 갔다 한다.

자유주의와 사회주의는 계속해서 신념을 고무하기도 하고, 또 논쟁을 자극하기도 한다. 하지만 어느 것이 좋은지를 이론으로 바꾸는 것은 당연하지만 점점 더 어려워지고 있다. 오늘날의 서구 사회에는 많은 사회주의적 제도가 포함되어 있다. 인간의 운명을 극적으로 개선시키기 위해서도 우리는 더 이상 집단소유권이나 계획을 신뢰할 수가 없다.

기술의 진보는 인류를 실망시키지 않았다. 아마도 기술의 진보는 20세기에 더 속도를 낼 것이다. 지금으로부터 수년 또는 수십 년 내에 기술의 진보는 물질적 자원의 한계를 극복할 것이다. 하지만 우리는 기술의 진보의 비용과 한계를 모르고 있지 않다. 기계화된 사회는 평화롭지만은 않다. 그 사회는 인간들을 빈곤과 허약함의 노예 상태에서 구출해 내기는 한다. 하지만 그로 인해 수백만 명의 노동자들이 대량 생산의 논리에 예속되고, 또 인간이 기계로 취급될 위험이 존재한다.

물질적 풍요의 덕택으로 동지애를 상상하는 낙관주의자의 입장도, 매스컴과 고문이라는 새로운 도구들에 의해 인간들의 의식으로 퍼져 나가는 완전한 전제專制를 알고 있는 비관론자의 입장도, 20세기의 경험에 의해 완전히 반박되지 않는다. 처음으로 공장이 생긴 때부터 시작된 그들 사이의 대화는 지금도 계속되고 있다. 하지만 이 대화는 이데올로기적 논쟁의 형태를 취하지 않는다. 왜냐하면 서로 대립하는 주제들 하나하나는 이미 하나의 계급이나 하나의 당과 관계가 없기 때문이다.

최후의 위대한 이데올로기는 다음의 세 가지 요소의 결합에서 태어났다. 인간들의 갈망에 합치하는 미래에 대한 비전, 이런 미래와 하나의 사회계급 사이의 유대, 그리고 계획화와 집단소유제에 의한 노동자계급의 승리 너머에 있는 인간적 가치들에 대한 신뢰가 그것이다. 사회경제학적 기술의 가치에 대한 신뢰는 쇠퇴하는 중이고, 또 사람들은 제도들과 관념들의 근본적 혁신을 가져다준다고 생각하는 이 계급을 헛되이 찾고 있다.

오늘날에도 여전히 유행하고 있는 계급투쟁의 이론은 잘못된 유비에 의해 정당성을 잃고 있다. 부르주아지와 프롤레타리아트의 대립은 본질적으로 귀족계급과 부르주아계급의 대립과는 다르다.

어떤 이론가들은 프랑스 군주제의 몰락과 유혈이 낭자하고 분열과 공포에 사로잡힌 공화국의 유위변전을 프로메테우스적 모험으로 바꿔 놓았다. 헤겔은 세계정신이 전쟁의 신으로부터 축복을 받은 운이 좋은 한 장교 ―나폴레옹― 에게 육화되어 말을 타고 지나가는 것을 보았다고 주장했다. 마르크스와 레닌은 민중의 정체된 감정을 동요하게 만드는 활동적인 소수당, 사회주의 혁명에 헌신하는 선교사의 명령, 즉 자코뱅파와 관련된 꿈을 꾸었다. 프롤레타리아트가 부르주아지에 의해 시작된 작업을 완성시킬 것이라고 믿어 의심치 않았다.

프롤레타리아트의 이데올로그들은 부르주아들에 속한다. 몽테스키외를 내세우든, 볼테르를 내세우든, 또는 장자크 루소를 내세우든 간에, 부르주아지는 구제도와 기독교 세계관에 맞서 정치 질서와 지상의 인간들에 대한 고유한 생각을 내세웠다. '프롤레타리아트는 부르주아지의 세계관과 반대되는 세계관을 결코 가져 본 적이 없다. 단지 프롤레타리아트가 있어야 할 모습 또는 수행해야 할 목표에 대한 이데올로기가 있었을 뿐이다. 그런데 그 이데올로기는 역사적으로 공장노동자들의 수가 가장 적었을 때 가장 강력했다.' 이른바 프롤레타리아 정당이 권력을 장악한 나라에서는 공장노동자들보다도 농민들이 군대를 구성했고, 전통적인 위계질서나 국가적 굴욕에 분노한 지식인들이 지도자 노릇을 했다.

노동자계급이 자연스럽게 체험하는 가치들은 부르주아지의 그것들과 다르다. 대립되는 주제들을 작성하는 것은 가능하다. 가령, 연대 책임감 또는 소유에 대한 취향, 공동체에의 참여 또는 개인주의나 이기주의의 심화, 돈을 갖지 못한 자들의 관용 또는 부자들의 탐욕 등이 그것이다. 우리는 명백한 사실을 부정할 생각은 없다. 가령, 노동자 지역의 생활 방식과 양식은 좋은 지역에 사는 자들의 그것들과 같지 않다. 이른바 프롤레타리아트 체제, 즉 공산당이 지배하는 체제는, 그 지도자들이 노동자계급에 속하는 것은 사실이지만, 고유한 의미에서 노동자계급의 문화에 거의 아무것도 빚진 것이 없고, 또 당이나 조합에도 빚진 바가 없다.

20세기의 민중문화는 『프라브다』, 『프랑스 스와르』 또는 『리더스 다이제스트』 등의 공격에 굴복했다. 혁명적 조합주의 운동이나 무정부주의 운동은 이런 운동을 두려워하는 기업가들의 조직과 그것들을 싫어하는 사회주의 정당, 특히 공산주의 정당과의 무의식적 연합에 저항할 수 없다. 그런데 사회주의 정당과 공산주의 정당은 지식인들의 사상과 행동으로부터 많은 영향을 받았다.

이데올로그들이 프롤레타리아트에게 횃불을 전승한 것은 부르주아들의 야심, 즉 자연의 정복, 인간의 평등이나 기회의 균등 등을 완전히 달성하려는 희망에서였다. 기술적 진보와 노동자들의 비참이라는 대조는 불명예였다. 사실상 (자본주의적 또는 사회주의적) 자본 축적, 불충분한 생산, 인구 증가 등의 요구에서 생긴 전래의 빈곤의 부활을 좌파 지식인들이 어떻게 사유재산제와 시장의 무질서 탓으로 돌리지 않을 수 있겠는가? 불의에 맞서 반항하는 뜨거운 마음을 가진 자들은 다음과 같은 생각에 매달리게 되었다. 즉, 악 그 자체인 자본주의는 그 모순으로 인해 파멸할 것이고, 결국 그 희생자들이 특권계급을 타도하리라는 생각이 그것이다. 마르크스는 역사에 대한 헤겔의 형이상학, 혁명에 대한 자코뱅파적 해석, 영국 학자들이 전개한 시장경제 이론과 비관적 이론을 천재적으로 종합했다. 프랑스 대혁명과 러시아 혁명의 연속성을 유지하기 위해서는 마르크스 이론을 프롤레타리아트적이라고 부르기만 하면 되었다. 하지만 그 환상을 쫓기 위해서는 우리가 현실에 눈을 뜨는 것만으로 충분하다.

시장경제와 전면적인 계획경제는 현실 속의 경제에서 결코 나타나지 않는 두 개의 모델이다. 또한 이 두 경제는 연쇄적 진화 단계도 아니다. 산업 발달의 두 단계 사이에는 어떤 필연적인 연결도 없고, 또 어느 모델이 다른 모델보다 더 나은 것도 아니다. 낙후된 경제는 진보된 경제보다도 계획경제 형태에 더 가깝다. 두 모델이 혼합된 제도는 생존할 수 없는 괴물도 아니고, 순수한 유형의 경제로 나아가는 과도기적 형태도 아니다. 오히려 그것은 정상적인 상태이다. 계획경제에서는 다소 수정된 시장경제의 거의 모든 범주들을 발견할 수 있다. 생활수준이 향상되고, 또 소련의 소비자들에게 선택의 자유가 많아짐에 따라, 서구의 번영의 혜택들과 문제점들이 철의 장막 저편에서도 나타날 것이다.

20세기에 발발한 여러 혁명은 프롤레타리아의 혁명이 아니었다. 그 혁명들은 지식인들에 의해 구상되고 수행되었다. 그 혁명들을 통해 기술 시대의 요구에 적응하지 못한 전통적인 권력이 타파되었다. 자본주의가 18세기 말에 프랑스를 전복시킨 혁명에 비교될 만한 혁명을 촉발시킬 것이라고 예언자들은 상상했다. 하지만 그런 일은 일어나지 않았다. 그와는 반대로 지배계급이 신속히 개혁할 능력과 의사가 없는 곳에서 부르주아들에 대한 불만, 지식인들의 초조함, 농민들이 오래전부터 가졌던 열망이 폭발의 도화선이 되었다.

러시아도 미국도 귀족계급과 부르주아지 사이의 투쟁을 완전히 경험하지 못했다. 러시아 제정은 민주주의적 관념들은 배제하면서 서구의 기술문명을 도입하고자 했다. 러시아 제정은 사회와 국가의 동일화를 재확립한 권력, 즉 유일한 특권계급을 구성한 관리인들에 의해 대치되었다.

미국은 18세기 유럽의 진보주의적 사상과의 동일성을 자각하게 되었다. 미국은 부족 문명과 유럽 이민자들의 문명 사이의 격차로 인해 죽음의 운명에 처해 있던 인디언족들에 대해서보다 오히려 숲과 폭풍우 등과 같은 자연에 대해, 그리고 정복해야만 했던 미개척지에 대해 이런 진보 사상을 더 적용시키고자 노력했다. 미국에는 항상 특권과 봉사에 집착해 이성과 산업의 촉진을 억제하는 그 어떤 귀족계급도 없었다. 미국의 종교는 신앙의 교리가 아니라 도덕적인 엄격성을 가르쳤다. 그것은 미국 시민을 비타협과 국교주의로 유도했다. 하지만 그것은 근대 사상 운동을 제어하는 국가와는 결합하지 않았다.

미국에서는 프랑스 대혁명이나 프롤레타리아트의 분리에 비교될 만한 사건에 의해 18세기의 낙관론이 부인되지도 않았다. 전면전이고 물자 전쟁이었던 남북전쟁은 승리자들의 대변인 역할을 하는 역사가들에 의해 승리로 해석되었다. 즉, 인간은 반-노예, 반-자유민으로 살아갈 수 없다는 것을 증명했다는 점에서 그렇다. 미국의 노동자들은 미국적 사상의 약속을 받아들였고, 또 묵시록의 필연성을 믿지 않았다.

처음부터 기업을 비난하는 교리로 무장한 볼셰비키는 일찍이 보지 못한 양식을 가진 산업 사회의 건설자가 되었다. 국가는 집단의 자원을 분배하고, 공장을 관리하며, 저축과 투자의 책임을 맡았다. 19세기 서구의 노동자계급은 직접 국가에 맞서서가 아니라 고용주에 맞서 궐기했다. 고용주와 국가가 하나인 곳에서 전자에 대한 반항은 후자에 대한 이반을 의미했다. 마르크스주의적 이데올로기는 국가 경제의 필요성에 대한 훌륭한 정당화의 구실을 제공했다. 프롤레타리아들은 당에서 구현된 일반의지에 무조건 복종해야 한다는 것이 그것이다.

만일 대화가 허용되었더라면, 소련의 지식인들은 1930년에 레닌그라드와 모스크바의 빈민가의 참상을 확실히 비난했을 것이다. 마치 그들의 동료들이 한 세기 전의 맨체스터나 파리의 참상을 비난했듯이 말이다. 소련의 지식인들은 또한 생산수단의 발전과 표면상의 또는 사실상의 인민들의 고통 증가와의 대조는 눈물 없는 진보 또는 풍요를 약속하는 재앙이라는 상투적인 유토피아적 환상도 고무했을 것이다.

그렇다면 혁명가들은 소련의 현실에 어떤 계획을 대조시킬 수 있을까? 그들은 정치적 자유, 공장 관리에 대한 노동자의 참여를 요구하거나 요구할 수 있지만, 아마도 농업 분야를 제외하고서는 생산수단의 사유는 요구하거나 요구할 수 없을 것이다. 자본주의 체제하에서 대중은 적어도 공유재산제는 산업의 수많은 악惡을 치유하거나 완화시킬 것이라고 생각한다. 하지만 공산주의 정권하에서 대중은 사유재산제의 회복에서 그와 동일한 기적을 바랄 수 없을 것이다. 불평분자들은 레닌주의로의 복귀, 즉 진정한 프롤레타리아트 국가를 꿈꾼다. 달리 말해 그들은 지배적인 이데올로기를 충실하게 표현하는 제도와 생활을 열망한다.

미국에서 프롤레타리아트는 그렇게 생각하지 않는다. 노동자들의 조직은 유럽에서 복지국가나 사회주의와 관계가 있는 많은 개혁을 요구하고 또 획득한다. 대중의 지도자들은 현 체제하에서 그들에게 주어지는 지위에 만족한다. 그리고 대중은 다른 사회나 다른 가치들을 열망하지 않는다. '자유기업', 경쟁, 엘리트들의 교류에 대한 의견의 만장일치는 미국의 현실이 이런 이상과 일치한다는 것을 의미하지 않는다. 또한 그와 마찬가지로 마르크스-레닌주의를 강제적으로 가르친다고 해서 러시아 사회와 공식적인 이데올로기의 일치가 보장되는 것은 아니다.

이와 같이 자연발생적이건 또는 경찰의 도움에 의해서건, 여러 다른 방법을 통해 현대의 양대 사회는 이데올로기 논쟁의 조건들을 제거했고, 노동자들을 통합했으며, 또 각국의 원칙들을 만장일치로 고수하게 했다. 그들이 소속된 진영에서 완전히 인정받지 못하는 이류 국가들에서는 이데올로기 논쟁이 여전히 심각한 문제이다. 그들은 너무 자긍심이 강해서 사실상의 의존관계를 받아들일 수 없고, 또 너무 자존심이 강해서 국내 프롤레타리아트의 의견 불일치는 역사의 필연이라기보다는 오히려 국가적 실패를 반영한다는 사실을 인정할 수 없다. 그들은 공포를 퍼트리는 권력에 매혹되고, 비판과 비난은 묵인하지만 도피할 길이 막힌 한 지역에 갇혀 있는 수인들이다.

분명히 역설적이게도 동일한 기술 문명의 세계적 전파는 오늘날 각국이 직면하는 문제들에 대해 특수한 성격을 부여했다. 우리 시대의 정치의식은 이런 특성을 인식할 수 없기 때문에 왜곡되었다.

자유주의적, 사회주의적, 보수적, 마르크스주의적임을 막론하고 우리가 체험한 이데올로기는, 유럽이 문명의 다양성을 의식했지만, 그 메시지의 보편성을 의심하지 않았던 세기의 유물이다. 오늘날 공장, 의회, 학교는 모든 곳에서 출현하고 있고, 대중은 아우성을 치며, 지식인들은 권력을 장악하고자 한다. 정복을 끝마치고 이미 그 승리와 노예의 반역을 견디지 못하고 있는 유럽은 다음과 같은 사실을 인정하는 데 주저하고 있다. 즉, 유럽인들은 그들의 사상으로 세계를 정복했지만, 그들의 사상은 과거에 그들이 학교와 광장에서 했던 논쟁과 토론에서 보여 주었던 형식을 간직하지 못하고 있다는 사실이 그것이다.

마르크스-레닌주의적 정교의 포로가 되어 있는 동구의 지식인들은 다음과 같은 분명한 사실을 인정할 권리를 가지고 있지 않다. 즉, 산업 문명에는 여러 형태들이 포함되어 있으며, 역사도 이성도 그것들 사이에 하나의 근본적 선택을 부과할 수 없다는 사실이 그것이다. 서구의 지식인들은 반대 의미에서 가끔 다음과 같이 말하는 것을 주저한다. 즉, 연구의 자유, 개인의 시도, 상인들이나 산업인들의 개척 정신이 없었다면, 이 문명은 어쩌면 출현하지 않았을 것이라는 사실이 그것이다. 하지만 그 문명을 재현하거나 연장하기 위해 그와 동일한 노력이 필수적일까? 세계 일주에 48시간밖에 안 걸리지만, 이 비극의 주역들은 호메로스 작품의 영웅들처럼 멀리서 자신들의 험담을 교환해야 하는 기묘한 세기에 우리는 살고 있다.

인도는 오늘날의 유럽이나 1810년의 유럽을 모델로 삼을 수 없다. 1950년의 인도의 인구 일인당 수입과 노동자들의 분포가 한 세기 반 전 유럽의 상태와 같다고 해도, 경제 발전의 국면은 같지 않을 것이다. 인도는 기술적 비법을 발명하는 대신에 그것을 차용한다. 인도는 노동당 정권하의 영국에서 통용되고 있는 관념을 받아들이고, 현대의 의학과 위생의 가르침을 응용한다. 하지만 20세기의 아시아에서 인구의 증가와 경제 발전은 19세기의 유럽에서처럼 조화를 이루지는 못할 것이다.

정치는 각국의 경제적 연령과 인구학적 연령에 따라 특수화될 뿐만 아니라 각국의 고유한 전통과 문화권에 따라 특수화되기도 한다. 이른바 자유세계의 도처에서 의회는 폭발하는 용광로 곁에서 숙의한다. 서구에서 민주주의의 승리의 영광인 제도, 즉 의회는 첫 단계부터 이식되었다. 19세기에 파리에서 사람들은 보통선거와 의회의 권리를 정당하게 요구했다. 국가는 수 세기에 걸친 군주제에 의해 강해졌고, 국민은 수 세기에 걸친 공동생활에 의해 단련되었다. 정치적 논쟁에서 단련된 지식인계급은 권력의 행사를 열망했다. 서구인들이 유럽 대륙의 반원형이건, 앵글로색슨식의 장방형이건 간에, 의회가 자동차나 전기와 마찬가지로 세계에서 대단한 진보를 보장한다고 믿은 것은 잘못이 아니었다. 하지만 그 보편적 중요성을 이 제도를 빛나게 한 이데올로기로 돌리는 것은 잘못일 것이다.

정치 이론은 각국에서 의회 제도의 성공을 결정하는 다음과 같은 환경적 요소들을 고려할 수 있고 또 고려해야만 한다. 가령, 국민적 통합의 힘, 언어, 종교 또는 당들 사이의 분쟁의 강도, 지역공동체들의 통합이나 분열, 정치적 엘리트들의 능력 등이 그것이다. 정치 또는 경제 이론가가 하나의 방법을 다른 방법보다 선호하는 것은 합리적이다. 다만 그 한계와 불확실성을 잊지 말아야 한다. 하지만 만일 자유세계가 마르크스-레닌주의에 비교될 수 있는 독자적인 이데올로기를 가진다고 생각한다면, 그것은 중대한 과오를 범하는 것이다.

스탈린식의 통치 기술은 적어도 첫 단계에서는 소련군이나 국민군 덕택으로 당이 국가를 장악하고 있는 모든 나라에서 여전히 적용 가능하다. 허위의 이론도 효율적인 행동을 고무할 수 있다. 왜냐하면 행동은 반세기 동안의 경험에 근거한 전술적 고려에 의해 결정되기 때문이다.

교리가 허위라는 사실은 이와 같은 준準해방에 대한 광범한 혐오에 의해 드러난다. 러시아 이외의 유럽에서는 붉은 군대의 도움이 없었다면 공산당 정권이 들어설 수도, 유지될 수도 없었다. 시간이 지남에 따라 소련의 대학 내에서 민족적 특수성 ―경제 발전의 단계, 전통― 이 다시 주장될 것이다. 공산주의 세력의 팽창이 그 교리가 진리임을 증명해 주는 것은 아니다. 그것은 무함마드의 정복이 이슬람교의 진리를 증명해 주지 않는 것과 마찬가지이다.

소련의 세계는 그 과오의 희생자가 아니다. 오히려 희생자는 서구이다. 토의, 동의, 타협 등에 의한 통치의 관념은 아마 이상일 것이다. 선거와 의회의 행동은 여러 행동 중 하나다. 만일 상황에 대해 신경 쓰지 않은 채 이 모든 것을 도입한다면, 그것은 실패로 뛰어드는 것이다. 그런데 민주주의적 실천의 실패는 공포나 열광의 조작으로 감춰지지 않는다. 그것은 맑은 햇빛 속에서 발생해 독재정치로 빠질 수 있다.

어떤 '인텔리겐치아'도 프랑스의 '인텔리겐치아'만큼 보편성의 상실로 인해 고통받지 않는다. 어떤 '인텔리겐치아'도 프랑스의 '인텔리겐치아'만큼 그 환영을 포기할 것을 완고하게 거절하지 않는다. 또 어떤 '인텔리겐치아'도 프랑스의 '인텔리겐치아'만큼 조국의 진정한 문제를 인식하지 못한다.

프랑스는 비공산주의 세계에 속하며, 모든 힘을 다해 피하고자 하는 파국을 일으키지 않고서는 진영을 바꿀 수 없을 것이다. 물론 이와 같은 소속 관계가 산업의 국유화건, 북아프리카의 개혁이건 간에, 이른바 좌파의 조치를 금지하는 것은 아니다. 튀니지나 모로코에서 프랑스의 보호정치에 맞서 앵글로색슨의 영향과 소련의 영향이 결합된다. 지리적 조건 때문에 소련으로부터 통치 기술의 차용과 소련 대표의 국가권력에의 참여가 배제된다. 프랑스의 지식인들은 그들의 비효율성을 보증이나 하는 것처럼 불가능한 일을 권고하고, 또 공산당의 협력을 제공하는 것을 바라 마지않는다. 공산당은 상황에 따라 그 요구를 거부하기도 하고 받아들이기도 한다. 하지만 한결같은 경멸이 동반된다.

인류 전체에 적용할 수 있는 진리를 동경하면서, 프랑스 지식인들은 사태를 응시한다. 유고슬라비아가 모스크바에 의해 파문당한 후에 얼마 동안 생제르맹데프레는 티토주의 일색이었다. 물론 그 후로 티토 원수가 공산주의를 부정하지 않은 채 진보주의자들이 서구의 국가들을 비난하는 것과 같은 군사동맹을 맺었을 때, 그의 위신은 곧바로 땅에 떨어졌다.

마오쩌둥이 이끄는 중국은 1954년 말에 티토의 유고슬라비아의 뒤를 이어 호평을 받고 있다. 발칸의 다윗(티토를 의미함)의 나라보다 더 넓고 신비한 아시아의 거인 중국은 결국 진정한 공산주의를 실현할 것이다. 누구도 문자를 해독하지 못하고, 또 방문은 몇몇 도시와 몇몇 공장에 한정되어 있기 때문에, 서구 여행자들의 열의는 현실과의 접촉으로 위협을 받을 위험이 크지 않다. 현실의 다른 면에 대해 정보를 제공할 수 있는 사람들, 즉 선교사들[216]과 반혁명가들에게 질문하는 것은 조심해야 할 것이다. 중국에서 공산주의의 성공은 아마도 20세기의 가장 중요한 사실이다. 대가족제도의 붕괴, 중공업과 강한 군대와 강대한 국가의 건설은 아시아의 역사에서 신기원을 이룬다. 마오쩌둥 정권은 과연 프랑스에 어떤 모델과 어떤 교훈을 제공하는가?

20세기 중엽에 프랑스에 부과되는 여러 임무는 우리의 국경을 훨씬 넘어서는 의미를 가질 것이다. 가령, 프랑스인들과 북아프리카의 이슬람교도들 사이에 진정한 공동체를 조직하는 것, 미국 세력에 대한 의존도를 줄이기 위해 서구의 여러 나라를 통합하는 것, 경제의 기술적 후진성을 따라잡는 것, 이 모든 역사적인 임무들은 명백한 실천적 열의를 일깨울 수 있을 것이다. 누구도 지상의 인간들의 삶의 조건을 뒤바꾸려 하지 않을 것이고, 누구도 프랑스를 이상을 지키는 보초로 삼지 않을 것이고, 누구도 우리 운명과 불가분의 관계를 맺은 아시아의 작은 곳에서 우리를 구해 주지 않을 것이다. 누구도 형이상학적 사고의 매력(자유, 평등)이나, 또는 사회주의나 아니면 국가주의의 이데올로기에 명백한 보편성을 마련해 주지 못할 것이다. 프랑스를 지구상의 정확한 위치에 놓고, 또 사회과학의 가르침에 따라 행동함으로써 우리 지식인들은 현대에서 도달하기 쉬운 유일한 정치적 보편성을 달성할 수 있을 것이다. 그들은 기계문명에 대해 국민의 전통과 나이에 맞는 형식을 줄 수 있고, 또 번영과 평화를 목적으로 우리의 힘과 사고가 그 영향력을 넓힐 수 있는 지구의 권역을 조직할 수도 있을 것이다.

이와 같은 근접한 전망에 대해 프랑스의 문인들은 무관심한 것처럼 보

---

216 Cf. F. Dufay, *L'Etoile contre la Croix*, Hongkong, 1952.

인다. 그들은 내재론의 철학에서 잃어버린 영원의 동의어를 다시 찾으려 하고, 또 다음과 같이 중얼거리는 것 같은 느낌을 갖게 된다. "보편적이 아 닌 모든 것은 결국 어떻게 되는가?"

프랑스 지식인들의 태도는 국민적 자긍심과 보편적 관념에 대한 향수 에 의해 결정된다. 이런 태도는 해외에서도 반향을 일으킨다. 하지만 그 것은 오직 프랑스 작가들의 재주에 의한 것만은 아니다. 만일 문화인들이 만인을 위한 진리를 진심으로 믿지 않게 된다면, 과연 그들은 무관심에 빠 져들지 않을까?

지식인들의 종교인 공산주의는 아시아와 아프리카의 지식인들 사이에 서 제자들을 모으고 있다. 그 반면에 서구의 합리적 민주주의는 가끔 자유 선거에서 승리하지만, 대의명분의 승리를 위해 모든 것을 희생할 준비가 되어 있는 지지자들을 결코 모집하지 않는다.

"중국과 일본에 대해 우리 서구 문명의 세속적 해석을 제공하면서 우리 는 두 나라 국민들에게 돌을 주었다. 하지만 그들은 우리에게 빵을 요구했 다. 하지만 러시아인들은 그들에게 기술과 동시에 공산주의를 제공하면 서 일종의 빵도 주었다. 이렇게 말할 수 있다면 그것은 돌이 섞인 흑빵이 었다. 하지만 빵이었다. 어쨌든 그것은 인간의 삶에 필수 불가결한 정신 생활을 위한 약간의 영양소를 포함하고 있는 양식인 것이다."[217]

공산주의는 서구의 전언이 격하된 표현이다. 그것은 자연을 정복하고,

---

217 Arnold Toynbee, *Le Monde et l'Occident*, Paris, 1953, p.144.

다수 빈민들의 운명을 개선하려는 야심을 가지고 있다. 하지만 그것은 인간의 무한한 모험 정신이 되었고, 또 그것으로 남아 있을 것들, 가령 탐구의 자유, 논쟁의 자유, 비판의 자유, 투표 등을 희생시키고 있다. 공산주의는 경제 발전을 철저한 계획화에 복종시키고, 사회주의 건설을 국가의 정교에 종속시킨다.

공산주의가 지식인의 허약함 때문에 성공한다고 해야 하는가? 진정한 이론은 현재의 불확실성을 감추려고 하지 않는다. 그것은 당들 사이의 논쟁을 고무한다. 그것은 느린 진보만을 희망할 뿐이다. 그것은 아시아의 지식인들을 열등감에서 해방시켜 주지 않는다. 세속적 종교는 위신과 예언주의의 힘을 가지고 있다. 그것은 소수의 광신도를 부추긴다. 이들 광신도들은 그들의 차례가 되면 미래의 환상에 유혹된다기보다는 오히려 현재의 불행에 저항하는 대중을 동원하고 통제한다.

공산주의의 신앙의 내용은 지상에서 좌파 지식인들이 신봉하는 다른 이데올로기들의 내용과 결코 다르지 않다. 대개 좌파 지식인들은 이 종파의 규율에 따르지 않으면서 문지방에 머물러 있다. 모든 회의와 망설임을 극복하면서 최후에 발걸음을 내디딘 소수자들이 '산을 움직이는' 신념을 갖게 된다. 자유주의자들은 그들 자신을 의심하고, 종종 나쁜 진영(우파, 반동, 봉건제)에 선 것과 같은 불안감을 막연하게 느낀다. 서구의 대학 분위기는 세계 도처에서 모여든 학생들을 마르크스-레닌주의에 물들게 했다. 마르크스-레닌주의는 진보주의 철학의 논리적 귀결이 아니라 독단적 경화이다.

공산주의는 본질적으로 수백만 명의 아시아인들을 개종시키는 데 처음으로 성공한 유럽인들의 신앙이라고 말한다. 이 신앙으로 첫 번째로 세례를 받은 자들은 지식인들이었다. 그들은 기독교에 의해 개종되지 않았다. 기독교는 전통적인 가치 체계와 관습 체계와 충돌했으며, 그 교리는 침략자들의 행동으로 비쳤고, 또 제국주의자들의 군사적 우월의 본질인 과학적인 사고와 일치하지 않았다. 공산주의가 매력을 가졌던 이유는, 그것이 '기독교적' 이단이기 때문이 아니라 합리주의적이고 낙관주의적 철학의 극단적인 형식이자 단호한 해석으로 보였기 때문이었다. 요컨대 공산주의는 서구의 정치적 희망을 일관성 있게 보여 주는 표현이었다.

단순한 사람들은 이런 희망에 민감하지만, 해석적 형식주의에 대해서는 무관심하다. 그들은 교회에 충실한 것 이상으로 당에 의해 지휘되는 것을 받아들인다. 농민들은 집단소유를 동경하지 않고 오히려 사적 소유를 동경한다. 노동자들은 노동조합들의 주도에 의한 사회주의의 건설을 미리 머릿속에 그리지 않는다. 공산주의에 대해서 일종의 정신적 내용을 제공해 주는 것은 예언주의이다.

미래의 정복자들이 경제 계획자들이 될 때 거기에 무엇이 남는가? "신성화된 무인이 흉악한 악한이 되었다. 성아우구스티누스는 우리에게 이런 말을 들려주고 있다. 티루스의 해적이 그의 면전에서 말한 바와 같이, 알렉산더 대왕도 군대의 도움을 받는 대신에 두 사람의 공모자와 같이 공을 세웠더라면 강도로 여겨졌을 것이다. 그리고 신성한 질서의 유지자는 무엇을 의미하는가? 예컨대 아우구스투스Augustus[218] 황제도 강도들을 일소한 날에 질서 유지자가 되었다. 물론 우리는 그 점에 대해 그에게 감사해야 한다. 하지만 만일 우리에게 이 개심한 도둑을 신과 같이 숭배함으로써 감사를 표시해야 한다고 극단적으로 요청한다면, 우리는 확신이나 열의를 가지고 그렇게 할 수 없을 것이다."[219] 지노비예프와 부하린을 숙청한

---

218 아우구스투스(기원전 63-14): 로마제국의 초대 황제(기원전 27-14)이다.
219 Arnold Toynbee, *op. cit.*, p.182.

스탈린에 대해, 또는 베리야Lavrenty Beriya[220]를 숙청한 말렌코프에 대해 우리는 어떤 감정을 가질 수 있을까? 정권을 장악한 공산주의에 여전히 정신적 내용이 간직될까?

공산주의 건설자들의 열광은 얼마나 오랫동안 투사들의 버팀목이 될수 있을까? 국가의 영광은 얼마나 오랫동안 역사적 권력의 지배를 입증할수 있을까? 어쩌면 중국은 관리들의 이와 같은 종교 속에서 지속적인 평화를 발견하게 될 것이다. 하지만 기독교의 유럽은 그렇지 못할 것이다. 공식적인 정교의 교리가 타락해 의식적儀式的인 언어가 되거나, 또는 어떠한 일시적인 선에도 만족할 수 없는 유일하게 진정한 신앙이 세속적 교권주의에 반항하게 될 것이다. 어쩌면 인간은 정신이나 진리 속에서 하나의신을 숭배하지 않고서도 살아갈 수 있을 것이다. 하지만 그들은 프롤레타리아가 승리한 후에는 이 지상에서 낙원에 대한 기대를 갖고 오래 살아갈수 없을 것이다.

기독교 신앙이 아니라면 프롤레타리아 신앙에 아무것도 내세울 수 없을까? 서구는 소련의 유물론에 반대하는 정신적 진리를 내세우는가? 세속적 권력의 투쟁에서 종교와 타협하지 않도록, 또 우리가 옹호하는 체제에다가 그것이 가지고 있지 않은 장점들을 부여하지 않도록 주의해야 한다.

자유주의적 민주주의는 '기독교 문명'을 대표하지 않는다. 자유주의적민주주의는 기독교를 믿는 사회에서 발전되었으며, 또 기독교가 개인의영혼에 부여하는 절대적 가치에 의해 상당한 정도로 고무되었다. 선거제도, 의회 제도, 시장의 조직 등은 기독교적이지 않고 또 기독교 정신에 반대되는 것도 아니다. 물론 자유로운 창의성의 표현인 구매자들과 판매자

---

220 라브렌티 베리야(1899-1953): 소련의 정치가로 스탈린 정권의 핵심 인물이다.

들 간의 경쟁은, 만일 인간성이 '타락'으로 인해 더럽혀지지 않았더라면, 용인되지 않았을 것이다. 개인은 보상을 기대하지도 않고, 또 자신의 이익을 염두에 두지도 않으면서 타인들을 위해 최선을 다할 수도 있다. 하지만 현재 있는 그대로의 인간은 이기주의적 존재이다. 하지만 무제한의 경쟁이나 끝없는 부에 대한 욕망을 용인할 수 없었던 교회는 산업 문명의 특징인 경제제도를 비난할 필요가 없었다. 계획경제주의자들도 돈에 대한 욕망이나 개인의 명예에 대한 욕망에 호소하지 않을 수 없다. 어떤 체제도 이기주의를 무시할 수 없다.

공산주의가 기독교와 갈등을 일으키는 것은, 공산주의가 경제를 조종하기 때문이 아니라, 그것이 무신론적이고 전체주의적이기 때문이다. 공산주의는 청년들 교육의 유일한 담당자라고 주장한다. 공산주의 국가는 숭배와 성찬식의 거행을 허락한다. 하지만 공산주의는 스스로 중립적이라고 여기지 않는다. 공산주의는 종교적 신앙을 사회주의 건설의 진행과 더불어 사라질 수밖에 없는 운명에 처한 미신으로 규정한다. 공산주의 국가는 성직 제도를 정치적 십자군으로 편성시킨다. 교구 목사, 신부, 주교, 대주교는 평화를 위한 전투를 하고, 또 바티칸의 음모를 고발하라는 요청을 받기도 한다.

신도들에게 선택을 권고하는 것은 어떤 교회에도 소속되지 않은 우리의 문제가 아니다. 하지만 오늘 과학자들이나 예술가들의 공동체처럼 기독교 신도들을 희생시키는 전체주의에 맞서 싸우는 것은, 내일 교권주의에 맞서 다시 싸울 수도 있는 철저한 자유주의자들인 우리 모두에게 부과된 의무이다. 우리는 단지 우리가 공유하지 않는 신앙에 가해진 폭력만이 아니라 모든 사람을 해치는 폭력 또한 비난한다. 일상적인 사건들에 대해 공식적인 해석을 가하는 국가는 또한 세계의 동향과 최종적으로는 인간의 모험이 가지는 의미에 대해서도 하나의 해석을 부과한다. 국가는 정신의 결과물들, 집단의 활동들을 그 자체의 사이비 진리에 예속시키려 한다. 선교의 자유를 옹호하면서 신도가 아닌 자들은 자신들의 자유를 지킨다.

서구와 소련을 본질적으로 차별화시키는 것은 다음과 같은 것이다. 즉, 서구는 스스로 분열되는 것을 인정하지만, 소련은 삶 전체를 '정치화'한다는 것이다. 흔히 얘기되는 것이지만, 제일 미미한 다원성이 바로 정당 제도이다. 다원성에 불편한 점들이 없는 것은 아니다. 이 제도로 인해 국가 내부에 분열과 대립의 분위기가 나타난다. 또한 이 제도로 인해 공통의 필요성에 대한 감각이 흐려지고, 또 시민들의 우애가 위태롭게 되기도 한다. 이 모든 것에도 불구하고 다원성은 대체 불가능한 가치의 상징으로, 자의적인 권력을 제한하고 또 불만의 합법적 표현을 보증하는 수단으로, 나아가 국가의 세속적 공정과 인간 정신의 자율의 상징으로 인정된다.

서구인들, 특히 지식인들은 그들의 세계가 분열되는 것에 괴로워한다. 시적 언어의 폭발과 모호함, 회화에서의 추상은 시인들이나 화가들을 대중으로부터 고립시킨다. 그들은 대중을 경멸하는 척한다. 하지만 그들은 마음속으로 대중에게 봉사하는 작품을 꿈꾼다. 물리학자들이나 수학자들은 극한의 실험 끝에 원자에서 에너지를 추출할 수 있는 소규모 공동체에 속한다. 하지만 이런 공동체가 의심 많은 정치가들, 자극에 굶주린 신문들, 반지성적인 선동가들, 경찰들로부터 의견의 자유와 우정의 자유를 빼앗을 수는 없다. 핵분열의 대가들이자 첩보 행위에 대한 강박관념의 노예들인 과학자들은, 그들의 비밀을 장군들이나 정치가들에게 전달하자마자 그들의 발견에 대한 일체의 통제권을 잃어버린다는 감정을 가진다. 전문가는 제한된 분야에 대한 지식을 가질 뿐이다. 현대 과학은 그 분야를 완전히 파악할 수 있다고 주장하는 정신을 포기할 것이다. 이것은 의식에 막 눈뜬 어린아이가 궁극의 문제에 대한 해답을 모르는 것과 같다. 천문학자는 오류 없이 정확하게 일식을 예언할 수 있다. 하지만 경제학자도 사회학자도 인류가 원자폭탄으로 인해 종말을 향해 달리고 있는지, 아니면 유토피아적인 평화를 향해 달리고 있는지 모른다. 어쩌면 이데올로기가 개입해 민중과의 혼용을 이룬다는 환상적인 감정, 하나의 관념과 의지에 의해 움직이는 기업에 대한 환상적인 감정을 가져다줄 수도 있다.

소수 정예의 엘리트에 속한다는 감정, 역사 전체와 동시에 우리의 인격이 그 자리와 의미를 발견하는 폐쇄된 체계에 의해 보장되는 안전, 현재의 행동 속에서 과거를 미래와 연결시킨다는 자긍심, 이 모든 것이 진정한 신도를 고무하고 지지한다. 그런데 이런 신도는 형식주의에 반감을 갖지 않는 자, 당의 노선의 왜곡에 실망하지 않는 자, 일상의 마키아벨리즘에도 불구하고 순수한 마음을 간직한 자, 삶을 완전히 대의명분을 위해 바치고, 또 당 외부의 사람들의 인간성을 더 이상 인정하지 않는 자이다.

이런 종류의 유대는 절대적으로 진리로 제시된 이데올로기의 힘을 얻어 급진적인 단절을 예고하는 당에만 주어질 뿐이다. 사회주의적이든 자유주의적이든, 보수적이든 진보적이든 간에, 광신적이지 않은 지식인은 그 자신의 지식의 결점을 잘 알고 있다. 그는 그 자신이 원하는 것을 잘 안다. 하지만 그는 어떤 수단을 통해, 또 어떤 부류의 사람들과 함께 그가 원하는 것을 실현하는지에 대해서는 항상 알고 있지 못하다.

분열의 시대에 수백만 명의 인간들이 익숙한 환경을 상실할 때, 국가의 독립이나 사회주의 건설에 가담한 투사들에게 헌신, 규율 정신, 희생의 의미를 불어넣는 광신주의가 출현한다. 사람들은 광신도들로 구성된 군대와 그 불길한 위대함을 찬양한다. 물론 이런 전쟁의 미덕들은 승리를 가져온다. 하지만 그것들 중에 어떤 것이 내일 다시 그들을 전쟁으로 이끌 수 있을까? 후회나 나쁜 의식이 없어지면 우리는 그들에게 광신주의의 우월성을 인정할 수 있다.

광신주의에 대한 비판은 합리적 신앙이나, 또는 회의주의를 가르쳐 주는가?

이교도들이나 유대인들을 개종시키는 것을 포기하고, 또 "교회 밖에서는 구원이 없다"라고 더 이상 되풀이하지 않을 때가 와도, 인간은 계속 신을 사랑한다. 만일 인간이 하나의 계급, 하나의 행동의 기술, 하나의 이데올로기의 체계에 복종하기를 거부한다면, 그는 조금 덜 불공정한 사회와 조금 덜 가혹한 공동의 운명을 계속 원하는 것이 아닐까?

이런 비교의 타당성에 유보가 따르는 것은 사실이다. 종교적 경험은 도덕적인 미덕과 교회에 대한 복종을 잘 구별함에 따라 더 큰 진정성을 얻게 된다. 세속적 종교는 그 교리를 포기하게 되면 곧바로 다양한 의견으로 해체된다. 하지만 이미 혁명이나 경제계획에서 기적적인 변혁을 기대할 수 없는 사람은 불의에 복종해야 할 의무가 없다. 그는 인류라는 추상적 이상, 전제적인 당, 부조리한 형식주의를 위해 그의 영혼을 내주지 않는다. 왜냐하면 그는 인간들을 사랑하고, 살아 있는 공동체에 참가하며, 또 진리를 존중하기 때문이다.

어쩌면 사태가 달라질 수도 있다. 어쩌면 지식인은 그 한계를 알게 될 때에 정치에 무관심해질 수도 있을 것이다. 이 불확실한 약속을 기쁘게 받아들이자. 우리는 무관심에 의해 위협을 받지 않는다. 인간들은 서로 살육할 기회와 동기가 사라진 단계에 아직 도달하지 못했다. 만일 관용이 회의에서 생긴다면, 누구나 여러 유형의 정치 체제들과 유토피아를 의심하고, 또 모든 구원의 예언자들과 재난의 예고자들에게 도전하도록 가르치자.

만일 회의주의자들이 광신주의를 잠재울 수 있다면 그들의 도래를 위해 기도를 올리자.

옮긴이의 말

이 책은 1955년에 프랑스의 칼만레비Calmann-Lévy 출판사에서 처음 출간된 레몽 아롱Raymond Aron(1905-1983)의 *L'Opium des intellectuels*을 우리말로 옮긴 것이다. 같은 출판사의 '페렌pérennes' —'오래 지속된'의 의미이다— 총서로 2004년에 재간행된 판본을 저본으로 삼아 번역했다.

『지식인의 아편』은 『회고록*Mémoires*』과 함께 영국의 일간지 『더 타임즈*The Times*』지의 주간 자매지였다가 독립한 『더 타임즈 리터러리 서플리먼트*The Times Literary Supplement*』에서 1995년 10월 6일에 작성한 '2차 세계대전 이후 가장 영향력 있는 100권의 책The Hundred Most Influential Books Since The War II'의 목록에 포함되어 있다.

이 책의 저자인 아롱은 20세기 프랑스의 지성사에서 큰 족적을 남겼다. 사르트르와 더불어 20세기 프랑스의 '인텔리겐치아'를 양분하고 있는 아롱은 1924년에 사르트르와 함께 고등사범학교에 입학했으며, 1928년에 철학 교수자격 시험에 수석으로 합격했다. 1930년대 초에 베를린 소재 프랑스 연구소에 머물면서 독일 철학과 사회학에 깊은 관심을 가졌고, 나치즘의 부상을 직접 목격하기도 했다. 2차 세계대전이 발발하자 아롱은 런던으로 건너가 『라 프랑스 리브르*La France libre*』지의 주간으로 활동하면서 드골 장군과 함께 조국의 해방을 위해 노력했다. 귀국 후에 『콩바*Combat*』,『르

피가로*Le Figaro*』 등에서 언론인으로 활동했고, 1955년에 소르본대학의 교수로 임명되었으며, 1970년부터는 콜레주 드 프랑스 교수로 재직했다.

아롱의 주요 저서로는 『현대 독일 사회학*La Sociologie allemande contemporaine*』, 『역사철학 입문*Introduction à la philosophie de l'histoire*』, 『민주주의와 전체주의*Démocratie et totalitarisme*』, 『대분열*Le Grand schisme*』, 『국가 간 평화와 전쟁*Paix et guerre entre des nations*』, 『계급투쟁*La Lutte des classes*』, 『폭력의 역사와 변증법*Histoire et dialectique de la violence*』, 『참여적 방관자*Le Spectateur engagé*』, 『회고록』 등 50여 권이 있다.

우리나라에서 아롱의 수용은 그다지 활발하지 않았으며, 지금도 그렇다. 아니, 지금은 거의 무관심과 망각 사이에 놓여 있다고 할 수 있을 정도이다. 그렇다고 아롱의 저작과 사상이 아예 소개되지 않았던 것은 아니다. 아롱이 우리나라에 대해 무관심했던 것도 아니다. 실제로 아롱은 냉전 시대에 발발한 최초의 대규모 전쟁이었던 한국전쟁에 큰 관심을 가졌고, 특히 이 전쟁의 도발 주체가 북한이라는 사실을 전쟁 초기부터 강하게 주장했다. 아롱은 1953년에 포로 송환 등과 같은 전후 처리 문제로 우리나라를 방문해서 의견을 제시한 적도 있었다. 아롱은 또한 1977년에 우리나라를 방문하고 난 뒤에 『르 피가로』에 기고한 글을 통해 경제 발전에 대해서는 후한 평가를 한 반면, 자유, 정치, 인권 등의 문제에 대해서는 입을 다물었다. 1980년 '서울의 봄'과 관련해 비관적인 견해를 밝힌 적도 있다.

아롱의 이런 관심과 활동에도 불구하고 우리나라에서 그의 저작과 사상에 대한 반응은 요란함과는 거리가 멀었다. 아롱은 동시대에 활동했던 프랑스 지식인들, 가령 사르트르, 메를로퐁티, 카뮈 등과 함께 소개되었다. 하지만 '실존'과 '부조리'를 문학적으로 형상화시키면서 대중 속으로 빠르게 파고들었던 사르트르와 카뮈 등에 비해, 역사철학과 사회학을 통해 자신의 주장을 피력했던 아롱은 상대적으로 큰 반향을 일으키지 못했다. 그런 와중에서도 『사회사상의 흐름』, 『산업사회의 미래』, 『마르크스주의자들과 실존주의자들』, 『참여자와 방관자』,[221] 『권력과 지성』(회고록) 등과 같은 몇 권의 저서가 우리말로 번역된 것은 특기할 만하다. 하지만 지금 그의 저서들은 거의 절판이 되어 시중에서 구하기도 힘든 상황이다.

이런 상황에서 옮긴이가 아롱의 『지식인의 아편』을 다시 번역하겠다고 마음먹은 것은 다음과 같은 계기에서였다. 21세기에 들어와 프랑스에서 이루어지고 있는 이른바 아롱의 '복권' 현상이 그것이다. 이 현상에는 아롱의 '절친petit camarade'이자, 고등사범학교 동창이며, 이념적 논쟁의 강력한 적수였던 사르트르의 '추락'이 수반된다. 이 현상에는 약간의 설명이 필요한데, 이 설명이 곧 『지식인의 아편』을 관통하는 주요 주제를 이해할 수 있는 실마리가 될 수 있을 것으로 생각된다.

아롱 자신이 이 책에서 지적하고 있는 것처럼, '지식인들의 낙원'이라고 할 수 있는 프랑스의 20세기 중반, 보다 더 정확하게는 1945년부터 1955년 『지식인의 아편』이 출간될 때까지 프랑스의 지적 분위기는 '좌파' 일색이었다. 그 당시 프랑스 '인텔리겐치아'는 크게 네 부류의 지식인들로 구성되어 있었다. 독일에 협력했던 페탱 원수를 지지했던 극우파 지식인들, 아롱·말로·모리아크 등이 포진되어 있던 온건 우파(또는 자유주의 우파) 지식인들, 사르트르·메를로퐁티·보부아르·카뮈 ─카뮈는 후일 사르트르와의 논쟁 이후에 사르트르보다 더 완화된 좌파의 입장에 서게 된다─ 등이 포진하고 있던 온건 좌파 지식인들, 그리고 프랑스 공산당(PCF) 구성원들이 주축을 이루었던 극좌파 지식인들이 그들이다.

---

221 아롱의 『참여적 방관자』는 1982년 홍성사에서 『참여자와 방관자』(이종호 옮김), 문예출판사에서 『20세기의 증언』(박정자 옮김)이라는 제목으로, 2021년 기파랑에서 『자유주의자 레이몽 아롱』(박정자 옮김)으로 번역 출간된 바 있다.

이 네 부류의 지식인들 중 해방 이후 1955년까지, 즉 『지식인의 아편』이 출간된 해까지 약 10여 년 동안, 프랑스 '인텔리겐치아'의 헤게모니를 장악한 자들은 좌파에 속한 지식인들이었다. 그들은 주로 프랑스 공산당에 가입한 지식인들과 당에 가입하지 않았지만, 마르크스주의에 동조하면서 소련을 지지했던 이른바 '동반자들compagnons de route'로 구성되어 있었다. 그들 중에서도 특히 프랑스의 해방과 더불어 실존주의의 기수로 등장했던 사르트르와 그의 주도로 창간된 『레탕모데른Les Temps modernes』지에 참여했던 온건 좌파 지식인들의 활동이 가장 두드러졌다.

여기에서 한 가지 질문이 제기된다. 프랑스의 해방 직후에 대체 좌파 지식인들은 어떤 이유로 헤게모니를 장악할 수 있었는가? 이 질문에 대한 직접적인 답은 크게 두 가지이다. 하나는 2차 세계대전에서의 소련의 역할이고, 다른 하나는 프랑스 공산당의 레지스탕스 운동에서의 적극적인 활동이다. 2차 세계대전 발발 과정에서 소련이 독일과의 불가침조약을 체결했다가 곧 이 조약을 파기하고 연합국의 편에 선 것은 잘 알려져 있다. 이를 계기로 프랑스에서는 소련이 미국보다도 전쟁의 승리에 더 많은 기여를 했다는 의견이 팽배했다. 또 프랑스 공산당은 전국적인 조직망을 이용해 레지스탕스 운동에서 혁혁한 공을 세웠다. 프랑스 공산당은 '75,000명이 총살당한 당parti des 75,000 fusillés'으로 불리기도 했는데, 이는 레지스탕스 운동에서 75,000명에 달하는 공산당 당원들이 희생되었다는 것을 의미한다. 이런 칭호는 말 그대로 프랑스 공산당이 조국의 해방을 위해 헌신했다는 자부심을 보여 주는 확실한 징표였다.

이런 이유로 2차 세계대전 직후에 프랑스에서는 좌파 세력이 여러 분야의 주도권을 쥐고 있었으며, 이는 각종 선거 결과에도 그대로 반영되었다. 그 단적인 증거가 각종 선거에서의 득표율이다. 1946년부터 1951년까지 실시된 각종 선거에서 프랑스 공산당은 30%에 육박하는 지지를 받았다.

이는 역으로 우파 진영에 속하는 지식인들의 입지가 아주 좁았다는 것을 여실히 보여 준다.

아롱의 입장도 예외가 아니었다. 냉전이 한창이던 시기에 그의 이름 앞에는 늘 '소외된', '외톨이가 된', 심지어는 '추방당한' 지식인이라는 형용사가 붙어 다녔다. 그 주된 이유는 해방 이후에 아롱이 그 당시의 대부분의 지식인들과는 달리 마르크스주의와 이 주의를 표방한 소련을 지지하지 않고 자유민주주의를 내세운 미국 쪽으로 기울어졌기 때문이다. 그로 인해 그 유명한 사르트르와의 이념적 논쟁이 발생하게 된다. 하지만 두 사람의 논쟁에서 한 가지 흥미로운 점은, 2차 세계대전 전까지는 아롱이 사르트르보다 오히려 더 적극적으로 참여했다는 사실이다. 즉, 아롱은 전쟁 전에 사회주의자, 평화주의자였던 데 비해, 사르트르는 사회문제에는 초연한 자, 역사의 수레바퀴를 돌리는 것을 거부하면서 오로지 문학을 통한 개인적인 구원을 꿈꾸는 자에 불과했다. 하지만 전쟁 후에 사르트르는 '실존주의'와 '참여문학'을 내세움과 동시에 프랑스 공산당과 동반자의 길을 가면서 급속도로 프랑스의 지적 헤게모니를 장악한 반면, 아롱은 반공산주의를 표명하며 미국 쪽으로 경사되면서 프랑스 공산당을 포함한 좌파 세력의 제1의 공격 목표가 되기에 이른다.

하지만 아롱은 냉철한 이성의 소유자였으며, 그는 후일 그 자신이 직접 규정하고 있는 것처럼 이른바 "참여적 방관자spectateur engagé"의 길을 갔다. 주위에서 발생하는 현상들에 '정열'을 앞세우면서 참여하는 지식인이 아니라 그런 현상들에 대해 오히려 거리를 두면서 '이성'으로 냉철하게 분석하고 이해하고자 하는 지식인의 길을 가고자 한 것이다. 흔히 사르트르와 아롱을 비교하면서 "아롱과 옳은 이야기를 하는 것보다 사르트르와 틀린 이야기를 하는 것이 더 낫다"라고 말하곤 했다. 이 말의 의미에 합리성과 정확성을 추구하면서 항상 불편부당한 태도를 견지하려고 했던 아롱의 지성적 특징과 경향이 그대로 반영되었다고 할 수 있다. 어쨌든 『지식인의 아편』이 출간된 1955년경에 아롱이 프랑스 지식인들의 지형도에서 '보수파의 수치스러운 상징'이자 '하나의 고립된 섬'에 해당했다는 것은 분명하다. 그리고 이런 상황은 1968년 5월 혁명 때 극에 달하며, 심지어 학생들로부터 '반동의 화신'이라는 지탄을 받기도 했다.

하지만 새로운 밀레니엄이 시작되고 난 뒤에 프랑스에서 '아롱의 복권' 현상이 일어났다. 그 배경은 크게 다음과 같은 세 가지로 설명될 수 있다. 첫째는 1968년 5월 혁명 이후에 마르크스주의에 입각한 이른바 거시혁명 macro-révolution 또는 총체적 혁명 révolution totale 대신에 미시혁명 micro-révolution 또는 분자혁명 révolution moléculaire을 주장하는 새로운 세대의 등장이다. 둘째는 20세기 후반에 동구에서 마르크스주의의 퇴조와 공산주의를 표방했던 국가들의 몰락으로 인한 국제정치 상황의 변화이다. 이런 변화에는 그동안 철의 장막 뒤에서 고문, 부당한 정치재판과 숙청 등과 같은 정치적 만행과 인권 탄압을 서슴없이 자행했던 소련 체제에 대한 신랄한 고발이 뒤따랐다. 셋째는 20세기 말과 21세기에 들어와 치러진 선거에서 고전을 면치 못한 프랑스 좌파의 반성과 새로운 방향과 변화의 모색이다. 한 예로 온건 좌파를 대변하는 일간지 『리베라시옹 Libération』지는 2015년에 "좌파 지식인들: '대체 그들은 어디에 있나?'Intellectuels de gauche:《Mais où sont-ils?》"라는 제목의 기사를 싣고 있다. 이와 같은 분위기에서 새로운 밀레니엄으로 접어들면서 지난 세기 중반, 즉 냉전 시대가 한창이던 프랑스에서 지적 헤게모니를 거머쥐었던 좌파 세력에 의해 늘 비난과 공격을 받았던 아롱에 대한 재평가가 일어나게 된 것은 자연스러운 것으로 보였다.

그 결과는 아롱의 일방적인 승리였다. 이와 같은 아롱의 복권과 승리의 희생자는 20세기의 프랑스 '인텔리겐치아'의 기수이자 좌파 지식인들의 대부였던 사르트르였다. 예컨대 사르트르가 창간을 주도했던 『리베라

시옹』지가 2017년 7월 2일자 "슬프다! 레몽 아롱이 옳았다Raymond Aron avait raison. Hélas!"라는 제목의 기사에서 사르트르의 정치적 판단의 실수와 잘못을 직접 지적하고 나섰다. 사르트르의 '추락', 사르트르의 '파문'의 서곡이 울려 퍼진 것이다. 지나가면서 사르트르의 위와 같은 과거의 영예의 실추에는 카뮈의 복권 역시 수반되고 있다는 사실을 지적하자.

어쨌든 옮긴이가 ─옮긴이는 사르트르를 전공했다─『지식인의 아편』을 번역하기로 마음먹은 데에는 이 책이 21세기 초엽에 아롱과 사르트르가 맞이한 이와 같은 역전된 상황의 한복판에 놓여 있다는 생각이 가장 크게 작용했다. 물론 이 책이 우리말로 처음 번역되는 것은 아니다. 이 책은 안병욱의 번역으로 1961년에 중앙문화사의 논문씨리즈 총서에서 처음 번역되었고, 같은 번역가에 의해 삼육출판사의 삼육교양총서 3에서 1986년에 재출간된 바 있다. 번역 과정에서 이 두 권의 번역서를 참고했다. 다만 이 두 번역서가 프랑스어 원본이 아니라 영어 번역본을 저본으로 삼아 번역되었고, 그 결과 프랑스어 원문의 의미와 뉘앙스를 살리는 데 미흡한 부분이 없지 않았으며, 이번 번역에서 이를 가능한 한 바로잡으려고 노력했다.

아롱은 후일『참여적 방관자』와『회고록』등에서 1955년에 출간된『지식인의 아편』을 1952-1954년 사이에 집필했다고 말하고 있다. 아롱은 또한 이 책의 집필이 프랑스 좌파 세력으로부터 '우파', '보수 세력'의 대표적 지식인, 부르주아지를 대표하는 지식인, 미국을 대변하는 지식인으로 낙인찍힌 그 자신이 받은 비난과 공격에 대한 옹골찬 응수와 반격의 성격을 띠고 있다고 밝히고 있기도 하다. 실제로 아롱 자신은 이 책에서 이런 응수와 반박의 가장 중요한 무기로 그 당시 프랑스 '인텔리겐치아'의 상당수를 중독시켰던 마르크스주의의 독선과 위선을 가차 없이 비판하고 있다.

이를 위해 아롱은 이 책을 크게 다섯 부분으로 구성하고 있다. 서문, '정치적 신화'(제1부), '역사에 대한 우상숭배'(제2부), '지식인들의 소외'(제3부), 결론이 그것이다. 아롱은 서문에서 이 책을 집필한 의도를 이렇게 밝히고 있다. "민주주의의 결점에 대해서는 가차 없으면서도 올바른 교리라는 미명하에 자행되는 최악의 범죄에 대해서는 너그러운 지식인들의 태도를 설명하고자 하면서, 나는 곧 좌파, 혁명, 프롤레타리아트라는 신성한 어휘들에 부딪히게 되었다. 나는 그것들의 신화에 가해지는 비판을 통해 역사에 대한 숭배를 성찰하게 되었으며, 사회학자들이 아직 관심을 보이지 않고 있는 하나의 사회 범주에 관련된 문제를 검토하게 되었다. '인텔리겐치아'가 그것이다. … 이 책에서는 다른 사람들이 제기하지 않으면 안 될 몇 가지 질문에 대한 답이 시도되고 있다. 경제 발전이 마르크스의 예언을 뒤엎은 나라인 프랑스에서 대체 어떤 이유로 마르크스주의가 유행하는가? 노동자들의 수가 그다지 많지 않은 이 나라에서 어떤 이유로 프롤레타리아트와 공산주의 이데올로기가 활개를 치는가? 다른 나라들에서는 어떤 환경이 지식인들의 말하는 방식, 사고방식, 행동 방식을 지배하는가?"

아롱은 이처럼 이 책에서 냉전 시대를 살아가던 프랑스의 많은 지식인들이 마르크스주의에 대해 보내고 있는 맹목적인 지지와 신봉의 원인과 그 실태, 그로 인한 문제점을 낱낱이 파헤치고자 한다. 이와 같은 의도를 잘 표현하기 위해 아롱은 이 책의 제목에서 '아편'이라는 단어를 사용하고 있다. 잘 알려져 있지만, 이 책의 제목에 포함된 '아편'이라는 단어는 이 책의 첫 번째 제사에서 볼 수 있는 마르크스의 "종교는 민중의 아편이다"라는 문장에서 차용된 것이다. 하지만 아롱은 '종교' 자리에 '세속적 종교'를 자처하는 '마르크스주의'를 넣고 있으며, 이를 변용시켜 이 책의 두 번째 제사로 인용된 베유의 "마르크스주의는 가장 불순한 의미에서 하나의 종교이다"라는 문장과 결합시키고 있다.

아롱은 서문에서 제시된 그 자신의 의도를 구체적으로 실현하기 위해

'정치적 신화'라는 제목이 붙은 제1부에서 마르크스주의의 중핵을 구성하고 있는 세 개의 신화를 해부하고 있다. '좌파의 신화', '혁명의 신화', '프롤레타리아트의 신화'가 그것이다. 아롱은 먼저 1789년부터 1945년까지의 프랑스 정치사를 더듬으며 '좌파'의 기원과 그 실체가 무엇인지를 다루고 있다. 그 과정에서 아롱은 '좌파'는 결코 통일된 실체가 아니라는 점을 강조하고 있다. 군주제에 반대했던 좌파와 자본주의에 반대하는 좌파는 결코 단일한 실체가 아니라는 것이다. 요컨대 좌파라는 개념은 시대와 상황에 따라 그 의미의 내포와 외연이 다르며, 그런 만큼 좌파를 통일된 행동을 할 수 있는 하나의 균질적인 실체로 보는 것은 마르크스주의와 이를 신봉하는 프랑스 좌파 지식인들이 지어 낸 신화의 산물이라는 것이 아롱의 주장이다.

그다음으로 아롱은 계급 없는 사회, 곧 유토피아의 건설이라는 단 하나의 목적을 정해 놓고, 거기에 이르기 위해 반드시 거쳐야만 하는 과정으로서의 혁명의 신화와 이 혁명의 유일한 주체 세력으로서의 프롤레타리아트의 신화를 해부하고 있다. 아롱은 쿠데타, 반혁명, 반항 등의 개념과 혁명 개념을 구분하는 작업에 이어, 혁명의 신화의 가장 핵심적인 문제인 '폭력' 사용의 정당화의 문제를 거론하고 있다. 혁명의 본질은 기존의 부패한 사회질서를 무너뜨리고, 모든 것이 가능하다는 것을 믿게끔 하는 데 있기 때문에, 혁명은 그 자체 내부에 보다 나은 미래 사회의 건설이라고 하는 희망을 포함하고 있다. 하지만 이와 같은 희망으로 인해 혁명의 주체 세력은 항상 폭력의 사용을 정당화하는 유혹에 빠질 수 있다는 것이 아롱의 우려 섞인 주장이다.

이와 같은 폭력 개념이 이른바 '진보적 폭력violence progressive' 개념과 무관하지 않다는 사실을 지적하자. 미래의 유토피아 건설을 위해 현재에 저질러지는 폭력이 정당화될 수 있다는 의미로 이해되는 이 개념은, 냉전 시대에 아롱, 카뮈 등과 사르트르, 메를로퐁티 등의 사이를 이념적인 적대 관계로 이끈 주된 문제 중의 하나였다. 아롱은 폭력에 의존하는 혁명의 정당성을 인정하는 것 역시 마르크스주의를 둘러싼 하나의 신화에 불과하다고 지적하고 있다. 또한 아롱은 프랑스 대혁명과 이 혁명의 뒤를 따른다고 자처하는 러시아 혁명에서 볼 수 있는 것처럼 혁명 세력들은 혁명 이후에 예외 없이 전체주의, 프롤레타리아독재, 극단적으로는 개인숭배 등의 형태로 변형됨으로써 혁명의 본래 취지에서 크게 벗어나고 말았다는 사실을 빼놓지 않고 지적하고 있다.

또한 프롤레타리아트 신화와 관련해서 아롱은 우선적으로 프롤레타리아에 대한 의미를 규정한 뒤에, 이 개념이 가지고 있는 모호성을 폭로한다. 그다음으로 아롱은 혁명의 주체로서의 프롤레타리아가 내세우는 목표의 허구성을 폭로한다. 무엇보다 육체노동자로 정의되는 프롤레타리아의 소원은 계급 없는 사회의 건설, 곧 지배계급인 부르주아지의 억압으로부터의 '해방'이다. 하지만 아롱은 이 해방을 세분해야 할 필요성을 제기하고 있다. '관념적 해방'과 '현실적 해방'이 그것이다. 만일 프롤레타리아트의 해방에 가장 기본적인 요소가 관념적 해방보다는 현실적 해방, 즉 물질적 삶의 조건 개선과 향상이라면, 마르크스주의를 신봉하는 공산주의 국가들보다 경제적으로 월등히 앞서가는 자유주의를 이념으로 내세우는 미국을 포함해 서구의 여러 자본주의 국가들이 오히려 프롤레타리아트의 해방에 더 유리하다는 것이 아롱의 주장이다. 그러니까 마르크스주의를 신봉하는 좌파 지식인들이 내세우는 프롤레타리아트 해방의 신화는 이와 같은 관념적 해방과 현실적 해방을 혼동한 데서 기인하는 허구라는 것이 아롱의 계속되는 주장이다.

이렇듯 세 개의 신화를 분석, 이해, 비판하고 난 뒤에 아롱은 제2부에 해당하는 '역사에 대한 우상숭배'에서 마르크스주의의 역사적 결정론을 통렬하게 비판하고 있다. 아롱에 의하면 계급 없는 사회, 곧 유토피아에 이르는 길은 하나가 아니라 여럿일 수 있고, 특히 마르크스주의가 그 길을 독점한다는 것은 어불성설이며, 역사의 의미는 단일하지도 고정되어 있지도 않고, 역사의 형성 주체도 프롤레타리아라는 단일 주체가 아니라 다양하며, 또 역사는 역사적 결정론의 필연적 과정에 의해 진행, 형성되는 것이 아니라 우연적인 요소들에 의해서도 진행, 형성된다는 사실을 여러 사례를 통해 증명해 보이고 있다.

이와 같은 사실들을 토대로 아롱은 제3부에 해당하는 '지식인들의 소외'에서는 특히 마르크스주의가 이른바 유대기독교를 모방하면서 '세속적 종교'가 되어 가는 과정과 그 문제점을 낱낱이 파헤치고 있다. 또한 동서양의 여러 나라에서 지식인들이 어떤 상황에 처해 있는지를 비교, 검토함으로써 참다운 지식인들이 세속적 종교로 탈바꿈하고 있는 마르크스주의의 아편에 중독되지 않기 위해 필요한 태도가 어떤 것인지를 제시하고 있다. 그리고 결론 부분에서는 확신을 가지고서 이데올로기의 종언을 예견하고 있다.

아롱은 이 책을 쓰면서 그 당시에 '좌파', '혁명', '프롤레타리아트' 등과 같은 용어는 많은 사람의 관심을 끌고 있다고 적고 있다. 하지만 20세기 중후반의 냉전 시대를 뒤로하고 새로운 밀레니엄으로 접어든 지 벌써 20년 이상이 흐른 지금, 이런 용어들은 구태의연하며 '이데올로기'의 시대로 여겨졌던 20세기와 함께 용도 폐기되었다. 하지만 우리의 삶의 터전인 한반도는 지난 세기의 이데올로기 대립에 완전한 종언을 고하지 못하고 있는 실정이다. 또 우리나라의 정치 상황에서도 '계급', '프롤레타리아' 등과 같은 용어는 잘 사용되지 않는다고 해도, '좌파'라는 용어는 '진보', '보수' 등과 같은 용어와 함께 여전히 많은 사람의 입에 회자되고 있다. 이런 상황에서 프랑스 '인텔리겐치아'의 일원으로, 지금으로부터 70여 년 전에 이미 뛰어난 혜안으로 마르크스주의와 이를 신봉하는 공산주의 이데올로기의 문제를 분석, 이해, 비판하고 있는 아롱의 이 책의 울림의 폭과 깊이는 여전히 넓고 깊다고 할 수 있다.

'인문학의 위기'라는 표현이 애석하게도 마치 '유령'처럼 떠도는 이 어려운 시기에 이 책의 중요성을 고려해 번역 출간을 결정해 주신 세창출판사 이방원 사장님께 심심한 감사의 말씀을 드린다. 그리고 번역 결정의 과정을 주도해 주신 김명희 선생님, 꼼꼼한 교열과 교정으로 반듯한 책을 만들어 주신 정조연 선생님과 편집부의 다른 선생님들께도 깊은 감사의 말씀을 드린다. 어려운 가운데 늘 응원을 보내 주고 있는 익수와 윤지에게도 고맙다는 말을 전한다.

2021. 12.

시지프 연구실에서

변광배